Hans-Joachim Höhn

# Gottes Wort – Gottes Zeichen

Hans-Joachim Höhn

# Gottes Wort – Gottes Zeichen

## Systematische Theologie

echter

Bibliografische Information der Deutschen Nationalbibliothek
Die Deutsche Nationalbibliothek verzeichnet diese Publikation in der Deutschen Nationalbibliografie; detaillierte bibliografische Daten sind im Internet über ‹http://dnb.d-nb.de› abrufbar.

1. Auflage 2020

www.echter.de

Gestaltung: Crossmediabureau
Umschlagbild: Tiemo Schröder, „vor mir – hinter mir" (Ausschnitt), www.tiemoschroeder.de

Druck und Bindung: CPI books – Clausen & Bosse, Leck

ISBN 978-3-429-05495-3

# Inhalt

# Vorwort

Gelegentlich erhoffen Menschen voneinander ein Lebenszeichen. Nachdem der letzte Kontakt schon geraume Zeit zurückliegt, wächst die Sorge um den Bestand der Beziehung. Denn beim Abschied wurde aufrichtig versprochen, sich von Zeit zu Zeit beim anderen zu melden. Je länger dieses Versprechen auf seine Einlösung wartet, umso größer wird die Besorgnis. Ist eine Kontaktaufnahme zwar erfolgreich, bleibt aber erneut für längere Zeit unerwidert, entwickelt sich diese Beziehung bald zu einer einseitigen Angelegenheit. Obwohl ungleich verteilt, mag die verbliebene Sympathie noch eine Weile für die Hoffnung ausreichen, dass ein gegenseitiges Interesse irgendwann wiederauflebt. In den meisten Fällen gewinnt jedoch die Vermutung des Beziehungsendes die Macht über Gefühle und Gedanken. Allerdings muss es bei einer Vermutung bleiben, solange die üblichen Informationskanäle nichts über einen veränderten Beziehungsstatus des anderen melden. Gewissheit stellt sich einstweilen nicht ein.

Diese Verlegenheit ist doppelt aufschlussreich, was das Suchen und Streben des Menschen nach Lebenszeichen angeht. Beides richtet sich offensichtlich auf Hinweise, dass und wie jemand (noch) am Leben ist bzw. mit wem er in Beziehung steht. Dann aber geht es auch um die Mittel und Wege, die für das Absenden von solchen Zeichen und für die Registrierung entsprechender Beziehungsmeldungen in Frage kommen. Diese zweifache Fraglichkeit kehrt wieder bei der Selbstbefragung des Menschen, wie es letztlich um sein eigenes Leben und dessen Beziehungsstatus steht. Gibt es auch dafür ein Zeichen? In welchem Medium lässt sich erfassen und wiedergeben, was für menschliches Dasein bezeichnend und bedeutsam ist?

Für überzeugte Christen sind diese Fragen rasch beantwortet: Was menschlichem Dasein Bedeutung gibt, ist die Beziehung des Menschen zu Gott. Wie es um diese Beziehung steht, erschließt sich im Glauben, der sich auf Zeichen gründet, in denen sich Gottes Verhältnis zum Menschen anzeigt. Wer die Bibel aufschlägt, begegnet einem Gott, der „viele Male und auf vielerlei Weise ... gesprochen hat durch die Propheten. Zuletzt hat er zu uns gesprochen im Sohn" (Hebr 1,1–2). Jesus von Nazareth ist in seiner Person Gottes letztes Wort an den Menschen. Durch ihn und mit ihm und in ihm hat Gott ein Zeichen gesetzt, wie er zum Menschen steht – ein für alle Mal.

Bei skeptischen Zeitgenossen löst diese Antwort neue Fragen aus: Bezeugt ein in der Vergangenheit gesprochenes letztes Wort noch eine lebendige Beziehung zwischen Gott und Mensch? Ist nicht längst die Zeit darüber hinweggegangen? Müsste eine lebendige Beziehung nicht immer wieder neue Zeichen der Verbundenheit hervorbringen? Ist Gott verstummt, seitdem er ein letztes Wort zum Menschen gesprochen hat? Ist es verwunderlich, dass dann auch vielen Menschen das Wort „Gott" nichts mehr sagt? Beim Reden über Gott und von Gott sprechen die Frommen zusehends ins Leere. Aber gilt dies nicht auch für das Reden zu Gott? Bleiben die vielen Worte, die der Mensch im Gebet an Gott richtet, vielleicht deswegen unerwidert, weil ihm Gott nichts mehr zu sagen hat?

Mit diesen Fragen und Einsprüchen sind Herausforderungen verbunden, welche die Theologie nötigen, die Frage nach dem, was für das Dasein des Menschen und für sein Verhältnis zu Gott bezeichnend ist, neu aufzurollen. Sie kommt nicht vorbei an der Auseinandersetzung mit Positionen, die sowohl die Bedeutsamkeit menschlicher Existenz als auch die Möglichkeit einer sinnvollen Verwendung des Wortes „Gott" radikal in Frage stellen. Um für die Relevanz einer Daseinsinterpretation aus dem Glauben einzutreten, muss die Theologie überzeugend bestreiten, dass das Leben von Grund auf belanglos ist und dass der Glaube an Gott ebenfalls nur ein belangloses Dementi eines belanglosen Daseins darstellt.

Vor diesem Hintergrund nehmen die folgenden Überlegungen Bezug auf existenziell bedeutsame Grundfragen der Systematischen Theologie und versuchen zugleich eine systematische Grundlegung der Theologie. Ansatz und Aufbau, Logik und Methodik dieser Grundlegung werden im Format einer

„Existentialen Semiotik“ präsentiert. Neu in Form gebracht werden dabei philosophische und theologische Reflexionen zur Daseins- und Selbstakzeptanz des Menschen sowie zur Frage, welche Rede von Gott in diesem Kontext akzeptabel ist. Das damit verbundene Projekt der Verknüpfung von Existenzanalyse und Glaubensreflexion gilt der Ermittlung von Indizien, die es erlauben, vom Dasein des Menschen ebenso viel Aufhebens zu machen wie von der Behauptung, der Fluchtpunkt dieses Aufhebens könne mit dem Wort „Gott“ bezeichnet werden.

Die Realisierung dieses Projektes ist mit einem erheblichen Aufwand verbunden – für den Autor wie für seine Leser. Geduld und Ausdauer sind aufzubringen, wo es um die Vergewisserung seiner anthropologischen und religionsphilosophischen Grundlagen geht (Kap. I–III). Nötig ist die Bereitschaft, sich in Theorie und Terminologie auf neues Terrain zu wagen, wenn ein großer thematischer Bogen geschlagen wird von der Schöpfungstheologie über Christologie und Sakramentenlehre bis hin zur Eschatologie (Kap. IV–VII). Eigens zu bedenken sind auch die Zeitumstände, unter denen Theologie und Glaube sich heute nicht nur zu behaupten haben, sondern zu deren Deutung und Gestaltung sie auch einen Beitrag leisten wollen (Kap. VIII).

Das vorliegende Buch steht in einem engen Bezug zu Themen und Thesen, die mich seit vielen Jahren theologischer Forschung und Lehre besonders beschäftigen und in etlichen Publikationen zur Diskussion gestellt wurden. Aber es ist zugleich das Resultat eines neuen systematischen Zugriffs und einer neuen Synthese. Ein letztes Wort in eigener Sache kann und will es dennoch nicht sein. Es gibt beim Nachdenken über Gott und Mensch stets mehr, das noch zu sagen wäre.

Köln im Herbst 2019 Hans-Joachim Höhn

# I. Einstieg:
# Was macht das Leben, den Glauben und die Theologie bedeutsam?

Menschen sind Wesen, die in und gegenüber ihrem Leben Deutungsbedarf anmelden. Sie wollen nicht bloß Fakten erfassen, sondern auch herausfinden, warum, weswegen und wozu etwas existiert. Von diesen Erkundigungen ist die Frage nach der Bedeutung der eigenen Existenz die wichtigste: „Was hat es mit meinem Leben, mit dem Dasein als Mensch überhaupt auf sich?" Vielen Zeitgenossen genügt es nicht, dass bereits diese Frage für so bedeutend gehalten wird, um daran schon etwas für den Menschen Bedeutsames zu erkennen. Mit der von Theologen gern erteilten Auskunft, dass der Mensch die unbeantwortbare Frage nach sich selbst sei und dies seine Besonderheit ausmache,[1] geben sie sich nicht zufrieden.

Es scheint für etliche Angehörige dieser Spezies eher bezeichnend zu sein, dass sie sich nicht für fragwürdig, sondern für bedeutend halten – zumindest für bedeutender als das, was sie an Dingen und anderen Lebewesen umgibt. Aber sie sind sich dessen, woran sie diese Besonderheit festmachen, nicht immer sicher. Darum sind sie an Vergewisserungen und Bestätigungen ihrer Bedeutsamkeit interessiert – nicht zuletzt in biographischen Grenz-, Übergangs- und Schwellensituationen. Denn hier wird meist eine Deckungslücke zwischen Faktum und Bedeutung sichtbar oder der Widerstreit zwischen erhoffter Bedeutung und erlebter Bedeutungslosigkeit bricht auf. Gibt es Indizien für eine berechtigte Hoffnung, dass es allem Widri-

---

1 Mit dieser Floskel hat über Jahrzehnte hinweg die Theologie ihre Betätigung auf dem Feld der Anthropologie eingeleitet. Vgl. exemplarisch K. Rahner, Der Mensch – die unbeantwortbare Frage, in: E. Stammler (Hg.), Wer ist das eigentlich – der Mensch?, München 1973, 116–126; Th. Pröpper, Theologische Anthropologie. Bd. 1, Freiburg/Basel/Wien 2011, 7–57.

gen zum Trotz mit dem menschlichen Dasein etwas Belangvolles auf sich hat?

Eine erste Adresse für diese Frage sind die modernen Natur- und Humanwissenschaften, die dem Dasein auf den Grund gehen und nach Gründen seiner Bedeutung suchen. Versteht man ihr Vorgehen als Ursachenforschung, warten diese Disziplinen mit bemerkenswerten Ergebnissen auf. Sowohl für die Existenz des Menschen als auch für das Vorkommen von Leben im Universum und den Bestand des Kosmos lassen sich zahlreiche Faktoren anführen, welche die Faktizität ihres „Daseins" erklären können und angeben, inwiefern es sogar so kommen musste, dass jetzt etwas „da" ist, das einmal nicht war und irgendwann nicht mehr sein wird. Das Erstaunliche und Staunenswerte am Universum ist die Tatsache, in welch hohem Maße die darin ablaufenden Prozesse durchschaubar und erklärbar sind. Die unglaubliche Präzision in der Feinabstimmung der Naturkonstanten macht durchaus erklärbar, unter welchen Bedingungen ein Prozess ablaufen musste, der irgendwann menschliches Leben hervorbringen konnte. Aber dieses „fine tuning" ist kein zureichendes Indiz, um ein „Weswegen" oder „Worumwillen" des hervorgebrachten Lebens bestimmen zu können.[2]

Es mag zutreffen, dass die naturwissenschaftliche Erklärbarkeit der Welt ihrerseits naturwissenschaftlich unerklärlich ist, womit sich ein wissenschaftlich denkendes Subjekt wiederum nicht abfinden kann und will. Es ist aber ebenso verwunderlich, wenn diese Tatsache bereits genügen soll, um eine „Gotteshypothese" aufzustellen, mit der sich diese Erklärungslücke schließen lässt.[3] Die Frage nach der Bedeutung all dessen,

---

2 Zur theologischen Virulenz derartiger Spekulationen siehe M. Schleiff, Schöpfung, Zufall oder viele Universen? Ein teleologisches Argument aus der Feinabstimmung der Naturkonstanten, Tübingen 2019.

3 J. Polkinghorne, Ein verstehbares Universum, in: Ch. Tapp/Ch. Breitsameter (Hg.), Theologie und Naturwissenschaften, Berlin/Boston 2014, schlägt vor, „dass wir die Idee absolut ernst nehmen, dass es in der Tat der Geist des Schöpfers ist, der hinter der tiefen Ordnung des Universums liegt. Die wahnsinnige Effektivität der Mathematik, der unerwartete Einklang zwischen der inneren

was ist, bleibt zwar naturwissenschaftlich unbeantwortbar, aber vorschnelle theologische Auskünfte erweisen sich umgehend als höchst prekär. Wer etwa für den Anfang der Welt einen intelligenten Designer postuliert, um die Feinjustierung der Naturkonstanten zu erklären, entdeckt bei der Rekonstruktion der darauf folgenden kosmischen und biologischen Evolution viele Irrwege und Sackgassen, die auf einen eklatanten Mangel an Intelligenz bei der weiteren Durchführung des ursprünglichen Designs schließen lassen.[4]

Auf diesem Weg der Erkundigung, was in Raum und Zeit geschehen ist, damit werden konnte, was heute ist, kann prinzipiell kein zureichender Bescheid darüber erteilt werden, was es mit dem Dasein auf sich hat. Die Frage nach der Bedeutung

---

Vernunft unseres Geistes und der externen Vernunft der physikalischen Welt, kann dann auf die Tatsache zurückgeführt werden, dass unsere geistigen Fähigkeiten und die Struktur der Naturgesetze einen gemeinsamen Ursprung in der Vernunft des Schöpfers haben, der der Grund der Existenz sowohl der menschlichen Natur als auch der der von uns bewohnten physischen Welt ist" (147). Polkinghorne vollzieht eine Fusion kausaler bzw. konditionaler und teleologischer Überlegungen, indem er die Frage nach der Reichweite des menschlichen Erkenntnisvermögens („*Wozu* ist der Mensch in der Lage?") mit der Frage nach den Bedingungen der Welterkenntnis und der Beschaffenheit der Welt („*Warum* ist die Welt so beschaffen, dass diese Beschaffenheit mathematisch beschreibbar ist?") vermischt. Er übersieht, dass aus der Annahme einer Finalität (d.h. Übereinstimmung der Vernunft des Geschöpfes mit der Rationalität einer naturgesetzlich beschreibbaren Wirklichkeit zwecks Erkenntnis der Vernunft des Schöpfers) nichts abgeleitet werden kann für kausale oder konditionale Erklärungen evolutiver Prozesse. Erklärungen zum finalen Endzweck von Strukturen können keine Leerstellen kausaler Erklärungsversuche für Prozesse schließen, die in diesen Strukturen ablaufen. Ebenso bleibt er den Nachweis schuldig, was seinen Vorschlag von einer Regung religiösen Wunschdenkens unterscheidet, das auf Gottes Schöpfungsplan verweist, um naturwissenschaftliche Erklärungslücken zu füllen. Unvollständige Informationen über die Beschaffenheit eines beobachteten Phänomens können nicht durch Angaben einer Ziel- oder Zweckbestimmung dieses Phänomens ersetzt werden, sondern verweisen diese Angaben ins Reich der Spekulation.

4 Es ist darüber hinaus bezeichnend, dass die Evolution nicht einem linearen Muster der Zunahme an Komplexität folgt. Vielmehr sind disruptive Ereignisse mit beträchtlichem Zerstörungspotenzial zu ihrem Treiber geworden. Vgl. dazu ausführlich E. OESER, Katastrophen. Triebkraft der Evolution, Darmstadt 2011.

des Lebens ist für keinen Menschen bereits dadurch beantwortet, dass man ihm erklären kann, wie es dazu kam, dass er am Leben ist. Ähnliches gilt für die Frage nach der Bedeutung des Universums. Sein Bestand ist ein Faktum. Aber das erkenntnistheoretische Konto wird überzogen, wenn man bereits in diesem Faktum eine Bedeutung vermutet. Im Gegenteil: Sowohl in inhaltlicher als auch in methodischer Hinsicht haben die modernen Wissenschaften eine Weltauslegung auf den Weg gebracht, in der eher bestritten wird, dass dem Menschen und dem Dasein im Ganzen von Natur aus etwas zukommt, wovon berechtigterweise Aufhebens zu machen sei.[5]

## 1. Ausgangspunkt: Das Leben – von Natur aus belanglos?

Das von den Natur- und Humanwissenschaften zusammengetragene Wissen führt zwar zu Bestimmungen, die den Menschen von anderen Lebewesen unterscheiden. Aber diese Unterschiede heben ihn keineswegs aus den elementaren biologischen und evolutiv-prozesshaften Lebensbedingungen und Daseinsumständen der anderen Lebewesen heraus. Das gilt auch und erst recht für jene Besonderheiten, die sich der Mensch als Träger von Bewusstsein, Geist und Vernunft zugeschrieben hat.

In einer naturalistischen Perspektive erscheint der Mensch als ein spätes Produkt der natürlichen Evolution, aber nicht als deren Ziel- oder Endpunkt. Er stellt eine spezifische Organisationseinheit von Leben dar, „die so programmiert ist, daß sie das tut, was immer für ihre Gene als Gesamtheit am besten ist.“[6] Der Mensch ist von Natur aus darauf angelegt, die Reproduktionschancen seiner Spezies zu erhöhen. Aber dies gilt eben auch für die Angehörigen jeder anderen Spezies. „Alle

5 Vgl. exemplarisch G. Vollmer, Auf der Suche nach der Ordnung. Beiträge zu einem naturalistischen Welt- und Menschenbild, Stuttgart $^{2}$2013; Ders., Gretchenfragen an Naturalisten, Aschaffenburg $^{2}$2017.

6 R. Dawkins, Das egoistische Gen, Heidelberg 1978, 79.

Organismen, die heute auf dem blauen Planeten leben, verdanken ihre Existenz dem eigennützigen Streben ihrer Vorfahren nach Vorteilen im Kampf um Ressourcen und genetischen Fortpflanzungserfolg."[7] Bei diesem Kampf mögen dem Menschen Bewusstsein, Geist und Vernunft zusätzliche Vorteile verschaffen. Einen anderen Endzweck als seine natürlichen Anlagen werden aber auch sie nicht verfolgen. Sie können nicht abstreifen, was sie bedingt und ermöglicht hat. Das gilt auch für das menschliche Vermögen, sich kritisch-reflexiv auf diesen Umstand zu beziehen. Menschliches Ich-Bewusstsein kommt erst auf der Organisationshöhe eines Zentralnervensystems vor und sämtliche geistigen Prozesse sind gebunden an neuro-physiologische Vorgänge. Als solche aber manifestieren sie etwas Subjektimmanentes. Allenfalls sind sie Ausdruck der subjektimmanenten Verarbeitung von sinnesvermittelten Informationen über die Außenwelt. Die Antwort auf die Frage, was es mit dem Menschen letztlich auf sich hat, lautet somit kurz und bündig: Er ist ein neuro-physiologisches System der Informationsverarbeitung. Die sogenannten „letzten Fragen" nach dem Sinn solchen Daseins haben ihren Ort in neuronalen Ereignissen in bestimmten Hirnarealen. Unabhängig von neurophysiologischen Prozessen kommt diesen Vollzügen keine Eigenexistenz zu. Dasselbe gilt von dem, wonach sie fragen.[8]

Verknüpft man die naturalistische mit einer psychoanalytischen Perspektive, lässt sich mit dem Aufweis von unbewussten Triebkräften und Motiven individuellen Handelns zeigen, dass das menschliche Individuum keineswegs von sich aus bzw. in der Orientierung an Imperativen der Vernunft frei und selbstbestimmt über sich verfügen kann. Was als autonome Selbstbestimmung behauptet wird, kann in Wahrheit und Wirklich-

---

7 M. Schmidt-Salomon, Manifest des evolutionären Humanismus. Plädoyer für eine zeitgemäße Leitkultur, Aschaffenburg $^{2}$2006, 17.

8 Zur philosophischen und theologischen Auseinandersetzung mit solchen Auffassungen siehe u. a. A. Langenfeld/M. Lerch, Theologische Anthropologie, Paderborn 2018, 19–61; B. Beck, Ein neues Menschenbild? Der Anspruch der Neurowissenschaften auf Revision unseres Selbstverständnisses, Münster 2013.

keit auch Ausdruck unbewusster, innersubjektiver Kräfte sein.[9] Davon ist auch die Frage nicht ausgenommen, wie es letztlich um ein solches Dasein steht. Kann es nicht sein, dass diese Frage ebenfalls aus Prozessen stammt, die dem bewussten Zugriff des Subjekts entzogen sind? Wenn dieser Verdacht zu erhärten ist, dann meldet sich in den sogenannten „letzten Fragen" etwas an, das der Mensch selbst nicht durchschaut und das ihn eventuell auf eine falsche Fährte führt.

Die Geschichte menschlicher Erkenntnisbemühungen ist auch die Geschichte von Fehlleistungen – aus denen man jedoch Lehren ziehen kann. Eine dieser Lehren lautet: Fehlende, mangelhafte oder irreführende Antworten resultieren oft aus falsch gestellten Fragen. Die Einsicht in diesen Umstand ist zunächst frustrierend, weil sie die Fraglichkeit eines bedeutsamen Daseins nochmals unterstreicht: Offensichtlich ist der Mensch nicht mit jener Mitgift an Bedeutsamkeit ausgestattet, die seine Hoffnung erfüllt, sich von seinem puren Dasein bereits etwas Besonderes versprechen zu dürfen. Diese Fehlanzeige erübrigt zwar nicht die Frage, was ihn zu etwas Besonderem macht. Aber sie bringt ihn auf eine tote Spur, wenn er in seinem Dasein etwas ausmachen will, das diesem Dasein von Natur aus einen höheren Zweck, eine besondere Würde oder hinsichtlich der Evolution des Lebens eine unüberbietbare Sonderstellung verleiht.

Allerdings muss deswegen das Interesse an einem bedeutsamen Dasein keineswegs aufgegeben werden. Ebenso wenig kann die Frage „Was ist der Mensch?" durch die Frage ersetzt werden, welche Bedeutung diese Frage für den Menschen hat.[10] Wer die Bedeutung einer Frage ermittelt, ohne anzugeben, welche Bedeutung das Erfragte hat, lässt den Fragesteller ratlos zurück. Aber es gibt noch eine weitere Option. Für den Fall, dass sein Leben von sich aus nichts Bedeutendes aufzuweisen hat, sucht der moderne Mensch nach einer Alterna-

9 Vgl. E. List/H. Stelzer (Hg.), Grenzen der Autonomie, Weilerswist 2010.

10 Vgl. G. W. Bertram, Was ist der Mensch? Warum wir nach uns fragen, Stuttgart 2018.

tive und formuliert seine Frage neu: „Was *macht* menschliches Leben bedeutsam?“ Und da in lebenswichtigen Angelegenheiten nur selten etwas von selbst geschieht, wird diese Frage von ihm nochmals präzisiert: „Wie mache *ich* mein Leben bedeutsam?“ Diese Fragevariante deutet an, dass menschliches Leben offenkundig erst durch all das bedeutsam wird, „was der Mensch als tätiges Wesen aus den vorgefundenen Verhältnissen und dabei zugleich aus sich selbst macht“[11].

Bei der Erörterung menschlicher Eigenbeteiligung am Bedeutungszuwachs seines Daseins liegt es nahe, jenen Fundus an Antworten zu inspizieren, für den der Begriff „Kultur“ steht. Hier manifestiert sich das Bedeutsamkeits- und Geltungsstreben des Menschen. Hier ist jener Zeichenvorrat zu entdecken, mit dem er seinen Bedarf an Deutungen und Bedeutungszuschreibungen deckt. Zugleich ist die Vielzahl menschlicher Lebenszeichen – und nicht bereits der existenziellen Fragezeichen – ein signifikanter Hinweis auf seine Besonderheit. Die Fähigkeit, in seinem Leben Bedeutsames zu erschließen und Bedeutendes zu vermitteln, zeichnet den Menschen gegenüber anderen Lebewesen aus und macht ihn zu einem „Kulturwesen“.[12] Denn Kultur besteht in dem Vermögen, ein Reservoir von Bedeutung(en) anzulegen und Bedeutsames in Zeichen, Symbolen, Bild- und Sprachmedien über die Zeit hinweg zugänglich zu halten.[13] In Kunst, Mythos und Moral zeigt sich auch, dass der Mensch auf einen Mehrwert aus ist – auf ein „Mehr“ an Wert und Würde, als ihm die Kennzeichnung als biologisches Mängelwesen, als Reiz-Reaktions-Apparat oder als Reproduktionseinheit seiner Gene zuerkennt. Nicht zuletzt demonstrieren die Religionen, wie weit der Radius der Frage ist, was es mit dem Leben

---

11 B. Recki, Der Mensch und die Kultur, in: M. Hofer (Hg.), Über uns Menschen. Philosophische Selbstvergewisserungen, Bielefeld 2010, 34.

12 Vgl. H. Schmidinger/C. Sedmak (Hg.), Der Mensch – ein animal symbolicum? Sprache – Dialog – Ritual, Darmstadt 2007.

13 Vgl. hierzu auch F. Rodi, Über die Erfahrung von Bedeutsamkeit, Freiburg/München 2015, 50–69, 203–217.

letztlich auf sich hat. Allerdings stehen gerade sie auch unter dem Verdacht, etwas in das Leben hineinzulesen, das nie geschrieben wurde.[14]

## 2. Kontrapunkt: Der Glaube – ein Dementi belanglosen Daseins?

Die anhaltende Aufmerksamkeit für den Komplex „Kultur" als Ressource menschlicher Selbstdeutung und -gestaltung ist verknüpft mit einer methodischen Transformation, die seit geraumer Zeit in den Geistes- und Sozialwissenschaften im Kontext eines „cultural turn" virulent ist. Dabei wird meist ein Kulturbegriff verwendet, der auch religiöse Daseinsdeutungen einschließt. In säkularen wie in religiösen Deutungsmustern geht es um ein „historisch überliefertes System von Bedeutungen, die in symbolischer Gestalt auftreten, ein System überkommener Vorstellungen, die sich in symbolischen Formen ausdrücken, ein System, mit dessen Hilfe die Menschen ihr Wissen vom Leben und ihre Einstellungen zum Leben mitteilen, erhalten und weiterentwickeln."[15]

Der „cultural turn" hat zwar nachdrücklich in Erinnerung gerufen, dass der Mensch ein „animal interpretans" ist, d.h. ein Wesen, das nach Bedeutung fragt, Deutungen vornimmt und in der Lage ist, Bedeutsames hervorzubringen. Aber er hat ebenso eine existenzielle Verlegenheit des Menschen bestätigt: Alles Bedeutsame *im* Leben gibt noch keine zureichende Auskunft darüber, wie es überhaupt *um* das Leben im Ganzen steht. Zwar kann menschliches Dasein bedeutsam werden durch all das, was der Mensch *aus* seinen Lebensverhältnis-

---

14 Vgl. H. v. HOFMANNSTHAL, Der Tor und der Tod, Leipzig 1902, 32: „Wie wundervoll sind diese Wesen, / Die, was nicht deutbar, dennoch deuten, / Was nie geschrieben wurde, lesen, / Verworrenes beherrschend binden / Und Wege noch im Ewig-Dunkeln finden."

15 C. GEERTZ, Dichte Beschreibung. Beiträge zum Verstehen kultureller Systeme, Frankfurt $^{2}$1987, 46.

sen und dabei zugleich aus sich selbst macht. Aber damit ist noch nicht geklärt, was es erstlich und letztlich *mit* dem Leben auf sich hat: Kommt es auch hier allein auf das menschliche Tun an? Oder gibt es Gelingensbedingungen seiner Bemühungen um Lebenssinn, von deren Erfüllung der Mensch ausgehen muss, ohne selbst etwas zu ihrer Erfüllung beitragen zu können? Muss ein Leben, um daraus etwas Gutes und Bedeutsames machen zu können, nicht mindestens so gut und bedeutsam angefangen haben, dass es auch wert ist, durch menschliches Zutun auch in Zukunft vom Belanglosen unterschieden zu werden?

Allerdings ist selbst mit einer affirmativen Antwort die Erkundigung nach unverfügbaren, aber notwendigen Prämissen sinnvollen Daseins noch nicht am Ziel. Denn diese Antwort ist in einen Widerstreit verstrickt: Was hat es damit auf sich, dass es in der Welt neben dem kategorisch Guten auch kategorisch Negatives gibt? Welchen Sinn ergibt das Leben in einer Welt, in der es zu viel von dem gibt, das absurd und sinnentstellend ist? Wenn es im Leben zu viel des Üblen gibt, das im Leben nicht wieder gutgemacht werden kann, lässt sich dann dem Leben im Ganzen noch etwas Gutes abgewinnen? In welcher Einstellung zur Wirklichkeit zeigt sich ein Ermöglichungsgrund, dem Leben Bedeutung abringen zu können – allem Bedeutungslosen, Sinnwidrigen und Widersinnigen zum Trotz?

Wenn der christliche Glaube existenziell belangvoll sein will, muss er resonanzfähig sein für diese Fragen und für das Grundproblem der Daseinsakzeptanz – genauer: Er muss zeigen können, worin seine Bedeutung für die Frage nach der strittigen Bedeutsamkeit bzw. einer Bewältigung der offenkundigen Bedeutungslosigkeit menschlichen Daseins liegt. Relevant ist er nur, wenn er eine Antwort geben kann auf die Frage, wie auf Dauer und im Ganzen ein Leben akzeptierbar ist, in dem zugleich

- Gutes geschieht, das es verdient, nicht wieder schlecht gemacht zu werden,

- Böses geschieht, das ohne Wenn und Aber inakzeptabel bleibt,
- Gutes und Böses einander nicht aufwiegen.

Dieser Relevanznachweis kann nicht im Modus der frommen Beteuerung oder plakativen Behauptung erbracht werden. Er verlangt, dass auch unübersehbare, eindeutige und überzeugungsstarke Zeichen gesetzt werden. Das Christentum ist auf diesem Feld lange Zeit sehr produktiv gewesen und hat eine überaus vielfältige und vielgestaltige Kultur der Zeichensetzung hervorgebracht. In der Literatur, Malerei, Musik, Architektur hat es zahlreiche Spuren einer vom Glauben an Gott inspirierten Bedeutungszuschreibung von Leben und Tod, Glück und Scheitern des Menschen hinterlassen.[16]

Allerdings sind diese Hinterlassenschaften nicht über den Verdacht erhaben, mehr einem selbstreferentiellen Geltungsstreben des Christentums zu entsprechen, als dass sie eine das menschliche Dasein würdigende Bedeutungszuschreibung darstellen. Zudem verblassen diese Zuschreibungen im Laufe der Zeit. Sie verlieren an Plausibilität und unmittelbarem Daseinsbezug.[17] Manche Vorzeigestücke christlicher Ästhetik lösen buchstäblich nur noch „ungläubiges Staunen“ aus,[18] d.h. entweder verbleibt man ihnen gegenüber im Modus des Staunens (und kommt aus diesem Modus nicht mehr

---

16 Vgl. hierzu J. Lauster, Die Verzauberung der Welt. Eine Kulturgeschichte des Christentums, München [3]2015.

17 „Wir mögen die Schönheit der Gotteshäuser bewundern, aber ein großer Teil der Bewohner des Westens weiß – wenn auch manchmal am Rande des Bewusstseinsfelds –, dass der Glaube, in dessen Namen sie errichtet wurden, letztlich eine Fiktion ist. Hobbes, Kant, Nietzsche, Sartre, Foucault und viele andere haben uns schonungslos vor Augen geführt, welchen Platz wir in der Welt einnehmen und dass wir am Ende auf uns selbst gestellt sind. Wer heute noch von der absoluten Wahrheit dieser Trostsysteme überzeugt ist, muss schon eine gehörige Portion Selbstbetrug aufbringen“, C. Strenger, Abenteuer Freiheit. Ein Wegweiser für unsichere Zeiten, Berlin 2017, 12.

18 Vgl. N. Kermani, Ungläubiges Staunen. Über das Christentum, München [10]2016.

heraus)[19] oder dieses Staunen bewirkt etwas, was weder den Glauben stärkt noch ihn für das Leben bedeutsam macht. Was das Staunen nach sich zieht, ist dann Unglaube – ein erstaunlicher Unglaube?!

Vermutlich zeichnet es den Menschen aus, dass er zu staunen vermag. Und vielleicht trifft es auch zu, dass das Denken mit dem Staunen beginnt. In fast jedem Buch zur Einführung in die Philosophie ist diese These zu lesen – meist im Einleitungskapitel. Aber wer über solche Einführungssätze hinaus und ins Nachdenken oder zum Selbstdenken kommen will, muss irgendwann aus dem Staunen heraus. Solange man im Modus des Staunens bleibt, ist man verwundert, verblüfft, verzückt, irritiert oder verstört – aber auch nicht ganz bei sich. Mancher ist beim Staunen sogar außer sich. Aber irgendwann muss der Staunende endlich Vernunft annehmen oder zur Vernunft kommen – um auch wieder ganz bei sich zu sein. Bleibt es beim Staunen, führt es zu nichts.

Dass dem Erstaunlichen im Bereich der Religion eine ähnliche Wirkung zu attestieren ist, wird sich nur schwer bestreiten lassen. Darum gilt es zu klären: Richtet sich das Staunen auf etwas, das auch Gegenstand des Nachdenkens oder Auslöser des Selbstdenkens sein kann? Kommen ihm ein Gehalt und eine Bedeutung zu, die kritischen Nachfragen standhalten können?[20] Oder verhält es sich so, dass ästhetische und symbolische Glaubenszeugnisse nur die Vorläufer jener virtuellen Realitäten sind, welche die moderne Medienwelt hervorgebracht hat? Dabei handelt es sich um eine Wirklichkeit, die von ihrem Medium generiert wird und die keinen von ihrem Medium unabhängigen Realitätsstatus hat. Mehr ist buchstäblich nicht „dahinter", als dass Medien Realitäten erzeugen, die

---

19 Vgl. hierzu auch T. Kehren u. a. (Hg.), Staunen. Perspektiven eines Phänomens zwischen Natur und Kultur, Paderborn 2019; N. Gess u. a. (Hg.), Staunen als Grenzphänomen, Paderborn 2017.

20 Vgl. hierzu den luziden Entwurf von K. Huizing, Ästhetische Theologie, Gütersloh $^{2}$2015. Nicht minder imponiert hinsichtlich der Materialfülle und der Deutung des ästhetischen Erbes der Theologie A. Stock, Poetische Dogmatik. 11 Bde., Paderborn 1995–2016.

nur in ihnen präsent und zugänglich sind. Zwar stellt das solchermaßen Virtuelle eine Realität dar, die nicht in jener physischen Form existiert, in der sie zu wirken scheint. Aber hinsichtlich seiner Bedeutung und ihrer Wirkung kommt es einer real existierenden Sache gleich.[21] Sein und Schein sind hier jedoch nicht mehr zu unterscheiden.

Allerdings kommt es auf eben diesen Unterschied an, wenn man religiöse Wahrheiten nicht mit Scheinwahrheiten gleichsetzen will. Wenn der Glaube nur jene Inhalte vertritt, die er selbst erzeugt, und wenn diese Inhalte allein in der Weise des Glaubens vertretbar sind, dann fehlt ihnen jene externe Referenz, an der zu überprüfen ist, ob hier wirklich etwas wirklich Wahres behauptet wird. Dieser glaubensexterne Bezug besteht zunächst in der Anschlussfähigkeit von Vollzug und Gehalt des Glaubens für die Daseinsdeutung und Lebenspraxis des Menschen. Gegenüber einer skeptischen und kritischen Öffentlichkeit muss man neu darlegen können, wie man heute eigentlich dazu kommt, die zentralen Gehalte des christlichen Glaubens für existenziell belangvoll zu halten, wie man diese Überzeugung rational einsichtig machen will und auf welchen Wegen man sie sozio-kulturell vermitteln möchte. Wer dies unterlässt, setzt den Glauben dem Verdacht aus, dass er nur ein belangloses Dementi eines belanglosen Daseins ist.

---

21 Vgl. hierzu S. Dungs/U. Gerber (Hg.), Der Mensch im virtuellen Zeitalter, Frankfurt 2003; P. Roth u. a. (Hg.), Die Anwesenheit des Abwesenden. Theologische Annäherungen an Begriff und Phänomene von Virtualität, Augsburg 2000. – Es ist nur eine Frage der Zeit, bis das mythologische Inventar (Geister, Dämonen etc.) religiöser Lebenswelten als Vorläufer einer „augmented reality" identifiziert wird, bei der die reale Welt um virtuelle Elemente erweitert wird. Von der Möglichkeit einer Wirklichkeitsergänzung machen z. B. Navigationsgeräte Gebrauch, wenn sie über die gerade per Monitor oder Datenbrille betrachtete reale Welt in Echtzeit zusätzliche Textinformationen und Grafiken einblenden (vgl. J. M. Ariso (Hg.), Augmented Reality. Reflections on Its Contribution to Knowledge Formation, Berlin/Boston 2017). Diesen Modus und Status der Einblendung behält das Mythische im Säkularen; seine Informations- und Orientierungsrelevanz wird von Kritikern jedoch ins Reich der Einbildung verschoben.

## 3. Brennpunkt: Die Theologie – belangvoll für Glauben und Leben?

Gibt es nach zahlreichen Wellen der Entmythologisierung und Säkularisierung in modernen Gesellschaften überhaupt noch ein Bezugsproblem, zu dessen Bewältigung der Glaube einen modernitätskompatiblen Beitrag leisten kann? Und wenn die fragliche Bedeutsamkeit und prekäre Akzeptanz des Daseins ein solches Bezugsproblem darstellt, wie lässt sich dann zeigen, dass die Antworten des Glaubens auch so ausfallen, dass sie einem Subjekt zumutbar sind, das nichts gelten lässt, was seiner kritischen Vernunft widerspricht?

Mit diesen Fragen beginnt der Part der Theologie. Von ihr wird nicht nur erwartet, dass sie aufzeigt, wie der Glaube mit seinen eigenen Mitteln in Liturgie, Verkündigung und Diakonie seiner Sache gerecht werden kann und dabei auf der Höhe der Zeit ist. Sie hat auch die Frage zu beantworten, wie man der Sache des Glaubens auf der Höhe der Zeit mit den Mitteln der Vernunft gerecht werden kann. Die Doppelfrage, inwiefern sich die existenzielle Herausforderung der „Daseinsakzeptanz angesichts des Inakzeptablen" durch Säkularisierungsresistenz auszeichnet und inwiefern eine christliche Umgangsform mit diesem Problem als modernitätskompatibel ausweisbar ist, markiert dabei eine zentrale Herausforderung theologischer Reflexion.

Es wäre nicht hinreichend, würde die Theologie in diesem Kontext bloß den Grundbestand christlicher Aussagen über Gott und die Welt vernunftgemäß vergegenwärtigen. Sie muss auch Verfahren erörtern, die zur Erkenntnis dessen führen, was diesen Aussagen zu Grunde liegt und sie rechtfertigt. Vor allem aber darf sie sich nicht beschränken auf den Bestand von dogmatischen Aussagen und auf die Verifikation von „Satzwahrheiten". Wenn die Kommunikation des christlichen Glaubens vornehmlich über Zeichen und Symbole, über Riten und Rituale verläuft, dann bedarf es einer Hermeneutik, die der Besonderheit dieser Medien gerecht wird. Die Ausarbeitung einer solchen Hermeneutik verlangt wiederum die Beachtung wissenschaftlicher Sorgfaltspflichten. Im Zentrum steht dabei die Aufforderung: Weise nach, dass beim Relevanz- und Plausibilitätsnachweis von Vollzug und Gehalt des Glaubens sowie bei der Erörterung zeit- und sachgemäßer Kommunikationsmedien des Glaubens auch jene Kriterien erfüllt werden, nach denen sich intellektuelle und wissenschaftliche Redlichkeit bemessen![22]

Allerdings können Absicht und Ziel, die Verantwortbarkeit des Glaubens zu demonstrieren, bereits im Ansatz verfehlt werden, wenn die spezifischen Sprachformen und Darstellungsformate des Glaubens nicht eigens bedacht werden. Der Glaube spricht in Symbolen und Metaphern; er greift zurück auf Mythen und Legenden; er bedient sich der Analogie und des Gleichnisses; er stellt sich dar in Kult und Liturgie; er spricht die Sprache von Dogma und Moral. Die Bedeutung und Wahrheit des Gesagten und Dargestellten sind nicht unabhängig von der Logik und Eigenart der jeweils gewählten Aussage- und Darstellungsweise zu erheben. Und diese sind ihrerseits verknüpft mit spezifischen Kommunikationssituationen. Wenn die Zeugnisse des christlichen Glaubens von ihrem „Sitz im Leben" abgelöst, in ihrem Gestus des Sagens und Zeigens nicht als spezifische Zeichensprache neu verstanden und als Interpretamente menschlichen Daseins „vor Gott" jeweils neu eingesetzt werden können, vermitteln sie keine lebensrelevanten Einsichten mehr.

In vielen Fällen werden sie selbst zu einem Interpretandum, d. h. zu einer deutungsbedürftigen Deutung. Von der Theologie wird in solchen Fällen meist erwartet, dass sie den aufgekommenen Deutungsbedarf erfüllt. Kommt sie dieser Erwartung nach, liefert sie Deutungshilfen für deutungsbedürftige Deutungsangebote. Allerdings ist fraglich, ob dies bereits eine lebensbedeutsame Interpretationsleistung darstellt. Eine für Glauben und Leben belangvolle Theologie wird mehr und an-

---

22 Vgl. hierzu ausführlich H.-J. Höhn, Praxis des Evangeliums – Partituren des Glaubens. Wege theologischer Erkenntnis, Würzburg 2015.

deres leisten müssen. Ihre Interpretationspraxis hat zwar die Zeugnisse des Glaubens als Gegenstand, aber ihr Ziel ist nicht die Deutung dieser Zeugnisse, sondern das Verstehen menschlichen Daseins im Licht dieser Zeugnisse. Andernfalls verkommt sie zu einem weltfremden Schriftgelehrtentum.

Das wichtigste Werkzeug theologischer Reflexion ist die Sprache, und wichtige Glaubenszeugnisse liegen in Schriftform vor. Unter dieser Rücksicht muss ein Großteil der theologischen Arbeit in das Lesen und Verstehen dieser Zeugnisse investiert werden. Die Theologie darf sich dabei aber nicht mit der Vorstellung anfreunden, die Sprache sei (bloß) ein Behälter oder Umschlag, in den man Glaubenswahrheiten hineinstecken und dann verschicken kann. Was in einen Umschlag gesteckt werden kann, existiert auch außerhalb eines Umschlags. Religiöse Wahrheiten aber haben keine Bedeutung und keine Wahrheitsreferenz fernab spezifischer Sprachformen und deren Einbettung in entsprechende Wahrnehmungs- und Handlungskontexte.[23] Ihre Inhalte sind auf eine spezifische sprachliche Gestalt angewiesen. Löst man sie davon ab, macht man Sprecher und Adressat sprachlos. Belässt man sie jedoch in einer längst toten Sprache, bringt man religiöse Wahrheiten um ihre Geltung.

Eine tote Sprache ist vergleichbar einer Geldwährung, die nicht mehr im Umlauf ist. In einer solchen Währung wird einem Christen kein Zeitgenosse mehr etwas abkaufen. Ohne eine gemeinsame intellektuelle Währungseinheit verliert religiöses Sinnkapital seine Gültigkeit. Anders formuliert: Man muss religiöse Wahrheiten übersetzen und aus einem zur Fremdsprache gewordenen Idiom in eine neue Form bringen. Aber ist zu solchen Übersetzungsleistungen und Neuformatierungen die Theologie noch willens oder in der Lage? Ist sie nicht in fataler Weise traditionsfixiert, wenn sie meint, nur in ihren al-

---

23 Vgl. F. Wittekind, Theologie religiöser Rede, Tübingen 2019. Zum Ganzen siehe auch U. Gerber/R. Hoberg (Hg.), Sprache und Religion, Darmstadt 2009; A. Lasch/W.-A. Liebert (Hg.), Handbuch Sprache und Religion, Berlin 2017.

ten (und abgestorbenen) Sprachen unverkürzt und unverfälscht von Gott reden zu können? Verhindert nicht ihr dogmatisches Regelwerk die Übersetzung der Inhalte religiösen Sprechens in andere Sprachspiele mit anderen Regeln?

Von diesem Verdacht kommt die Theologie nur dann los, wenn sie eine zweifache Anforderung erfüllt. Die religiösen Sprachmuster der Vergangenheit – wie etwa Mythen und Wundererzählungen – sind einerseits aus ihren eigenen Entstehungs- und Verstehensbedingungen heraus einsichtig zu machen. Hierbei stehen die Aspekte „Genus“ und „Genese“ im Vordergrund. Andererseits ist ihre Übertragbarkeit in Erfahrungs-, Deutungs- und Handlungskontexte zu sichern, in denen heute über ihre Geltung und Plausibilität entschieden wird. Dies setzt ein präzises Unterscheiden und Verknüpfen historischer, sozio-kultureller, sprachlicher und existenzieller Bezüge voraus.

Um dieses Erfordernis exemplarisch zu verdeutlichen: Wer sich für die Schöpfungserzählung in Gen 1,1–2,4a interessiert, erfährt bereits anhand der Gattung „Ursprungsmythos“, dass nicht von einem Anfang die Rede ist, dessen Abstand von der Gegenwart in Zeitmaßen angebbar ist. Es geht nicht um ein „initium“ zeitlich datierbarer Ereignisse, sondern um ein „principium“ zeitlichen Daseins, das grundlegend für alle Weltereignisse ist und das man nicht in einem zeitlichen Sinn hinter sich lassen kann.[24] Und was die Genese dieses Textes angeht, so ist seine Entstehung und Redaktion verknüpft mit der „Babylonischen Gefangenschaft“ (der Elite) des Volkes Israel.[25] Angesichts eines nahen Endes wird nach den Anfangs-

24 Vgl. ausführlich E. Angehrn, Die Frage nach dem Ursprung, München 2007, 57–76.

25 Der aggressiven Expansion des babylonischen Reiches unter Nebukadnezzar (605–562 v. Chr.) fällt auch der Staat Juda zum Opfer. 597/596 v. Chr. kommt es zur Eroberung der Stadt Jerusalem und zur Deportation von weiten Teilen der Bevölkerung Judas und seiner Führungsschicht nach Babylon. Diese Ereignisse bilden ein tiefes Trauma jüdischer Identität und Geschichte. Mit der zweiten Eroberung Jerusalems und der Zerstörung des Tempels im Jahr 588/587 n. Chr. steht nicht nur die politische Zukunft des „Volkes Israel“ vor

und Sinnbedingungen des Daseins gefragt. Das Ende der eigenen Geschichte vor Augen, verurteilt zum Verlust von Heimat, Identität und Zukunft, sucht man nach einer Möglichkeit, wie man eine solche Situation bestehen und überleben kann:

- Inwiefern ist eine Welt bejahbar, für die man entbehrlich und überflüssig geworden ist?
- Für wen ist die Welt geschaffen und akzeptabel – letztlich nur für die Starken und Mächtigen oder kann es darin auch eine Bleibe für die Schwachen und Machtlosen geben?
- In welchem Verhältnis stehen die Lebensbedingungen der Überlegenen zu den Überlebensbedingungen der Unterlegenen?

Bereits die Entstehungs- und Erzählsituation des Schöpfungsmythos deutet an, dass es sich bei ihm weniger um eine Weltentstehungstheorie als um eine Weltakzeptanzreflexion handelt. Wenn es darum geht, ihn auf geschichtlich unabgegoltene Einsichten zu befragen, reicht die Ermittlung seiner Bedeutung für die ersten Adressaten dieses Textes nicht aus. Vielmehr muss nach Möglichkeiten der Bedeutungsübertragung in die Gegenwart gesucht werden. Hierbei kommt erneut die Unterscheidung zwischen „Weltentstehungstheorie“ und „Weltakzeptanzreflexion“ zum Tragen. Ein Übersetzungsversuch muss scheitern, wenn man Intention und Aussage des Schöpfungsmythos inserieren will in eine naturwissenschaftliche Kosmologie (z. B. in der Variante des „Intelligent Design“). Die einzige Möglichkeit zum Erweis seiner Gegenwartsrelevanz besteht darin, seine Aussage und Intention anschlussfähig zu machen für das Problem der Daseinsakzeptanz.[26]

Den Zweifel auszuräumen, ob man konsistent denken kann, was Christen glauben, verlangt mehr, als Reparaturen an der

---

dem Aus, auch sein Glaube an die Heilsverheißungen Jahwes ist tief erschüttert. Vgl. hierzu Ch. FREVEL, Geschichte Israels, Stuttgart 2016, 270–284.

26 Vgl. hierzu in diesem Band den Abschnitt „Schöpfung: Dasein als Im-Wort-Sein“ (IV.1.).

religiösen Semantik vorzunehmen. Für den Nachweis, dass Inhalte des Glaubens auch widerspruchsfrei gedacht werden können, bedarf es besonderer Übersetzungsleistungen. Gefragt ist eine Extrovertiertheit von Theologie und Glaube, die auch ihre säkularen Zeitgenossen erreicht. Die säkulare Vernunft lässt sich aber nur von jenen religiösen Akteuren etwas sagen, die etwas Vernünftiges zu sagen haben. Theologie und Glaube werden dann über ihre eigenen Zirkel hinaus bedeutsam, wenn sie eine Bedeutung für eine vernunftorientierte Lebenspraxis haben. Die Chancen für einen solchen Relevanznachweis steigen, wenn es dabei um Fragen geht, die sich der Vernunft unabweislich stellen und die Vernunft zugleich an ihre Grenzen bringen. Diese Chancen sinken sogleich wieder, wenn sich Theologie und Glaube Grenzüberschreitungen leisten und als Exponenten des Vernunftwidrigen erscheinen, anstatt das vernunftgemäße Andere der Vernunft zu repräsentieren.[27] Zwischen säkularer Unvernunft und religiösem Aberglaube verläuft nur ein schmaler Grat. Auf ihrer Gratwanderung beim Nachdenken über Existenz und Transzendenz, Vernunft und Glaube kann sich die Theologie keine großen Ausrutscher erlauben.

Wer den eigenen Glauben gegenüber anderen zwar bezeugen will, dabei aber nicht auf die Verständlichkeit seines Zeugnisses bedacht ist, kann kein Verständnis wecken für den Inhalt und Anspruch des bezeugten Glaubens. Wer für etwas Verständnis aufbringen soll, muss es zunächst verstehen können. Unter dieser Rücksicht müsste den Vertretern religiöser Überzeugungen primär daran gelegen sein, bei ihren säkularen Zeitgenossen nicht Glauben zu wecken, sondern das Verstehen des zu Glaubenden zu ermöglichen. Wer nur den Glauben von Menschen wecken will, nicht aber ihren Verstand, verhindert, dass sie verstehen, was sie glauben. Da das Verstehen des Glaubens aber eine Verstandesleistung ist, muss es den Glaubenden beim Vermitteln des Glaubens mehr um die Verständ-

27 Vgl. H.-J. Höhn, Religion – das vernunftgemäße Andere der Vernunft?, in: M. Endreß u.a. (Hg.), Herausforderungen der Modernität, Würzburg 2012, 277–302.

lichkeit des Glaubens als um den Ausweis ihrer Frömmigkeit gehen. Wer etwas bezeugt, ohne für den damit verbundenen Geltungsanspruch auch gute Gründe angeben zu können, hat nicht nur ein Vernunft-, sondern auch ein Glaubwürdigkeitsdefizit. Daher muss das vernunftgemäße Verstehen ihrer Botschaft den Glaubenden wichtiger sein als deren fromme Bezeugung.[28]

Dies mag für religiöse Menschen kontraintuitiv klingen und eine für sie plausible Reihenfolge umkehren („Erst der Glaube, dann die Vernunft"). Aber auch in Religionsangelegenheiten muss bisweilen die Rangfolge der Relevanz umgedreht werden, wenn es dabei mit rechten Dingen zugehen soll. Bisweilen stellt man im Nachhinein fest, dass die zunächst gewählte Reihenfolge kontraproduktiv ist: Natürlich organisiert man seinen Urlaub gerne mit einem Reiseveranstalter, der alles dafür tut, dass Urlauber stets bei guter Stimmung sind und bestens verpflegt werden. Aber wer würde für den Flug an den ausgewählten Urlaubsort eine Airline wählen, die mit dem Slogan wirbt: „Bei uns steht der Bordservice im Mittelpunkt!" – und somit nicht das Flugzeug?

Die Theologie interessiert sich um der Sache des Glaubens willen für die Sache der Vernunft.[29] Daher ist sie der Ort einer doppelten Interessenvertretung – der Interessen der Vernunft und des Glaubens.[30] Es mag Glaubende geben, die meinen, mit

---

28 Dass dabei eine überzogene Intellektualisierung des Glaubens erfolgen kann, ist nicht zu bestreiten. Aber ebenso unstrittig sollte sein, dass hinter der Verantwortung des Glaubens auch eine spezifische Geisteshaltung steht, die intellektuelle Redlichkeit als eine spirituelle Tugend begreift und nicht als deren Widerpart denunziert. Vgl. zu diesem Spannungsfeld Th. Möllenbeck/L. Schulte (Hg.), Spiritualität. Auf der Suche nach ihrem Ort in der Theologie, Münster 2017.

29 Zur näheren Bestimmung, wie die Vernunft zur Sache kommt und wie sie bei der Sache bleiben kann, siehe in diesem Band den Abschnitt „Dasein am Limit: Das Projekt der Vernunft" (II.2.2.).

30 Mit dieser Doppelrolle tut sich das kirchliche Lehramt noch immer schwer. Es sieht die Theologie am liebsten in der Rolle des Pflichtverteidigers seiner Glaubens- und Moraldoktrin. In der Regel ist damit die Erwartung verknüpft, dass man diese Doktrin gegenüber der Vernunft vertritt – und nicht, dass man

guten Gründen zeigen zu können, dass der Glaube sich nicht vor der Vernunft zu rechtfertigen hat, weil er angeblich jedes Vernunftvermögen übersteigt. Gleichwohl folgt aus den religiösen Höhenflügen über den Wolken der Vernunft keine Freistellung von der Verpflichtung, den Glauben von Projektionen und Illusionen freizuhalten. Wird darauf verzichtet, verliert er seine Unterscheidbarkeit von Unvernunft und Aberglaube. Anstatt zugänglich und durchlässig für das Licht der Vernunft zu sein, damit allseits sichtbar wird, was in ihm steckt, begibt er sich ins Zwielicht der Irrationalität. Hier verschwimmen klare Konturen und alle Farben werden grau. Zu verhindern ist dies nur, wenn sich der Glaube im Licht der Vernunft betrachten lässt. Allerdings scheuen manche seiner Vertreter dieses Licht und berufen sich darauf, dass dem Glauben selbst genug eigene Leuchtkraft zukommt. Bisweilen erscheint ihnen sogar die Vernunft als ein zu kleines oder zu schwaches Licht, um die Glaubens- und Lebenswelt des Menschen zu erhellen. Für größere Klarheit und Aufklärung ist angeblich dann gesorgt, wenn der Glaube als Lichtquelle fungiert und von ihm her der Vernunft ihr Licht aufgeht.[31] Ob diese Metaphorik erkenntnis-

dabei auch die Anliegen der Vernunft gegenüber der kirchlichen Glaubenslehre geltend macht. Wenn Theologen dies tun, geraten sie bisweilen in den Verdacht, sie wollten sich einem kirchlichen und einem säkularen Publikum andienen, um eine doppelte Aufmerksamkeitsrendite einzufahren. Oder man sieht sie als Doppelagenten am Werk und wittert bereits Hochverrat: Die Theologie lässt den Glauben Vernunft annehmen und liefert ihn in Wahrheit der zersetzenden Kritik eines Denkens aus, das ganz aus der Perspektive säkularer Rationalität kommt und am Ende nichts anerkennen wird, was nicht zum Bestand des Säkularen zählt. Wer so weit nicht gehen will, kleidet seinen Argwohn in eine fromme Ermahnung und macht einen Vorschlag, wie die Theologie die vermeintlich fatale Einseitigkeit zugunsten der Vernunft vermeiden kann: Anstatt sich mit Kritikern und Skeptikern an einen Tisch zu setzen, soll sie auf einem Betstuhl Platz nehmen und kniend die Mysterien des Glaubens meditieren. Vgl. hierzu B. Leven (Hg.), Unabhängige Theologie. Gefahr für Glaube und Kirche?, Freiburg/Basel/Wien 2016.

31 Zum Stellenwert der Lichtmetaphorik vgl. M. Enders, Zur Bedeutung des Lichts in Philosophie, Religion und (monotheistischer) Mystik, in: Jahrbuch für Religionsphilosophie 7 (2008) 85–107. – In der Enzyklika von Papst Franziskus „Lumen Fidei“ (2013) ist aus einem kulturpessimistischen Blickwinkel

theoretisch berechtigt ist, darf bezweifelt werden. Und inwiefern hier optisch-ästhetische Analogiebildungen weiterhelfen, ist nicht minder strittig. Experimentell lässt sich sehr schnell nachweisen, dass eine Kerze nicht heller leuchtet, wenn man sie mit einer Taschenlampe anstrahlt.

Wer partout in der Theologie auf die Lichtmetaphorik setzen will, sollte auf ein anderes Modell zurückgreifen, um das Verhältnis von Vernunft und Glaube ästhetisch zu veranschaulichen. Man kann den Glauben vergleichen mit einem Kirchenfenster, das aus vielen bunten Scheiben zusammengesetzt ist. Der Zweck eines solchen Fensters liegt nicht darin, für freien Blick nach draußen zu sorgen. Vielmehr will es durch den Lichteinfall von außen sichtbar machen, was in ihm steckt: Szenen aus dem Evangelium oder Begebenheiten aus dem Leben eines Heiligen. Die Kirchenbesucher sollen sich beim Betrachten solcher Fenster selbst ein Bild vom Glauben machen können. Das aber gelingt nur bei entsprechenden Lichtverhältnissen. Hier beginnt die Aufgabe der Theologie. Sie muss dafür sorgen, dass möglichst viel Licht möglichst intensiv auf den Glauben fällt, damit erkennbar wird, was er aufzeigen will. Dabei setzt sie als äußere Lichtquelle die Vernunft ein. Im Licht der Vernunft wird dann entweder klar, dass bestimmte Kirchen-, Glaubens- und Gottesbilder nichts Sehenswertes vorzuweisen haben. Oder mit Hilfe der Vernunft geht auf, dass der Glaube etwas sichtbar macht, das es wert ist, genauer in Augenschein genommen zu werden. Für Klarheit und Aufklärung sorgt jeweils das Licht der Vernunft. Nur religiöse Dunkelmänner wer-

---

von der allmählichen Selbstverdunkelung der neuzeitlichen Existenz des Menschen die Rede: „Nach und nach hat sich … gezeigt, dass das Licht der eigenständigen Vernunft nicht imstande ist, genügend Klarheit über die Zukunft zu vermitteln; sie verbleibt schließlich in ihrem Dunkel und lässt den Menschen in der Angst vor dem Unbekannten zurück“ (nr. 3). „Darum ist es dringend, die Art von Licht wiederzugewinnen, die dem Glauben eigen ist, denn wenn seine Flamme erlischt, verlieren am Ende auch alle anderen Leuchten ihre Kraft“ (nr. 4). Zur Einordnung dieser Passagen in Anliegen und Ziel der Enzyklika siehe J. Werbick, Christlich glauben. Eine theologische Ortsbestimmung, Freiburg/Basel/Wien 2019, 130–143.

den versuchen, dieses Licht in Glaubensangelegenheiten dimmen zu wollen.

Allerdings sind Anliegen und Auftrag der Theologie noch nicht zureichend bestimmt, wenn man ihre kritisch-reflexiven Aufgaben betont. Wenn sie im Dienst eines lebensdienlichen Glaubens stehen will,[32] ist von ihr auch zu erwarten, dass sie selbst dazu anleitet, wie man ein ansehnliches und sehenswertes Buntglasfenster des menschlichen Lebens und des christlichen Glaubens herstellt und betrachtet. In diesem Kontext hat die Theologie unbestritten eine (Aus)Bildungsfunktion. Um sie erfüllen zu können, darf sie nicht nur als historisch-kritisch orientierte Instanz der Aufklärung, Kommunikation und Rechtfertigung überkommener religiöser Geltungsansprüche begriffen werden. Ihr Auftrag erstreckt sich auch auf die Vermittlung von Fähigkeiten und Fertigkeiten, solche Geltungsansprüche neu formulieren und innovativ vertreten zu können. Sofern es dabei um ästhetische Belange geht, ist die Theologie gut beraten, sich bei der Vermittlung entsprechender Könnerschaften an den bildenden und darstellenden Künsten zu orientieren.

Buntglasfenster sind buchstäblich Ansichtssache und ebenso eine Frage der Einstellung. Was die Vernunft ins rechte Licht rückt, muss man auch mit dem rechten Blick erfassen. Dafür bedarf es wiederum des rechten Standortes. Wer ein buntes Kirchenfenster betrachten will, dem nützt es nichts, wenn auf dieses Fenster ein helles Licht fällt, er aber nicht die Kirche betritt. Von außen ist dann kaum zu erkennen, was das Fenster zeigt. In diesem Fall ist es für einen säkularen Beobachter des Glaubens unumgänglich, die Seiten zu wechseln und die Außenperspektive gegen eine Innenansicht einzutauschen. Wenn ihn eine kritische Theologie bei einem solchen Positionswechsel begleitet, dürfte er ihm leichter fallen. Ein wichtiges Eingeständnis wird dabei auch dem Religionskritiker abzuringen sein. Er muss hier erkennen, dass nicht nur religiöse Erkenntnis eine Ansichtssache ist, sondern auch ihre Kritik der

---

32 Vgl. E.-M. Faber (Hg.), Lebenswelt und Theologie. Herausforderungen einer zeitsensiblen theologischen Lehre und Forschung, Fribourg 2012.

rechten Einstellung bedarf. Der richtige Ort, um diese Einstellung zu gewinnen, liegt nicht in jedem Fall gänzlich außerhalb des Glaubens.

Dies gilt auch, wenn die Frage nach dem Ansehnlichen und Beachtlichen zunächst nur auf das Dasein des Menschen gerichtet ist und sichtbar gemacht werden soll, was in ihm steckt und aus ihm werden kann. Was er selbst hervorbringt und aus sich macht, ist nämlich nicht immer derart beachtlich, dass es jene Achtung rechtfertigt, die er für sich einfordert.

# II. Grundlagen: Existentiale Hermeneutik des Daseins

„Wir sehen uns" – mit diesem Satz nehmen Menschen häufig voneinander Abschied. Sie verabschieden sich mit einer Verabredung. Vereinbart wird aber nicht, dass man miteinander redet, sondern ein Austausch von Blicken. Ähnliches im Sinn hat der Imperativ „Schau mal wieder vorbei!" Die nachdrückliche Einladung zu einer Begegnung nimmt hier eine ästhetisch-optische Wendung. Häufig lautet dann der erste Satz zur Begrüßung „Lass dich erst mal ansehen!" Die Theologie kann diese Aufforderung auch als Übersetzung des „ecce homo" deuten. Und sie kann diese beiden Worte als Kurzbeschreibung einer theologischen Anthropologie verwenden. Sie lässt sich nämlich definieren als Wissenschaft, die den Menschen dabei beobachtet, wie er anderen zeigt, was es heißt, ein Mensch zu sein. Nicht immer gibt er dabei ein ansehnliches Bild von sich ab. Manches ist derart, dass man davor die Augen verschließen möchte. Denn es ist in der Regel der vom Menschen geschundene Mensch, der beim „ecce homo" in den Blick kommt.

Die Geschichte der Menschheit ist voller Beweise und Belege ihrer Brutalität. Wo dies beklagt wird, ist man sogleich dabei, Humanität einzuklagen. Humanität kann verhindern oder – mehr noch – muss überwinden, was Menschen einander an Gewalt antun, weil sie einander Gleichheit und Freiheit streitig machen. Wo nichts so sehr gefragt ist wie Menschlichkeit, zeigt sich, wie wenig selbstverständlich sie ist. Es versteht sich keineswegs von selbst, menschlich zu sein.

Der Ruf nach Menschlichkeit ist in der Geschichte aber nicht bloß immer wieder bekräftigt, sondern ebenso häufig fraglich geworden.[33] Denn nach Menschlichkeit fragen bedeutet, nach

33 Vgl. V. GERHARDT, Humanität. Über den Geist der Menschheit, München 2019.

dem Menschen, dem ihm gemäßen Dasein und Verhalten zu fragen: Was heißt es, ein Mensch zu sein und auf menschliche Weise am Leben zu sein? Aber wie soll man Menschlichkeit bestimmen und fördern, wenn zugleich fraglich wird, was Menschsein eigentlich ausmacht? Fraglich ist dies, weil gerade angesichts der Fortschritte einer wissenschaftlichen Selbsterforschung des Menschen die alten Antworten nicht mehr überzeugen und die neuen Antworten erst recht verlegen machen. Die alten Antworten verweisen auf die Sonderstellung des Menschen im Kosmos, machen ihn zur Krone der Schöpfung, verweisen auf schöpferischen Geist und unsterbliche Seele, auf Willensfreiheit und Selbstbestimmung. Die neuen Antworten machen aus der Schöpfungsordnung ein Labor, in dem die Selbstorganisation des Materiellen stattfindet. Aus einer unsterblichen Seele wird eine unergründliche Psyche, aus einem sich selbst bestimmenden Geist wird ein Zusammenspiel sich selbst reproduzierender Gene und sich selbst befeuernder Neuronen.

Angesichts solcher Auskünfte über den Menschen stellt sich die Frage nach seiner Menschlichkeit nur noch als „Was-jetzt-Frage“: Was kann und soll der Mensch jetzt noch aus dem machen, was die Natur, was die Evolution aus ihm gemacht hat? Auf diese Verlegenheit reagiert die Moderne mit einer Fortschreibung ihres technischen Fortschrittsmythos. Sie verstärkt ihre Anstrengungen, aus den ehemals unverfügbaren Voraussetzungen des menschlichen Daseins nun Folgen und Konsequenzen menschlichen Wollens und Tuns zu machen. Der moderne Mensch unterwirft sich nicht bloß die äußere, sondern auch seine innere Natur. Er steigt ein ins Geschäft der genetischen oder hirnphysiologischen Selbstoptimierung.[34] Maß und Ziel dieser Optimierung ist der Zuwachs an Optionen. Man darf nie in eine Situation kommen, in der man nicht weiterkann oder weder aus noch ein weiß. Dem Menschen muss es

---

34 Siehe dazu u. a. B. P. Göcke/F. Meier-Hamidi (Hg.), Designobjekt Mensch. Die Agenda des Transhumanismus auf dem Prüfstand, Freiburg/Basel/Wien 2018.

erspart werden, in solche Verlegenheiten zu geraten. Deswegen muss man dafür sorgen, dass er immer auch anders kann. Die Antwort auf die Frage „Was soll ich jetzt tun?" lautet: „Kümmere dich darum, dass du mehr kannst! Sorge dafür, dass du in jeder Situation über Alternativen verfügst, d.h. mehr und anderes kannst!"

Menschliche Lebenskönnerschaft besteht hier im Vermögen, mehr zu können, als man muss, und zu mehr in der Lage zu sein, als was nur von Natur aus möglich ist. Maß und Ziel der Optionensteigerung ist die Vermehrung von Optionen zum Zweck der Verlegenheitsvermeidung. Unter der Hand kommt es dabei zu einer bemerkenswerten Neuformatierung jener drei Fragen, mit denen I. Kant Auskunft über den Menschen geben wollte:[35]

- Was kann ich wissen?
- Was soll ich tun?
- Was darf ich hoffen?

Was der Mensch ist und wie es geht, ein Mensch zu sein, lässt sich erst sagen, wenn man angeben kann, was er kann, soll und darf. Hierbei werden Können und Wissen, Sollen und Tun, Dürfen und Hoffen einander zugeordnet. Vom Menschen kann man daher nur angemessen reden, wenn man mindestens zwei Anläufe nimmt: Man muss reden über sein Wissen, sein Handeln und seine Hoffnungen. Und man muss reden über das zugehörige Können, Sollen und Dürfen.

Die Antwort auf die Frage, was es mit dem Menschen und seiner Welt auf sich hat, hängt somit davon ab, dass angebbar wird, was der Mensch wissen kann, tun soll und hoffen darf für sich und seine Welt. Am Anfang steht zwar die Erkundigung: „Was kann ich wissen?" – diese Frage ist zum einen die Erkundigung nach dem, was prinzipiell *vom* Menschen gewusst werden kann. Sie fragt aber auch danach, was prin-

---

35 I. Kant, Logik (WW VI), Frankfurt 1968, 448 (A 25). Vgl. hierzu auch R. Brandt, Die Bestimmung des Menschen bei Kant, Hamburg 2014.

zipiell *über* den Menschen in Erfahrung zu bringen ist. Die Theologie wird hierbei darauf insistieren, dass über ihn auch gesagt werden kann, dass er ein Wesen der Transzendenz ist, dass er sich im Gegenübersein zu Gott beschreiben kann und dass Gott für ihn jenes Gegenüber ist, als dessen Gegenüber sich der Mensch als Person wahrnimmt.

Die Theologie setzt jedoch falsch an, wenn sie bei ihren Antwortversuchen nur vom Gottesverhältnis des glaubenden Menschen handelt. Eine solche Theologie spricht nicht vom Gott aller Menschen. Auch und gerade der Gott los gewordene oder ihn vermissende Mensch ist Adressat theologischer Anthropologie. Wenn die Rede vom Gott aller Menschen auch den „Gott-losen" etwas sagen soll, muss davon gesprochen werden, was das Dasein aller Menschen ausmacht. Ein Verständnis des Daseins vor und mit Gott ist daher vom menschlichen Selbstverstehen her zu entfalten – erst recht, wenn sich der moderne Mensch ohne Gott selbst verstehen will. Ein Verständnis dessen, was es heißt, das menschliche Dasein sowohl vor und mit Gott als auch ohne Gott zu vollziehen, lässt sich jedoch nicht im theologischen Monolog gewinnen. Vielmehr verlangt ein solches Bemühen die Verknüpfung mit Diskursen in anderen Wissenschaften zu anthropologischen Grundfragen.

## 1. Sich am Glauben orientieren: Hermeneutische Theologie – nach ihrem Ende

Es ist ein Verdienst der „Hermeneutischen Theologie" (R. Bultmann, E. Fuchs, G. Ebeling) in der zweiten Hälfte des 20. Jahrhunderts, sowohl Anschluss zu finden an philosophische Konzeptionen einer existentialen Analytik menschlichen Daseins (M. Heidegger) als auch den christlichen Glauben und seine Zeugnisse verstehbar zu machen als eine Weise des Erschließens menschlichen Seinkönnens.[36] Seitdem haben sich die Diskurs-

36 Vgl. U. H. J. Körtner, (Hg.), Glauben und Verstehen. Perspektiven Hermeneutischer Theologie, Neukirchen-Vluyn 2000; Ders., Theologie des Wortes

linien jedoch beträchtlich verändert. Semiotische, konstruktivistische, (post)strukturalistische und dekonstruktivistische Texttheorien haben das Erbe der Texthermeneutik angetreten. Auf dem Feld der philosophischen Anthropologie haben Gestus und Jargon der Existenzphilosophie längst Patina angesetzt.[37] Ähnliches gilt auf Seiten der katholischen Theologie für deren „anthropologische Wende" – etwa in Gestalt von Karl Rahners Transzendentaltheologie[38] oder angesichts Eugen Bisers Theologischer Hermeneutik,[39] die Anstöße der Dialogphilosophie M. Bubers, der frühen sprachanalytischen Philosophie und der Phänomenologie aufgreift. Auch hier haben sich wegen etlicher Paradigmenwechsel in den relevanten philosophischen Bezugsdisziplinen die Diskursbedingungen erheblich verändert. Nicht mit allen Entwicklungen ist die Theologie immer gleichauf geblieben[40] und manche Anschlussreflexionen sind in den letzten Jahrzehnten über neue Konstel-

---

Gottes. Positionen – Probleme – Perspektiven, Göttingen 2001; DERS., Einführung in die theologische Hermeneutik, Darmstadt 2006; DERS., Hermeneutische Theologie. Zugänge zur Interpretation des christlichen Glaubens und seiner Lebenspraxis, Neukirchen-Vluyn 2008; O. PÖGGELER, Philosophie und hermeneutische Theologie. Heidegger, Bultmann und die Folgen, München 2009. Zu ihrer Gegenwartsrelevanz siehe I. U. DALFERTH u. a. (Hg.), Hermeneutische Theologie – heute? Tübingen 2013.

37 Zu einem instruktiven Einblick und kritischen Rückblick siehe S. MÖBUSS, Existenzphilosophie. 2 Bde., Freiburg/München 2015; J. RATTNER/G. DANZER, Existenzphilosophie. Denkmode oder bleibende Aktualität? Würzburg 2008; J. FISCHER, Philosophische Anthropologie. Eine Denkrichtung des 20. Jahrhunderts, Freiburg/München 2008.

38 Vgl. vor allem K. RAHNER, Grundkurs des Glaubens. Studien zum Begriff des Christentums, Freiburg/Basel Wien 1999 (EA 1976); DERS., Menschsein und Menschwerdung Gottes (SW 12), Freiburg/Basel/Wien 2005; DERS., Dogmatik nach dem Konzil (SW 22), Freiburg/Basel/Wien 2008.

39 Vgl. E. BISER, Theologische Sprachtheorie und Hermeneutik, München 1970; DERS., Glaubensverständnis. Grundriß einer hermeneutischen Fundamentaltheologie, Freiburg/Basel/Wien 1975; DERS., Religiöse Sprachbarrieren. Aufbau einer Logaporetik, München 1980; DERS., Der Mensch – das uneingelöste Versprechen. Entwurf einer Modalanthropologie, Düsseldorf $^{2}$1996.

40 Vgl. als Erstinformation K. WENZEL, Die Gegenwart des Verstehens. Hermeneutik im Schatten theologischer Rezeptionsdefizite, in: K. Müller (Hg.), Fundamentaltheologie. Fluchtlinien und gegenwärtige Herausforderungen,

lationen von Theologie, Anthropologie und Hermeneutik erfolgt, die aus der Kritik an vermeintlichen Engführungen und tatsächlichen Verkürzungen existentialen und transzendentalen Denkens hervorgegangen sind.

Dies betrifft vor allem den Vorwurf der Privatisierung, Entpolitisierung, Praxisferne und Geschichtsvergessenheit. Fortan geht es in den Ansätzen der Politischen Theologie (J. B. Metz, J. Moltmann, D. Sölle) und Befreiungstheologie (u. a. L. Boff, G. Gutierrez) darum, den sozio-kulturellen Umständen, Realisierungsbedingungen und Verwirklichungsweisen des Lebens und Glaubens mindestens ebenso viel kritische Aufmerksamkeit zu widmen wie seinen existentialen und transzendentalen Ermöglichungsbedingungen. In den verschiedenen Versionen einer die typisch „alteuropäischen" bzw. eurozentrischen Theorieformate aufkündigenden postkolonialen Theologie, die in der „Dritten Welt" entstehen, spielen existentiale und transzendentale Denkansätze keine Rolle mehr.

Zunehmend in den Hintergrund treten auch Versuche, von einem Entsprechungsverhältnis zwischen der Hermeneutik des Glaubens und einer Auslegung der „conditio humana" auszugehen und beide korrelativ zu verstehen (P. Tillich, E. Schillebeeckx).[41] Zwar hat das Oeuvre von P. Ricœur, das Einsichten der Phänomenologie und sprachanalytischen Philosophie aufgreift[42] und zahlreiche Anknüpfungspunkte für eine Verklammerung der Frage nach dem Textsinn der Urkunden des Glaubens mit der Erkundung der Bedeutung menschlichen

---

Regensburg 1998, 151–175. Siehe ferner W. G. Jeanrond, Theological Hermeneutics. Development and Significance, London 1994.

41 Vgl. dazu als Überblick R. Gibellini, Handbuch der Theologie im 20. Jahrhundert, Regensburg 1995, 269–471; H. Sauer, Wie von Gott reden? Ansätze der Theologie im 20. Jahrhundert, Frankfurt 2013.

42 Vgl. etwa P. Ricœur, Der Konflikt der Interpretationen. Ausgewählte Aufsätze (1960–1969), Freiburg/München 2009; Ders., Vom Text zur Person. Hermeneutische Aufsätze (1970–1999), Hamburg 2005; Ders., An den Grenzen der Hermeneutik. Philosophische Reflexionen über die Religion, Freiburg/München 2008; Ders., Die lebendige Metapher, München [3]2004; Ders./E. Jüngel (Hg.), Metapher. Zur Hermeneutik religiöser Sprache, München 1974.

In-der-Welt-Seins bietet, in der Theologie immer wieder Aufmerksamkeit gefunden.[43] Allerdings ist diese Rezeption bisher ohne große und nachhaltige Breitenwirkung geblieben. Erst mit E. Drewermanns groß angelegtem Projekt einer tiefenpsychologischen Exegese[44] kommt es wieder zu einer Verknüpfung von Texthermeneutik, Anthropologie und Theologie, die ein breites Publikum erreicht. Dieser publizistische Erfolg kann jedoch nicht darüber hinwegtäuschen, dass in der akademischen Theologie weithin große Skepsis hinsichtlich einer Wiederbelebung existential formatierter Zugänge zu ihren Kernthemen besteht.[45]

Vermeintlich bedarf es eines solchen Zuganges auch gar nicht mehr. Denn die Rekonstruktion von Bedeutungen kann auch interferentiell erfolgen, indem man die Bedeutung von Zeichen, Symbolen und Gesten aus ihren Beziehungen zu anderen Zeichen und Symbolen und deren Beziehung zu entsprechenden Wahrnehmungs- und Handlungskontexten erschließt.[46] So verweist etwa die Geste des Sich-Bekreuzigens auf die Symbolik des Kreuzes, das wiederum auf die Kreuzigung Jesu verweist. Diese Form der Hinrichtung kann aber nicht als historisches Faktum aus sich heraus verstanden werden, sondern ist vor dem Hintergrund der sozio-kulturellen Symbolik einer besonders schmachvollen Vollstreckung eines Todesurteils zu interpretieren.

Allerdings kommt auch eine mit solchen Verknüpfungen arbeitende Theologie nicht daran vorbei, sich die Frage nach ei-

---

43 Hingewiesen sei auf die Arbeiten von K. Wenzel, Glaube in Vermittlung. Theologische Hermeneutik nach Paul Ricœur, Freiburg/Basel/Wien 2008; V. Hoffmann, Vermittelte Offenbarung. Paul Ricœurs Philosophie als Herausforderung der Theologie, Ostfildern 2007.

44 Vgl. E. Drewermann, Tiefenpsychologie und Exegese. 2 Bde., Zürich [6]2001.

45 Einen informativen Überblick zu den theologischen Konzepten und Strömungen, die sich von diesem Paradigma absetzen, vermittelt M. Döbert, Posthermeneutische Theologie. Plädoyer für ein neues Paradigma, Stuttgart 2009.

46 Vgl. hierzu etwa M. Dürnberger, Die Dynamik religiöser Überzeugungen. Postanalytische Epistemologie und Hermeneutik im Gespräch mit Robert B. Brandom, Paderborn 2017.

ner textexternen Bedeutungsreferenz zu stellen, die mögliche existenzielle Relevanz dieser Bedeutung zu thematisieren sowie Plausibilität und Verantwortbarkeit einer Lebenspraxis zu erörtern, welche sich an diesen Bedeutungszuschreibungen orientiert. Dies sind zwar die hinreichend bekannten und somit „alten" Aufgaben und Herausforderungen der Theologie. Und unbestritten müssen sie auf dem Niveau der Gegenwart angegangen werden, das von „postexistentialen" und „posttranszendentalen" Konzepten dominiert wird. Allerdings muss ein „danach" nicht ein „dagegen" besagen. In Abwandlung eines Hegelschen Wortes über den Fortschritt in der Philosophie mag eine „neue" Theologie eine Überbietung des Bisherigen und Bekannten darstellen. Aber zugleich muss sie auch die Prinzipien aller vorausgehenden theologischen Leistungen in sich tragen.[47] Andernfalls gibt sie einen bereits erzielten Erkenntnisgewinn wieder preis.

Dies gilt auch im Blick auf die Ambitionen der „Analytischen Theologie", jenen Reflexionsstil zu repräsentieren, der an der Zeit ist.[48] Sie speist sich aus unterschiedlichen Quellen sprachanalytischer und erkenntniskritischer (vorwiegend angelsächsischer) Philosophie und hat inzwischen mehrere Entwicklungsphasen durchlaufen.[49] Was ihre unterschiedlichen

---

47 G. W. F. Hegel, Enzyklopädie der philosophischen Wissenschaften (WW 8), Frankfurt 1970, 58: „Die der Zeit nach letzte Philosophie ist das Resultat aller vorausgehenden Philosophien und muß daher die Prinzipien aller enthalten."

48 Zu ihrem Selbstverständnis siehe Th. Schärtl, Analytisches Denken im Kontext, in: G. Gasser u. a. (Hg.), Handbuch für Analytische Theologie, Münster 2017, 35–72; Th. H. McCall, An Invitation to Analytic Christian Theology, Downers Grove 2015; Ch. J. Amor, Analytic theology – Über Größe und Grenze eines (neuen) Paradigmas, in: ZKTh 133 (2011) 442–464; O. D. Crisp/M. C. Rea (Hg.), Analytic Theology. New Essays in the Philosophy of Theology, Oxford 2009.

49 Vgl. als Erstinformation G. Gasser/K. Viertbauer, Die Entwicklung der analytischen Religionsphilosophie hin zur analytischen Theologie, in: G. Gasser u. a. (Hg.), Handbuch für Analytische Theologie, Münster 2017, 5–33; W. Löffler, Analytische Philosophie und Theologie, in: M. Blay u. a. (Hg.), „Stets zu Diensten"? Welche Philosophie braucht die Theologie heute?, Münster 2018, 199–226, bes. 199–213.

Varianten und Protagonisten im deutschsprachigen Kontext (v.a. Th. Schärtl, B.P. Göcke) eint, ist vor allem in methodischer Hinsicht angebbar: Man insistiert auf der Offenlegung von Prämissen und philosophischen Referenztheorien theologischen Denkens. Der Fokus liegt auf der terminologischen Klarheit und logisch-argumentativen Konsistenz theologischer Gedankengänge, denen es hauptsächlich um den propositionalen Gehalt von Glaubensaussagen gehen soll. Unverkennbar ist dabei das Interesse an metaphysischen Anschlussreflexionen zur Plausibilisierung von Glaubensinhalten.[50] Die Genese von Glaubensüberzeugungen, ihr lebenspraktischer Kontext und ihre existenzielle Relevanz finden hingegen nur geringe Aufmerksamkeit.

Zwar trifft zu, dass zwischen Genese und Geltung einer religiösen Überzeugung oder einer theologischen Theorie kein strikter logischer Zusammenhang besteht. Denn das Wissen um die Entstehung einer Überzeugung ist nicht Voraussetzung für den Test auf ihre rationale Vertretbarkeit. Allerdings führt eine isolierte Geltungsreflexion zur Vernachlässigung der historisch-kritischen Aufgaben der Theologie. Wird nicht mehr rekonstruiert, zur Lösung welcher Fragen und zur Bewältigung welcher Krisen eine dogmatische Lehrentscheidung herbeigeführt wurde, droht eine positivistische Dogmeninterpretation.[51]

Weitere Unwuchten dieses Denkstils fallen noch stärker ins Gewicht, wenn es um den Nexus von Glaube und Sprache geht: Die semiotische Eigenart religiöser Sprachhandlungen wird nicht vollständig erfasst, wenn man nur ihren kognitiv-propositionalen Kern und dessen ontologische Implikationen in den Blick nehmen will. Theologie und Glaube erschöpfen sich nicht darin, ein Gefüge von Sätzen über Gottes Existenz und Eigenschaften vor sich zu haben, über deren rationale Verant-

50 Vgl. B. P. Göcke, Katholische Theologie als Wissenschaft? Einwände und die Agenda der analytischen Theologie, in: Ders. (Hg.), Die Wissenschaftlichkeit der Theologie. Bd. 1, Münster 2018, 145–164, bes. 159–162.

51 Vgl. M. Seewald, Dogma im Wandel. Wie Glaubenslehren sich entwickeln, Freiburg/Basel/Wien 2018.

wortbarkeit zu befinden ist. Wer den kognitiven Gehalt dieser Wahrheiten erfassen will, ohne zu erfassen, was sie existenziell belangvoll macht, hat ein wesentliches Moment dieser Wahrheiten übersehen.[52] Es mag sein, dass Theologie als Wissenschaft nicht mehr ohne oder gegen Anliegen und Anspruch analytischen Denkens betrieben werden kann.[53] Und es mag auch sein, dass existenzhermeneutische Denkansätze ihre beste Zeit hinter sich haben. Aber dieser Umstand dispensiert nicht davon, jene Einsichten und Impulse im Blick zu behalten, deren Zeit nicht abgelaufen ist, weil sie etwas für die Theologie Unaufgebbares erschlossen haben.

## 2. Sich auf das Leben beziehen: Existenzhermeneutik als Existentialpragmatik

Die Relevanz der Theologie ergibt sich aus der Frage, ob das Leben bedeutsam ist und welche Bedeutung dem Glauben für die Beantwortung dieser Frage zukommt. Die theologische Hermeneutik des Glaubens steht daher im Dienst einer Hermeneutik des Daseins. Dabei hat das Projekt einer theologischen Daseinshermeneutik zunächst die Aufgabe, eine Basis zu finden, auf der die existenzielle Relevanz, rationale Vertretbarkeit und kulturelle Plausibilität des Glaubens kohärent und konsistent demonstriert werden können.

Auf der Höhe der Zeit bewegt sich ein solches Unternehmen aber nur, wenn es zum einen die Vorbehalte gegenüber einem solchen daseinshermeneutischen Ansatz entkräften kann. Dazu gehört vor allem die Kritik an der Ausblendung geschichtlicher, sozialer, kultureller und politischer Realisie-

52 Vgl. hierzu H.-J. Höhn, Unfehlbar? Über die Suche nach existenziell verlässlichen Wahrheiten, in: M. Seewald (Hg.), Glaube ohne Wahrheit?, Freiburg/Basel/Wien 2018, 119–137.

53 Vgl. B. P. Göcke, Wie wissenschaftlich ist die katholische Theologie? Glaubensreflexion ist kein Glasperlenspiel, in: HK 71 (2017) 33–36; Ders., Alter Wein in neuen Schläuchen: Analytische Philosophie als *ancilla theologiae*, in: M. Blay u. a. (Hg.), „Stets zu Diensten", Münster 2019, 227–258.

rungsbedingungen des Menschseins auf Seiten des transzendentalen und existentialen Denkens.[54] Zum anderen sind jene Einsichten aufzugreifen, die paradigmatisch geworden sind für kulturhermeneutische Denkansätze. Demnach können Struktur und Gehalt kultureller Phänomene – wozu auch Religion und Glaube zählen – nicht unabhängig von sozialen Praktiken bestimmt werden, die ihrerseits ganz wesentlich im Gebrauch von Zeichen und Symbolen bestehen, mit deren Hilfe eine jeweilige Gruppe von Menschen ihre Lebenswirklichkeit sinnhaft erschließt, ihre Beziehungen organisiert und ihre Identität artikuliert. Die Analyse dieser Praxis ermöglicht auch einen Zugang zur Gedankenwelt, zu Lebenseinstellungen und Leitbildern, die von Mitgliedern religiöser Gemeinschaften geteilt werden.[55] Allerdings genügt es nicht, bloß phänomenologisch die Inhalte und Geltungsansprüche religiöser Vollzüge zu erheben. Sie müssen auch auf den Prüfstand diskursiver Erörterung gebracht werden.

Stringent lassen sich die damit verbundenen Aufgaben nur dann durchführen, wenn phänomenologische, existenz- und rationalitätstheoretische Belange auf einer gemeinsamen Grundlage zur Geltung kommen können. Die hierfür nötigen Voraussetzungen können freigelegt werden über eine Konstitutionsanalyse der elementaren Formen und Konstellationen menschlichen Daseins, ohne die keine Sinn- und Handlungs-

54 Der in diesem Kontext häufig geäußerte Vorwurf des methodischen Solipsismus bezieht sich auf den für transzendentales und existentiales Denken signifikanten Ansatz, in der Reflexion des einsamen Subjekts auf sein Dasein und Denken gegenüber jeder Interaktion und jeglicher Beziehung auf die Umwelt den Geltungsgrund aller sicheren und verbindlichen Erkenntnis zu sehen. Dabei wird das seiner selbst bewusste Subjekt aus der sprachlich verfassten und gesellschaftlich bedingten Interaktion herausgelöst und zu einer selbständigen Bezugsgröße des Handelns und Erkennens hochstilisiert. Zur philosophischen Debatte und Überwindung dieser prekären Weichenstellung siehe u. a. M. Wunsch, Fragen nach dem Menschen. Philosophische Anthropologie, Daseinsontologie und Kulturphilosophie, Frankfurt 2014, 265–306.

55 Vgl. hierzu U. H. J. Körtner, Hermeneutik der Religion? Die hermeneutische Frage in der gegenwärtigen Theologie, in: Internationales Jahrbuch für Hermeneutik 5 (2006) 15–38.

orientierung im Dasein möglich ist.[56] Wenn dieser Analyse der notwendige philosophische Tiefgang attestiert werden soll, darf sie den „pragmatic turn“ der Philosophie des 20. Jahrhunderts nicht aus dem Blick verlieren. Für die Frage nach den Konstitutiva menschlichen Daseins bedeutet dieser „turn“ die Abkehr von einer essentialistischen Definition des Menschen („*Was* ist der Mensch?“). Wenn es darum geht, die unabstreifbaren Umstände menschlichen Daseins zu ermitteln, welche die Ermöglichungsbedingungen des Menschseins konfigurieren und einen reflexiven Zugang des Menschen zu sich selbst eröffnen, muss auch die soziale Selbstkonstitution des Menschen im Kontext intersubjektiver Lebens- und Handlungsformen mitberücksichtigt werden. Erst dann ist es möglich, die Umstandsbestimmungen menschlichen Daseins zureichend zu erfragen:

- Wie steht es *um* den Menschen?
- Welche Bewandtnis hat es *mit* dem Menschsein?
- In welchen Verhältnissen und unter welchen *Umständen* verbringt der Mensch sein Leben?
- Wie verhält man sich als Mensch *am besten* zu seinen Lebensverhältnissen?

Anliegen und Ziel einer solchen Daseinshermeneutik ist es, die elementaren und unhintergehbaren Formen und Konstellationen menschlichen Daseins zugleich als Parameter vernunftorientierter Welterschließung und sprachvermittelter Handlungskoordination zu identifizieren und sie dabei als Existentiale eines via Sprache vergesellschafteten Daseins auszuweisen. An diese Strukturen müssen religiöse Daseinsorientierungen kon-

56 Dieses Konzept ist ausführlich ausgearbeitet in: H.-J. Höhn, Von der Bewusstseinsphilosophie zur Existentialpragmatik, in: Ders., Zeit und Sinn. Religionsphilosophie postsäkular, Paderborn/München/Wien/Zürich 2010, 73–148; Ders., Anthropologie als Existentialpragmatik, in: Ders., Das Leben in Form bringen, Freiburg/Basel/Wien 2014, 45–108. Im Folgenden werden die Kernthesen dieses Ansatzes nicht nochmals eigens begründet, sondern stark gerafft wiedergegeben und gelegentlich um Hinweise auf ihre interdisziplinäre Anschlussfähigkeit erweitert.

sistent und kohärent anschließbar sein, wollen sie sich ihrerseits als vernunftkompatibel behaupten. Im Einzelnen stehen dabei folgende Klärungen an:

- Von welchen Voraussetzungen und Möglichkeitsbedingungen her lässt sich rekonstruieren, was es für den Menschen bedeutet, am Leben zu sein? In welchen elementaren Formen und Konstellationen vollzieht sich menschliches Dasein?
- Welche Parameter vernunftorientierter Welterschließung und Handlungskoordination sind von den existentialen Konstellationen menschlichen Daseins ableitbar?
- Wie und wo lässt sich ein existentielles Bezugsproblem für eine vernunftkompatible religiöse Einstellung zu den Lebensbedingungen und Lebensverhältnissen des Menschen ausmachen?

Die Beantwortung dieser Leitfragen kann in den philosophischen Traditionslinien einer existentialen Daseinsanalytik (M. Heidegger, O. F. Bollnow, E. Fink)[57] sowie einer transzendentalen Sprachpragmatik (K.-O. Apel, D. Böhler, W. Kuhlmann)[58] angegangen und im Layout einer *Existentialpragmatik* zusammengeführt werden. „Existential" ist dieses Layout insofern ausgerichtet, als es nach elementaren Konstellationen, Ermöglichungsweisen und Vollzugsformen menschlichen Daseins fragt. Zugleich kann dieser Ansatz „pragmatisch" genannt werden, da er diese elementaren Größen als Parameter einer vernunftorientierten Weltgestaltung und Lebensführung ausweisen will. Demnach heißt Dasein: ein sprachvermitteltes

57 Vgl. A. Gethmann-Siefert, Anthropologie alternativ. Überlegungen zu einer existentialen Anthropologie, in: J.-C. Heilinger (Hg.), Individualität und Selbstbestimmung, Berlin 2009, 339–360.

58 Vgl. D. Böhler, Verbindlichkeit aus dem Diskurs. Denken und Handeln nach der sprachpragmatischen Wende, Freiburg/München 2014; W. Kuhlmann, Unhintergehbarkeit. Studien zur Transzendentalpragmatik, Würzburg 2009; K.-O. Apel/M. Niquet, Diskursethik und Diskursanthropologie, Freiburg/München 2002.

Verhältnis haben (in Beziehung stehen) zu dem, was in der objektiven Gegenstandswelt bzw. Außenwelt („Natur“) der Fall sein kann, was der Innenwelt, die einem Individuum bevorzugt zugänglich ist, zuzurechnen ist („Subjekt“), was in der personalen Mitwelt zur Interaktion fähig ist („Gesellschaft“) und was zeitlich datierbar ist, d. h. Ereignischarakter in Vergangenheit, Gegenwart und Zukunft besitzt („Zeit“).

Zwischen diesen Bezügen besteht ein Verhältnis der wechselseitigen Implikation. Das „Bei-sich-Sein“ eines Subjekts ist nicht ablösbar von seinem Bezogensein auf naturale und soziale Andersheit innerhalb eines bestimmten Zeithorizontes. Sich derart *zur* Welt zu verhalten ist konstitutiv dafür, wie der Mensch *in* der Welt und er *selbst* ist. Ein Subjekt ist sich seiner selbst nur im gleichzeitigen Bezug auf Andersheit bewusst. Allen gegenständlich-materiellen bzw. naturalen Sachverhalten begegnet es immer auch im Kontext zwischenmenschlicher Beziehungen, im Medium der Sprache und im Horizont der Zeit, wie ebenso alle interpersonalen Bezüge stets im Zusammenhang naturaler bzw. materieller Verhältnisse stehen und zugleich zeitlich-räumlich konfiguriert sind.[59]

## 2.1. Existenz und Relation: Die Verfassung des Daseins

Die existentiale Grundkonstellation menschlichen Daseins verweist auf die Relationalität dieses Daseins, die mittels einer „Verhältnisontologie“ verdeutlicht werden kann. „Relationali-

59 Diese Weltbezüge erweisen sich nicht nur aus einer existential-anthropologischen bzw. existential-ontologischen Sicht (J. Brüssermann, Sein und Situation. Zu den Forderungen einer Ontologie des „ich bin“ Freiburg/München 2017), sondern auch aus einer sozialtheoretischen Perspektive als elementar. Vgl. dazu G. Lindemann, Weltzugänge. Die mehrdimensionale Ordnung des Sozialen, Weilerswist 2014, 79–245; H. Rosa, Resonanz. Eine Soziologie der Weltbeziehung, Berlin 2016, bes. 61–70; W. Vodg, Selbst- und Weltverhältnisse, Weilerswist 2018, 11–69. – Aus biologischer Perspektive siehe M. Fuchs, Prinzipien der Individuation. Über das relationale Einzelsein der Lebewesen, Münster 2015.

tät“ ist dabei nicht nur eine in methodischer Hinsicht zentrale Kategorie, sondern benennt auch die ontologische Struktur der Grundsituation menschlichen Daseins. In den existentialpragmatisch identifizierten Daseinsverhältnissen „geht vor“ und „geht auf“, was Dasein und Leben genannt wird, d.h. sie sind gleichermaßen ontologisch und epistemologisch belangvoll für die „essentials“ menschlichen Daseins und bewusster Lebensführung: Der Mensch ist nicht durch ein relationsloses „Ich“ bestimmt, zu dem Beziehungen nachträglich hinzutreten, sondern bis in sein „Selbst“ hinein relational definiert. Nimmt man die existentialpragmatischen Bezüge menschlichen Daseins weg, ist kein menschliches „Selbst“ mehr identifizierbar. Verhältnis- und Beziehungslosigkeit beschreiben nicht Schwundstufen des Selbst- und In-der-Welt-Seins, sondern sind Umstandsbestimmungen des Nichtseins.[60]

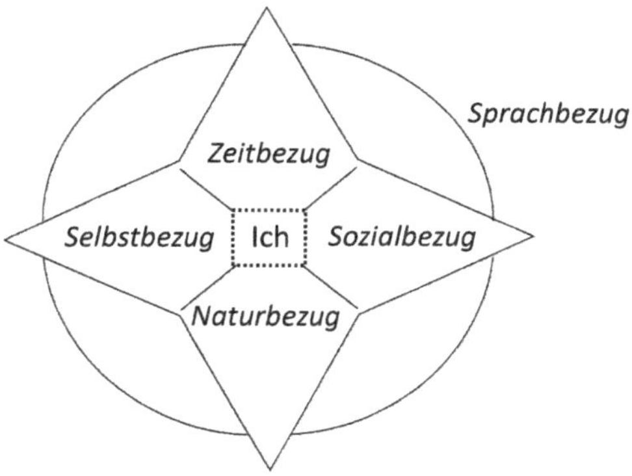


Die Bezüge zur naturalen Umwelt und sozialen Mitwelt des Menschen sind ebenso wie seine Zeit- und Selbstbezüge keine beiläufigen (akzidentellen) Bestimmungen eines bereits „in sich“ oder „für sich“ konstituierten Subjektes. Sie kommen

60 Dass auch Überlegungen zu einer theologischen Anthropologie von einem relationalen Ansatz ausgehen sollten, wird angedeutet von E. JÜNGEL, Beziehungsreich. Perspektiven des Glaubens, Stuttgart 2002, 13–40; Ch. SCHWÖBEL, Menschsein als Sein-in-Beziehung, in: Ders., Gott in Beziehung, Tübingen 2002, 193ff. (193–226).

ihm nicht nachträglich zu oder werden nicht erst nach einem Akt der Selbstkonstitution aufgenommen. Vielmehr konstituiert sich menschliches Dasein nur mittels dieser Bezüge.[61] Vorgängig zu ihnen gibt es kein Selbstsein, kein Selbstverhältnis. Dasein heißt für den Menschen: immer schon in Verhältnissen stehen und sich zu diesen Verhältnissen verhalten. Insofern ist seine Existenz relational grundiert. Die basalen ontologischen Referenzkategorien der Existentialpragmatik lauten daher nicht „Sein“ und „Wesen“, sondern „Verhältnis“ und „Relation.“

Vor diesem Hintergrund können als Existentiale relationalen Daseins – Individualität, Naturalität, Sozialität, Temporalität – jene interdependenten Formbestimmungen des Menschseins angesprochen werden, ohne die es nicht möglich ist, als Mensch am Leben und in der Welt zu sein. Dabei meint *Individualität* die Je-Meinigkeit der Weltbezüge, *Sozialität* das Selbstsein-im-Mitsein, *Naturalität* das Gebundensein an einen Stoffwechsel mit der Umwelt und *Temporalität* den Vektor des Daseinsverlaufs bzw. -ablaufs.

Die je-meinige Leiblichkeit des Menschen ist zum einen auf jenen Metabolismus zu beziehen, der zwischen der äußeren

---

61 In einer substanzontologischen Anthropologie bleiben das „Wesen“ und das „Selbst“ eines Menschen das diese Beziehungen Tragende, d. h. diese zwar bestimmend und ermöglichend, aber von ihnen real verschieden. Relationen bezeichnen buchstäblich etwas Zufälliges, das auch wieder entfallen bzw. fortfallen kann, ohne dass es den Menschen in seinem Wesenskern berührt. Existentialpragmatisch ist eine solche Auffassung unhaltbar. Wer sich dennoch ihres Vokabulars bedienen will, wird sagen müssen: Menschen sind derart „Substanzen“, dass für sie die Relationen zu sachhafter und personaler Andersheit nicht bloß akzidentell sind, sondern ihr „Wesen“ ausmachen. Es ist für sie konstitutiv, dass sie ohne solche Relationen nicht zu ihrem Selbstsein in der Lage sind. Insofern ist die ontologisch korrekte Grundbestimmung des Menschen: „subsistente Relation“, d. h. eine Substanz, die nur in und als Relation besteht. Der Mensch begibt sich nicht in Verhältnisse oder nimmt Beziehungen auf, sondern „subsistiert“ in seinem Bezogensein und das Bezogensein macht seine Existenz aus. – Zur Diskussion um die Ablösung des substanzmetaphysischen Paradigmas vgl. auch D. Kraschl, Relationale Ontologie. Ein Diskussionsbeitrag zu offenen Fragen der Philosophie, Würzburg 2012.

und inneren Natur des Menschen abläuft und seine Vitalfunktionen aufrechterhält. Zum anderen meint sie den Körper des Menschen als leibliches Ausdrucksmedium seines Selbstseins. Diesem Doppelaspekt entsprechen nicht zuletzt mentale Zustände bzw. innere Erlebnisqualitäten eines Bewusstseins, die einer Beobachterperspektive nicht zugänglich sind. Zwar lässt sich objektiv eine Angst-, Ekel- oder Schmerzreaktion aufzeichnen, aber wie es sich für einen Menschen anfühlt, Schmerzen zu haben, sich zu ängstigen oder zu ekeln, ist eine Erfahrung, die nur für den jeweils Betroffenen möglich ist.

Zugleich wird das Subjekt gerade in seiner Unvertretbarkeit gewahr, dass es „eines unter vielen“ ist, dass es in eine mit anderen geteilte Umwelt schaut (Naturalität) und dass es zu sich „ich“ sagt in einer Sprache, die es sich selbst nicht beigebracht hat (Sozialität – Sprachlichkeit). Sprach- und handlungsfähige Subjekte werden nicht bereits durch eine genetische Anlage zu dem, was sie sind und tun, sondern erst dadurch, dass sie als Mitglieder einer besonderen Sprachgemeinschaft in eine intersubjektiv geteilte Lebenswelt hineinwachsen. Die wachsende Selbstbestimmung des Subjekts ist ebenso verschränkt mit der Vernetzung seiner sozialen Bezüge wie unablösbar von der Verschränkung seiner Leiblichkeit mit der Materialität seiner Lebenswelt.

Die Temporalität des Daseins nötigt dazu, sämtliche Weltbezüge nicht ohne ihre Dynamik zu denken. Sie wird bewusst in der Erfahrung des Vergehens, das die Kohärenz und die Kontinuität des Selbst- und Miteinanderseins in Frage stellt. Dynamik und Vergänglichkeit des Daseins werden zeitlich erfasst durch eine Verschränkung zweier Erfahrungsweisen: des Kommens und Gehens bzw. Aufhörens und Anfangens. Im Selbstverhältnis des Beobachters korreliert dieses Zeiterleben mit der Wahrnehmung seines Daseins als ein gewesenes, gegenwärtiges und künftiges Selbstsein. Die Begriffe „Vergangenheit“, „Gegenwart“ und „Zukunft“ stehen unter dieser Rücksicht für bestimmte Modalitäten menschlichen Daseins- und Zeiterlebens. Als das seiner Selbstverfügung Vorausgehende bleibt das Vergangene dem Menschen zugleich unverfügbar. Geschehenes lässt sich nicht mehr zurückrufen, es ist unwiderruflich. In vergangenes Geschehen kann der Mensch nicht mehr handelnd eingreifen. Was nicht mehr ist, lässt sich vom Gegenwärtigen und Zukünftigen in seinem Gewesensein nicht verändern. Was noch nicht ist, bleibt dagegen gegenüber dem, was ist und war, das Ausständige, das in seinem Dasein Mögliche und insofern möglicherweise Beeinflussbare. Gegenwärtigsein ist nur möglich in bewusster Stellungnahme zu dem, was der Mensch hinter sich und vor sich hat.

Mit den Existentialen der Individualität, Naturalität, Sozialität und Zeitlichkeit kommen auch die unabstreifbaren *Limitationen des Daseins* in den Blick.[62] Die psycho-physische Bedingtheit des Subjekts, seine Verletzlichkeit und Verwundbarkeit wird manifest im Gebundensein an einen Körper, „dessen Zerfall das Ende des bewussten Lebens ankündigt und erzwingt, obwohl die Dynamik, in der dies Leben sich vollzieht, in keiner Weise erschöpft ist. [...] Doch der Körper ist es auch, durch den sich jeder Weltbezug des Menschen ausgestaltet und verwirklicht."[63] An ihm wird ablesbar, was ebenso für den Bezug zur naturalen Umwelt gilt: die Erschöpfbarkeit der Lebensressourcen. Um deren Nutzung entbrennt soziale Konkurrenz, deren Schärfe durch das Wissen um die Befristung der (Lebens-)Zeit bzw. die Ungewissheit ihres Endes gesteigert wird. An der Temporalität aller Weltbezüge in der Lebenspraxis des Menschen ist vielleicht am deutlichsten jener limitative Grundzug erkennbar, der ebenso alle übrigen Formbestimmungen menschlichen Daseins charakterisiert: Endlichkeit und Vergänglichkeit. Als Sterblicher kommt der Mensch zur Welt. Er betritt eine Welt, in welcher der Tod auf ihn wartet.[64] Wenn

62 Vgl. hierzu auch A. Bihrer u. a. (Hg.), Endlichkeit. Zur Vergänglichkeit und Begrenztheit von Mensch, Natur und Gesellschaft, Bielefeld 2016.

63 D. Henrich, Denken und Selbstsein. Vorlesungen über Subjektivität, Frankfurt 2007, 151. Vgl. ferner H. Springhart, Der verwundbare Mensch. Sterben, Tod und Endlichkeit im Horizont einer realistischen Anthropologie, Tübingen 2016.

64 Vgl. R. Marten, Endlichkeit. Zum Drama von Tod und Leben, Freiburg/München 2013. Zu möglichen Deutungen und Bewältigungen dieser Limitation

er es in dieser Welt zu etwas bringen will, wird er im Erfolgsfall nicht allzu lange etwas davon haben. Sein Leben und alles, was sich in und mit ihm ereignet, ist limitiert.

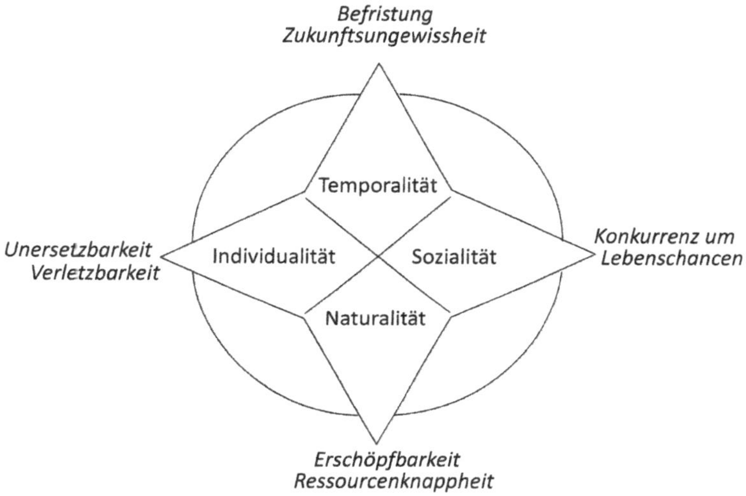


Am Leben sein heißt aber für den Menschen nicht nur, dass er in Zeit und Raum ein Verhältnis zu sich selbst hat und dabei in Beziehung steht zu naturaler, personaler und sozialer Andersheit. Vielmehr zeichnet ihn aus, sich zu diesen Beziehungen nochmals in vielfacher Weise in ein Verhältnis setzen zu können und dies kritisch zu reflektieren. Auch und gerade im Kontext eines evolutiven Weltbildes und im Blick auf naturalistische Deutungen des Menschseins drängt sich die Frage auf, was der Mensch aus dem machen kann und soll, was Natur und Evolution aus ihm gemacht haben.

Die naheliegende Antwort lautet: Er soll etwas Vernünftiges daraus machen! Damit verschiebt sich die Frage nach der Bedeutsamkeit menschlichen Daseins. Sie ist jetzt darauf gerichtet, was es mit dem auf sich hat, das der Mensch in seinem

---

siehe u. a. M. QUANTE, Tod, wo ist dein Stachel? Über einen Zusammenhang von Endlichkeit und personaler Lebensform des Menschen, Paderborn 2019.

Leben aus seinem Leben macht. Dafür gilt es Zeichen zu setzen, an denen ablesbar wird, was es bedeutet, etwas aus dem Leben zu machen. Die Regeln dieser Zeichensetzung und Lebensgestaltung sind von der Vernunft zu beziehen.

## 2.2. Dasein am Limit: Das Projekt der Vernunft

Das Projekt der Vernunft ergibt sich aus dem Umstand, dass die existentialen Limitationen den Weltbezügen des Menschen klare Konturen geben, aber auch ihre Eingriffstiefe und Reichweite begrenzen. Sie sind handlungsermöglichend, indem sie den Gegenstandsbereich des Handelns ins Blickfeld rücken. Sie vergegenwärtigen aber ebenso unaufhebbare Einschränkungen des Seinkönnens, indem sie bestimmte Verhaltensmöglichkeiten ausgrenzen. Zum einen fundieren sie Strategien der bewussten Erfassung und Verarbeitung von Welt- und Daseinskomplexität und zum anderen schränken sie den Radius der Wirkmöglichkeiten sogleich wieder ein. Sie zu überschreiten oder zu hintergehen ist unmöglich bzw. führt zu illusionären Weisen des Umgangs mit der Welt.[65] Im Blick auf diese Einschränkungen heißt Dasein daher: Grenzerfahrungen machen, sich am Limit bewegen, umgehen mit den Grenzbestimmungen bewussten Seins (Verletzbarkeit, Ungewissheit, Konkurrenz, Knappheit).

Aus den elementaren Weltbezügen und in Relation zu den Limitationen des Daseins lassen sich zunächst vier Vektoren einer Gestaltung dieser Bezüge und Relationen ableiten, denen wiederum vier Ausprägungen zugeordnet werden können, in denen deutlich wird, inwiefern der Mensch ein Kulturwesen ist, das aus sich und seiner Welt etwas Eigenes und Bedeutsames macht. Demnach ist Kultur in Relation zu

---

65 Dieser Aspekt wird auch akzentuiert von R. Debray, Lob der Grenzen, Hamburg 2016.

- *Natur:* die Erhaltung, Pflege und Verbesserung der materiell-naturalen Lebensbedingungen des Menschen angesichts der Erschöpfbarkeit der natürlichen Ressourcen;
- *Subjekt:* die bewusste Ausbildung bereits vorhandener Anlagen individueller Lebenskönnerschaft, Selbstbehauptung und Selbstverwirklichung angesichts der Fragilität und Verletzbarkeit seiner physisch-psychischen Kräfte;
- *Gesellschaft:* der Ausbau von Verständigungstechniken, -praktiken und -codes zur kooperativen Deutung und Gestaltung menschlicher Lebensverhältnisse angesichts der Konkurrenz um endliche Güter;
- *Zeit:* die Verabredung temporaler Zäsuren, Zyklen und Rhythmen (Kalender) als Referenzpunkte für die Ortung und Deutung von vergänglichen ‚Weltereignissen'.

In diesen Kulturbegriffen manifestiert sich auch der Anspruch des Menschen, aus den vorgefundenen Lebensbedingungen und aus sich selbst etwas Besseres zu machen. Die dabei eingesetzten Modelle und Paradigmen der Daseinsoptimierung unterliegen jedoch ihrerseits einem Optimierungsvorbehalt und werden selbst zu einem Gegenstand der Kultivierung.[66] Wenn zunächst gesagt wurde, die Definition von „Kultur" laute, mit ihr mache der Mensch etwas aus dem, was die Natur aus ihm gemacht hat, so muss nun ergänzt werden: Der Mensch kann auch aus und mit dem etwas (Neues und Bedeutsames) machen, was er aus sich als Kulturwesen gemacht hat. Allerdings sollte es auch dabei mit rechten Dingen, d. h. vernünftig zugehen.

Die Sache der Vernunft besteht darin zu zeigen, wie man bestmöglich ans Limit geht. Sie sondiert Möglichkeiten des Umgangs mit den Limitationen des Daseins und will die jeweils besten Umgangsformen identifizieren.[67] Dabei muss sie

---

66 Zu dieser Doppelsignatur siehe u. a. M. Gutmann, Der Begriff der Kultur, in: D. Hartmann/P. Janich (Hg.), Die Kulturalistische Wende, Frankfurt 1998, 269–332.

67 Zum Folgenden vgl. ausführlich H.-J. Höhn, Das Leben in Form bringen, 78–100; Ders., Zeit und Sinn, 132–140.

eine Kriteriologie entwickeln, welche das jeweilige Optimum bestimmbar macht, d. h. sie sucht nach der optimalen Ausbildung von rationalen Umgangsformen mit den Limitationen des Daseins. Darauf drängen auch die elementaren handlungsleitenden Interessen des Vernunftsubjektes, das Grenzen nicht einfach hinzunehmen bereit ist, sondern nach Möglichkeiten sucht, ihren Charakter der Einschränkung aufzuheben. Sache der Vernunft ist es nun, diese handlungsleitenden Interessen jeweils für sich und ebenso als Ensemble so zu koordinieren, dass sie zu einem bestmöglichen Umgang mit den Limitationen des Daseins führen und dieses Optimum rational ausweisbar ist. Dieser Ausweis muss wiederum kriteriologisch eindeutig sein.

Es bietet sich an, diesen Nachweis an der Elementarbestimmung des Rationalen, d. h. an der Logik des Nicht-Widerspruchs-Prinzips (NWP) auszurichten[68] und daran Maß zu nehmen bei der Entwicklung von Maßstäben für die Bestimmung optimaler Umgangsformen mit den Limitationen des Daseins. Gemäß dieser Logik kann man nicht von demselben Sachverhalt zur selben Zeit und unter derselben Rücksicht etwas Bestimmtes behaupten und zugleich bestreiten. Ebenso wird ausgeschlossen, dass man einen Sachverhalt zur selben Zeit und unter derselben Rücksicht zugleich anstreben und ablehnen kann. Insofern in der Realität ein Sachverhalt nicht gleichzeitig und in derselben Hinsicht ein und dieselbe Eigenschaft besitzen und zugleich nicht besitzen kann, muss ein Reden von dieser Realität, wenn es mit dem Anspruch auf Wahrheit auftreten will, ebenfalls logisch widerspruchsfrei sein. Von einem Sachverhalt einander inkompatible Eigenschaften auszusagen ist nur dann statthaft, wenn für das Zugleichbestehen dieser Eigenschaften verschiedene Hinsichten angegeben werden können, welche sich nicht kontradiktorisch ausschließen. Wer von ein und demselben Sachverhalt unvereinbare Eigenschaften aussagt, demonstriert hingegen eine Unvereinbarkeit zwischen Aussage und Inhalt, da er etwas Untragbares vor-

68 Zum Status dieses Prinzips geltungsfähigen Sprechens und Handelns siehe als Erstinformation H. Schöndorf, Erkenntnistheorie, Stuttgart 2014, 212–218.

trägt. Wer in seiner Aussage kontradiktorische Widersprüche zulässt, hebt den Geltungsanspruch seiner Aussage auf und wird letztlich „nichts-sagend“. Wo man dem Prinzip der Widerspruchsfreiheit nicht folgt, wird sinnvolles Sprechen und Handeln unmöglich.

Das NWP repräsentiert eine elementare Bedingung menschlichen Denkens und Handelns, die ohne Selbstwiderspruch weder bestritten noch ohne Voraussetzung ihrer selbst deduktiv begründet werden kann. Es ist außerdem maßgeblich für die Bestimmung von Kriterien und Skalen verantwortbaren Denkens und Tuns. Ausgehend von seiner Elementarlogik lassen sich jene maßgeblichen Rationalitätstypen, -kriterien und Faustregeln bestimmen, welche existentialpragmatisch zu bestmöglichen Umgangsformen mit den Limitationen des Daseins führen. Die nachfolgend skizzierte Gliederung dieser Umgangsformen, die zugleich die Einheit der Vernunft in der Vielfalt ihrer Ausprägungen aufzeigen will, ergibt sich aus den vier existentialen Weltbezügen. Die dabei zu entdeckenden Grundmuster und Maximen eines vernunftgeleiteten An-die-Grenzen-Gehens weisen als Gemeinsamkeit jeweils die Vermeidung von Kontraproduktivität auf:

1. Prinzip der *Rentabilität* im Umgang mit der Knappheit von Ressourcen der sachhaften Umwelt (Zweck/Mittel-Rationalität): „Handle so, dass auf Dauer der Aufwand der eingesetzten Ressourcen nicht höher ist als der erwartete Nutzen, und achte darauf, dass kurzfristige Nutzeneffekte nicht größere langfristige Gewinne vereiteln!“
2. Prinzip der *Selbstreflexivität* beim strategischen Verfolgen von Eigeninteressen angesichts begrenzter individueller Einflussmöglichkeiten (strategisch-reflexive Rationalität): „Suche nach deinem Vorteil, aber kalkuliere dabei ein, dass du auch den Kürzeren ziehen kannst. Verfolge deine Interessen derart, dass du dich auch als möglicher Unterlegener mit einer Niederlage abfinden kannst!“
3. Prinzip der *Gegenseitigkeit* beim Umgang mit knappen sozialen Gütern (kommunikative/kooperative Rationalität):

„Wandle Konkurrenz in Kooperation um! Suche nach Arrangements der Interessenverfolgung, die zum allseitigen Vorteil der Beteiligten führen!“

4. Prinzip der *Zeitgemäßheit* im Umgang mit den Limitationen der Zeit: a) „Bedenke die Unwiederbringlichkeit des Vergangenen, aber lerne auch aus der Vergangenheit und begehe keinen Fehler doppelt!“ (anamnetische Rationalität); b) „Bedenke die Ungewissheit des Künftigen und versuche eine Abschätzung der Konsequenzen, Neben- und Fernwirkungen deines Tuns! Bedenke, dass du bei einem Fehlschlag deiner Pläne unter den Folgen vielleicht selbst am meisten zu leiden haben wirst!“ (futurische Rationalität); c) „Bedenke die Flüchtigkeit des Gegenwärtigen und tue an jedem Tag, der dir bleibt, wofür gerade dieser Tag hinsichtlich deiner Pläne günstig ist!“ (kairologische Rationalität).

Den vernunftgemäßen Umgang mit diesen Rationalitätsformen eigens nachzuweisen ist Aufgabe und Funktion des *diskursiven Rationalitätstyps.* Hier wird die Faustregel ausgegeben: „Weise durch den zwanglosen Zwang des besseren Argumentes die Rationalität der jeweiligen Umgangsform mit den Limitationen des Daseins nach!“ Die Qualität eines Argumentes ist daran erkennbar, dass man sich in Widersprüche verwickelt, wenn man ihm widersprechen will. Sein zwangloser Zwang besteht darin, dass es jeden Versuch, sich der Überzeugungskraft eines guten Argumentes zu entziehen, als willkürlich und irrational erweist.

Das jeweils bessere und konsensfähige Argument ist dabei nicht bloß auf der jeweiligen Reflexionsstufe eines Weltbezuges zu suchen. Vielmehr geht es auch um jene guten Gründe, die sich von einem Diskursstandpunkt aus ergeben, der als „moral point of view“ zu charakterisieren ist und sich an der rationalen Zustimmungsfähigkeit der Folgen einer rational motivierten Handlung auf Seiten aller Betroffenen festmachen lässt.[69] Diese Zustimmungsfähigkeit bemisst sich weitgehend nach

---

69 Vgl. K.-O. Apel, Diskurs und Verantwortung, Frankfurt 1988.

der widerspruchsfreien Verallgemeinerbarkeit von Handlungsmaximen und der ebenso widerspruchsfreien Vereinbarkeit mit den Rationalitätsansprüchen aller Weltbezüge. Von einem „moral point of view“ können dabei auch jene Desiderate benannt werden, die den einzelnen Rationalitätstypen eigen sind.

(1) Der vernünftige Umgang mit knappen *natürlichen Ressourcen* verlangt eine zeit- und kostensparende, effiziente und nachhaltig wirksame Verwendung der eingesetzten Mittel. Vernünftig handelt, wer Raubbau vermeidet und auf Dauer jene Zwecke nicht zerstört, deren Realisierung jeweils angestrebt wird. Damit ist allerdings noch nichts über die Verantwortbarkeit dieser Zwecksetzungen und ihre Vereinbarkeit mit anderen, nicht minder verantwortbaren Zwecken gesagt. Wird dieser Nachweis nicht erbracht, bleibt zweckrationales Handeln ethisch defizitär.
(2) Der vernünftige Umgang mit *Eigeninteressen* verlangt eine Strategie, die im Falle des Misserfolgs für das handelnde Subjekt eine gleichwohl noch hinnehmbare Situation entstehen lässt. Ein Fehlschlag, eine Niederlage darf nicht so dramatisch sein, dass das Subjekt sich mit ihr nicht abfinden kann. Die Beachtung der Kriterien strategischer Rationalität garantiert aber noch nicht die Legitimität der Strategieziele, sondern zielt auf die erfolgreiche Überwindung von Hindernissen auf dem Weg zum Ziel bzw. zieht ein Scheitern in Betracht, das für das Handlungssubjekt keine unzumutbaren Folgen impliziert. Damit ist noch nichts über die Vertretbarkeit des Ziels oder über die Zumutbarkeit von negativen Handlungsfolgen für nur mittelbar Betroffene oder für Unbeteiligte gesagt. Ohne diesen Nachweis bleibt das Kalkül der strategischen Vernunft ethisch unvollständig.
(3) Der vernünftige Umgang mit der *Konkurrenz um knappe Güter* besteht darin, dabei den allseitigen Vorteil aller Beteiligten herbeizuführen. Wenn win/win-Situationen realisiert werden und eine gleichmäßige Verteilung des Zugewinns erfolgt, ist noch nichts darüber gesagt, inwieweit auf diesem Weg eine durch Ungleichheit definierte Ausgangssituation

überwunden oder korrigiert wird. Es kann sein, dass der Abstand zwischen Habenichtsen und Vermögenden gleich bleibt. Bei einem nur situativen, aber nicht auch strukturellen Ausgleich sozialer Ungerechtigkeiten bleibt das Modell kooperativer Rationalität ethisch ergänzungsbedürftig.

(4) Der vernünftige Umgang mit der *Befristung der Zeit* verlangt die kritische Rückschau auf in der Vergangenheit gemachte Fehler, die vorausschauende Abwägung der möglichen Fernwirkungen und Spätfolgen gegenwärtigen Tuns sowie die handlungsbereite Aufmerksamkeit für die Gunst des Augenblicks. Damit ist aber noch nichts gesagt hinsichtlich des Sinns all dieser Anstrengungen angesichts der Vergänglichkeit von Zeit und Sein. Wenn es keine guten Gründe dafür gibt, sich vernunftgemäß auf die „Gezeiten" der Zeit einzustellen, obwohl der Erfolg dieser Bemühungen ebenso vergänglich ist wie die Zeit, hat das Projekt ethischer Zeitgenossenschaft auch nur eine befristete Geltung.

Wer angesichts der Limitationen des Daseins etwas Vernünftiges auf den Wegen instrumenteller, strategischer, kommunikativer und temporaler Rationalität zustande bringt, hat damit noch keineswegs etwas ethisch Richtiges und Gutes bzw. richtig Gutes realisiert, das uneingeschränkt zustimmungsfähig ist. Dies ist erst dann der Fall, wenn die angedeuteten Limitationen dieser Rationalitätstypen überwunden sind. Erst dann lässt sich sagen, dass dem Menschen angesichts der Limitationen seines Daseins etwas Bedeutsames geglückt ist, das es auch wert ist angestrebt zu werden. Bei diesem Test können erneut die Kriterien der Widerspruchsfreiheit bzw. Verallgemeinerbarkeit von Handlungsmaximen eingesetzt werden.

<1> Im Verhältnis zu allem, das in der naturalen Außenwelt des Menschen Gegenstand seines Einwirkens, Veränderns und Aneignens sein kann und zugleich ein knappes Gut darstellt, erweist sich ein *zweckrationaler* Umgang als effizient. Ethisch vertretbar ist er jedoch nur, wenn er zugleich auf *Nachhaltigkeit* angelegt ist. Dabei gilt es, aus unter-

schiedlichen Mitteln und Vorgehensweisen ein Ziel zu erreichen bzw. ein Gut zu verwirklichen, jene auszuwählen, die sowohl effizient sind als auch mit einer möglichst geringen Einschränkung hinsichtlich der Realisierung anderer, gleichwertiger Ziele und Güter verbunden sind.

<2> Im reflexiven Selbstverhältnis des Menschen ist das Bewusstsein seiner Verletzbarkeit, aber auch seiner Einmaligkeit und Unersetzbarkeit verankert. Seine elementaren Lebensinteressen kann er am wirkungsvollsten über die Handlungsmuster der *strategischen* Vernunft durchsetzen. Ein solches Handeln ist ethisch vertretbar, wenn es dabei die Regeln der *Fairness* einhält. Sie verlangen von ihm nicht die Selbstmissachtung, wohl aber die Distanzierung von jeder Form der Überheblichkeit und Selbstzentrierung. Es gilt, die Stärke des eigenen Willens nicht in Sturheit, Aggression und Gewalt münden zu lassen, sondern aufrichtig, zielstrebig und mit Augenmaß umzusetzen. Zu einem aufgeklärten Selbstinteresse, in dem die rechte Mitte zwischen kurzfristiger Erfolgsorientierung und langfristiger Sinnerfüllung zu finden ist, verhilft die Überprüfung der Verträglichkeit einer aktuellen Interessenverfolgung mit langfristig angelegten Lebenszielen und Wertorientierungen. Dabei wird klar: Es ist unaufrichtig und unfair, voraussehbare negative Folgen des eigenen Tuns zu verschleiern oder auf Unbeteiligte abzuwälzen. Es ist klug, nur solche Risiken einzugehen, deren Folgen beherrschbar sind bzw. Handlungsstrategien zu wählen, deren negative Folgen und Nebenwirkungen reversibel bleiben.

<3> Im intersubjektiven Verhältnis des Menschen bildet die Konkurrenz um knappe Güter und die Rivalität um gesellschaftlich geachtete Positionen eine besondere Herausforderung. Eine Befriedung der damit verbundenen Konflikte gelingt am ehesten, wenn sich alle Beteiligten mit den Mitteln der *kommunikativen* Vernunft über ebenso individuell wie sozial zuträgliche Formen der *Solidarität* und Inklusion, d.h. der sozio-kulturellen, politischen und ökonomischen Teilhabe und Teilgabe verständigen. Dabei geht es um ein Gespür für soziale Asymmetrien und um Sensibilität für

Mitmenschen, die in ihrer Lebenswelt Fremdheitserfahrungen machen, die schicksalhaft bedingt sind oder durch gesellschaftliche Strukturen verstärkt werden. Es ist ein Gebot sozialer Gerechtigkeit, für den strukturellen Ausgleich unverschuldeter Armut und unverdienten Reichtums einzutreten und sich nicht damit abzufinden, dass ökonomischer Fortschritt zwar auch die Lage der bisher am schlechtesten Gestellten verbessert, aber dabei die Schere zwischen Armen und Reichen weiter auseinandergeht.

<4> Im Verhältnis des Menschen zu den Gezeiten der Zeit, d. h. zu allem, was Ereignischarakter in Vergangenheit, Gegenwart und Zukunft besitzt (Zeit), bilden die Unwiederholbarkeit des Vergangenen, die Ungewissheit des Zukünftigen und die Einmaligkeit des Gegenwärtigen die Bezugspunkte ethischer Zeitgenossenschaft. Die Bewältigung der damit verbundenen Herausforderungen gelingt am ehesten durch die Orientierung an den Parametern *anamnetischer, futurischer und kairologischer Rationalität.* Sie widerstreiten der Versuchung, das Versagen in der Vergangenheit durch Vergessen zu entsorgen und den unabgegoltenen Hoffnungen früherer Tage bloß nachzutrauern. Sie rufen dazu auf, Ziele und Ideale zu haben, die über den Tag hinaus gültig sind, damit man auf den rechten Zeitpunkt warten kann, um sie endlich zu realisieren. Dabei kommt es vor allem auf eine *Beharrlichkeit* an, ohne die das Erinnern und das Hoffen im Strohfeuer des Augenblicks verglühen. Sie drängt darauf, alles im Leben so wahrzunehmen, wie es im Blick auf seine Vollendung aussehen würde. Und sie leitet dazu an, den eigenen Beitrag zu leisten, damit es zu dem wird, was es noch nicht ist, aber sein könnte.

Zwar reichen die Parameter der um ethische Kriterien erweiterten Rationalität nicht aus, dass sie dem Menschen dazu verhelfen, in seinem Leben auch sein Glück zu machen. Aber sie leisten einen unersetzlichen Beitrag, um ein selbstverschuldetes Unglück zu vermeiden. Und sie tragen dazu bei, dass in diesem Leben das Inakzeptable zugunsten des Zustimmungsfähigen verringert wird. Gelingt es dem Menschen, in den skizzierten Schritten etwas richtig Gutes aus dem zu machen, was Natur und Evolution aus ihm gemacht haben, kommt er auch dem Ziel näher, ein bedeutsames Leben zu führen. Mit den Mitteln der Vernunft setzt er sich in ein bedeutsames Verhältnis zu den Limitationen seines Daseins. Er kann Zwecke verfolgen, die über Naturzwecke hinausführen. Er kann sich für Interessen einsetzen, die nicht nur seine eigenen sind. Und er kann Zeichen setzen, die antizipieren, was erstrebt wird, oder das Erstrebte überdauern.

Allerdings stößt er bei all diesen Unternehmungen immer auch an Grenzen. Aufs Ganze gesehen ist Bedeutsamkeit eine Konsequenz der Erfahrung von Limitationen. Wäre das Dasein unbegrenzt und unendlich, gäbe es keine Notwendigkeit zur Auswahl und Entscheidung, was zu tun und zu lassen ist. Es käme nicht mehr darauf an, es auf etwas ankommen zu lassen. Danach zu streben, etwas richtig Gutes anzustreben, wäre nicht erstrebenswert. Zugleich erweist sich die Endlichkeit als Kontrahent von Bedeutsamkeit, indem sie begrenzt, wozu sie nötigt. Und sie setzt dem Verstehen des Daseins ein Limit.[70] Die Ambiguität der Endlichkeit begleitet alle Versuche, sich in einem endlichen Leben mit dieser Ambiguität nicht abfinden zu wollen.

## 2.3. Limitation und Transzendenz: Das Problem der Religion

Hinsichtlich der Frage, wie und wo sich ein existentielles Bezugsproblem für eine religiöse Einstellung zu den Lebensbedin-

70 M. Kreuels, Über den vermeintlichen Wert der Sterblichkeit. Ein Essay in analytischer Existenzphilosophie, Berlin 2015, liefert zahlreiche Argumente gegen die häufig anzutreffende These, dass die Unsterblichkeit eines Menschen (bei gleichzeitig bestehender kollektiver Sterblichkeit seiner Mitmenschen) sein Leben unannehmbar mache. Daraus folgt jedoch nicht, dass im Umkehrschluss die Akzeptanz eines endlichen Lebens eine leichter annehmbare Vorstellung wird. Zur damit angesprochenen Problematik siehe auch St. Gosepath/M. Remenyi (Hg.), „… dass es ein Ende mit mir haben muss". Vom guten Leben angesichts des Todes, Münster 2016.

gungen und -verhältnissen des Menschen ausmachen lässt, führen die bisherigen Überlegungen lediglich zu einer Fehlanzeige. Denn im Kontext der rationalen Bezugnahme auf die Limitationen des Daseins ist nicht erkennbar, wo hier ein religiöser Vollzug geortet werden könnte oder welcher Gegenstandsbereich hierfür in Frage kommen könnte. Weder lässt sich auf der Ebene der Weltbezüge ein eigenes „Woraufhin" für einen religiösen Vollzug identifizieren, noch ist erkennbar, welche Funktion eine religiöse Bezugnahme auf diese Bezüge erfüllen könnte. Weder gibt es eine spezifische Limitation, auf die sich ein religiöser Bezug richten könnte, noch ist begründbar, dass oder warum er eine der skizzierten vernunftbestimmten Bezugnahmen ersetzen, ergänzen oder überbieten könnte. Von einem säkularisierungsresistenten existenziellen Bezugsproblem einer religiösen Einstellung zur Wirklichkeit kann beim bisherigen Stand einer existentialen Hermeneutik menschlichen Daseins also in keiner Weise gesprochen werden.

Aus einer solchen Fehlanzeige wird jedoch unversehens ein Fehlschluss, wenn aus der Nicht-Notwendigkeit eines religiösen Vollzuges für den direkten Umgang mit den Limitationen des Daseins seine prinzipielle Unmöglichkeit oder Unverantwortbarkeit gefolgert wird. Denn es besteht die Alternative, den Objektbereich und die Funktion religiöser Praktiken auf der Ebene der reflexiven Bezugnahme auf das Integral der menschlichen Lebensverhältnisse zu orten. Religion zeigt sich dann als eine spezifische Einstellung zu Lebenseinstellungen, d. h. als eine besondere Umgangsform mit jenen Limitationen, die im Umgang mit den existentialen Limitationen des Daseins auftreten. Sie markiert ein Daseinsverhältnis „zweiter Ordnung". Anders formuliert: Religion zeigt sich als eine besondere Umgangsform mit den Formen, mit der Endlichkeit des Daseins umzugehen.[71]

71 Zum Folgenden siehe auch H.-J. Höhn, Zeit und Sinn, 114–181; Ders., Limitation und Transzendenz. Konturen eines existentialpragmatischen Religionsbegriffs, in: L. Hauser/E. Nordhofen (Hg.), Das Andere des Begriffs, Paderborn 2013, 27–43.

Im Unterschied zu den vernunftbasierten Lebenseinstellungen, deren Maß das Integral der weltimmanenten Lebensbedingungen und ihrer Limitationen bildet, lässt sich als „religiös" eine solche Einstellung zu den menschlichen Lebensverhältnissen bezeichnen, welche diese Lebensverhältnisse auf das bezieht, was den Menschen darin unausweichlich betrifft. Im religiösen Vollzug geht diese Bezugnahme gleichzeitig über dieses Unausweichliche, das seinen rationalen Bewältigungsversuchen entzogen ist, hinaus und transzendiert es.

Zu dem existenziell Unausweichlichen gehört die Endlichkeit des Daseins selbst, welche die existentiale Grundsituation des Menschen definiert, aber auch für jede Bezugnahme auf diese Situation gilt. Sie ist für jeden menschlichen Vollzug unabstreifbar. Jedes Ereignis, jedes Wollen und Tun kann nur unter Endlichkeitsbedingungen realisiert werden. Unabstreifbar sind ebenfalls die limitativen Merkmale dieser Grundsituation, d.h. die psycho-physische Endlichkeit und Bedingtheit des Subjekts, die Erschöpfbarkeit der Lebensressourcen, die Konkurrenz um deren Nutzung sowie die Befristung der (Lebens) Zeit bzw. die Ungewissheit ihres Endes. Dieses Unausweichliche zu transzendieren muss jedoch nicht heißen, diese Grundsituation auf eine jenseits von ihr zu ortende Wirklichkeit zu überschreiten.[72] „Transzendieren" kann für ein Subjekt auch bedeuten, sich zu dem Unausweichlichen seiner Existenz in ein Verhältnis zu setzen, das es ermöglicht, im Modus der Bestreitung mit seinen Limitationen zu leben und sich widerständig gegen sie zu behaupten. Sie werden anerkannt als etwas, das unausweichlich über alles im Leben verhängt ist, das nicht zu umgehen und dem nicht zu entrinnen ist. Und zugleich wird bestritten, dass sie in ihrer Unabwendbarkeit für alles, was im

---

72 Zu unterschiedlichen Bestimmungen von Vollzug und Gehalt des Transzendierens (z.B. überschreiten, entgrenzen, hinwegsetzen, hinter sich lassen, über sich hinauswachsen, auf etwas aus sein, außer sich sein) siehe B. NITSCHE/F. BAAB (Hg.), Dimensionen des Menschseins – Wege der Transzendenz?, Paderborn 2018; I.U. DALFERTH u.a. (Hg.), Hermeneutik der Transzendenz, Tübingen 2015; DERS., Transzendenz und säkulare Welt. Lebensorientierung an letzter Gegenwart, Tübingen 2015.

Leben geschieht, auch darüber bestimmen, was es letztlich mit dem Leben im Ganzen auf sich hat.

Soll dieses Überschreiten etwas genuin Religiöses darstellen, muss gezeigt werden können, dass das, was als Gegenstand und Thema religiösen Transzendierens behauptet wird, einer Aufhebung in die Umgangsformen „erster Ordnung“ mit Daseinslimitationen und einer Gleichsetzung mit anderen Einstellungen „zweiter Ordnung“ widerstreitet. Unter dieser Rücksicht wächst den ausführlich dargelegten Rationalitätstypen und -kriterien zunächst eine wichtige Filterfunktion zu: Nichts kommt als Gegenstand eines religiösen Daseinsverhältnisses in Betracht, was zureichend mit den Mitteln der instrumentellen, strategischen oder kommunikativen Vernunft bewältigt werden kann. Weder darf eine religiöse Einstellung von zweckrationalen Umgangsformen ersetzt noch von ethischen Einstellungen überboten werden können. Wenn dies dennoch möglich ist, erbringt dieser Umstand bereits den Nachweis, dass eine religiöse Einstellung obsolet ist.[73] Sodann erfüllt die Vernunft

73 In der Theologie und in der Religionsphilosophie begegnet immer wieder die Auffassung, die Vernunft habe gegenüber dem religiösen Glauben nicht eine Filter-, sondern eine Stützfunktion zu erfüllen, um seine rationale Verantwortbarkeit zu gewährleisten (vgl. K. Dormandy, Die Rationalität religiöser Überzeugungen, in: G. Gasser u. a. (Hg.), Handbuch für Analytische Theologie, Münster 2017, 205–239). Während ein Filter dazu dient, vernunftwidrige und somit unverantwortbare Glaubensvorstellungen zu blockieren und vernunftkompatible Vorstellungen passieren zu lassen, wird von einer Stütze erwartet, dass sie eine dem Glauben attestierbare Schwäche ausgleicht und ihm von außen zusätzliche Festigkeit verleiht. Ein Glaube, der von sich aus so instabil ist, dass er externe Absicherungen benötigt, ist sowohl intellektuell wenig überzeugend als auch existenziell wenig tragfähig. Seine dadurch offenbar werdende geringe Belastbarkeit ist ein starkes Motiv, sich gar nicht erst auf ihn einzulassen. Davon zu unterscheiden ist das Bestreben, die dem Glauben zukommende Plausibilität mit den Mitteln der Vernunft aufzuzeigen. In diesem Fall wird nicht ein Manko des Glaubens von außen kompensiert, sondern seine Verantwortbarkeit als das vernunftgemäße Andere der Vernunft demonstriert. Vgl. hierzu ausführlicher H.-J. Höhn, Standards der Rationalität. Kriterien der rationalen Verantwortung religiöser Überzeugungen, in: G. Gasser u. a. (Hg.), Handbuch für Analytische Theologie, 241–266; M. Breul, Diskurstheoretische Glaubensverantwortung, Regensburg 2019, 140–172, 195–227.

die Funktion einer Schleuse: Sie verhindert den Durchlass von religiösen Behauptungen, die nachweislich un- und widervernünftig sind. Nur dasjenige lässt sie passieren, das zumindest als nicht-unvernünftig aufgezeigt werden kann. Aber auch in der Gegenrichtung ist ein Test auf Durchlässigkeit angebracht und möglich. Die Vernunft muss sich keineswegs alle Fragen verbieten, die sich ihr unabweislich stellen, aber mit ihren eigenen Mitteln nicht beantwortbar sind. Es mag sein, dass die Vernunft unwiderlegliche Bestimmungen dessen liefert, was es mit allem auf sich hat, was „im" Leben eines Menschen geschieht. Aber sie übernimmt sich, wenn sie dies bereits für die Beantwortung der Frage hält, was es „mit" diesem Leben auf sich hat. Es ist nicht unvernünftig, für andere mögliche Antworten offen zu bleiben.

Vermeiden lässt sich die Abdrängung des religiösen Daseinsverhältnisses ins Obsolete, wenn es dabei um ein Verhältnis zum Leben in seiner Ganzheit geht und wenn die Thematisierung dieser Ganzheit in einem Format geschieht, das die auch in der Moderne unabgegoltenen ersten und letzten Fragen nach den Möglichkeiten einer Welt- und Daseinsakzeptanz angesichts des Inakzeptablen artikuliert: Ist ein Dasein letztlich zustimmungsfähig, das angesichts der Befristung menschlicher Lebenszeit, der Erschöpfbarkeit der Lebensressourcen, der Konkurrenz um ihre Nutzung und der Ungewissheit künftiger Lebenslagen keinen letzten Grund zum Ja-Sagen erkennen lässt? Ist ein Leben letztlich akzeptabel, wenn alle (daseinsimmanenten) Versuche zur Herstellung dieser Akzeptanz am Ende nur deren Fraglichkeit hervortreiben? Denn wie ist eine Welt zu bejahen, in der man sich nur insoweit die Chance sichert, etwas vom Leben zu haben, dass man sich als Konkurrent gegenüber anderen durchsetzt und sich am Ende doch nur den Tod holen wird? Wie kann jemand zu sich selbst stehen, wenn es in einer endlichen und vergänglichen Welt nichts Beständiges gibt, auf das letztlich Verlass ist und einen Menschen Stand im Unbeständigen gewinnen lässt? Kann man sich selbst annehmen in einem Kontext, der seinerseits unannehmbar ist? Kann man rational verantwortbar ein Leben akzeptieren, wenn mit den

Mitteln der Vernunft weder dem schicksalhaften Unglück beizukommen ist noch das Beglückende des Glücks befördert werden kann? Kann man sich abfinden mit einer Lebensbilanz, in der sich „Soll" und „Haben" aufwiegen, d.h. wenn mir nichts von dem Guten und Schönen dieser Welt vorenthalten wurde, mir aber auch nichts Leidvolles in meinem Leben erspart blieb?

Diese Fragen beziehen sich nicht auf etwas in der Welt, sondern auf das In-der-Welt-Sein des Fragenden und auf die Verhältnisse, in denen er bisher sein Leben geführt hat. Sie zielen auf jene Akzeptanzbedingungen des Daseins, die sich nicht in Ergebnisse eines von der zweckrationalen, strategischen oder kommunikativen Vernunft geleiteten Umgangs mit den Limitationen des Lebens überführen lassen. Die Beschäftigung mit diesen Fragen markiert aber noch nicht hinreichend deutlich das gesuchte Alleinstellungsmerkmal religiöser Vollzüge. Zusätzlich müssen Genese und Geltungsanspruch ihrer Thematisierung von Möglichkeiten der Daseinsakzeptanz bedacht werden. Auf diese Momente stößt man, wenn man jene Umstände und Ereignisse im Leben betrachtet, die in einer säkularen Welt befremden, weil sie sich die autonome Vernunft mit ihren eigenen Mitteln nicht verstehbar und handhabbar machen kann. Dazu gehört all jenes,

- was sich gegen das Kalkül der Zweck/Mittel-Rationalität als unverzweckbar oder als untauglich für jede Form der Instrumentalisierung behauptet, weil es ein Malum ist, dessen Vorkommen nur negative Konsequenzen hat;
- was indifferent gegenüber einer Optimierungs- und Maximierungsstrategie bleibt, weil es ein Bonum ist, das weder verbessert noch jemals wieder schlecht gemacht werden kann;
- was sich nicht mit der Logik des aufgeklärten Selbstinteresses bzw. des gegenseitigen Vorteils vereinbaren lässt, weil es etwas schicksalhaft Unvermeidliches, Tragisches, Ungewolltes ist, das man sich selbst als Auslöser eines solchen Geschehens nicht verzeihen kann und wofür man von anderen keine Vergebung zu erlangen vermag;

- was lokal und temporal nicht eingrenzbar ist, weil es ein Verhängnis ist, das niemals anfing und nie aufhört, d. h. so alt ist wie die Welt.

Wo es die Vernunft mit dem solchermaßen Unbegreiflichen, Unverfügbaren und Unheimlichen zu tun bekommt, wofür sie selbst keine zureichenden vernunftgemäßen Umgangsformen entwickeln kann, wird sie nicht nur verstehen wollen, was das Unverständliche, weil rational Unübersetzbare, am derart Befremdlichen ausmacht. Vielmehr müsste sie auch an der Frage interessiert sein, ob es diesseits und jenseits der Vernunft sinnvolle und zumutbare Einstellungen zum Befremdlichen zu entdecken gibt. Wenn hierbei die Religion für ihre Sache das Interesse der Vernunft wecken will, müsste sie zeigen können, dass sie als das vernunftgemäße Andere der Vernunft dieses Interesse verdient.

Religion ist dann ganz bei ihrer Sache, wenn sie sinnvolle Bezugnahmen auf das in Vernunftverhältnisse Unübersetzbare erschließen und gestalten kann. Unübersetzbar in Vernunftverhältnisse ist nicht nur, was jeweils für sich das Unannehmbare am Inakzeptablen (d. h. das Bösartige des Bösen, das Leidvolle am Leiden) und die Annehmbarkeit des Akzeptablen (d. h. das Beglückende des Glücks) ausmacht, sondern auch das angesichts des Widerstreits zwischen dem Unannehmbaren und Akzeptablen, zwischen dem Bösartigen und Beglückenden gesuchte Verhältnis zum Dasein, in dem trotz des kategorisch Inakzeptablen eine Zustimmung zum Dasein möglich ist. In der Thematisierung dieses Widerstreites geht es dem religiösen Denken um die Gelingensbedingungen, Mittel und Wege einer kontrafaktischen Selbst- und Weltakzeptanz.

Der religiöse Grundvollzug transzendiert das existenziell Unvermeidliche auf das der Vernunft Unverfügbare. Er artikuliert den fragenden und hoffenden Ausgriff nach triftigen Gründen, das Leben allen Limitationen und allem Befremdlichen zum Trotz für letztlich zustimmungsfähig zu halten. Und ebenso begibt er sich in ein kritisches Verhältnis zu inakzeptablen Formen sowohl der Daseinsakzeptanz als auch der Daseinsinakzeptanz, die solange inakzeptabel bleiben, wie für sie keine überzeugenden Gründe angebbar sind.[74]

Bei der Bestimmung ihres existenziellen Bezugsproblems kommen alle Religionen darin überein, dass sie einen Grundzug menschlichen Daseins ausmachen, an dem sich das Unheile, Leidvolle, Fragmentarische, Vollendungsbedürftige, Unerlöste der „conditio humana" festmachen lassen. Sie stimmen auch darin überein, dass dies dem Menschen Fehlende und im Modus des Vermissens ihm Erschlossene nur in der Weise eines Überstiegs des Vorfindlichen erlangt werden kann. Alle Religionen verstehen sich als Wege, auf denen Menschen das Leiden an einem leidvollen und unerlösten Dasein überwinden können. Sie erschließen Möglichkeiten, wie Menschen mit den Widrigkeiten leben können, die ihnen das Leben schwer und unerträglich machen. Diese Möglichkeiten realisiert der religiöse Mensch, wenn er jenen Anleitungen folgt, die ihn in ein Verhältnis zu seinen Lebensverhältnissen setzen, das diese Lebensverhältnisse transzendiert. In diesem Verhältnis werden die leidvollen und unerlösten Daseinsverhältnisse zugleich als etwas „Vorletztes" wahrgenommen und das Verwiesensein des Menschen auf eine „letzte" Wirklichkeit thematisiert, von der her erst definitiv bestimmt werden kann, was letztlich aus und mit ihm werden kann.[75]

Ein religiöses Verhältnis zu Daseinsverhältnissen wäre jedoch missverstanden, wollte man darin von vornherein oder ausschließlich ein Bemühen um Daseinszustimmung sehen. Es kann sich ebenso in der Praxis der Zustimmungsverweigerung äußern. In diesem Fall erfolgt ein hoffend-fragender Ausgriff nach jenen Ermöglichungsgründen, sich den mit einer Verwei-

---

74 Nicht selten sind säkulare Plädoyers für Daseinsinakzeptanz auch das Resultat unzureichender Begründungen einer religiös motivierten Behauptung von Daseinsakzeptanz. Die Bandbreite dieser Plädoyers reicht von skeptizistischen bis hin zu dezidiert nihilistischen Positionen. Vgl. dazu etwa P. Watson, Das Zeitalter des Nichts, München 2016; L. Lütkehaus, Nichts. Abschied vom Sein, Ende der Angst, Zürich 1999.

75 Vgl. hierzu auch M. Riesebrodt, Cultus und Heilsversprechen. Eine Theorie der Religionen, München 2007.

gerung verbundenen existenziellen Aporien zu stellen. Religiöse Daseinsentwürfe, welche die Welt derart als verhängnis- und unheilvoll deuten, dass sie ihren Untergang verdient, und stattdessen auf eine endzeitliche Neuschöpfung hoffen, setzen hinter eine Zustimmungsverweigerung deren Relativierung. Beide Schritte sind begründungsbedürftig. Derartige Konzepte müssen sich fragen lassen, ob ihre Zustimmungsverweigerung dem weltimmanenten Widerstreit kategorisch akzeptabler und kategorisch inakzeptabler Phänomene hinreichend gerecht wird und worauf sich ihre Hoffnung auf einen akzeptablen Neuanfang gründet.

Die bisherigen Erörterungen zu einem philosophischen Religionsbegriff sind im Kontext der Frage nach der Säkularisierungsresistenz eines religiösen Daseinsverhältnisses zunächst relevant für die Frage nach dem Nexus von anthropologischen, daseinshermeneutischen und religionstheoretischen Reflexionen. Traditionell führt zu dieser Schnittstelle die Frage, ob es sich bei dem Phänomen „Religion“ um eine anthropologische oder kulturelle Konstante handelt, d. h. ob der Mensch von Natur aus religiös ist und es auch als Kulturwesen bleibt.[76] Auf diese Frage kann nun geantwortet werden: Begriff und Praxis eines religiösen Daseinsverhältnisses beziehen sich zwar auf die existentiale Grundsituation des Menschen, sind aber nicht deren Element. Religion hat mit existentialen Strukturen des Menschseins zu tun, die der Selbstvergewisserung eines jeden Menschen zugänglich sind. Aber dieser Bezugnahme kommt selbst kein existentialer Status zu. Unter dieser Rücksicht ist Religionslosigkeit weder ein anthropologisches Defizit noch eine dem religionslosen Subjekt vorwerfbare Einstellung, die auf der Leugnung einer angeblichen anthropologischen Konstante beruht.

---

76 Vgl. hierzu u. a. J. Assmann/H. Strohm (Hg.), Homo Religiosus. Vielfalt und Geschichte des religiösen Menschen, Paderborn 2014; F. Stolz (Hg.), Homo naturaliter religiosus. Gehört Religion notwendig zum Mensch-Sein?, Frankfurt/Bern 1997; W. Pannenberg (Hg.), Sind wir von Natur aus religiös?, Düsseldorf 1986.

Anders formuliert: Religion zeichnet sich zwar durch die spezifische Bezugnahme auf die Endlichkeit und Vergänglichkeit des Menschseins als existentialen Daseinsbestimmungen aus. Aber diese Bezugnahme ist hinsichtlich ihrer Modalität nicht durch „Notwendigkeit", sondern durch „Möglichkeit" bestimmt: Man muss religiös sein können, aber nicht religiös sein müssen. Der religiöse Grundvollzug ist zwar ein „actus humanus", d. h. nur Menschen haben ein religiöses Daseinsverhältnis. Aber nicht alle Menschen sind religiös, indem sie dieses Verhältnis in entsprechenden Akten realisieren. Religion ist daher nicht eine beliebige Größe im Ensemble menschlicher Daseinsbezüge, sondern notwendig möglich, d. h. es muss sie geben können, wenn sich der Mensch einem Daseinsproblem stellt, das seinerseits nicht beliebig, sondern unabweisbar ist: die Frage der Annehmbarkeit des Lebens angesichts des kategorisch Unannehmbaren.

Vor diesem Hintergrund kann nun auch präziser angegeben werden, worin die Säkularisierungsresistenz des Religiösen besteht. Als säkularisierungsresistent erscheint in existential-hermeneutischer Perspektive allein das Bezugsproblem der Daseinsakzeptanz angesichts des Inakzeptablen, nicht aber die historisch kontingenten und kulturell variablen Formen seiner Bearbeitung. Zu diesem Problem eine religiöse Einstellung zu finden ist zudem nicht zwingend und auch nicht unabdingbar für das Menschsein. Eine solche Einstellung muss es nicht geben müssen. Sie verdankt sich einer Entscheidung des Subjekts, die auch ausgeschlagen, verdrängt oder vertagt werden kann. Der Mensch ist insofern nicht „von Natur aus" religiös. Vielmehr hat seine Religiosität ihren Ort im Verhältnis zu den naturalen und sozialen Lebensumständen und den darauf bezogenen Lebenseinstellungen.[77]

Von Entmythologisierungs- und Säkularisierungsprozessen betroffen sind die materialen Formatierungen von Religiosität,

---

77 Vgl. H.-J. Höhn, Säkularisierungsresistent? Struktur und Relevanz eines religiösen Daseinsverhältnisses, in: R. Langthaler u. a. (Hg.), Religion in der Moderne, Göttingen 2013, 133–150.

nicht aber das sie konstituierende Problem der Daseinsakzeptanz. Dass in der Moderne die strukturellen Bedingungen für das Entstehen von Fragen, die traditionell religiös beantwortet wurden, unvermindert erhalten bleiben, schließt somit weder das Verschwinden bestimmter materialer religiöser Ausgestaltungen eines existenziellen Verhältnisses zu diesen Fragen aus noch verhindert es die Wiederkehr obsoleter religiöser Antworten oder religiöser Pathologien.[78]

## 3. Nach Lebenszeichen fragen: Existenzreflexion im „semiotic turn"

Der Versuch, Existenzanalyse und Glaubenshermeneutik in ein zeitgemäßes Layout zu bringen, bleibt so lange unvollständig, wie er nicht zeigen kann, dass es ihm gelingt, einen überzeugenden Beitrag zu leisten zum „*Verstehen des Menschen* – in der doppelten Bedeutung des vom Menschen ausgehenden und des auf den Menschen gerichteten Verstehens."[79] Dieser Beitrag ist aber nur auf dem Weg einer Erkundung der Zeugnisse je schon geleisteter Versuche einer Selbstverständigung des Menschen zu erbringen. Existenzhermeneutik besteht aus einer Auslegung menschlicher Selbstzeugnisse und muss eine Route wählen, die aus subjekt-, handlungs-, rationalitäts- und kulturtheoretischen Diskursetappen besteht. Auf diesen Etappen muss sich auch der Versuch einer Hermeneutik des christlichen Glaubens bewähren. Kaum anders kommt es zu einem *Verstehen des Glaubens* – in der doppelten Bedeutung des vom Glauben ausgehenden und auf ihn gerichteten Daseinsverständnisses. Auch hier kommt es darauf an, sich auf den Weg einer Sondierung von Zeugnissen je schon geleisteter Versuche einer

---

78 Vgl. dazu R. Buchholz, Falsche Wiederkehr der Religion. Zur Konjunktur des Fundamentalismus, Würzburg 2017; H.-J. Höhn, Gewinnwarnung. Religion – nach ihrer Wiederkehr, Paderborn 2015.

79 E. Angehrn, Sinn und Nicht-Sinn. Das Verstehen des Menschen, Tübingen 2010, 3.

Auslegung des Glaubens, seiner Expression in Zeichen, Symbolen, Riten und deren Interpretation zu machen.

Um die Intelligibilität und Plausibilität christlicher Interpretamente der Daseinsakzeptanz zu bestimmen, reicht jedoch ein existential-pragmatischer Ansatz allein nicht aus. Mit ihm lassen sich lediglich Ort, Relevanz und Struktur eines religiösen Daseinsverhältnisses identifizieren. Um auch die materiale Konkretion dieses Verhältnisses in den Praktiken, Zeichen, Symbolen und Riten des christlichen Glaubens zu erfassen, muss er erweitert werden um die Reflexion der semiotischen Signatur dieser Interpretamente. In der Semiotik geht es um Struktur und Logik des Gebrauchs von Zeichen, d. h. des zwischenmenschlichen Umgangs mit (sinnlich wahrnehmbaren) Bedeutungsträgern und der Koordinaten von Deutungsvorgängen.[80] Die dabei eingesetzten Zeichen- und Deutungssysteme verändern nicht unmittelbar die (zeichenexterne) Wirklichkeit, auf die sie sich beziehen. Hier ereignen sich keine Eingriffe in die kausal-konditional beschreibbaren Prozesse in der Umwelt des Menschen. Vielmehr betreffen sie sein Verhältnis zur gestaltbaren Welt, indem sie Einfluss nehmen auf kognitive und handlungsleitende Einstellungen zur menschlichen Lebenswelt.

Wer um ein Verständnis menschlichen Daseins bemüht ist, kommt daher nicht an einer semiotischen Erfassung menschlicher Lebenszeichen vorbei. Und ebenso ist sie unumgänglich für ein Verstehen jener Sprach- und Handlungsmuster, in denen sich der christliche Glaube ausdrückt. Bei einer Existenzreflexion im „semiotic turn“ erscheint menschliches Sein und Handeln als eingebettet in intersubjektiv geteilte, sprachlich erschlossene und in Zeichensystemen zugänglichen bzw. repräsentierten Sinnwelten, denen entsprechende Lebensformen und -welten zuzuordnen sind. Beim „semiotic turn“ der Glaubensreflexion werden religiöse Sinnwelten bzw. Konstruktio-

---

80 Vgl. als Erstinformation G. SCHÖNRICH, Art. „Semiotik“, in: H. J. Sandkühler (Hg.), Enzyklopädie Philosophie. Bd. 2, Hamburg 1999, 1460–1465. Zu Definitionen, die über diese Minimalbestimmung hinausgehen, siehe W. NÖTH (Hg.), Handbuch der Semiotik, Stuttgart $^{2}$2000.

nen der Wirklichkeit darauf befragt, inwiefern sie eine Partitur darstellen, die dazu anleitet, sich in der Welt zurechtzufinden, sie zu deuten und dem Dasein Bedeutsames ab- oder zuzusprechen. Diese Befragung erfolgt hinsichtlich des Problems der Daseinsakzeptanz angesichts des kategorisch Inakzeptablen.

Dieses Bezugsproblem eines religiösen Verhältnisses zu den Lebensverhältnissen des Menschen kann existentialpragmatisch zwar als säkularisierungsresistent rekonstruiert werden. Davon zu unterscheiden ist aber die Frage nach der nötigen Intelligibilität, Rationalitäts- und Modernitätskompatibilität material bestimmter religiöser Umgangsformen mit den Antinomien und Paradoxien des Daseins. Sie können durchaus einen Plausibilitätsverlust erleiden und als rational nicht mehr vertretbar erscheinen. Um ihre Intelligibilität und rationale Vertretbarkeit zu prüfen und nötigenfalls wiederherzustellen, muss daher der existentialpragmatische Ansatz erweitert werden zu einer Konzeption, die nicht nur alle semiotischen Dimensionen sprachlicher Interaktion berücksichtigt, sondern auch die existenzielle Relevanz und Plausibilität der Kommunikationsinhalte erfasst. Diesen Erwartungen stellt sich das im Folgenden zu erläuternde Konzept einer *Existentialen Semiotik*. Eine in diesem Paradigma konzipierte Theologie ist semiotisch ausgelegt, da sie nach Zeichen und Medien fragt, durch die zum Ausdruck kommt, was das Leben zustimmungsfähig macht. Und sie ist insofern existential formatiert, als sie das (religiöse) Bezugsproblem der Daseinsakzeptanz mit der existentialen Grundsituation des Menschen in Beziehung setzt.

Mit diesem Projekt werden nicht zum ersten Mal in der Theologie semiotische Denkansätze rezipiert und adaptiert.[81] Was

---

81 Vgl. bereits A. Grabner-Haider, Semiotik und Theologie. Religiöse Rede zwischen analytischer und hermeneutischer Philosophie, München 1973; R. Volp (Hg.), Zeichen. Semiotik in Theologie und Gottesdienst, München 1998; W. Engemann/R. Volp (Hg.), Gib mir ein Zeichen. Zur Bedeutung der Semiotik für theologische Praxis- und Denkmodelle, Berlin 1992; H.-J. Sander, Glauben im Zeichen der Zeit. Die Semiotik von Peirce und die pastorale Konstituierung der Theologie, Würzburg (Habil.-Schr.) 1996; Ders., Die Zeichen der Zeit erkennen und Gott benennen. Der semiotische Charakter der

den Ansatz einer Existentialen Semiotik von anderen theologischen Bezugnahmen auf semiotische Theorien unterscheidet, ist zunächst die spezifische Auswahl und Auswertung relevanter Referenztexte (v. a. von K.-O. Apel, J. Heinrichs, I. U. Dalferth).[82] Es wird aber darauf verzichtet, erneut die Theoriegeschichte der Semiotik von F. de Saussure über Ch. S. Peirce bis U. Eco und R. Barthes zu referieren sowie auf die vielfältigen Anwendungsmöglichkeiten ihres Begriffs- und Methodeninventars einzugehen.[83] Und nur gelegentlich erfolgen Exkurse und Rekurse auf religionsphilosophische und theologische Beschäftigungen mit den Klassikern der Semiotik.[84] Begründet ist diese doppelte Zurückhaltung zum einen in dem Umstand, dass viele zeitgenössische Theoriebildungen zur Semiotik derart komplex und filigran geworden sind, dass sie kaum mehr in einem überschaubaren Textformat wiederzugeben sind.[85] Zum

---

Theologie, in: ThQ 182 (2002) 27–40; R. S. Corrington, A semiotic theory of theology and philosophy, Cambridge 2000; G. Linde, Zeichen und Gewißheit. Semiotische Entfaltung eines protestantisch-theologischen Begriffs, Tübingen 2013.

82 Vgl. K.-O. Apel, Paradigmen der Ersten Philosophie, Berlin 2011; Th. Rentsch, Heidegger und Wittgenstein. Existenzial- und Sprachanalysen zu den Grundlagen philosophischer Anthropologie, Stuttgart ²2003; Ders., Transzendenz und Negativität. Religionsphilosophische und ästhetische Studien, Berlin 2010; J. Heinrichs, Philosophische Semiotik. 5 Bde., München/Moskau ²2008–2009; Ders., Integrale Philosophie, Sankt Augustin 2014; I. U. Dalferth, Radikale Theologie, Leipzig 2010; Ders., Die Kunst des Verstehens. Grundzüge einer Hermeneutik der Kommunikation durch Texte, Tübingen 2018.

83 Siehe dazu R. Posner u. a. (Hg.), Semiotik / Semiotics. Ein Handbuch zu den zeichentheoretischen Grundlagen von Natur und Kultur. 4 Bde., Berlin 1997–2004.

84 Vgl. die einschlägigen Arbeiten von H. Deuser, Gottesinstinkt. Semiotische Religionstheorie und Pragmatismus, Tübingen 2004; Ders., Gott: Geist und Natur. Theologische Konsequenzen aus Charles S. Peirce' Religionsphilosophie, Berlin New York 1993, sowie L. Nagl, Das verhüllte Absolute. Essays zur zeitgenössischen Religionsphilosophie, Frankfurt/Bern 2010.

85 In der Semiotik-Kritik der letzten Jahre wurden neben der zunehmenden Theorieesoterik vor allem Leistungsfähigkeit und Grenzen jener zeichentheoretischen Ansätze thematisiert, die nicht zureichend die Materialität von Zeichen(trägern) und die zeichenexterne Realität bzw. Umwelt von Zeichenereignissen berücksichtigen oder einem subtilen Logozentrismus erliegen, da sie

anderen kreisen diese Theorieinnovationen mit zahlreichen begrifflichen Neuschöpfungen lediglich um einen sehr überschaubaren Bestand von semiotischen Grundeinsichten, die meist das klassische semiotische Dreieck „Zeichen – Bedeutung – Gegenstand“ (bzw. Signifikant – Signifikat – Denotat) thematisieren oder die ebenso klassischen Unterscheidungen der verschiedenen Dimensionen des Zeichengebrauchs (Semantik – Pragmatik – Syntaktik) fortschreiben. Daher beschränkt sich der nachfolgende Aufriss einer Existentialen Semiotik darauf, im Ausgang von diesen elementaren Einsichten zunächst nur die formale Struktur und Logik eines Ansatzes herauszuarbeiten, der die Verflechtung existenz-, zeichen- und rationalitätstheoretischer Belange erkennbar macht. Erst danach soll es darum gehen, seine Relevanz für theologische Grund- und Einzelthemen zu demonstrieren.

Dass ein semiotischer Ansatz geeignet ist, über den Kreis der Glaubenden hinaus verständlich zu machen, um was es im Glauben geht, ist bereits exemplarisch im Bereich der Exegese[86], Dogmatik[87] und Praktischen Theologie[88] demonstriert

---

nicht-sprachliche Ausdrucks- und Bedeutungsarten (z. B. Gestik, Mimik, Bilder und Filme) außer Acht lassen. Vgl. hierzu ausführlich M. Siefkes, Sturm auf die Zeichen. Was die Semiotik von ihren Kritikern lernen kann, in: Schriften zur Kultur und Mediensemiotik 1 (2015) 7–42 (abrufbar unter http://dx.doi.org/10.15475/skms.2015.1.1)

86 Vgl. St. Alkier, Neutestamentliche Wissenschaft. Ein semiotisches Konzept, in: C. Strecker (Hg.), Kontexte der Schrift. Kultur, Politik, Sprache. Bd. 2, Stuttgart 2005, 343–360; G. Theissen, Die Religion der ersten Christen. Eine Theorie des Christentums, Gütersloh [4]2008.

87 M. Vetter, Zeichen deuten auf Gott. Der zeichentheoretische Beitrag von Charles S. Peirce zur Theologie der Sakramente, Marburg 1999.

88 Vgl. J. Neijenhuis, Gottesdienst als Text. Eine Untersuchung in semiotischer Perspektive zum Glauben als Gegenstand der Liturgiewissenschaft, Leipzig 2007; W. Engemann, Personen, Zeichen und das Evangelium. Argumentationsmuster der Praktischen Theologie, Leipzig 2003; M. Meyer-Blanck, Semiotik und Praktische Theologie, in: IJPT 5 (2001) 94–133; Ders., Zeichen verstehen. Die hermeneutische Dimension der Semiotik und der semiotische Beitrag zur Hermeneutik, in: E. Hauschildt (Hg.), Praktische Theologie als Topographie des Christentums, Rheinbach 2000, 49–68; Ders., Der Ertrag semiotischer Theorien für die Praktische Theologie, in: BThZ 14 (1997)

worden. Zwar melden sich auch kritische Stimmen, die auf eine Schere von methodischem Aufwand und sachlichem Ertrag aufmerksam machen. Allerdings wird dabei übersehen, welche Vorteile die Semiotik der Theologie vor allem interdisziplinär bietet. Ihr Begriffs- und Methodeninstrumentarium ist in allen Disziplinen anwendbar, in deren Gegenstandsbereich Zeichenprozesse vorkommen: Linguistik und Medienwissenschaft, Kunst- und Kulturgeschichte, Architektur und Philosophie.[89] Die Semiotik bietet die Möglichkeit, diese hochgradig differenten Gegenstandsbereiche über die darin beobachtbaren Zeichenprozesse zueinander in Beziehung zu setzen. Sofern auch Religion und Glaube sich einer Zeichensprache bedienen, ist es für die Theologie ratsam, ihrerseits mit dem Repertoire der Semiotik zu arbeiten. Im wissenschaftlichen Diskurs wird sie damit Zeichen setzen, die über die eigene Zunft hinaus verstanden werden. Auf diese Weise könnte es der Theologie auch gelingen, hinsichtlich ihrer wissenschaftlichen Existenz ein dringend notwendiges interdisziplinäres Lebenszeichen abzugeben.

Dies gilt vor allem dort, wo die Theologie für sich eine zeitdiagnostische Kompetenz in Anspruch nimmt und sich der Aufgabe stellt, „nach den Zeichen der Zeit zu forschen und sie im Licht des Evangeliums zu deuten, so dass sie in einer der jeweiligen Generation angemessenen Weise auf die bleibenden Fragen der Menschen nach dem Sinn des gegenwärtigen und des zukünftigen Lebens und nach dem Verhältnis beider zueinander Antwort geben kann. Es gilt also, die Welt, in der wir leben, ihre Erwartungen, Bestrebungen und ihren oft dramatischen Charakter zu erfassen und zu verstehen. (...) Im Glauben daran, dass es vom Geist des Herrn geführt wird ..., bemüht sich das Volk Gottes, in den Ereignissen, Bedürfnissen und Wünschen, die es zusammen mit den

---

190–219; DERS., Vom Symbol zum Zeichen. Symboldidaktik und Semiotik, Hannover 1995.

89 Vgl. C. SEDMAK/P. TSCHUGGNALL, Sie haben nur ihre Zeichen. Semiotik, Literaturwissenschaft, Theologie, Anif/Salzburg 1998.

übrigen Menschen unserer Zeit teilt, zu unterscheiden, was darin wahre Zeichen der Gegenwart oder der Absicht Gottes sind."[90] Hier wird die Aufgabe der Verknüpfung von Daseins- und Glaubenshermeneutik erweitert um das Projekt einer Kulturhermeneutik, die auch erfasst, was in politischer und ökonomischer Hinsicht für das Leben in dieser Welt bezeichnend ist. Wenn Theologie als sozialkritische Zeitdiagnose betrieben werden soll, legt es sich nahe, dabei einen kultursemiotischen Zugang zu wählen.[91]

---

90 II. Vatikanisches Konzil/Pastoralkonstitution „Gaudium et spes", nr. 4/11. Zur Interpretation dieser programmatischen Ansage siehe H. Waldenfels, Zeichen der Zeit, in: M. Delgado/M. Sievernich (Hg.), Die großen Metaphern des Zweiten Vatikanischen Konzils, Freiburg/Basel/Wien 2013, 101–119. Vgl. hierzu ausführlich in diesem Band das Kapitel „Existentiale Semiotik und Zeitdiagnose" (VIII.).

91 Vgl. als Erstinformation R. Posner, Kultursemiotik, in: A. Nünning/V. Nünning (Hg.), Einführung in die Kulturwissenschaften. Theoretische Grundlagen – Ansätze – Perspektiven, Stuttgart 2008, 39–72.

# III. Paradigmenwechsel:
# Das Konzept einer Existentialen Semiotik

Die Theologie kann dem Glauben nicht gerecht werden, wenn sie davon absieht, wie die Glaubenden ihm gerecht werden wollen. Christen wollen dies nicht in erster Linie durch den Aufbau einer religiösen Dogmatik oder über eine Moraldoktrin erreichen. Dogma und Moral sind nicht das Erste, das man in einer vom Christentum geprägten Lebenswelt zu sehen und zu hören bekommt. Die primären Äußerungsformen und Selbstdarstellungsweisen sind hier und wie in jeder anderen Religion lebensweltliche Praktiken, Ästhetiken und Liturgien. Erst danach und hinter diesen Ausdrucksweisen des Glaubens werden ein dogmatisches Lehrgebäude und eine moralische Werteordnung erkennbar. Es ist zwar ein Vorzug christlicher Bekenntnisformeln, dass sie kompakt und prägnant benennen, was Christen glauben und bezeugen. Allerdings stehen sie immer auch in der Gefahr, dass sie den Bezug sowohl zum aktuellen lebensweltlichen Kontext der Glaubenden als auch zu den „identitätsstiftenden religiösen Ursprungserfahrungen"[92] verlieren. „Denn wer die Riten und Texte, welche die ursprünglichen religiösen Erfahrungen deuten und aufbewahren, begeht, liest und versteht, hat gewöhnlich noch nicht jenen Raum betreten, in dem die religiösen Ursprungserfahrungen entstanden sind."[93]

Der Erfahrungsraum des christlichen Glaubens ist jedoch nicht auf eine einmalige historische Konstellation beschränkt. Er verweist zwar auf ein Ereignis der Vergangenheit, macht aber zugleich deutlich, dass diesem Ereignis eine Bedeutung

92 L. Schwienhorst-Schönberger, Theologie und Lebensform, in: B. Leven (Hg.), Unabhängige Theologie, Freiburg/Basel/Wien 2016, 113.

93 Ebd.

zukommt, die in gegenwärtigen Erfahrungskontexten als existenziell belangvoll erschlossen werden kann. Im Blick auf das zu allen Zeiten virulente Problem der Daseinsakzeptanz behauptet der christliche Glaube, dass der Widerstreit von Leben und Tod, dem der Mensch ausgesetzt ist, hineingenommen ist in ein Verhältnis Gottes zu diesem Widerstreit. Er verweist dazu auf Botschaft, Leben und Tod Jesu von Nazareth, worin aufscheint, dass Gott als Schöpfer der Welt nicht allein den Unterschied von Sein und Nichts zugunsten des Seienden konstituiert, sondern auch den Widerstreit von Leben und Tod zugunsten des Lebens entscheidet. Der christliche Glaube besteht aber nicht in der permanenten Bekräftigung dieses Bekenntnisses, sondern in der Übersetzung des im Neuen Testament bezeugten Welt- und Menschenverhältnisses Gottes im Modus unbedingter Zuwendung in zwischenmenschliche Entsprechungsverhältnisse. In dieser Übersetzung verhalten sich Christen zugleich in einer evangeliumsgemäßen Weise zu ihren aktuellen Lebensverhältnissen. Darin behaupten sie sich widerständig gegen die Limitationen des Daseins und der (rationalen) Umgangsformen mit diesen Grenzen. Seinen Ausdruck findet dieses Verhältnis nicht zuletzt in Zeichen und Riten, mit denen Partituren einer christlichen Akzeptanz des Daseins angesichts des Inakzeptablen verknüpft sind. In diesen Partituren ist die religiöse Ursprungserfahrung des Christentums aufbewahrt und zugleich findet – im Idealfall – diese Erfahrung im Modus der Übersetzung ihres Gehaltes einen Nachhall in neuen Erfahrungsräumen.

Hat die Theologie im Blick darauf, wie Christen dem Evangelium gerecht werden wollen, zugleich die Standards wissenschaftlicher Reflexion zu erfüllen, muss sie sich nach einem Ansatz umschauen, der Erfahrungsbezug, Existenzhermeneutik und die Reflexion symbolisch vermittelter Kommunikation verknüpft. Hinsichtlich der kommunikativen Bezüge christlicher Glaubenszeugnisse bietet sich die Semiotik als Referenzdisziplin der Theologie an, da sie sich mit Struktur und Logik des Gebrauchs von Zeichen sowie der Koordinaten und Reflexion von Deutungsvorgängen beschäftigt. Wenn diese Disziplin elementar und prinzipiell ansetzt, dann interessiert sie sich auch für die Grundfrage, was es überhaupt bedeutet, sich nach Bedeutung erkundigen zu können. Philosophisch ambitionierte Fragen nach den Grundfragen des Menschen können daher auch *existential* formatiert werden: Was sind die elementaren Bedingungen, Ermöglichungs- und Vollzugsweisen von Zeichenprozessen, in denen die Bedeutsamkeit menschlichen Daseins thematisiert wird? Wie steht es um eine mögliche Konvergenz von Existenz und Bedeutung, die über den simplen Sachverhalt hinausgeht, dass es für den Menschen bezeichnend ist, nach möglichen Anzeichen seiner Bedeutsamkeit zu suchen?

Die Möglichkeit einer solchen Konvergenz – so die im Folgenden zu erläuternde Leitthese – beruht auf einer Korrelation zwischen der existentialen Grundkonstellation menschlichen Daseins und der semiotischen Struktur des Deutens und Gestaltens von menschlichen Lebensverhältnissen. Beim Nachweis dieser Korrelation wird die (existential)ontologische Frage nach der Logik bzw. dem Sinn des Seins mit der semiotischen Frage nach der Logik der Zeichen und ihrer Bedeutung verknüpft. Wer sich erkundigt „Was macht, dass etwas ist, statt nicht zu sein?", will auch wissen „Was macht, dass etwas bedeutsam ist?" Beide Fragen führen im Konzept einer *Existentialen Semiotik* zur Überlegung, ob und gegebenenfalls wie die Logik des Seins mit der Logik der Zeichen in der Logik bedeutsamen Daseins zusammenfinden können angesichts der Möglichkeit, dass alles, was ist, auch nicht und nichtig sein könnte.

Die zentralen Anliegen einer Existentialen Semiotik des christlichen Glaubens sind in Fortführung der bisherigen Überlegungen zum existenziellen Bezugsproblem eines religiösen Daseinsverhältnisses

- der Aufweis von Entsprechungen zwischen der existentialen Grundsituation menschlichen Daseins und den Bedingungen, unter denen diesem Dasein eine Bedeutung zugesprochen werden kann;

- die Erschließung der semiotischen Struktur und existenziellen Relevanz religiöser Daseinsinterpretamente;
- die Rekonstruktion der Plausibilität von Vollzug und Gehalt christlicher Glaubenspraxis.

Das Ziel einer Existentialen Semiotik besteht in einer kritischen Rekonstruktion von Struktur und Logik religiös konnotierter Zeichenprozesse und Symbolhandlungen, ihres existenziell belangvollen Gehaltes und der Bedingungen, unter denen die damit verbundenen Geltungsansprüche überprüft werden können.[94] Dabei wird sich zeigen, dass nur solche Partituren des Glaubens eine entsprechende Plausibilitätsprüfung bestehen, bei denen symbolinterne und -externe Entsprechungsverhältnisse nachweisbar sind.

## 1. Entsprechungen: Sein – Sinn – Sprache

Wie sehr existentiale und sprachliche Bezüge ineinander greifen, lässt sich bereits phänomenologisch ausmachen: In den Bezügen zur Außen- und Innenwelt, zur Umwelt und Mitwelt erscheint dem Subjekt *etwas* und begegnet es ihm *als* etwas Bestimmtes; es erscheint als etwas *für* jemanden und es zeigt sich jemandem *durch* etwas als etwas. Sich in diesen Bezügen selbst wahrzunehmen und darin sich selbst zur Welt zu verhalten ist bezeichnend dafür, wie der Mensch in der Welt ist. Dasein heißt für den Menschen stets, ein sprachvermitteltes Verhältnis haben zu dem,

94 Im Folgenden wird systematisch entfaltet, was programmatisch skizziert wurde in H.-J. Höhn, Praxis des Evangeliums – Partituren des Glaubens, 283–306; Ders., Existentiale Semiotik des Glaubens. Systematische Theologie – nach dem „cultural turn", in: M. Dürnberger u. a. (Hg.), Stile der Theologie, Regensburg 2017, 55–79.

- was in der objektiven Gegenstandswelt bzw. Außenwelt in seiner sinnlich wahrnehmbaren Gegenständlichkeit als etwas *Bezeichenbares* manifest wird;
- was für ein individuelles Bewusstsein als bedeutsam bzw. in irgendeiner Weise als signifikant erfasst werden kann, da ihm selbst der Charakter des Bezeichnenden und somit *Bedeutsamen* zukommt;
- was in der personalen Mitwelt (Gesellschaft) kommunikative *Beziehungen* ermöglicht bzw. Subjekte zu Beteiligten am Geschehen sozialer Interaktion macht;
- was Ereignischarakter in Vergangenheit, Gegenwart oder Zukunft besitzt (Zeit) und hinsichtlich seiner Bedeutung über die Zeit hinweg tradiert werden kann. Sofern zeitlich Datierbares wirklich ist, ermöglicht die Grammatik der Sprache es als Gewesenes (Vergangenheit), Seiendes (Gegenwart) und Werdendes bzw. einmal (in Zukunft) Gewesenseiendes auszusagen und über seine sprachliche *Vermittlung* auch seine Bedeutsamkeit festzumachen, so dass auch eine Beziehung bzw. Verbindung zwischen zeitlich auseinanderliegenden *Zeichenereignissen* herstellbar ist.

Für eine Existentiale Semiotik ist die Einsicht konstitutiv, dass den elementaren Strukturmerkmalen und Relationen des In-der-Welt-Seins vier semiotische Dimensionen der Sprache entsprechen. Demnach wird mittels der semiotischen Bezüge des Bezeichnens und Bedeutens nicht bloß über die existentiale Grundsituation des Menschen geredet. Vielmehr wird in und mittels der Sprache die Relationalität des Daseins offenbar und zugleich realisiert. Dabei geht dem existenz- und sprachphilosophischen Nachdenken über das Verhältnis von Sinn und Sein, Faktum und Bedeutung, Deutung und Übersetzung ein wichtiger Nexus auf: Über die vier semiotischen Dimensionen der Sprache ist zugänglich, wie menschliche Daseinsvollzüge hinsichtlich ihrer Bedeutung erfasst werden können und wie diese Bedeutung ihrerseits über Zeichen, Symbole, Gesten und Riten vermittelt werden kann. Anders formuliert: In den semiotischen Dimensionen der Sprache spiegeln sich die existentialen Strukturen des Daseins und zugleich die Ermöglichungsbedingungen für die bedeutungsgenerierenden Vollzüge des Menschen.

Diese These impliziert, dass die seit Ch. Morris übliche „Dreistelligkeit" der Zeichenrelationen[95] um eine vierte Relation zu erweitern ist. Daher wird im Folgenden neben der Beziehungs- und (Selbst)Regulierungsdimension (Pragmatik und Syntaktik) zusätzlich zwischen der Bedeutungsdimension (Semantik) und der Zeige- bzw. Hinweisdimension (Deiktik) der Sprache unterschieden. Zur Illustration dieser auf den ersten Blick überzogen erscheinenden Differenzierung bieten sich folgende alltagsweltliche Beispiele an: Beim Spracherwerb von Kindern wird mittels Bilderbüchern *deiktisch* ein Bezug zwischen einem Wort und einem (abgebildeten) Gegenstand hergestellt. Wörterbücher dienen dagegen dem Sprachgebrauch, indem *semantisch* ein Bezug zwischen Wort und seiner möglichen Bedeutung dargestellt wird. Eine Grammatik wird erstellt, um *syntaktisch* das verständigungsorientierte Verknüpfen von Wörtern zu regulieren. Man nimmt sie auch zur Hand, um diese Verknüpfung verständigungsorientiert zu überprüfen. Ist deiktisch, semantisch und syntaktisch die Einführung von Zeichen und ihre Bedeutung durch Einbettung in Deutungen und Deutungskontexte zu rekonstruieren, so ist damit aber nicht hinreichend geklärt, wie diese Zeichen und ihre Bedeutung in Handlungen und Interaktionszusammenhängen einsetzbar sind. Wer die Bauanleitung eines technischen Gerätes liest, weiß noch nicht genug über seine Einsatzmöglichkeiten und Handhabung. Diese *pragmatische* Frage klären Gebrauchs- und Betriebsanleitungen.

---

95 Vgl. Ch. W. MORRIS, Grundlagen der Zeichentheorie, München 1972; DERS., Zeichen, Sprache und Verhalten, Düsseldorf 1973. Zum Ganzen siehe auch S. BECHMANN, Pragmatische Zeichentheorie, in: F. Liedtke/A. Tuchen (Hg.), Handbuch Pragmatik, Stuttgart 2018, 65–75; R. KELLER, Zeichentheorie. Eine pragmatische Theorie semiotischen Wissens, Tübingen $^{2}$2018; R. POSNER, Im Zeichen der Zeichen. Sprache als semiotisches System, in: O. Panagl u. a. (Hg.), Der Mensch und seine Sprache(n), Wien 2001, 77–107.

Die Verwendung von Zeichen kann somit aufgegliedert werden in vier Momente bzw. Relationen, die nicht aufeinander rückführbar sind. Anhand eines sprachlichen Zeichens kann man demnach

- mittels seiner sinnlichen Wahrnehmbarkeit auf etwas hinweisen und dazu anleiten, es als existent zu bemerken (Deiktik),
- etwas als etwas bezeichnen und mit einer Bedeutung versehen (Semantik),
- Bedeutungen handlungsrelevant verständlich machen und interaktiv handhaben (Pragmatik),
- die Handhabung der sinnvollen Verknüpfung von Bezeichnungen und Bedeutungen regeln (Syntaktik).

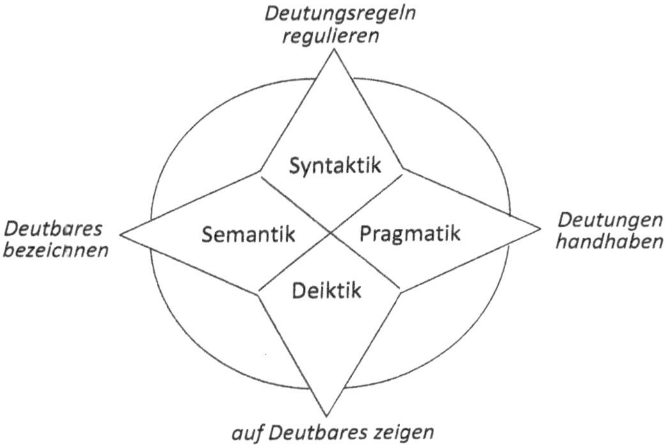


Die heuristische Bedeutung dieser Unterscheidungen besteht darin, dass die Decodierung von Zeichen bzw. ihres Einsatzes entlang dieser Relationen erfolgen kann. Und ebenso lässt sich mit ihnen rekonstruieren, wo mögliche Formen von Unverständnis und Missverständnis des Zeichengebrauchs ihren Ort haben. Für eine theologische Hermeneutik des Glaubens verbindet sich damit eine doppelte Chance: Eine Existentiale

Semiotik kann Vollzug und Gehalt christlicher Überzeugungen verständlich machen und sie kann ebenso für die Analyse eingesetzt werden, was daran für Nichtchristen unverständlich bleibt. In der Folge können dann Christen besser verstehen, warum sie nicht verstanden werden, wenn sie ihren Glauben vertreten wollen. Wem das Verständnis für Missverständnisse fehlt, kann keine Verstehensbarrieren beseitigen. Dies setzt voraus, dass man versteht, warum man (immer wieder) missverstanden wird.

Ein Grundproblem christlicher Glaubensverkündigung resultiert aus der mangelnden Kenntnis der Gründe für das Unverständnis, auf das sie immer wieder trifft. Dafür sind nicht (nur) ihre Adressaten verantwortlich zu machen. Kein Verständnis aufzubringen für Skepsis und Ablehnung, für Missverstehen und Unverständnis ist (auch) ein Indiz für eigene Verstehensmängel und ein Anzeichen für eigenen Unverstand. Daran lässt sich nur etwas ändern, wenn man versteht, was Verständigung ermöglicht und was sie erschwert.[96]

Die nachfolgende Differenzierung und Gliederung von Zeichenrelationen und -funktionen will dieses Verstehen erleichtern. Sie wäre aber ihrerseits missverstanden, wollte man darin eine lineare Abfolge von Prüfschritten sehen. Vielmehr besteht zwischen den sukzessiv aufgelisteten Bezügen ein Verhältnis der gegenseitigen Bedingung. Es gehört zu den Eigentümlichkeiten des Schreibens und Sprechens, dass man nur in einem zeitlichen Nacheinander explizieren kann, was sich logisch und strukturell impliziert.

96 Eine Existentiale Semiotik ebnet einen Verstehenszugang a) zu maßgeblich auf Kommunikation beruhenden sozio-kulturellen Phänomenen; b) zur Struktur und Logik dieser Kommunikation; c) zu Verständigungsproblemen, die ihren Ursprung im Gebrauch der Sprache haben. Zur Erfassung dieses Komplexes in der Tradition der philosophischen Hermeneutik siehe auch die breit angelegte Studie von V. Hösle, Kritik der verstehenden Vernunft, München 2018.

### 1.1. Aufzeigen und etwas bemerken: Die Signalfunktion der Sprache

Eine grundlegende Funktion verbaler und nonverbaler Zeichen besteht in der Aufmerksamkeitslenkung. Sie sind ein Indiz für die Existenz bzw. Realität von etwas und stellen damit den Bezug zu einer noch näher zu bezeichnenden Sache, Situation, Person etc. her:[97] Wenn ein Schüler in einer Klasse den Arm reckt, will er auffallen und andeuten, dass er etwas zu sagen hat. Die Geste des Aufzeigens zeigt selbst nur etwas Sagbares an, spricht es aber noch nicht aus. Ihr Zeichencharakter ist auf eine deiktische Funktion beschränkt. Aber ohne dieses Moment des An- und Aufzeigens ist es unmöglich, überhaupt etwas zu bezeichnen. Wer bei einem Konzert einem Künstler zuwinkt, will damit einen Kontakt herstellen. Erst wenn der Künstler dieses Signal bemerkt, kommt der Kontakt zustande. Die Geste des Winkens macht zunächst nur auf sich selbst aufmerksam, aber mittels dieses Signals will der gestikulierende Mensch bemerkt werden.

Die Materialität eines Zeichens oder einer Geste macht sie zu etwas Auffälligem, ohne das es nicht möglich ist, bestimmte Entitäten mit einer Signifikanz zu versehen oder als signifikant auszuzeichnen. Die erste semiotische Dimension ist somit verbunden mit der Hinweis- und *Zeigefunktion* der Sprache, welche daran festzumachen ist, dass sinnlich wahrnehmbare Zeichen durch ihre Materialität einem Subjekt auffallen, auf sich aufmerksam machen und anzeigen, dass sie mit bemerkenswerten Objekten, Sachverhalten oder Ereignissen in Beziehung stehen.[98]

---

97 Vgl. bereits AUGUSTINUS, De dialectica, V, 7,6–9: „Signum est quod se ipsum sensui et praeter se aliquid animo ostendit."

98 Siehe hierzu auch R. POSNER, Believing, Causing, Intending. The Basis for a Hierarchy of Sign Concepts in the Reconstruction of Communication, in: R. J. Jorna u. a. (Hg.), Signs, Search and Communication, Berlin 1993, 215–270; DERS., Sprachphilosophie und Semiotik, in: M. Dascal u. a. (Hg.), Sprachphilosophie, Berlin 1996, 1658–1685.

Es ist aber auch möglich, dass die Decodierung eines Zeichens über das Bemerken seiner deiktischen Dimension nicht hinauskommt. Was der Zweck der kolossalen Steinstatuen („Moai") auf der Osterinsel (Rapa Nui) sein könnte (z. B. im Kontext religiöser Zeremonien), ist bis heute ebenso umstritten wie die Thesen, dass die ausnahmslos männlichen Figuren entweder auf die Ahnen einer Sippe, bedeutende Häuptlinge eines Dorfes verweisen oder Götter (und deren genealogische Beziehung) repräsentieren.[99] Einstweilen sorgen sie anhaltend für Aufmerksamkeit, Staunen und Verwunderung – und geben hinsichtlich ihrer weiteren semiotischen Dimensionen Rätsel auf.

Ebenso wichtig ist es, die deiktische Zeichenrelation nicht allein auf vermeintliche „Hinweiszeichen" zu beziehen bzw. mit ihrer Hinweisfunktion zu identifizieren. Wer eine Bergtour unternimmt, wird unterwegs immer wieder nach (auffälligen) Wegweisern Ausschau halten, um zu überprüfen, ob er sich noch auf einer vorgezeichneten Route befindet, oder um Hinweise für eine Routen- und Zieländerung zu erhalten. Entdeckt man einen solchen Wegweiser, stellt man fest, dass er bereits mittels seiner materiellen Zeichengestalt in verschiedene Richtungen zeigt. Der Bergwanderer wird zudem die Namen von Gipfeln und Almhütten lesen können sowie Angaben von Kilometern und Stunden finden. Die Verknüpfung dieser Angaben ergibt eine handlungsrelevante Information, d. h. der Wanderer weiß, in welche Richtung er gehen und wie lange er unterwegs sein wird, um sein Ziel zu erreichen. Diese Informationsverarbeitung verweist bereits auf die semantische und pragmatische Zeichenrelation.

Ein auf seine deiktische Funktion begrenztes Zeichen stellt dagegen auf dem Pilgerweg nach Santiago de Compostela die Markierung einer stilisierten, gelben Jakobsmuschel auf blauem Grund dar. Dieses Zeichen will zunächst nichts anderes als durch seine auffällige Ästhetik auf sich aufmerksam machen. Hier besteht keine Möglichkeit, dieses Zeichen mit ei-

---

99 Vgl. H. Haefs, Moai und Rongorongo auf Rapa Nui, Norderstedt 2006.

ner Sache oder einem Gegenstand in Beziehung zu setzen, die unabhängig davon bestehen, ob sie bezeichnet werden. Es enthält auch keine Anweisung, was man tun muss, um eine von ihm bezeichnete Sache zu Gesicht zu bekommen. Offensichtlich leistet es zunächst nicht mehr, als „Aufsehen“ auszulösen. Wer das Zeichen schon kennt und unterwegs wiederentdeckt, weiß nun, dass er sich auf dem Jakobsweg befindet. Wie weit er von seinem Ziel entfernt ist, sagt es ihm jedoch nicht.

## 1.2. Bedeutsames benennen: Die Bezeichnungsrelation der Sprache

Im semiotischen Viereck steht ein Zeichen nicht nur in Beziehung zu etwas Bezeichenbarem, sondern auch und vor allem zu dessen Bedeutung. Diese Bedeutung wird durch ein Zeichen benannt, das eine spezifische Materialität besitzt. Die Materialität eines Zeichens wird ihrerseits dadurch bedeutsam, dass sie zum Träger bzw. Medium der Bedeutung dessen wird, worauf das Zeichen verweist. Diese Bedeutung erschließt sich aber nur einem Subjekt, das nicht nur etwas Gegebenes wahrnimmt, sondern auch erkennt, was es mit dieser Gegebenheit auf sich haben könnte und dies auch zu benennen vermag. Was ein Zeichen bedeutet, geht einem Subjekt erst dann auf, wenn es sagen kann, was das Zeichen ihm sagt. Dies macht sich ein Subjekt dadurch bewusst, dass es aus seinem Wortschatz passende Begriffe hervorholt. Wem die (richtigen) Worte fehlen, kann weder sagen, um was es geht, noch dessen Bedeutung bestimmen. Jedoch kommt nicht einem Wort „an sich“ Bedeutung zu, sondern der mit ihm vollzogenen Bezugnahme auf Gegenstände, Sachverhalte, Ereignisse, auf die ein Zeichen verweist.

Die semantische Relation des Zeichengebrauches besteht darin, dass sich Subjekte mittels Zeichen auf die Bedeutung dessen beziehen, das ihnen *als* etwas erscheint, begegnet oder gezeigt wird. Diese Relation tritt stets dann hervor, wenn die Signalfunktion der Sprache mit einer Bezeichnungsrelation verknüpft wird. Dies ist etwa dort der Fall, wo Firmenlogos auf Werbeschildern zum Einsatz kommen. Sie haben zunächst die

Aufgabe, die Aufmerksamkeit eines Subjektes für einen Sachverhalt zu wecken, der zugleich mit dem Logo signalisiert wird. Was dabei signalisiert wird, bleibt jedoch solange unbestimmt, wie nicht angebbar wird, unter welcher Rücksicht es für den Betrachter des Schildes bedeutsam ist. Erst wenn diese Rücksicht benannt wird, können sowohl dem Schild als auch dem ausgeschilderten Sachverhalt eine Bedeutung zugemessen werden. Allerdings kommt es dabei auch auf die besondere Gegebenheitsweise und den Kontext an, in dem das Schild wahrgenommen wird. Wem das Firmenlogo einer Automarke auf einem Schild in einem Gewerbegebiet auffällt, kann auf den Gedanken kommen, dass eine Kfz-Werkstatt in der Nähe ist. Diese Bedeutung hat das Logo nicht, wenn es in einem Fußballstadion in der Bandenwerbung aufleuchtet. Die spezifische Gegebenheitsweise des Logos verhindert eine solche Deutung.

Auch hier ist denkbar, dass die Decodierung eines Zeichens zwar zu dem Schluss gelangt, hier werde etwas als etwas bezeichnet, ohne dass jedoch dieses „als" bestimmbar wird. Wem an einem Gebäude zahlreiche Graffiti auffallen, die dort über Nacht aufgesprüht wurden, der nimmt ihre Signalfunktion wahr und kann auch vermuten, dass ihre Urheber damit etwas sagen wollen. Aber was die nächtliche Sprayaktion ausdrücken wollte, bleibt ebenso unbestimmt wie die Richtung der möglichen Reaktionen: Ist es Street Art, politische Provokation oder Sachbeschädigung?[100]

Die Bezeichnungsrelation ist nicht nur für optische, sondern auch für akustische Zeichen mitkonstitutiv. Die Aspekte des Aufzeigens und Bezeichnens greifen hier in ähnlicher Weise ineinander: Das Läuten von Kirchenglocken hat zunächst eine Signalfunktion und will „aufhorchen" lassen. Wofür Aufmerksamkeit erzeugt wird, wird jedoch erst dann klar, wenn die Umstände des Läutens und der besondere Takt der Glockenschläge bekannt sind. Erst dann ist entscheidbar, ob es sich

---

100 Vgl. zu diesem Phänomen u. a. J. Reinecke, Street-Art. Eine Subkultur zwischen Kunst und Kommerz, Bielefeld 2012; A. Klee (Hg.), Politische Kommunikation im städtischen Raum am Beispiel Graffiti, Wiesbaden 2010.

um Stundenschläge, ein Sturm-, Angelus- oder Gottesdienstläuten handelt. Aber auch dann ist nicht gesichert, dass diese Bedeutung als bedeutsam erfasst wird. Für manchen Zeitgenossen handelt es sich dabei lediglich um eine spezifische Form der Ruhestörung, gegen die er sich bisweilen auch juristisch zu wehren bereit ist.[101]

## 1.3. Einander etwas sagen, das etwas bewirkt: Die Beziehungsdimension der Sprache

Zeichen, Symbole und Gesten dienen der Verständigung. Bereits der Versuch, ihre Hinweis- und Bezeichnungsfunktion zu erfassen, ist darauf angewiesen, den Kontext ihres Einsatzes und Gebrauches in den Blick zu nehmen. Dabei wird klar, dass die Verwendung von Zeichen eingebettet ist in intersubjektive Beziehungen und selbst ein interaktives Geschehen darstellt. Die Beziehungsdimension der Sprache ist wiederum nur bestimmbar im Rekurs auf die deiktische und semantische Dimension des Zeichengebrauchs: Subjekte beziehen sich mittels Zeichen aufeinander, deuten anhand eines gemeinsamen Zeichencodes etwas *(mit)einander* bzw. nehmen in einem gemeinsamen Code *füreinander* Deutungen vor und kommunizieren darüber. Anders formuliert: „Etwas ist für jemanden als etwas gegeben, indem es als etwas von jemandem für jemanden erschlossen wird."[102]

Was die Sprache hinsichtlich ihrer Beziehungsdimension bewirkt, ist zunächst die intersubjektive Erschließung der Bedeutung von Sachverhalten und Ereignissen bzw. die Erschließung ihrer intersubjektiven Bedeutung. Allerdings macht die pragmatische Funktion der Sprache die Bedeutung von Sachverhalten und Ereignissen nicht nur intersubjektiv handhabbar,

---

101 Zur Rechtslage siehe A. Hense, Glockenläuten und Uhrenschlag. Der Gebrauch von Kirchenglocken in der kirchlichen und staatlichen Rechtsordnung, Berlin 1998.

102 I. U. Dalferth, Gedeutete Gegenwart. Zur Wahrnehmung Gottes in den Erfahrungen der Zeit, Tübingen 1997, 122.

d.h. anschlussfähig für weitere Interaktionen. Über bestimmte Sprechakte kann auch selbst etwas in bestehenden Interaktionskontexten bewerkstelligt werden. Es gibt Sprechakte, die intersubjektiv bewirken, was sie besagen: Man kann mit Worten trösten und beleidigen, verletzen und ermutigen, loben und tadeln.[103] Derartige Sprechakte drücken nicht etwas aus, das unabhängig von ihnen schon der Fall ist. Vielmehr lassen sie eine Situation entstehen, in der sich ereignet, wovon sie sprechen.

Die pragmatische Relation des Zeichengebrauches tritt am deutlichsten in performativen Vollzügen hervor, mit denen Tatsachen geschaffen werden. Sie verweisen nicht auf etwas, das schon besteht, sondern lassen etwas entstehen, das ohne den jeweiligen Sprechakt nicht zustande käme und über ihn hinaus Folgen hat. Das Abgeben eines Versprechens, die Ableistung eines Gelübdes oder Eides, das Verzeihen einer Verfehlung, die Verurteilung eines Angeklagten – all das sind Sprachhandlungen, mit denen in der Sphäre zwischenmenschlicher Beziehungen außersprachliche Wirkungen herbeigeführt werden. Der Satz „Ich bekenne mich schuldig" ist keine Tatsachenfeststellung, sondern setzt den Sprecher in ein Verhältnis zu seinem Tun, das für ihn erhebliche Folgen hat. Mit performativen Sprechakten werden keine physischen Realitäten beschrieben oder geschaffen, sondern (inter-)personale Wirklichkeiten realisiert bzw. bedeutsame Objekte in eine neue Sphäre der Bedeutung übertragen. Daher verändert der Satz „Hiermit vermache ich dir meine Uhr!" nichts an der Uhr, aber er ändert Besitzverhältnisse. Performative Sprechakte haben somit nicht nur eine Hinweis-, Wahrnehmungs- und Darstellungsfunktion. Sie lassen das, wovon sie reden, zugleich Ereignis werden. Was hier Ereignis wird, hat keine andere Möglichkeit, als sich in und über diese Form des Handelns in und mit einem performativen Sprechakt zu ereignen.

---

103 Ihre Entdeckung und Beschreibung ist vor allem verbunden mit J.L. Austin, Zur Theorie der Sprechakte (How to do things with words), Stuttgart 1972. Vgl. dazu den instruktiven Kommentar von J. Villers, Die performative Wende. Austins Philosophie sprachlicher Medialität, Würzburg 2011.

Auch Gesten können performativen Charakter haben. Wenn ein Vertragsabschluss per Handschlag besiegelt wird, so informiert diese Geste die Anwesenden nicht bloß über die Tatsache, dass sich die Beteiligten einig geworden sind. Vielmehr setzt der Handschlag diese Vereinbarung zugleich in Kraft. Zwar beruht dies nicht auf magischen Effekten. Aber es reicht auch nicht aus, die Folgen eines solchen performativen Aktes lediglich einer sozialen Konvention zuzuschreiben. Ebenso wenig genügt es, ihre Wirksamkeit an eine gesellschaftlich erteilte Befugnis zu binden, solche Handlungen mit intersubjektiver Bindungswirkung auszuführen. Es gibt eine Eigenwirksamkeit und Eigenlogik der Sprache, die sichtbar wird, wenn man meint, man könne den Umstand, dass Versprechen zu halten sind, durch die Abgabe eines Versprechens sichern. Wer dies versucht, gerät in einen „regressus ad infinitum". Ebenso wenig kann man durch vertragliche Absicherungen gewährleisten, dass Verträge zu halten sind. Vielmehr ist dieses performativ-regulative Moment immer schon vorauszusetzen als Ermöglichungsbedingung von Versprechen und Verträgen.[104] Was auch immer Menschen „material" verabreden und einander versprechen mögen, was ein Versprechen „formal" ausmacht, kann selbst nicht wiederum Gegenstand des Verabredens sein. Es muss als ein Sinnapriori jeder Kommunikation diesem Verabreden als vorausgehend und ermöglichend gedacht werden.[105] Einzig im Modus der Anerkennung kann es Gegenstand der Kommunikation sein. Wo Menschen sich ein Versprechen ge-

104 Vgl. ausführlich M. Schneider, Die Ordnung des Versprechens. Naturrecht – Institution – Sprechakt, München 2005; N. Anwander, Versprechen und Verpflichten, Paderborn 2008. – Im Versprechen wirkt etwas Unverfügbares und Unableitbares, das ihm ermöglichend vorausgeht. Man kann sich der Gültigkeit und Verlässlichkeit eines Versprechens nicht dadurch versichern, dass man verspricht, das Versprechen zu halten, dass man ein gegebenes Versprechen halte. Ein Versprechen bindet, ohne dass es weiterer Versprechen bedarf, die sicherstellen sollen, dass ein Versprechen gehalten wird. Vgl. hierzu H.-D. Gondek, Das Versprechen und seine Verbindlichkeit, in: Parabel 13 (1990) 39–65.

105 Zur Bestimmung eines Apriori menschlicher Kommunikation vgl. auch K.-C. Apel, Transformation der Philosophie. Bd. 2, Frankfurt 1976, 155–435.

ben, ratifizieren sie diese Vorgabe und übersetzen sie in die Sphäre zwischenmenschlicher Anerkennung.

### 1.4. Sich über Zeichen und ihren Gebrauch verständigen: Der Regulierungsbezug der Sprache

Performative Sprechakte verweisen auf eine weitere Relation des Zeichengebrauchs, die in Syntax und Grammatik einer Sprache zum Ausdruck kommt: Subjekte bewegen sich innerhalb eines Zeichensystems und nehmen dabei Bezug auf Verknüpfungsregeln, welche die Beziehungen der Zeichen zueinander (bzw. ihre Verwendungs- und Verknüpfungsmöglichkeiten) innerhalb eines gemeinsamen Codes strukturieren und dadurch erst auf Dauer Interaktions-, Kommunikations- und Traditionsvorgänge ermöglichen.[106]

Jeder Versuch, sich über die Handhabung von Zeichen, Bezeichnungen und Bedeutungen zu verständigen und diese Handhabung zu regulieren, kann nicht außerhalb eines wiederum sprachlich vermittelten Bezugsrahmens erfolgen. Gäbe es keine Regeln zum sinnvollen Zusammenfügen von Worten und Begriffen, zum Aufbau von Sätzen, wäre es unmöglich, zeitlich frühere Ereignisse des Aufzeigens und Bezeichnens von Ereignissen und Tatbeständen über den zeitlichen Abstand hinaus zu überliefern, zu vergegenwärtigen oder in andere Deutungskontexte zu übersetzen. In Syntax und Grammatik einer Sprache sind jene Regeln zu entdecken, anhand deren eine Sprache die Verwendung ihrer Zeichen und darin sich selbst reguliert. Im Erlernen von Syntax und Grammatik koinzidiert ein reguliertes Tun bzw. ein regulierendes Handeln mit der Regulierung des Tuns.

Der deiktische, semantische und performative Zeicheneinsatz orientiert sich an syntaktisch-grammatischen Regelzeichen, die auf Dauer erst das Deuten und Setzen von Zeichen ermöglichen bzw. Zeichendeutungen und Zeichensetzungen dauer-

---

106 Vgl. hierzu u. a. R. Stockhammer, Grammatik. Wissen und Macht in der Geschichte einer sprachlichen Institution, Berlin 2014.

haft zugänglich und übersetzbar machen. Dies bedeutet auch, dass Syntaktik und Grammatik die genannten Bezüge und Dimensionen sowohl voraussetzen als auch integrieren. Sie sind zugleich Darstellung des Ganzen, das sie integrieren. Ohne diesen Vorgriff aufs Ganze gäbe es kein Verstehen der deiktischen, semantischen und performativen Zeichenbezüge. Wenngleich die Syntaktik diese Bezüge zu einem Ganzen zusammensetzt, so kann sie doch keinen dieser Bezüge ersetzen.

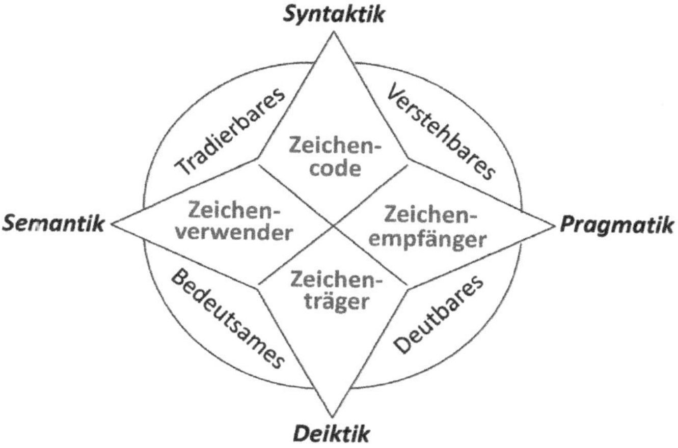


Der Blick auf die semiotischen Dimensionen der Sprache erlaubt eine erweiterte Bestimmung von Entsprechungen zwischen der existenzialen Grundsituation des Menschen und der Charakterisierung der für ihn signifikanten Weltbezüge. Was sein Leben ausmacht, sind nicht allein die elementaren Bezüge zur objektiven Gegenstandswelt bzw. Außenwelt, sein Selbstverhältnis, die Signatur des Selbstseins-im-Miteinandersein sowie die Vergänglichkeit von Sein und Zeit. Er lebt auch in einer Welt, die er mit Deutungen und Bedeutungen ausstattet und in der er Bedeutsames hervorbringt, bewirkt und tradiert. Und nicht zuletzt entdeckt, entwickelt und verwendet er dabei Regeln des Zeigens, Deutens und Verabredens, die zum einen seinem Sprechen ermöglichend vorausgehen und zum anderen aus diesem Sprechen hervorgehen, um dann die Bezugnahme auf Deutbares, Bezeichnetes und Bedeutsames zu regulieren.

## 2. Verknüpfungen: Dasein – Deuten – Verständigen

Menschen können ihre Umwelt nicht nur durch Werkzeuge verändern, sondern auch mittels Zeichen deuten. Neben einer gestalterischen sind sie auch mit einer interpretativen Kompetenz ausgestattet. Sie verfügen über die Fähigkeit, Phänomene und Ereignisse in der Welt als bedeutsam wahrzunehmen und darauf mit Deutungen zu reagieren, d.h. ihre Welt selbst als (be)deutungsgenerierend zu erfassen und sich darüber zu verständigen.

Als *animal symbolicum* richtet sich der Mensch mittels selbstgeschaffener Zeichen und Zeichenträger in einem Kosmos selbstgeschaffener Deutungen ein und findet in diesen eine Orientierung für sein Denken und Tun. In solchen Zeichenereignissen wird bestimmt, *als* was etwas *für* wen und *von* wem *in* welchen Codes *durch* welche Bezeichnungen bzw. Zeichenträger *über* welche Verknüpfungsregeln bedeutsam und hinsichtlich seiner Bedeutung tradierbar wird. Was den Menschen als sprachbegabtes Lebewesen auszeichnet, wie er etwas aus sich macht und wie er dabei Bedeutsames hervorbringt, kann daher auch transparent gemacht werden durch eine semiotische Rekonstruktion zeichenvermittelter Verständigungsprozesse.

Als *homo interpres* begibt sich der Mensch jedoch immer wieder auch in Kontexte, in denen er selbst keine Zeichen vorfindet, die andere Menschen hinterlassen haben. Hier sucht er trotzdem nach Indizien, die ihm den Rückschluss auf Bedeutungen erlauben oder den Anlass für Sinnzuschreibungen liefern.[107] Allerdings erliegt er dabei immer auch den Versuchungen, etwas hinein- oder herauszulesen, was an den Fakten keinen Anhalt findet. Daher ist es unumgänglich, die semiotischen Dimensionen der Sprache nicht nur hinsichtlich ihrer deutungsgenerativen Relevanz, sondern auch hinsichtlich ihrer erkenntniskritischen Funktion in den Blick zu nehmen.

---

107 Zur Unterscheidung „homo interpres/animal symbolicum" siehe auch A. Assmann, Im Dickicht der Zeichen, Berlin 2015, 26, 31–60.

Diese kritische Funktion wird jedoch erst dann erkennbar, wenn das Grundprinzip rechtfertigungsfähigen Denkens, Deutens und Handelns in Anschlag gebracht wird, d.h. wenn Maß genommen wird am Prinzip der Widerspruchsfreiheit. Daran müssen auch Glaubensaussagen gemessen werden. Ausgehend von der Elementarlogik des Nichtwiderspruchprinzips lassen sich entsprechende Kriterien ermitteln, die in Relation zur deiktischen, semantischen, performativen und syntaktischen Zeichenrelation stehen. Ihre Missachtung führt nicht allein zu Fehldeutungen und Missverständnissen beim Gebrauch von (Sprach)Zeichen. Sie ist auch der Grund, dass manche religiöse Aussagen nichts anderes als Unverständnis provozieren.

## 2.1. Von Tatsachen ausgehen: Faktizität und Information

Wer mit Zeichen auf etwas hinweist und dazu anleiten will, es als existent zu bemerken, erhebt den Anspruch, dass dieser Hinweis sich auf etwas bezieht, das tatsächlich bezeichenbar ist. Dieser mit der Zeigegeste verbundene Anspruch ist nicht einlösbar, wenn die ontologischen Voraussetzungen für die Tatsächlichkeit des Angezeigten nicht erfüllt sind. Es muss sich zumindest um einen Sachverhalt handeln, den es geben kann, d.h. der denk- und seinsmöglich ist. Denk- und seinsmöglich kann nur sein, was nicht in sich widersprüchlich ist.

Was sich selbst widerspricht oder aus einander widersprechenden Elementen besteht, ist ein Ding der Unmöglichkeit – wie etwa ein rundes Dreieck, das runde und eckige Anteile aufweisen soll. Zwar gibt es Ecken und Kreise. Sie sind jedoch nicht „kompossibel“, d.h. sie können nicht gemeinsam an ein und derselben zweidimensionalen geometrischen Figur für diese Figur konstitutive Elemente sein. Was derart unmöglich ist, kann auch nicht widerspruchsfrei bezeichenbar sein.[108]

108 Es gibt keine Kreise, die zugleich rund und eckig sind. Daher ist es auch nicht statthaft, von „eckigen Kreisen“ zu sprechen. Anders verhält es sich bei dreidimensionalen geometrischen Körpern. Für einen Kegel sind runde

Man kann nicht zeigen, worüber man spricht, wenn man von etwas redet, das unmöglich ist.[109] Das Unmögliche kommt nicht als Objekt einer Zeigegeste in Betracht. Wer auf etwas Unmögliches verweist, dessen Zeigegeste verweist auf nichts und weist ins Nichts.

Religiöse Sprechakte, in denen Gott als Bezugsgröße genannt wird, scheinen auf den ersten Blick keinen Tatsachenbezug aufweisen zu können. Es mag noch möglich sein, eine in sich widerspruchsfreie Definition vorzulegen, was in Wahrheit und Wirklichkeit „Gott" genannt werden kann. Allerdings führt ein solcher Versuch nicht über die Denkmöglichkeit des damit Bezeichneten hinaus. Ein deiktisches Moment kommt religiösen Aussagen allenfalls derart zu, dass mit ihnen auf einen (empirischen) Verweisungszusammenhang gezeigt werden kann, der es erlaubt, damit das Wort „Gott" in eine widerspruchsfreie Beziehung zu setzen.[110] Ob dies für den Nachweis genügt, dass die ontologischen Bedeutungsvoraussetzungen des Wortes

---

und eckige Formen durchaus „kompossibel". Allerdings ist hier die widerspruchsfreie Verwendung der Attribute „rund" und „eckig" daran gebunden, dass sie auf unterschiedliche Bereiche des Kegels – Spitze und Grundfläche – bezogen werden.

109 Damit wird nicht die Möglichkeit ausgeschlossen, sinnvoll über Unmögliches zu reden. Gegenstand bzw. Sinn dieses Redens sind dann aber die Widersprüche (bzw. deren Entlarvung), die beim Behaupten von Unmöglichem auftreten. „Folgt man dieser Spur des sprachlichen Kommunizierens, dann ist widersprüchlich bezeichenbar (also unmöglich) alles, von dem man nur in sich widersprechenden Sätzen reden kann, die je für sich genommen Mögliches, also Nicht-Widersprüchliches sagen, dieses aber im Bezug auf Dasselbe so tun, dass sie nicht zusammen wahr sein können. Ist bei solchen sich widersprechenden Sätzen dagegen nicht einmal mehr verstehbar, dass man sich mit ihnen auf Irgendetwas, geschweige denn auf Dasselbe bezieht, dann ist unklar, inwiefern sie sich überhaupt widersprechen, weil nicht nur von Unmöglichem, sondern im strengen Sinn von nichts geredet wird", I. U. Dalferth, Transzendenz und säkulare Welt, Tübingen 2015, 246.

110 Vgl. hierzu W. Löffler, Was müsste ein Argument für die Existenz Gottes eigentlich leisten?, in: E. Bidese u. a. (Hg.), Philosophische Gotteslehre heute, Darmstadt 2008, 55–70.

„Gott“ erfüllt sind, ist bei der Kritik an den klassischen Gottesbeweisen immer wieder bezweifelt worden.[111]

Deiktische Gesten und Sprechakte können aber nicht nur eingesetzt werden, um auf etwas hinzuweisen, das vorhanden ist. Sie sind auch geeignet, um anzudeuten, dass etwas vermisst wird. „Da fehlt etwas!“ – Wer mit ausgestrecktem Zeigefinger auf eine Leerstelle deutet, erstattet eine Fehlanzeige: Konstatiert wird der Verlust eines Besitztums. Gesucht wird ein Teil, das einer Menge fehlt, um etwas Ganzes zu sein, und das aus vielen Teilen eine Einheit macht. Oder man fragt nach einem Zubehör, einer Zutat, die das Gegebene komplettieren oder vollenden kann. Stets geht es um das „fehlende Passende“, dessen das Gegebene bedarf.

Religiöse Sprechakte können in diesem Sinne auf faktisch Gegebenes zeigen und an ihm ausmachen, was fehlt und passt. Zwar muss das fehlende Passende dabei auch die Eigenschaft widerspruchsfreier Denk- und Seinsmöglichkeit aufweisen. Das muss aber nicht bereits heißen, dass es in lebensweltliche Mittel/Zweck-Zusammenhänge, Teil/Ganzes-Konstellationen, logische Begründungsversuche, ethische Optimierungs- oder ästhetische Harmonisierungsarrangements einzubauen ist. Es kann sich auch auf die Frage beziehen, was dem Menschen immer noch fehlt, wenn er all diese Lücken seines Wollens und Tuns gefüllt hat.

## 2.2. Einander nichts vormachen: Realität und Relevanz

Wenn jemand sich mittels Zeichen auf die Bedeutung dessen bezieht, das ihm *als* etwas erscheint, erhebt er nicht nur den Anspruch, dass die Existenzvoraussetzungen des Bezeichneten erfüllt sind. Er unterstellt auch eine widerspruchsfreie Beziehung zwischen Faktum und Bedeutung. Was in logischer und

111 Vgl. P. Weingartner, Wie schwach können die Beweismittel für Gottesbeweise sein?, in: F. Ricken (Hg.), Klassische Gottesbeweise in der Sicht der gegenwärtigen Logik und Wissenschaftstheorie, Stuttgart [2]1998, 34–59.

ontologischer Hinsicht unmöglich ist, kann nicht in irgendeiner anderen Hinsicht für einen Menschen belangvoll oder gar notwendig sein. Was hingegen seins- und denkmöglich ist, kann nur Träger von ihrerseits denkmöglichen Eigenschaften sein, die etwas als etwas auszeichnen.

Wer etwas als belangvoll unterstellt und diese Unterstellung nicht als zumindest logisch möglich ausweisen kann, steht in der Gefahr, sich selbst etwas einzubilden und anderen Menschen etwas vorzumachen. Dabei wird rasch die Grenze zu Willkür, Beliebigkeit und Aberglaube überschritten. Dies gilt für alle Versuche, aus himmlischen Zeichen (Blitz und Donner) oder tierischen Eingeweiden untrügliche Vorzeichen oder Anzeichen kommender Ereignisse zu machen. Die zwischen Zeichen, Ereignis und Relevanz des Ereignisses behaupteten Zusammenhänge bleiben stets im Dunklen. Ähnlich steht es um die Praxis des „Handlesens". Hier wird unterstellt, dass sich in den Linien der Handflächen verschiedene Eigenschaften einer Person abzeichnen. So soll etwa die Herzlinie Aufschluss geben über die Emotionalität eines Menschen, die Kopflinie soll Hinweise auf seine intellektuellen Begabungen geben.[112] Die Annahme, dass der Körper ein Spiegelbild des Charakters darstellt, ist zwar bis in die Gegenwart weit verbreitet. Sie hat aber in ihrer Wirkungsgeschichte weniger die psychologische Diagnostik gefördert als eine Praxis der sozialen Stigmatisierung befördert. Menschen mit roten Haaren, mit angewachsenen Ohrläppchen oder kurzer Stirn sind Opfer physiognomischer Deutungsverfahren geworden, mit denen man ihnen negative moralische Eigenschaften angehängt hat: Die einen gelten als mit dem Bösen im Bunde, die anderen müssen sich geringe Intelligenz und einen Hang zur Lüge nachsagen lassen.

Sollen religiöse Aussagen nicht der Gefahr solcher Kurzschlüsse ausgesetzt werden, genügt es nicht, eine überschießende Phantasie nur durch die Bindung an denkmögliche Beziehungen zwischen Faktum und Bedeutung zu zähmen. Es

---

112 Vgl. exemplarisch Ch. Eisler-Mertz, Die Kunst der Handdeutung, München 2003.

muss auch gewährleistet sein, dass ein nachweisbarer sachlicher Zusammenhang zwischen Faktum und behaupteter Bedeutung besteht. Vielfach wird ein solcher Zusammenhang bei religiösen „Offenbarungsereignissen" lediglich konstruiert. In bestimmten Wetterphänomenen die Kundgabe eines göttlichen Willens zu erkennen, in Naturkatastrophen die Vollstreckung göttlichen Zornes zu vermuten, im Ergebnis eines Loswurfes ein Gottesurteil abzulesen kommt buchstäblich einer Überzeichnung des Faktischen gleich. Ein Ereignis als „Offenbarung" zu qualifizieren, ohne dabei ein Kriterium zu nennen, anhand dessen die Entsprechung von Faktum und Bedeutung überprüfbar ist, liefert dieses Interpretament einem beliebigen Gebrauch aus. Das Beliebige mit den semantischen Bezügen des Unverfügbaren und Unbedingten auszustatten ist entweder selbst ein Akt der Beliebigkeit oder Ausdruck einer Praxis, wie Menschen einander etwas vormachen. Das religiöse Sprachspiel gerät dabei rasch unter einen Generalverdacht: Hier wird einem aufgeklärten Publikum vorgemacht, wie Menschen einander etwas vormachen.

## 2.3. Sich aufeinander einstellen: Aufrichtigkeit und Performanz

Eine Information ist für jemanden nur dann bedeutsam, wenn die Bedingungen ihrer intersubjektiven Verstehbarkeit und Akzeptanz erfüllt sind. Der Geltungsanspruch der Verständlichkeit impliziert die performative Widerspruchsfreiheit von Vollzug und Gehalt einer Aussage. Wer in Ausdruck und Geste des Sprechens nicht in Einklang steht mit dem Inhalt des Ausgesprochenen, lässt auseinanderfallen, was zusammengehört, wenn etwas als etwas übereinstimmend von Sprecher und Hörer aufgefasst werden soll.

Derartige Widersprüche wirken sich auf der Beziehungsebene des Zeichengebrauches aus und machen den Test auf den Geltungsanspruch einer Aussage unmöglich. Sie liegen immer dann vor, wenn der mit dem Vollzug einer Aussage verknüpfte Geltungsanspruch dem als gültig behaupteten Aussageinhalt widerstreitet, diesen dementiert oder aufhebt (z.B. mit der Äußerung „Ich spreche jetzt nicht" oder mit der Feststellung „Jede Überzeugung ist fallibel"). In einem solchen Fall nimmt der Sprecher seiner Aussage den Geltungsanspruch, den sein Adressat zunächst hinter ihr vermutet, d.h. er dementiert, dass das, was sie aussagt, auch der Fall ist und tatsächlich wahr ist. In Wirklichkeit und Wahrheit wird hier negiert bzw. bestritten und relativiert, dass wirklich wahr ist, wofür man gerade Geltung beansprucht.

Wenn ein konstativer Sprechakt auf unumgänglichen Voraussetzungen basiert, deren propositionaler Gehalt der im Sprechakt vorgetragenen Behauptung widerspricht, weckt dies auf Seiten des Zuhörers den Zweifel, ob der Sprecher tatsächlich ernst meint, was er sagt, bzw. ob er das Gesagte ernsthaft vertreten will. Für die Äußerung „Ich bezweifle, dass ich existiere" erhebt der Sprecher einen Wahrheitsanspruch. Allerdings macht er dabei, d.h. indem er diese Äußerung vorbringt, eine unausweichliche Existenzvoraussetzung, deren propositionaler Gehalt durch die Aussage „Ich bin es, der bezweifelt, dass ich existiere!" ausgedrückt werden kann (wobei sich im Haupt- und Nebensatz das Personalpronomen „ich" auf dieselbe Person bezieht). Der propositionale Gehalt der Existenzbestreitung steht im Gegensatz zu dem propositionalen Gehalt der für den Akt der Bestreitung unabdingbaren Existenzvoraussetzung.[113]

Die widerspruchsfreie Übereinstimmung von Form(at), Vollzug und Gehalt ist auch eine Gelingensbedingung performativer Sprechakte. Wer mit breitem Grinsen sein Bedauern über das Pech eines Mitmenschen zum Ausdruck bringen will, vollzieht einen Akt der Schadenfreude und nicht der Anteilnahme. Sein Gegenüber wird darin ein Indiz für die Unaufrichtigkeit des Sprechers erkennen und sich verhöhnt vorkommen.[114] Voll-

113 Vgl. hierzu ausführlicher K.-O. Apel, Paradigmen der Ersten Philosophie, Berlin 2011, 193–214.

114 Person A mag zutreffend auf eine Tatsache rekurrieren („Person B ist auf der Autobahn mit einem defekten PWK liegen geblieben.") und dabei auch deren Relevanz zu erkennen geben („Person B hat es deswegen nicht geschafft,

zug und Gehalt vermitteln eine doppelte Botschaft, die sich selbst widerspricht. Der Inhalt der Äußerung besagt: „Es ist schade, dass du die Stelle nicht bekommen hast." Die Art und Weise der Äußerung besagt: „Ich finde es schade, aber ich bedauere es nicht." An diesem Beispiel wird deutlich, dass die fehlende Übereinstimmung von Vollzug und Gehalt eines Sprechaktes sich unmittelbar auf die Beziehung von Sprecher und Hörer auswirkt. Eine auf sprachlicher Ebene feststellbare Unstimmigkeit zeigt auf, dass auch zwischen Sprecher und Hörer etwas nicht stimmt.

Darüber hinaus müssen für spezifische performative Sprechakte jeweils besondere Gelingensbedingungen erfüllt sein. So ist das Eheversprechen im Rahmen einer standesamtlichen Trauung nur gültig, wenn es formgerecht abgelegt wird und auf Seiten der Ehepartner ein hinreichendes Wissen um den Verpflichtungscharakter des Versprechens vorhanden ist. Für die Gültigkeit des performativen Aktes einer standesamtlichen Trauung ist entscheidend, dass die Personen, die ihn vollziehen, als Standesbeamte dazu autorisiert sind und die Personen, die zu diesem Akt zugelassen werden, die Zulassungsbedingungen erfüllen. Fehlt dem Standesbeamten die entsprechende Befugnis oder kann ein Paar das geforderte Mindestalter der Partner nicht nachweisen, ist die Eheschließung ungültig bzw. kommt nicht zustande.

Intentionale und institutionelle Gelingensbedingungen sind auch bei religiösen Performativen zu beachten – und zwar gleichermaßen bei ihrer Ausführung wie bei ihrer Deutung. Wer diesen Umstand übersieht, rückt die Praktiken des Segnens oder die Spendeformel eines Sakramentes in die Nähe von

---

zu einem Bewerbungsgespräch zu erscheinen."). Wenn aber Vollzug und Gehalt ihres Bedauerns einander nicht entsprechen, wird Person A ihrem Gegenüber nicht gerecht und nährt Zweifel an ihrer eigenen Aufrichtigkeit. Ein solches Verhalten, das durch mehrfache Inkonsistenzen auffällt, ist weder geeignet, einen vertretbaren Gehalt zu dokumentieren/realisieren, noch ist es selbst (intersubjektiv) vertretbar. – Vgl. hierzu auch die Überlegungen zu einer „humanistischen Semantik" von J. Nida-Rümelin, Humanistische Reflexionen, Berlin 2016, 289–304.

Zaubersprüchen, denen eine magische Kraft zugesprochen wird, die angeblich allein durch den Akt des Aufsagens realisiert wird und Gegenstände wie Menschen zu beeinflussen vermag.[115] Der performative Zeichengebrauch vermag im Unterschied zu einer solchen Auffassung allein auf der Ebene der Beziehungen und Bedeutungen etwas zu verändern, nicht jedoch im Bereich des Sachhaften oder Subjekthaften.[116] Ob dieser Unterschied bei der Segnung von Rosenkränzen und Kruzifixen oder bei der mit reichlich Weihwasser vorgenommenen Segnung von Feuerwehrautos immer erkennbar ist, steht auf einem anderen Blatt. Die Entsprechung von Vollzug und Gehalt, Intention und Interaktion ist aber auch hier eine entscheidende Bedingung, um religiöses Ausdruckshandeln von „faulem Zauber" unterscheiden zu können.

## 2.4. Verständigung sichern: Stringenz und Kohärenz

Jeder Versuch, sich über die Bedeutung von Tatsachen zu verständigen und zu einer wechselseitig geteilten Deutung dieser Bedeutung zu gelangen, muss sich an Regeln und Konventionen orientieren, welche die Handhabung von Zeichen, Bezeichnungen und Bedeutungen regulieren. Dies kann nur in einem sozialen Kontext erfolgen, der die Stabilität von Bedeutungen und Bezeichnungen und die dauerhafte Entsprechung von Bezeichnungen und Bedeutungen sichert. Wer daran interessiert ist, die Verwendung von Zeichen und Handhabung von Bedeutungen auf Dauer zu stellen, so dass über die Zeit hinweg Bedeutungen tradiert werden können, muss am Bestand und Erhalt sozialer Beziehungen interessiert sein, in denen die An-

115 Vgl. hierzu mit entsprechenden Beispielen K.E. Müller, Wortzauber. Eine Ethnologie der Eloquenz, Frankfurt 2001; Ch.M. Haeseli, Magische Performativität. Althochdeutsche Zaubersprüche in ihrem Überlieferungskontext, Würzburg 2011.

116 Vgl. ausführlich hierzu in diesem Band den Abschnitt „Zeigen und Deuten: Die Symbolsprache des Glaubens" (VI.1.).

erkennung und Befolgung dieser Regeln thematisiert wird. Erst auf der Grundlage gemeinsamer Interaktionserwartungen können jene Bezüge erschlossen und gesichert werden, innerhalb deren sprachliche Verständigung gelingt.

Ohne ein soziales Beziehungsgefüge, dessen Angehörige eine gemeinsame Muttersprache erlernen, kommt es zum Aussterben dieser Sprache. Eine tote Sprache kann zwar gut dokumentiert sein, als Fremdsprache gelehrt und eventuell sogar noch zu Amtszwecken genutzt werden (z. B. Latein in der katholischen Kirche). Allerdings bedarf es hierfür der Kenntnis und der Vermittlung von Übersetzungsregeln, die einen Bedeutungstransfer zwischen toter und lebendiger Sprache ermöglichen. Dasselbe gilt für Kunst- und Fachsprachen, die sich durch einen spezifischen Code auszeichnen. Wer als Funker das „Morsen" einübt, hat mit normierten Entsprechungen von Lauten und Zeichen bzw. Lauten, Zeichen und Bedeutungen zu tun, die außerhalb dieses normativen Gefüges nicht zugänglich sind. Ein Zugang zu diesem Gefüge ist nur möglich über das Erlernen der spezifischen Grammatik des Morsens. Den Zugang zu diesem Zugang findet man jedoch nur über den Kontakt mit einem Übersetzer. Die Richtigkeit von Übersetzungen lässt sich wiederum nur überprüfen, wenn die zuvor verabredeten Übersetzungsregeln eingehalten werden und diese Einhaltung wiederum überprüfbar ist. Damit das Morsen funktioniert, bedarf es einer stringenten, d. h. eindeutigen und unverwechselbaren Zuordnung von Lauten und Zeichen. Und ebenso ist eine kohärente, d. h. logisch stimmige Verknüpfung mit stringenten Übersetzungsregeln unabdingbar. Dasselbe gilt für die Verwendung ausgeklügelter Verschlüsselungstechniken. Eine stete Veränderung der Ver- und Entschlüsselungsregeln erhöht zwar die Abhörsicherheit. Sie führt jedoch zu einem Kommunikationsdesaster, wenn zwischen Sender und Empfänger keine Übereinstimmung hinsichtlich der Veränderung miteinander abgestimmter Regeln besteht.

In religiösen Sprachspielen wird diese Funktion weitgehend von einer konsensuellen Festlegung und Tradition der intentionalen und institutionellen Gelingensbedingungen symbolischer

Interaktion erfüllt. Allerdings erschöpft sich darin nicht die Funktion grammatischer Regulative. In der Grammatik sind nicht nur Gelingensbedingungen der sprachlichen Interaktion verankert, sondern auch Gültigkeitsbedingungen für das Erheben von Geltungsansprüchen, sofern dabei Wortverwendungs- und Satzbauregeln zu beachten sind. Dass diese Regeln eine existentialsemiotische Reichweite haben, hat niemand besser als Ludwig Feuerbach (1804–1872) erkannt. Feuerbachs Religionskritik gipfelt bekanntlich in der Feststellung, dass Religion die Entzweiung des Menschen mit sich selbst manifestiert, indem er sich Gott als ein ihm entgegengesetztes Wesen gegenübersetzt und ihm in extremer Übersteigerung all jene positiven Eigenschaften zuschreibt, die ihm eigentlich selbst zukommen: „Du glaubst an die Liebe als eine göttliche Eigenschaft, weil du selbst liebst; du glaubst, dass Gott ein weises, ein gütiges Wesen ist, weil du nichts besseres von dir kennst als Güte und Verstand, und du glaubst, dass Gott existiert, dass er also Subjekt oder Wesen ist, …, weil du selbst existierst, als Wesen bist.“[117] Die von Feuerbach geforderte Entschlüsselung bzw. Rück-Übersetzung von Aussagen über ein göttliches Wesen in Aussagen über das Wesen des Menschen soll unter Beachtung grammatischer Regeln durchgeführt werden: Wo in einem religiösen Satz das Subjekt „Gott“ steht, muss daraus ein Prädikat und aus dem bisherigen Prädikat ein neues Subjekt gebildet werden („Gott ist gütig“ → „Güte ist göttlich“).[118] Hat der Mensch über Gott präsentische Aussagen gemacht und dabei in ihm schon als realisiert angenommen, was er bei sich noch nicht verwirklicht sieht, so muss er nach dem Aus-

117 L. Feuerbach, Das Wesen des Christentums, Stuttgart 1980, 60.

118 „Bezweifelst du die gegenständliche Wahrheit der Prädikate, so mußt du auch die gegenständliche Wahrheit des Subjekts dieser Prädikate in Zweifel ziehen. Sind deine Prädikate Anthropomorphismen, so ist auch das Subjekt derselben ein Anthropomorphismus. Sind Liebe, Güte, Persönlichkeit menschliche Bestimmungen, so ist auch das Grundwesen derselben, welches du ihnen voraussetzest, auch die Existenz Gottes, auch der Glaube, daß überhaupt ein Gott ist, ein Anthropomorphismus – eine durchaus menschliche Voraussetzung“, ebd., 59–60.

tausch von Subjekt und Prädikat auch das verwendete Tempus korrigieren („Gott ist gerecht“ → „Unsere Gerechtigkeit wird wahrhaft göttlich sein“). Dementsprechend sind nicht nur Subjekt und Prädikat auszutauschen und ein falsches Tempus zu korrigieren, sondern auch Substantive durch Verben zu ersetzen, wenn die Abspaltung menschlichen Vermögens vom Dasein des Menschen überwunden werden soll („Nicht Gott ist die Erfüllung meiner Wünsche, sondern ich selbst werde meine Wünsche erfüllen!“).[119] Und schließlich ist es für Feuerbach ein charakteristisches „Prinzip der Religion, daß sie das natürliche Aktiv in Passiv verwandelt. Der Heide erhebt sich, der Christ fühlt sich erhoben. Der Christ verwandelt in eine Sache … der Empfänglichkeit, was dem Heiden eine Sache der Selbsttätigkeit ist.“[120] Die Aufhebung der Selbstentzweiung des Menschen und die Entfremdung gegenüber dem eigenen Wesen müssen auf sprachlicher Ebene daher durch eine Berichtigung der Aktionsarten erfolgen. Aus einem Passiv, hinter dem als logisches Subjekt Gott steht, muss ein Aktiv werden, dessen Subjekt der Mensch ist.

Bei Feuerbach dient eine auf der Ebene der Grammatik durchgeführte Religionskritik dazu, die „verkehrte Welt“ eines religiösen Sprachspiels aufzudecken. Sie macht den Widerspruch deutlich zwischen einem fehlgeleiteten Bewusstsein und einem Dasein, wie es in Wahrheit sein könnte. Auf die Grammatik einer Sprache einzugehen erweist sich als doppelt sinnvoll und notwendig. Sie stellt ein Instrumentarium zur Verfügung, um sowohl dem „widerspruchsvolle[n] Lug- und Truggewebe“[121] von Projektionen auf die Spur zu kommen als auch um Entschlüsselungen und Übersetzungen vorzunehmen, die auf den ersten Blick alles auf den Kopf stellen und dabei

119 „Hier ist es nicht so, wie es sein soll – diese Welt vergeht. Gott aber ist das Sein, welches so ist, wie es sein soll. Gott erfüllt meine Wünsche – dies ist nur populäre Personifikation des Satzes: Gott ist der Erfüller, d. i. die Wirklichkeit, das Erfülltsein meiner Wünsche“, ebd., 269.

120 Ebd., 373.

121 Ebd., 22.

dennoch der Wirklichkeit gerecht werden. Die Frage ist allerdings, ob religiöse Sprachspiele grundsätzlich nur als ein Feld des Missbrauchs der Grammatik betrachtet werden müssen. Können sie nicht auch eine spezifische Form sein, der Wirklichkeit gerecht zu werden? Stellen sie unter bestimmten Bedingungen vielleicht sinnvolle Versuche einer Entschlüsselung der Wirklichkeit dar? Können in der Grammatik einer religiösen Sprache nicht auch Regeln stecken für die Konstitution eines Weltbildes, in dem sich zeigt, was sonst übersehen wird? Ist es ausgeschlossen, dass in dieser Grammatik jene Bedingungen erfasst werden, die spezifische Erfahrungen menschlichen Daseins, seiner Grenzen und deren Transzendenz in einen Deutungsrahmen setzen, innerhalb dessen sie zu Inhalten intersubjektiver Verständigung werden?

Bei der Beantwortung dieser Fragen spielt der Aufweis von Entsprechungen zwischen der existentialen Grundsituation des Menschen und den Bedingungen einer Sinn- und Bedeutungszuschreibung dieser Situation eine entscheidende Rolle. Das bedeutet, dass gerade die Grammatik religiösen Sprechens auf den Nexus von Semiotik und existentialer Ontologie verweist. Der klassische theologische Topos dieser Verknüpfung ist die Rede von der „Geschöpflichkeit" des Menschen und seiner Welt. Deren Logik konstituiert die Regeln, anhand deren die Stringenz und Kohärenz jeder religiösen Rede über Gott und den Menschen überprüft werden können.[122]

## 3. Überschreitungen: Bestimmungen des wirklich Wahren

Was es für den Menschen bedeutet, am Leben zu sein, ist ebenso Gegenstand existentialanalytischer wie semiotischer Überlegungen. In beiden Perspektiven geht auf, dass der

122 Vgl. hierzu ausführlich in diesem Band das Kapitel „Schöpfung – Sprache – Gott" (IV.).

Mensch nicht nur in einer Welt der Fakten und Sachverhalte lebt. Vielmehr ist diese Welt immer auch sprachlich erschlossen, so dass jeder Mensch nicht nur in einer bezeichneten Welt, sondern auch in einer Welt der Bezeichnungen und Bedeutungen existiert. In der Welt der Sprache geht ein Mensch auf seine Lebenswelt ein und zugleich geht er dabei über sie hinaus. Die Welt der Objekte und Fakten, der Sachverhalte und Ereignisse wird überschritten auf die Welt der Deutungen und Bedeutungen. Das Faktische transzendierend geht der Mensch in der Sprache auf die Bedeutung des Faktischen ein. Dabei spricht er dem Faktischen etwas zu, was es nicht schon von sich aus aufzuweisen hat: Bedeutsamkeit. Was am Faktischen bedeutsam ist, steht jedoch in einer besonderen Beziehung zu ihm. Es ist dasjenige, das zu ihm passt und ihm entspricht, aber zugleich nicht wiederum etwas Faktisches darstellt, sondern benennt, als was es de facto bedeutsam ist. Dem Faktischen wird somit etwas zugesprochen, was ihm von sich aus fehlt, aber dennoch zu ihm passt.

Damit stellt sich die Frage, wie Menschen dem, was der Fall ist, etwas zusprechen können, ohne dabei an ihm oder aneinander vorbeizureden. Soll dies vermeidbar sein, dann muss vorausgesetzt werden, dass Bedeutungszuschreibungen in einem Resonanzverhältnis zum Deutbaren stehen und als das „fehlende Passende" ausgewiesen werden können. Dann aber muss gelten, dass das Wirkliche sich nicht im objekthaft Faktischen erschöpft und das, was wirklich ist, nur bedingt als Maß wahrer Aussagen über seine Wirklichkeit gelten kann. Am Faktischen ist zwar nicht ablesbar, was es bedeutet. Seine Bedeutsamkeit ist aber eine Realität, die seiner Faktizität als Realmöglichkeit zukommt. In der Sphäre der Deutungen und Bedeutungen trifft somit das, was wirklich ist, auf Möglichkeiten, als was es wirklich ist. Diese Möglichkeiten sind zwar nicht de facto realisiert, sondern müssen vom Menschen erschlossen werden, aber sie müssen als zugehörig zu seiner Wirklichkeit ausweisbar sein. Andernfalls geht das Reden über die mögliche Bedeutsamkeit des Wirklichen tatsächlich an der Realität vorbei.

## 3.1. Ontologische Plastizität: Vom Wirklichen, Echten und Richtigen

An der Realität vorbei redet man immer dann, wenn die ontologischen Bedeutungsvoraussetzungen des Gesagten nicht erfüllt sind, wenn eine logisch widersprüchliche Bedeutungszuschreibung erfolgt, wenn Vollzug und Gehalt eines Sprechaktes auseinanderklaffen oder wenn eine Aussage syntaktisch nicht decodierbar ist. Allerdings sind dies lediglich ex negativo gewonnene Kriterien zur Vermeidung von Lug und Trug. Dass man über die Realität hinausgehen muss, um angemessen auf sie eingehen zu können, führt nur dann zu wahren Sätzen über die Realität, wenn sie von sich aus so beschaffen ist, dass sie einen solchen Überstieg ermöglicht und rechtfertigt. Diese Bedingung ist dann erfüllt, wenn sich die Wirklichkeit durch „ontologische Plastizität" auszeichnet, d. h. wenn sich Objekte und Fakten, Sachverhalte und Ereignisse unterschiedlich deuten und verschieden verstehen lassen, ohne dass diese Deutungen und Verstehensleistungen zueinander in einem Verhältnis des logischen Widerspruchs stehen.[123] Von ontologischer Plastizität kann immer dann gesprochen werden, wenn sich die Wirklichkeit auf verschiedene Weise und in unterschiedlicher Hinsicht als zugänglich für jeweils logisch korrekte und stimmige, stringente und kohärente Deutungen erweist.[124]

Dass die Welt auf mehr als eine Weise wahrheitsgemäß bestimmbar ist, belegt zum einen die Vielzahl und Vielfalt der wissenschaftlichen Weltdeutungsperspektiven. Zum anderen ist es eine Besonderheit der Sprache, dass sie für viele Dinge in der Welt mehr als nur ein passendes Wort zur Verfügung stellt und nicht wenige Worte mit mehr als nur einer Bedeutung aus-

123 Die folgende These ist inspiriert von I. U. Dalferth, Radikale Theologie, 244–247. Vgl. ferner C. Malabo, Ontologie des Akzidentiellen. Essay zur zerstörerischen Plastizität, Berlin 2011.

124 Auf die Frage, warum auf einem Friedhof rote Grablichter brennen, kann man gleichermaßen wahrheitsgemäß antworten: (1) weil auf diese Weise Menschen ihrer toten Angehörigen gedenken; (2) weil genügend Sauerstoff vorhanden ist, damit ein Brennvorgang ablaufen kann.

stattet. Und zum dritten gibt es einen Sprachgebrauch, der um der Wahrheit willen von der Wirklichkeit abweicht. Diese Praxis zeigt sich im ästhetischen Kontext bei der Unterscheidung von „Echtheit“ und „Wahrheit“. Ein von Picasso eigenhändig gemaltes Bild gilt als ein „echter Picasso“ im Unterschied zu einer Fälschung oder einem Plagiat. Die Rede von einem „wahren Picasso“ wäre hier deplatziert. „Wahr“ ist in diesem Kontext keine mögliche Eigenschaft eines Bildes. Hingegen darf man einen Schüler, der im Kunstunterricht durch malerisches Talent auffällt und in der Lage ist, Personenporträts gleichzeitig in Seiten- und Frontalansicht anzufertigen, durchaus mit dem Lob versehen: „Du bist ja ein richtiger Picasso!“ Allerdings wird bei einem Vergleich der jeweiligen Ausweisfotos rasch deutlich werden, wer den Anspruch erheben darf, der „wahre“ Picasso zu sein.

Daneben gibt es einen Sprachgebrauch, der „wahr“ zwar verwendet als Bezeichnung für die Bedeutsamkeit dessen, was wirklich geschehen ist, dieses Adjektiv jedoch einer Größe zuordnet, die es in Wirklichkeit nicht gibt. Man spricht dann davon, dass ein Mensch sich als „wahrer Engel“ erwiesen habe. In diesem Fall geht es nicht um einen „wirklichen“ oder tatsächlichen Engel. Vielmehr handelt es sich um Personen, die ohne ein Engel zu sein, gleichwohl die Eigenschaften eines Engels haben. Es bleibt zwar eine Differenz von Sein und Haben bestehen, aber es gibt eine symbolische Koinzidenz: Wer die Eigenschaften eines Engels hat, wird zur Vergegenwärtigung dessen, was ein Engel „in Wahrheit“ ist, ohne selbst eine solche Größe „in Wirklichkeit“ zu sein. Zugleich bleibt eine ontologische Differenz bestehen, da das, was wahrhaft einen Engel ausmacht, in der Wirklichkeit nicht anders denn als Gleichnis eines „wahren“ Engels realisiert werden kann.[125] Anders for-

125 Im Unterschied dazu verdient nur ein solcher Mensch ein „wahrer Freund“ genannt zu werden, der sich in der Alltagswelt tatsächlich als Freund erweist. Hier handelt es sich um eine Person, die auch in Wirklichkeit sein muss, was sie in Wahrheit sein soll. Vgl. zu diesem Beispiel auch O.F. BOLLNOW, Das Doppelgesicht der Wahrheit, Stuttgart/Berlin/Köln/Mainz 1975, 12–14.

muliert: Worauf sich ein solcher Sprechakt bezieht, muss nicht „wirklich“ sein, kann aber dennoch „wahr“ sein.

### 3.2. Metaphorische Wahrheit: Vom fehlenden Passenden

Mit der Unterscheidung, was etwas „in Wahrheit“, aber nicht „in Wirklichkeit“ ist, wird auch der metaphorische Charakter religiöser Vollzüge und der religiösen Sprache deutlich: Sie verweisen das Vorhandene auf etwas, das ihm Bedeutung gibt, ohne dass dieses Bedeutsame etwas von derselben Vorhandenheit ist. Das solchermaßen Fehlende und Passende ist nicht zu finden in der Sphäre der Gegenstände und Sachverhalte, der Ereignisse und Tatbestände, sondern in der Sphäre des Bedeutsamen. Daher ist es auch nicht möglich, über das Fehlende und Passende so zu reden, wie man über Gegenstände und Tatbestände spricht. Religiöse Sprechversuche über das fehlende Passende übersteigen die Sphäre des Vorhandenen auf eine Sphäre hin, in der aufgeht, was ihm an Bedeutsamkeit zukommt. Da sie über das Wirkliche mehr sagen müssen, als es in Wirklichkeit ist, um sagen zu können, was es in Wahrheit ist, stehen sie immer auch unter dem Verdacht, am Wirklichen vorbei zu reden. Entkräften lässt sich dieser Verdacht nur dann, wenn man zeigen kann, dass dem Menschen etwas Wahres am Wirklichen aufgeht, wenn er darüber hinausgeht. Allerdings hat dies zur Voraussetzung, dass die Wirklichkeit selbst „metaphorisch“ verfasst ist, d. h. Übergänge vom Faktischen zum Bedeutsamen (und ggf. umgekehrt) kennt. Erfüllt ist diese Voraussetzung zunächst nur im Blick auf die Wirklichkeit der Sprache und ihren Bezug zur jeweils besprochenen Realität. Metaphorisch sind Wirklichkeit und Sprache, weil sie je für sich und in ihrer Korrelation von Grund auf durch Verweisungen, Übergänge und Entsprechungen konstituiert sind.

Die metaphorische Verfassung der Sprache wird deutlich in „RedeWendungen“. Hier nimmt das Sprechen mehrfach „Wenden“ und „Wendungen“ vor. Wenn davon gesprochen wird, dass sich eine Stimme durch eine bestimmte „Klangfarbe“ auszeichnet, die man als „warm“ empfindet, ist dies ein instruktives Beispiel, wie solche Wendungen zwischen Sinn und Sinnen, zwischen Fakten und Deutungen, zwischen Wirklichkeit und Bedeutsamkeit verlaufen können. Zwei Worte – „Klang“ und „Farbe“ – stammen aus unterschiedlichen semantischen Feldern, die zunächst keine Gemeinsamkeit erkennen lassen. Beide Worte lösen jeweils für sich Assoziationen aus, die sich dagegen sträuben, miteinander assoziiert zu werden: Klänge sind laut oder leise, hoch oder tief. Farben sind hell oder dunkel, grell oder gedeckt. Dennoch setzt das ungleiche Wortpaar einen Prozess in Gang, der am Ende entdeckt, worin zwischen beiden Worten eine Entsprechung besteht: Farbe und Klänge können ‚wärmen‘.

Sprachliche Metaphern entdecken etwas Passendes, das dem Gegebenen zunächst nicht eigen ist. Sie führen das Faktische auf das ihm zugehörige Moment der Bedeutsamkeit hin. Sie tragen dem Gegebenen seine Bedeutsamkeit auf dem Weg des Verweisens zu. Eben dies ist gemeint, wenn es von Metaphern heißt, sie würden „im übertragenen Sinn“ vom Menschen und seiner Welt reden. Dabei kommt es entscheidend auf die Vollzüge des Übertragens und Überführens an.[126] Ohne die Bereitschaft des Subjekts, sich von ihnen mitnehmen und überführen zu lassen in die Sphäre des dem Faktischen zukommenden Bedeutsamen, lässt sich am Gegebenen schlechterdings nichts ausmachen, welche Bewandtnis es mit ihm hat, d.h. *als* was es das ist, *was* es ist.

---

126 Durch eine Metapher wird ein Wort von einem Gegenstandsbereich in einen ihm fremden anderen Gegenstandsbereich hinübergetragen (z.B. „Thomas ist ein Schaf.“), wobei ein Entsprechungsverhältnis konstatiert wird („Der Schüler Thomas ist so geduldig, folgsam, ängstlich etc. wie ein Schaf.“) bzw. die Entsprechung zweier Verhältnisse thematisiert wird (z.B. „Lebensabend“ → Alter/Leben = Abend/Tag). Insofern steht hinter dem zu entdeckenden Entsprechungsverhältnis zweier Begriffe, die als Wortpaar auftreten, aber aus unterschiedlichen semantischen Feldern stammen, eine Proportionalitätsanalogie. (vgl. J. Heinrichs, Philosophische Semiotik. Bd. 5, München/Moskau [2]2009, 211–229). Wo dies nicht der Fall ist (z.B. beim Wort „Morgenstern“), kommt es auch nicht zum Vorgang der Bedeutungs- bzw. Sinnübertragung.

Die Fähigkeit zur metaphorischen Rede korrespondiert der Signatur des menschlichen Daseins. „Der Mensch begreift sich nur über das, was er nicht ist, hinweg. Nicht erst seine Situation, sondern schon seine Konstitution ist potentiell metaphorisch".[127] Denn in Zeit und Geschichte zu existieren bedeutet für ihn wie für alles andere, was ist, dass es faktisch nicht schlechthin das ist, was es sein könnte. Es hat stets noch etwas vor sich, was es noch nicht ist. Existieren heißt: das aus dem Leben herausholen, was noch nicht da ist, und das aus sich machen, was man noch nicht ist. Allerdings müssen die Möglichkeiten des Noch-nicht-Seins in einem Entsprechungsverhältnis zu dem stehen, was und wie etwas schon verwirklicht ist. Nur so bleibt seine Identität im Übergang vom Wirklichen zum Möglichen, vom Vergangenen zum Künftigen gewahrt. Was fehlt, d. h. was etwas noch nicht ist, muss zugleich zu dem passen, was etwas schon ist. Das Fehlende muss als etwas Passendes ausgewiesen werden, das Mögliche muss dem Wirklichen entsprechen. Die Not und die Kunst des Existierens bestehen daher darin, das herauszufinden, was zugleich fehlt und passt. Das fehlende Passende muss sich dabei als dasjenige erweisen, das zu dem, was ist, „eigentlich" dazugehört. Dies in angemessener Weise zu kommunizieren stellt eine weitere Herausforderung dar. Der Gebrauch von Metaphern weist einen Weg ihrer Bewältigung. Denn Metaphern gehen auf Wirkliches ein, indem sie über es hinausgehen und in der Sprache aufgehen lassen, was am Faktischen über reine Faktizität hinaus von Belang und Bedeutung ist.[128]

---

127 H. Blumenberg, Ästhetische und metaphorologische Schriften, Frankfurt 2001, 431. Vgl. auch Ders., Beschreibung des Menschen, Frankfurt 2006, 521–539.

128 Vgl. E. Jüngel, Metaphorische Wahrheit, in: Ders., Entsprechungen: Gott – Wahrheit – Mensch, Tübingen [3]2002, 103–157. Zur Verortung dieses Ansatzes im Kontext der zeitgenössischen Theologie siehe B. Gilich, Die Verkörperung der Theologie. Gottesrede als Metaphorologie, Stuttgart 2011. Zum weiten Spektrum aktueller Metapherntheorien siehe N. Kompa,

## 3.3. Übersetzungen: Passagen zwischen Wirklichkeit und Wahrheit

Zur Welt der Bezeichnungen und Bedeutungen kann sich der Mensch in mehrfacher Hinsicht in ein Verhältnis setzen. Er kann dieser Welt in seiner Lebenspraxis zu entsprechen versuchen und sich etwas von ihr für sich selbst versprechen: ein Zuwachs an Bedeutsamkeit. Ebenso kann er ihr widersprechen und Bedeutungszuschreibungen in Frage stellen. Er kann Interpret der Realität und Relevanz dieser Lebenszeichen sein und zwischen unterschiedlichen Sprachen und Codes dolmetschen. Und ebenso kann er dabei auf Ungereimtes, Sinnentstelltes und Deutungswidriges stoßen.

Allerdings verbleibt er dabei in der Welt der Deutungen und Bedeutungen. Dabei macht es keinen Unterschied, ob er als Dolmetscher oder Interpret auftritt. Der Dolmetscher übersetzt Deutungen und Bedeutungen zwischen zwei anwesenden Personen, welche die Sprache des jeweils anderen nicht beherrschen, und nimmt dabei einen Brückenschlag zwischen zwei Sprachen vor. Der Interpret schlägt eine Brücke zwischen Autor, Text und Leser, indem er signifikante Bedeutungsvarianten der Textzeichen und unterschiedliche Sinnebenen der Worte herausarbeitet. Dabei bringt er mit seiner Deutung einen weiteren Text hervor, der den Zugang zum Primärtext ebenso erschließen wie verstellen kann.

Bewegt sich der Mensch nur noch in der Welt der Deutungen und Bedeutungen, kommt er der Welt, in der er lebt, nur bedingt näher. Ob seine Deutungen auch eine Resonanz auf Äußerungen sind, die zu vernehmen sind, wenn er die Welt für sich selbst und von sich selbst sprechen lassen könnte, muss offen bleiben. Die Moderne gibt jedoch nicht mehr viel auf die Möglichkeit, Erscheinungen in der Welt selbst als zeichenhaft und bezeichnend wahrzunehmen. Ist man bis zum Ausgang des Mittelalters noch überzeugt, es sei möglich, die Welt

---

Metaphern, in: Ders. (Hg.), Handbuch Sprachphilosophie, Stuttgart 2016, 341–350 (Lit.).

als Text zu begreifen, man könne zur Deutung von Weltereignissen im „Buch der Natur“[129] nachschlagen oder – falls dies misslingt – hierbei das Buch der göttlichen Offenbarung zu Hilfe nehmen, so kommen in der Neuzeit erhebliche Zweifel an einer Lesbarkeit der Welt auf, welche die Welt zu einer Mitteilung von Absichten und Botschaften, Zielen und Zwecken an den Menschen macht.[130] Allenfalls offenbart sie dem Menschen noch physikalische Gesetzmäßigkeiten im Ablauf von Naturereignissen. Die These, dass die Natur ein lesbares Buch sei, in dem sich Hinweise auf die Sinnbestimmung des Daseins finden, wird nicht mehr an der Natur abgelesen, sondern ist nur noch nachzulesen in (veralteten) Büchern über die Natur.

Eine naturwissenschaftliche Erforschung der Wirklichkeit erfordert neue und andere Lese- und Deutetechniken, die zwar immer noch an den kleinsten Einheiten ansetzen, aus denen sich das Bezeichenbare und Deutbare zusammensetzt. Aber die Interpretationsleistungen bestehen zunehmend in der Beantwortung der Frage, was man damit anstellen kann. Deutlich wird dies beim Bemühen, die DNA des Menschen zu entschlüsseln, d. h. die Gesetzmäßigkeiten der Vererbung freizulegen und im menschlichen Genom nach Abschnitten zu suchen, die spezifische Informationen über die Ausstattung des Menschen enthalten. Zu einem großen Teil entsprechen die Informationen, die man aus der DNA erheben kann, dem Text einer Bauanleitung und einer Betriebsanleitung eines technischen Gerätes. Eine Bauanleitung gibt an, woraus etwas besteht, wie man es

---

129 Zu dieser Metapher siehe R. Groh, Buch der Natur, in: F. Jaeger (Hg.), Enzyklopädie der Neuzeit. Bd. 2, Stuttgart 2005, 478–485; H. M. Nobis, Art. Buch der Natur, in: HWPh I (1971) 957–959; H. Blumenberg, Die Lesbarkeit der Welt, Frankfurt $^5$2000, 372–409; G. Bader, Lesekunst. Eine Theologie des Lesens, Tübingen 2019, 326–374.

130 Zur Antwort prominenter Semiotiker auf die Frage, inwiefern die Welt selbst als Zeichensammlung betrachtet werden kann, siehe M. Krampen u. a. (Hg.), Die Welt als Zeichen, Berlin 1981. Vgl. ferner F. K. Stanzel, Welt als Text. Grundbegriffe der Interpretation, Würzburg 2011; K.-H. Göttert, Als die Natur noch sprach. Mensch, Tier und Pflanze vor der Moderne, Stuttgart 2019.

zerlegen und zusammensetzen kann und welche Ersatzteile benötigt werden, falls ein Bausatz unvollständig ist. Eine Betriebsanweisung gibt an, wie die Bauteile eines Gerätes funktionieren, wie man das Gerät in Gang setzt und was bei Fehlermeldungen zu tun ist.

Das Buch der Natur mag viele derartige Bau- und Betriebsanleitungen enthalten, die Passagen ermöglichen zwischen der Wirklichkeit dessen, was ohne menschliches Zutun vorliegt, und den neuen Realitäten, die der Mensch durch einen Nachbau, Umbau oder eine Neukonstruktion des Naturalen hervorbringt. Wer jedoch im Buch der Natur nach einer Anleitung sucht, wie man zur Akzeptanz des Daseins gelangt und wie Akzeptanzanweisungen zu formulieren oder Akzeptanzsteigerungen zu erzielen sind, wird enttäuscht. Derartige Texte hat die Natur nicht im Angebot. Sie müssen vom Menschen selbst erstellt und redigiert werden.

An solchen Textangeboten besteht kein Mangel. Gelegentlich sind sie sogar wie Bauanleitungen formuliert.[131] Ihre Mängel werden erst dann sichtbar, wenn man sie darauf testet, ob sie Passagen vom Faktischen zum Bedeutsamen herstellen können, bei denen sie zwar über die Wirklichkeit des Faktischen hinausgehen, aber dennoch der Wirklichkeit des wahrhaft Bedeutsamen gerecht werden. Sind sie in der Lage, einen Grund für die Akzeptanz des Daseins anzugeben, der sich auf etwas bezieht, das keine Tatsache und dennoch wirklich wahr ist? Gelingt es ihnen, dass dem Menschen etwas Wahres über seine Wirklichkeit aufgeht, indem er mit ihrer Hilfe über diese Wirklichkeit hinausgeht?

Mit diesen Fragen ist auch der christliche Glaube konfrontiert, wenn er beansprucht, das für die Daseinsakzeptanz des Menschen fehlende Passende erschließen zu können. Für die Deutung des Daseins und die Erschließung des fehlenden Passenden macht er Gebrauch von einer spezifischen Perspektive, die mit einer Fehlanzeige beginnt. Was zur Akzeptanz des Da-

131 Vgl. exemplarisch G. Ropohl, Sinnbausteine für ein gelingendes Leben, Leipzig 2003.

seins nötig ist, ist höchst fraglich. Es handelt sich um eine am Dasein des Menschen nicht ablesbare Möglichkeit, d. h. als de facto fehlend, gesucht und vermisst. Der Glaube bezieht sich auf keine andere Realität als die gegebene, aber er sucht nach einer Hinsicht, um anders von ihrer Gegebenheit reden zu können. Er stellt sich zwar auch der Verpflichtung, vom menschlichen Dasein wirklichkeitsnah und wahrheitsgetreu zu sprechen. Aber er fragt dabei vor allem nach der Möglichkeit, das Wirkliche und Wahre nicht bloß hinzunehmen, sondern annehmen zu können. Wenn diese Möglichkeit der Akzeptanz angesichts des Inakzeptablen an faktischen Gegebenheiten (in) der Welt nicht ablesbar oder in ihnen nicht angelegt ist, dann muss der Mensch um dieser Möglichkeit willen das Faktische überschreiten.

Für den christlichen Glauben ist die Möglichkeit der Daseinsakzeptanz an dieses Moment der Überschreitung gebunden. Denn sie erweist sich als Zugabe des Daseins, nicht als eine Gegebenheit. Sie ergibt sich aus der Erfahrung einer Zusage der unbedingten Zuwendung Gottes, deren Adressat der Mensch ist. Gleichwohl muss diese Zuwendung als zum Dasein des Menschen zugehörig ausweisbar sein, sofern es ihm gegeben sein muss, diese Zugabe erfassen und annehmen zu können. Eine solche Annahme ist nur vertretbar, wenn Korrelationen bestehen zwischen der Annehmbarkeit einer solchen Sinnperspektive und ihres Gehaltes. Diese Annehmbarkeit muss ihrerseits in einem Entsprechungsverhältnis zum Daseinsverhältnis des Menschen stehen.

Um den hierfür notwendigen Nachweis zu erbringen, bietet es sich an, das Instrumentarium einer Existentialen Semiotik einzusetzen. Wenn sich nämlich in den existentialen Formen des „Am-Leben-Seins“ und in der Weise des „Zur-Sprache-Bringens“ des Daseins dieselbe Daseinsverfassung des Menschen spiegelt, liegt es nahe, eine Existenzhermeneutik des Glaubens ebenfalls existentialsemiotisch zu formatieren. Ob die Zeichen, Symbole und Riten des Glaubens als spezifische Deutungsofferten und Umgangsformen mit dem Problem der Daseinsakzeptanz einleuchten, vermittelbar und vertretbar sind, entscheidet sich wesentlich daran, dass sie in Relation stehen zur existentialen Grundsituation des Menschen und zu den semiotischen Dimensionen der Sprache. Gelingt dieser Korrelationstest nicht, wird aus der Zusage der Nähe Gottes ein leeres Versprechen. Am Ende erscheint sie sogar nur als ein religiöser Versprecher des Menschen. Will die Theologie diesen Verdacht ausräumen, muss sie zeigen, dass der christliche Glaube zum einen das säkularisierungsresistente Problem der Daseinsakzeptanz thematisiert und zum anderen beim Versuch seiner Bewältigung nur solche Zeichen, Symbole und Riten einsetzt, deren Gehalt und Bedeutung anhand der vier semiotischen Dimensionen einsichtig gemacht werden können.

Bei den anstehenden Passagen zwischen Wirklichkeit und Wahrheit, Faktizität und Bedeutsamkeit geht es auch um Passagen zwischen Anthropologie und Theologie. Dabei soll in einem ersten Anlauf eine Überblendung versucht werden zwischen existentialanalytischen, semiotischen und theologischen Bestimmungen, was es für den Menschen bedeutet, in einer sprachlich erschlossenen Welt zu existieren und ein Wesen zu sein, das mit Sprache begabt ist. Ist der Mensch zureichend charakterisiert, wenn man ihm zuspricht, dass er in der Welt das Sagen hat? Ist es möglich, dass ihm beim Nachdenken über seine Sprachlichkeit auch seine Geschöpflichkeit aufgeht? Und kann es im Nachdenken über die Verfassung des menschlichen Daseins gelingen, das Wort „Gott“ und das Reden von einem „Wort Gottes“ in eine neue, existentialsemiotische Fassung zu bringen?

# IV. Existentiale Semiotik und Theologie: Schöpfung – Sprache – Gott

Nimmt man die Theologie beim Wort, dann redet sie von Gott. Aber sie kann offensichtlich nur dann verantwortbar von Gott sprechen, wenn etwas in der Welt für Gott spricht oder wenn Gott selbst in ihr zu Wort kommt. Dass auch nur eine dieser beiden Voraussetzungen erfüllt ist, wird außerhalb der Theologie mit Nachdruck bezweifelt. Angesichts dieser Skepsis wird in der Theologie ein erheblicher Aufwand betrieben, um zumindest die Möglichkeit des sinnvollen Redens von oder über Gott aufzuzeigen und jene Bedingungen zu klären, unter denen diese Möglichkeit sinnvoll denkbar ist. Ein solcher, zweifellos notwendiger Aufwand führt allerdings dazu, dass dabei immer weniger von oder über Gott als über die Ermöglichungsbedingungen des Sprechens von oder über Gott gesprochen wird.

In dieser Gefahr steht vor allem ein theologischer Ansatz, der einem semiotischen Paradigma folgt. Er droht zu vergessen, dass es um die fragliche existenzielle Bedeutsamkeit des in und mit der Sprache Deutbaren geht. Wenn er das existenzielle Bezugsproblem der Daseinsakzeptanz nicht aus dem Blick verlieren will, muss er nach einem Ermöglichungsgrund suchen, dass das, was überhaupt ist – anstatt nicht da zu sein – angesichts und trotz seines ebenso möglichen Nichtseinkönnens bejahend angenommen werden kann. Unter dieser Rücksicht müssen existentielle, aber auch ontologische Momente des Redens von Gott und Welt semiotisch mitbedacht werden. Soll dem Seinkönnen ebenso wie der möglichen Bedeutsamkeit von Welt und Mensch gleichermaßen nachgegangen werden, müssen existenziale und semiotische Bezüge in ihrer gegenseitigen Verwiesenheit aufgedeckt werden.

Von den traditionellen Wegen einer Rekonstruktion möglicher Wege der Gotteserkenntnis und des Redens von Gott unterscheidet sich ein existentialsemiotischer Ansatz dadurch, dass er nicht anhand der Denkfiguren „Wirkung und Ursache“ oder „Mittel und Zweck“ kausalen oder konditionalen Verknüpfungen folgt, um dem Dasein auf den Grund zu gehen, seine Bedeutung zu ergründen und dabei auf eine Größe zu stoßen, die es verdient, „Gott“ genannt zu werden. Wer die Denkfigur „Ursache und Wirkung“ verwendet, deutet die erfahrbare Welt als eine Wirklichkeit, die den Umstand, dass sie überhaupt ist, anstatt nicht zu sein, letztlich einer unverursachten Erstursache verdankt. Wer auf das Begriffspaar „Mittel und Zweck“ zurückgreift, deutet die erfahrene Welt als ein Gefüge zweckdienlicher Relationen und Funktionen, die ein „Worumwillen“ erkennen lassen, das auf einen Endzweck der Schöpfung verweist, den der Schöpfer dieser Welt verbürgt. Ansatz, Aufbau und Intention dieser Versuche werden angesichts der neuzeitlichen Kritik an onto-theologischen und teleologischen Denkansätzen vielfach für obsolet gehalten und lassen sich gegenwärtig kaum noch als anschlussfähig für einen philosophischen Diskurs zur Gottesfrage ausweisen.[132] Ein entscheidender Nachteil dieser Rekonstruktionen liegt aber weniger an ihren prekären philosophischen Bezügen. Weitaus gravierender ist es, dass sie das existenzielle Bezugsproblem der Gottesfrage – Daseinsakzeptanz angesichts des kategorisch Inakzeptablen – zunächst ausblenden. Es wird nicht als konstitutiv für die Frage nach Gott verstanden, sondern erscheint als ein konsekutives Problem für Konsistenz und Kohärenz der Rede von einem allmächtigen, allgütigen und allwissenden Gott.

Ein existentialsemiotischer Zugang zur Gottesfrage unterscheidet sich von diesen Ansätzen und ihrer Problematik zunächst durch die Wahl anderer Leitbegriffe. Anstatt von Ursachen und Wirkungen, Mitteln und Zwecken zu reden, arbeitet er mit den Denkfiguren „Ausdruck und Bedeutung“ bzw. „Format und Gehalt“. Analog zur Interpretation eines Textes oder

132 Zur Frage, ob und inwieweit diese Verwerfung ausnahmslos jeden ontologischen Denkansatz treffen muss, vgl. in diesem Band den Abschnitt „Relationale Ontologie und Existentiale Semiotik“ (IV.3.2.).

Bildes wird hierbei nach einer spezifischen „Handschrift" gefragt, die sich in der Schöpfung manifestiert.[133] Dieser Ansatz scheint auf den ersten Blick nicht weniger problematisch zu sein als die Konzepte, die er meidet. Aber hier verhält es sich wie bei der Deutung eines Textes oder Bildes: Gelegentlich muss man die Frage nach den Umständen der Entstehung eines Kunstwerkes zunächst zurückstellen und sich zuerst mit Form, Format und Stil des Werkes auseinandersetzen. Wenn es um den Nachweis der Autorschaft und der Echtheit eines Bildes oder Textes geht, sind dies mangels anderer Informationen in der Regel sogar die ersten Prüfkriterien.

Riskiert man hierzu eine ästhetisch-theologische Analogie, kann als These formuliert werden, dass Gott sich so zur Welt verhält, wie ein Autor sich zu seinem Buch verhält: „Er ist auf jeder Seite dieses Buches präsent, auch wenn er auf keiner von ihnen vorkommt – auch nicht auf der ersten oder letzten Seite."[134] Mit dieser Analogie ist ein Vorschlag für das Reden von Gott und seinem Weltverhältnis verbunden, der nicht hinter das moderne Anspruchsniveau zurückfällt. Er versucht keineswegs, die Metapher vom „Buch der Natur" wieder gebrauchsfähig zu machen. Vielmehr verhindert er kurzschlüssige Assoziationen, dass Gott in der Schöpfung unmittelbar zum Menschen spreche und der Mensch an der Schöpfungsordnung ablesen könne, was Gott ihm zu sagen habe. Denn es geht hier ja nicht um die Entzifferung besonderer Mitteilungen oder Botschaften Gottes für den Menschen. Nicht auf einen Textinhalt kommt es an, sondern zunächst auf die Handschrift, die der Text erkennen lässt. Sie ist ein Anzeichen dafür, dass hinter einem Text ein Autor steht, der sich mit seinem Text zu erkennen gibt. Zwar scheint der eigentlich zu lesende Text dabei zweitrangig zu werden. Allerdings kann man jeden Text

---

133 Dieser Vorschlag stammt von R. SCHAEFFLER, Philosophisch von Gott reden. Überlegungen zum Verhältnis einer Philosophischen Theologie zur christlichen Glaubensverkündigung, Freiburg/München 2006, 143–182; DERS., Lesen im Buch der Welt, in: StZ 131 (2006) 363–378.

134 R. SCHAEFFLER, Philosophisch von Gott reden, 147.

zweifach deuten: zum einen im Hinblick darauf, was der Autor *in* seinem Text sagt, und zum anderen hinsichtlich dessen, was er *mit* seinem Text dem Leser sagen will. In der Tat gibt es „literarische Genera, die nur verstanden werden, wenn der Leser in ihnen eine Anrede des Autors vernimmt, die als solche mit keinem einzigen Wort, das im Text vorkommt, zusammenfällt."[135] Es gibt Bühnenstücke, in denen der Autor seine Figuren so miteinander sprechen (oder einen Monolog führen) lässt, dass darin zugleich eine Botschaft steckt, die das Publikum als an sich gerichtet deutet, obwohl sie als solche auf der Bühne gar nicht ausgesprochen wird. Erst durch eine solche indirekte Anrede kann man auf den Gedanken kommen, über die Bedeutung des ganzen Stücks nachzudenken und der Intention des Autors auf die Spur zu kommen.

Daher ist es nötig, zunächst alle Worte und Texte, die *im* Buch der Welt vorkommen, von dem zu unterscheiden, was der Autor *mit* diesem Buch sagen will. Dabei ist es müßig, diese Aussage über einen Wirkung/Ursache-Rückschluss oder über Zweck/Mittel-Relationen erschließen zu wollen. Es bleibt nur die Möglichkeit, in Form und Format bzw. in der Gegebenheitsweise des In-der-Welt-Seins eine Anrede an den Menschen wahrzunehmen. Dass es entscheidend auf diese Anrede ankommt, schließt keineswegs aus, dass auch einzelne Texte und Aussagen im Buch der Welt bedeutsam und für sich genommen bedenkenswert sind.

Der Versuch, vor diesem Hintergrund die Welt als ein Buch zu lesen, besteht daher zunächst in der Herstellung eines entsprechenden epistemischen Verhältnisses zur Welt. Es gilt, dasjenige an der Welt zu Wort kommen zu lassen, das uns die Dinge und Ereignisse in der Welt zu denken geben und das Denken erst in jene Form bringt, „in der dasjenige bedacht werden kann, was sie uns zu denken geben."[136]

---

135 Ebd., 172.

136 Ebd., 145. Allerdings sind auch hier voreilige Rückschlüsse zu vermeiden. Aus der Tatsache, dass die Welt in ihrer Grundstruktur naturgesetzlich-mathematisch beschreibbar ist, kann nicht ein göttlicher Mathematiker

Diese Formanalyse ist bereits Gegenstand einer existentialpragmatischen Rekonstruktion der elementaren Relationen menschlichen Daseins gewesen. In dieser Rekonstruktion geht über die Entdeckung der existentialen Limitationen menschlichen Daseins auch auf, was uns das In-der-Welt-Sein zu bedenken aufgibt: eine Stellungnahme zur Annehmbarkeit eines vielfach limitierten Daseins. Ein religiöses Verhältnis zu den menschlichen Lebensverhältnissen darf in diesem Kontext als jenes epistemische Verhältnis betrachtet werden, in dem nach einer Bewältigung jener Herausforderungen gesucht wird, die sich aus den Bedenken bezüglich der Annehmbarkeit des Daseins ergeben. Was im Anschluss daran nun ein existentialsemiotischer Ansatz zu leisten hat, ist die Darlegung und Erörterung jener Aussage, von der behauptet wird, dass *mit* ihr etwas über jenen (Kon)Text gesagt wird, *in* dem der Mensch sich bewegt und *zu* dem er sich als Interpret seiner Daseinsverhältnisse verhält.

Der prominente theologische Ort für eine Hermeneutik dieser Bezüge ist die Schöpfungstheologie. Sie fragt nach prinzipiellen Bestimmungen des Daseins, die nicht im zeitlichen Sinn überholbar sind, sondern einen „mitlaufenden Anfang" beschreiben. Es handelt sich dabei um etwas Grundlegendes, das alle Daseinsvollzüge mitkonstituiert. Es meint etwas, das im historischen Sinn niemals war und in existentialer Hinsicht immer ist.

Die Theologie ist gut beraten, zur Präzisierung dieser Hinsicht nicht die Naturwissenschaften zu konsultieren, sondern sich mit einer existenzhermeneutischen Tradition zu beschäftigen, die bereits mit der Arbeit an Schöpfungsmythen beginnt. Das Thema von Schöpfungsmythen lässt sich nämlich auf genau diese Formel bringen: Sie erzählen von dem, was im historischen Sinn nicht datierbar ist und in existenzialer Hinsicht zu jeder Zeit von Belang ist. Relevanz und Aktua-

---

abgeleitet werden. Vgl. dazu M. Livio, Ist Gott ein Mathematiker? Warum das Buch der Natur in der Sprache der Mathematik geschrieben ist, München 2014.

lität des Mythos bestehen darin, dass er ein Wirklichkeitsverständnis erschließen will, das zugleich ein Verhältnis zu dieser Wirklichkeit vermittelt, in dem bedacht werden kann, was es jederzeit heißt, am Leben zu sein.[137] Bringt man die Grundaussage biblischer Schöpfungstexte in eine existentialsemiotische Fassung, beginnt sie mit dem Satz: Dasein bedeutet Im-Wort-Sein.

Die folgenden Überlegungen unternehmen den Versuch, diesen Satz und ebenso das zuvor skizzierte Projekt einer Existentialen Semiotik sukzessive bei der Erörterung zentraler Aspekte der Schöpfungstheologie und theologischen Anthropologie zu konkretisieren. Sie greifen dabei zurück auf eine Entdeckung der Hermeneutischen Theologie des 20. Jahrhunderts, in den biblischen Texten selbst den Hinweis zu vernehmen, dass sie in ihrer mythologischen Gestalt auf das im Mythos zum Ausdruck kommende Verhältnis zu menschlichen Lebensverhältnissen hin (bzw. auf das darin eingelassene Existenzverständnis) zu interpretieren sind.[138] Neu und anders ist im existentialsemiotischen Paradigma das Bemühen, den materialen Gehalt dieser Interpretation nicht nur auf die elementaren Konstellationen menschlichen Daseins und Vollzugsformen des Menschseins zu beziehen. Um seine existenzielle Relevanz und Plausibilität möglichst präzise aufzuzeigen, muss es auch gelingen, zeitgemäß ihre semiotische Decodierbarkeit zu sichern. Aus diesem Grund wird in einem ersten Schritt zunächst nach einem Entsprechungsverhältnis zwischen der bereits geleisteten existentialsemiotischen Rekonstruktion der durch Sprache zugänglichen bzw. sprachlich erschlossenen Grundsituation des Menschen und der schöpfungstheologischen Deutung des Existentials „Sprachlichkeit“ gefragt.

---

137 Vgl. hierzu auch E. Angehrn, Die Frage nach dem Ursprung. Philosophie zwischen Ursprungsdenken und Ursprungskritik, Frankfurt 2007, 13–76.

138 Vgl. exemplarisch die Beiträge zur Entmythologisierung bzw. existentialen Interpretation biblischer Texte von R. Bultmann, Neues Testament und christliche Existenz, Tübingen 2002, und E. Fuchs in: E. Jüngel/G. Schunack (Hg.), Ernst Fuchs Lesebuch, Tübingen 2003.

## 1. Mythos „Schöpfung": Dasein als Im-Wort-Sein

Die Sprache repräsentiert in ihren semiotischen Bezügen die Relationen, in denen sich Menschsein vollzieht. Wenn zu diesen Relationen auch eine Gottesbeziehung gehören soll, muss danach gefragt werden, inwieweit diesem Verhältnis seinerseits eine Repräsentanz in der Sprache entsprechen kann. Da es sich hierbei um ein Verhältnis handelt, das seinen Ort im Bezug des Menschen zum Integral seiner Lebensverhältnisse hat, lässt sich seine sprachliche Repräsentanz auch nur in einem spezifischen Verhältnis zur sprachlich erschlossenen Wirklichkeit ermitteln. Um ein Verhältnis zur Wirklichkeit zu finden, in dem zugespielt wird, was die Wirklichkeit zu denken gibt, und den Menschen auf den Gedanken bringt, dabei an den Gottesgedanken zu denken, bedarf es eines spezifischen Auslösers. Dabei sind es oft besondere Widerfahrnisse, bei denen es zur Erfahrung eines Angesprochenseins kommt, die den Menschen für das Zugesprochene zugleich sensibilisiert.[139] Der christliche Glaube verknüpft in vielfältiger Weise das Reden von, über und zu Gott mit Begebenheiten, die den Charakter eines solchen „Sprachereignisses" haben.[140] Eine existentialsemiotische Beschreibung von Ereignissen, in denen Gott zur Sprache kommt, setzt jedoch viel zu spät ein, wenn sie nach Zeugnissen eines „Sprechens" Gottes in der Geschichte oder nach seinem Widerhall im Menschenwort sucht. Weder der

139 Siehe hierzu u. a. F. KLUG, Sprache, Geist und Dogma. Über den Einbruch Gottes in die Wirklichkeit des Menschen und dessen sprachliche Aufarbeitung, Paderborn 2016, 19–55.

140 Vgl. E. DIRSCHERL, Das menschliche Wort Gottes und seine Präsenz in der Zeit, Paderborn 2013. Zur Klärung der Kategorie „Wort Gottes" siehe auch M. KNAPP, Die Bibel ist nicht das Wort Gottes. Das Wort Gottes in Schrift, Tradition, Geschichte und Kultur, in: J. Rist/C. Breitsameter (Hg.), Wort Gottes. Die Offenbarungsreligionen und ihr Schriftverständnis, Münster 2013, 129–141; O. H. PESCH, Katholische Dogmatik aus ökumenischer Erfahrung. Bd. I/1, Ostfildern 2008, 31–101, 319–324, 352–353; M. SECKLER, Was heißt „Wort Gottes"?, in: F. Böckle u. a. (Hg.), Christlicher Glaube in moderner Gesellschaft. Bd. 2, Freiburg/Basel/Wien 1981, 75–88.

Einsatz bei einem geoffenbarten „Gesetz“ Gottes noch beim Auftreten von Propheten als den Kündern seiner Weisungen an das Volk Gottes und auch nicht die Sammlung von Jesusworten über das „Reich Gottes“ bieten einen angemessenen Ausgangspunkt. Vielmehr ist dort zu beginnen, worauf alle diese Einstiege zurückverweisen und wovon der biblische Schöpfungsmythos erzählt: Bereits die Erschaffung der Welt ist Ereignis von Gottes Wort und ein von Gottes Geist inspiriertes Wortgeschehen.

Das Genus des Schöpfungsmythos deutet bereits darauf hin, dass er Einsichten bereithalten will, die sich einem „ursprünglichen“ Denken verdanken.[141] Anstatt von Ursache und Wirkung, von Grund und Folge, von Vorher und Nachher geht es hier um das, was immer schon und unaufhörlich das Dasein bestimmt. Ursprungsmythen erzählen von einem Anfang, von dem man sich nicht entfernen und den man nicht hinter sich bringen kann. Sie bringen zur Sprache, was niemals war und doch immer ist. Wichtiger als die Frage, woher alles, was jetzt wirklich ist, im zeitlichen oder kausalen Sinne kommt, ist ihnen die Frage, woraus der Mensch in der Wirklichkeit, wie sie sich ihm jetzt zeigt, leben kann. Auch aus diesem Grund wollen sie so gelesen werden, dass nicht nur zur Sprache kommt, was in ihnen ausgesagt wird, sondern was damit dem Menschen zugesagt wird.

### 1.1. Signaturen des Daseins: Sprachlichkeit und Geschöpflichkeit

Die priesterschriftliche Schöpfungserzählung Gen 1,1–2,4a plädiert dafür, alles, was ist, als „creatura verbi“ anzusehen. Damit spricht sie aus, dass das, worin die Wirklichkeit gründet, zugleich jenes ist, worauf die Zustimmung zum Dasein begründet ist. Nach Gen 1,1–2,4a ist es das Wort Gottes, das eine unförmige, nichtige und lebensfeindliche Wirrnis (Tohuwabohu) in einen Lebensraum überführt, der sich durch lebens-

141 Vgl. E. Angehrn, Die Frage nach dem Ursprung, 43–76.

ermöglichende, wohltuende Unterschiede auszeichnet.[142] Was Gott als Erstes herbeiführt, ist der Unterschied von Licht und Dunkel. Es ist diese Grundunterscheidung und der Grundakt des Scheidens, die in der Folge weitere lebensermöglichende Unterschiede hervorbringen. Das Unterscheiden bestimmt wie ein Leitmotiv die einzelnen Schöpfungsakte und -tage. Das Firmament, das Werk des zweiten Tages, zieht eine Grenze zwischen den „Wassern oberhalb" und den „Wassern unterhalb". Das „Land" wird seinerseits als Folge einer (Unter-)Scheidung aus den unteren Wassern auftauchen. Der Prozess fortwährender Unterscheidung wirkt sich auf das Dasein der Pflanzen und Tiere aus, von denen ein jedes „nach seiner Art" geschaffen ist. Durch Scheidung entstehen somit vertikale und horizontale Ordnungen. Auch die Erschaffung des von vornherein zweigeschlechtlichen Menschen (gegen jeden ‚Androgynen'-Mythos) und die Bestimmung der Gestirne, die Zeichen sein sollen „zur Bestimmung von Festzeiten, von Tagen und Jahren" (V. 14), gehören in diesen Vorgang der Markierung von Unterschieden, die weitere Unterscheidungen nach sich ziehen. Nach Gen 1,1–2,4a wird auf diese Weise durch Gottes Geist und Wort ein Chaos zu einem Kosmos, d. h. zu einem wohlgeordneten Ganzen, das daseins-, identitäts- und bedeutungsermöglichende Unterschiede aufweist.[143]

142 Vgl. P. Gisel, Schöpfung und Vollendung, in: P. Eicher (Hg.), Neue Summe Theologie. Bd. II, Freiburg/Basel/Wien 1989, 19–125. Zum exegetischen Befund siehe J. Ch. Gertz, Das erste Buch Mose (Genesis), Göttingen 2018, 26–79; G. Fischer, Genesis 1–11, Freiburg/Basel/Wien 2018, 114–172.

143 Vgl. M. Kehl, Und Gott sah, dass es gut war. Eine Theologie der Schöpfung, Freiburg/Basel/Wien 2006, 120: „In der Kraft des Lebensatems Gottes, in dem das schöpferische Wort Gottes über die Welt ertönt und den Gott seiner Welt einhaucht, entsteht aus dem Chaos der wohlgeordnete Kosmos der Schöpfung." Zur Wirkmächtigkeit des ‚Wortes Gottes' siehe auch Ps 33,6 („Durch das Wort des Herrn wurden die Himmel geschaffen, ihr ganzes Heer durch den Hauch seines Mundes.") sowie Jdt 16,14 („Denn ein Wort nur hast du gesprochen, schon trat die ganze Schöpfung ins Dasein.") und Jes 55,11 („Nicht ohne Erfolg kehrt es zu mir zurück, sondern es vollbringt, was mir gefällt, und lässt gelingen, wozu ich es gesandt habe.").

Schöpfung ist demnach Überwindung chaotischer, nichtiger Unbestimmtheit und Ungeschiedenheit. Das „Tohuwabohu“ vermag von sich aus diesem heillosen Durcheinander keine Umrisse zu geben, durch die es zu etwas wird, das *als* etwas da ist.[144] Hingegen wird in Gen 1–2,4a Gott als derjenige bestimmt, der den Unterschied zwischen dem Bestimmten und dem Unbestimmten konstituiert. Allein Gott ist es, der von dem Unförmigen, Formlosen und Lebensfeindlichen dasjenige unterscheidet, das durch diese Unterscheidung Gestalt und Form annimmt und dergestalt am Leben ist. Ohne Gottes Wort gäbe es nicht den Unterschied von Sein und Nichts, von Bestimmtheit und Unbestimmtheit.

Wenn geschaffenes Dasein nicht als Resultat eines Machens oder Herstellens, nicht als Resultat eines In-Form-Bringens einer göttlichen Urmaterie oder eines evolutiven Gestaltwerdens kraft einer Emanation des Seins verstanden wird, sondern als „Schöpfung durch das Wort“ bestimmt wird, dann ist die Verfassung der Welt in der Dimension der Sprachlichkeit zu sehen. Auch der Mensch ist selbst buchstäblich eine solche „Tonschöpfung“ (vgl. Gen 2,7) – seine eigene Sprachlichkeit ist die Resonanz von Gottes Schöpfung durch das Wort. Aus theologischer Sicht hat das Geschaffensein der Welt die Eigentümlichkeit eines „Sprachereignisses“, d. h. durch das Wort Gottes ereignet sich nicht nur etwas in der Welt der Sprache, sondern auch der Unterschied von Sein und Nichts, ohne den nichts wäre und ohne den von nichts gesprochen werden könnte: „Alles ist durch das Wort geworden und ohne das Wort wurde nichts, was geworden ist“ (Joh 1,3). Wenn alles, was es gibt, durch das Wort Gottes hervorgerufen ist, dann existiert es „im Wort“. Aber auch Gott ist bei seiner Schöpfung „im Wort“. Sie ist durch das Wort geschaffen – Ergebnis seines Zuspruchs von Dasein, Identität und Freiheit. Hierbei handelt es sich um ein Wort, das, indem es ergeht, jene Wirklichkeit vergegenwärtigt, auf die sich das Wort bezieht. Unter dieser Rücksicht

---

144 Vgl. hierzu auch H.-J. Höhn, Zustimmen. Der zwiespältige Grund des Daseins, Würzburg 2001, 52–69.

ist es kennzeichnend für das Wort Gottes, dass es *performativ* und nicht bloß *signifikativ* bedeutsam ist. Es bezeichnet nicht einen Sachverhalt, der unabhängig vom Akt der Bezeichnung besteht. Vielmehr wird dieser Sachverhalt hervorgebracht, indem das ihm geltende Wort ergeht.

Auf dieses schöpferische Wort Gottes sind alle Ereignisse in Welt und Geschichte zu beziehen, wenn von ihnen behauptet wird, dass darin Gott zur Sprache kommt. Diesen Anspruch können sie nur erheben und einlösen, wenn sie verstehbar sind als Übersetzung von Gottes Schöpferwort in die Lebensverhältnisse des Menschen. Dass der Mensch ein solches Wort aufnehmen und weitersagen kann, ist ebenfalls in seiner Geschöpflichkeit begründet. Das „Im-Wort(Gottes)-Sein" macht die Verfassung seines Daseins aus und präzisiert, was unter der „Gottebenbildlichkeit" des Menschen zu verstehen ist. In seiner Sprachlichkeit findet sich auf Seiten des Menschen eine Entsprechung zu jener Hinsicht, wodurch sich Gott *als* Gott erweist und was sein Weltverhältnis konstituiert. Das „Ebenbild" Gottes ist der Mensch dann, wenn er in seinen Lebensverhältnissen nachspricht, umsetzt und übersetzt, was Gott der Schöpfung zuspricht. Auf diese Weise vermag er dem Dasein und Freiheit zusprechenden Wort Gottes in seiner eigenen Existenz zu antworten.[145] Aber da das Wort nicht nur etwas ist, das man sagt, sondern auch eine Angelegenheit des Hörens darstellt, besteht die Sprachbegabung des Menschen darin, dass er sie nur im Hören-Sagen ausbilden kann. Er kann Gott und seinem Wort entsprechen, wenn er tut, was er vernimmt, sein Menschsein selbst im Modus des Freispruchs und Zuspruchs, des Setzens wohltuender Unterschiede verwirklicht und auf diese Weise „fruchtbar" (vgl. Gen 1,28) werden lässt.

145 Vgl. hierzu auch E. Nordhofen, Der Mensch – Gottesbild oder Gottesmedium?, in: H. Schmidinger/C. Sedmak (Hg.), Der Mensch – ein Abbild Gottes?, Darmstadt 2010, 117–130; H. Timm, Von Angesicht zu Angesicht. Sprachmorphische Anthropologie, Gütersloh 1992, 53–61; I. U. Dalferth/E. Jüngel, Person und Gottebenbildlichkeit, in: F. Böckle u. a. (Hg.), Christlicher Glaube in moderner Gesellschaft. Bd. 24, Freiburg/Basel/Wien $^{2}$1986, 57–99.

Wie Gott vermag er dann allein durch Worte etwas in die Welt zu bringen, das es zuvor nicht gab.

Als jemand, der in der Weise des Hören-Sagens existiert, kann der Mensch auf sein Wort hin etwas zur Welt und zur Sprache kommen lassen. Er gibt allem, was in der Welt ist, seinen Namen (vgl. Gen 2,19–20). Als Namensgeber hat der Mensch Macht über alles Namenlose. In der jahwistischen Schöpfungserzählung heißt es: „Gott, der Herr, formte aus dem Ackerboden alle Tiere des Feldes und alle Vögel des Himmels und führte sie dem Menschen zu, um zu sehen, wie er sie benennen würde. Und wie der Mensch jedes lebendige Wesen benannte, so sollte es heißen. Der Mensch gab Namen allem Vieh, den Vögeln des Himmels und allen Tieren des Feldes“ (Gen 2,19). Auch in dieser Hinsicht ist der Mensch ein Wortführer. „Den Geschöpfen einen Namen geben heißt nicht nur, sie in ihrer originären Bestimmtheit erkennen, sondern in radikalerem Sinne, sie zu dem werden lassen, was sie sind und was sie nach dem Willen dessen, der sie nennt, sein sollen [...]. Jemandem den eigenen Namen preisgeben heißt, ihm Macht über uns verleihen, den Namen verschweigen heißt sich entziehen, jemanden beim Namen nennen oder ihn in namenloser Anonymität lassen, kann Respekt oder Verachtung ausdrücken. Erst mit ihrem Namen identifiziert, ist die Person wirklich anwesend.“[146]

Offensichtlich hat der Mensch über alles Lebendige das erste Wort – er gibt allem seinen Namen, seine Identität – und wahrscheinlich hat er darüber auch das letzte Wort. Aber er hat nicht das erste und letzte Wort über sich selbst. Alles Lebenswichtige muss er sich sogar sagen lassen.[147] Er kann testamentarisch seinen letzten Willen verfügen, aber auf die Nachrufe seines Lebens hat er keinen Einfluss. In seiner Sprachlichkeit spiegeln sich Macht und Ohnmacht. Niemand lernt von sich

---

146 E. Angehrn, Die Überwindung des Chaos, 219f.

147 Zur anthropologischen Bedeutung des Hörens vgl. auch D. Espinel, Phänomenologie des Hörens, Tübingen $^{2}$2016; P. Szendy, Höre(n). Eine Geschichte unserer Ohren, München 2015; U. Lincoln, Die Theologie und das Hören, Tübingen 2014; Th. Nisslmüller, Homo audiens, Göttingen 2007.

selbst das Sprechen. Und niemand kann auf Dauer etwas dazulernen, wenn er/sie nur mit sich oder zu sich selbst spricht. Der Mensch lebt vom Wort, das ihm andere geben. Wenn er sprechen lernt, ist er ein je schon Angesprochener und er bleibt dies ein Leben lang. Denn als Angesprochener ist er zur Rede gestellt, angefragt, aufgerufen zur Stellungnahme.

Aus all dem folgt, dass sich in seiner Sprachlichkeit zugleich die Signatur seiner Geschöpflichkeit abzeichnet. Zum einen ist damit eine Relativierung des Menschen verbunden: Gerade an dem, was Zeichen seiner Macht ist, erweist er sich als seiner selbst nicht mächtig. Zum anderen ist damit aber auch seine Sonderstellung verknüpft. Aufgrund seiner Sprachlichkeit hat er die Fähigkeit, sich die Welt sinnhaft zu erschließen. In der Dimension der Sprachlichkeit kann er alles, was in der Welt ist, auf seine Bedeutung hin befragen. In der Sphäre der Sprache begegnet ihm alles, was ist, als etwas, das er verstehen und annehmen oder ablehnen kann.

### 1.2. Sein und Sinn: Grundlosigkeit statt Gleichgültigkeit

Interpretierbar und verständlich als etwas kann in der Regel nur sein, was mit einer Intention versehen ist. Nur womit irgendetwas gemeint ist, kommt als bedeutsam in Betracht. Das Gemeinte in seiner tatsächlichen Bedeutung zu erfassen ermöglicht erst Verstehen und führt über bloße Bedeutungserfassung hinaus. Etwas verstehen heißt darum auch: zum Gemeinten Stellung beziehen und dazu Stellung nehmen, ob man das Gemeinte vertreten kann. Wer etwas versteht, kann dann auch das Verstandene vertreten, für es einstehen und eintreten. Die Bedingung dafür ist, dass es mir (etwas) zusagt. Dies gilt für die Dinge, die mir *in* der Welt begegnen. Aber wie verhält es sich mit der Welt als ganzer? Ist es auch in diesem Fall möglich, eine Intention zu erkennen, die erklärt, *als* was die Welt verstanden werden kann?

Einen möglichen Hinweis enthält die Verfassung der Welt als „Im-Wort-Sein“. Ist es diese Daseinsverfassung, die es dem

Menschen ermöglicht, zu ihr Stellung zu nehmen? Wenn „Verstehen“ und „Stellung nehmen“ bedeuten, angeben können, ob etwas vertretbar ist, dann müsste die Daseinsverfassung der Welt einen Anhalt dafür bieten, ob angesichts dieser Verfassung das Dasein des Menschen in der Welt und das Dasein der Welt vertretbar sind. Die Welt müsste dem Menschen in irgendeiner Weise zusagen. Was aber ist es, das die Verfassung der Welt dem Menschen zusagt? Was sagt ihm das „Im-Wort-Sein“ der Welt? Was gibt sie damit zu verstehen?

Mit diesen Fragen wird auf die Intelligibilität der Welt angespielt und nach Voraussetzungen gefragt, unter denen sie dem Menschen als etwas erscheint, das gedeutet werden kann. Wenn die Theologie hierbei auf die Geschöpflichkeit der Welt verweist, will sie sagen, dass es hinsichtlich ihres Daseins ohne Gott „weder Erfahrbares noch Erfahrungsfähige, weder Verstehbares noch Verstehensfähige gäbe, ohne dass Gott selbst zum einen oder anderen gehörte.“[148] Mit der Kategorie der Geschöpflichkeit wird betont, dass sich die Deutbarkeit der Welt dem Schöpferwort Gottes verdankt. Allerdings ist damit nicht bereits hinreichend klar, ob diese Deutbarkeit auch zur Erkenntnis einer besonderen Bedeutsamkeit der Welt führt. Ihre Brisanz gewinnt diese Unklarheit im Kontext des Problems der Daseinsakzeptanz als Zustimmung zum In-der-Welt-Sein. Bedingung des Zustimmens sind Verstehen und Einverstandensein. Jedes begründete und verantwortbare Einverständnis setzt Verstehen voraus. Verstehen ermöglicht Verständigung – auch darüber, ob man für ein Projekt einstehen kann oder jemandem beistehen will. Man könnte daher auch das Bemühen um ein Daseinsverständnis mit dem Ziel der Daseinsakzeptanz bleiben lassen, wenn die Welt etwas von Anfang an Sinnwidriges darstellte oder von Grund auf unverstehbar wäre.

Folgt man dem biblischen Schöpfungsmythos, dann hat das Verstehen und Bejahen der Welt zu tun mit ihrem Im-Wort-Sein. Allerdings ist das Verstehen von Welt und Dasein etwas, das für den Menschen vom Hören-Sagen kommt. Die Akzep-

---

148 I. U. Dalferth, Die Kunst des Verstehens, Tübingen 2018, 71.

tanz der Welt setzt voraus, dass sie gutgeheißen werden kann. Das Gutheißen der Welt wird in Gen 1,1ff. jedoch nicht dem Menschen angetragen, sondern ist Gott vorbehalten. Mit dem Gutheißen der Welt endet jeweils ein Schöpfungstag. Neunmal heißt es: „Gott sprach – so geschah es – Gott sah, dass es gut war." Das Wort „gut" (hebr. „tob") ist in diesem Zusammenhang nicht moralisch zu verstehen (z. B. eine „gute" Tat). Es ist am besten mit dem altmodischen Wort „wohlgetan" wiederzugeben. Das Gelungene, Wohlgetane macht es aus, dass Gott daran sein Wohlgefallen hat. Darum schwingt in dem hebräischen Wort „tob" auch die Bedeutung „schön" mit. Schön und gut ist das, woran man seine Freude hat. Im Alten Testament ist der Zugang zum Schönen nicht das Betrachten, sondern das Begegnen. Das Schöne ist derart, dass in der Begegnung mit ihm Freude aufkommt – auch die Freude am Leben.

Das Gut-Sein der Welt besteht aber nicht darin, dass sie *für* etwas gut ist, dass sie ein geeignetes Mittel für das Erreichen weiterer Ziele ist und aus diesem Grund Wohlgefallen auslöst. Das einzige Ziel, das Gott mit der Erschaffung der Welt im Auge hat, ist offenkundig ihr Dasein als solches. Dieses Dasein trägt seinen Zweck in sich selbst. Nur ein solches Dasein ist letztlich auch annehmbar und entspricht dem Gottsein Gottes.[149] Nur vordergründig findet das Dasein des Menschen bei ihm selbst Zustimmung, weil ein akzeptabler Zweck erkenn-

---

149 Ein endliches Dasein kann angenommen und bejaht werden, wenn es in seiner Begrenztheit als Adressat einer unverzweckten unbedingten Bejahung verstanden werden kann. Genau dies ist die Kernaussage der Schöpfungstheologie: Das Endliche in seiner Endlichkeit ist bejahbar, weil es von Gott gewollt ist. Von Gott lediglich gewollt zu sein als Mittel zum Erreichen eines von Gott angestrebten Zwecks, relativiert die Unbedingtheit des Gewolltseins und entspricht auch nicht dem Gottsein Gottes. In diesem Fall benötigte Gott ein Mittel zum Erreichen eines Zwecks, was auf einen Gott schließen lässt, der bei seinem Tun eines Hilfsmittels bedarf und somit als hilfsbedürftiger Gott erscheint. Ein solcher Gott verdient nicht das Gottesprädikat „id quo maius cogitari non potest". Das solchermaßen von einem hilfsbedürftigen Gott als Mittel Gewollte stünde außerdem grundlegend im Dienst einer göttlichen Zweckbestimmung und wäre demnach nur hinsichtlich seiner Zwecktauglichkeit bejahbar.

bar wird, auf den hin es entworfen wurde. Das eigene Dasein lässt sich aber nur dann als Wohltat empfinden, wenn es seine Daseinsberechtigung auf der Basis bestimmter Zweckdienlichkeit nicht erst nachträglich beweisen muss. Es wäre verhängnisvoll, wenn ein Mensch ständig neue Beweise seiner zweckdienlichen Existenz liefern müsste, die eine Antwort geben auf die Frage: Warum und wozu bist du auf der Welt?

Im biblischen Ursprungsmythos wird bestritten, dass Zweckdienlichkeit ein Kriterium der Daseinsakzeptanz sein kann. Dass die Welt in den Augen Gottes gut ist, bedeutet genau dies, dass sie davon entlastet und befreit ist, ihre Daseinsberechtigung durch die Erfüllung eines (göttlichen) Plansolls oder anhand einer Mittel/Zweck-Kalkulation erst noch erweisen zu müssen. Diese Sorge ist auch dem Menschen hinsichtlich seines In-der-Welt-Seins abgenommen. Das Erste und Beste, was ihm widerfahren kann, ist die Aufhebung eines Kalküls, das Sinn und Wert des Daseins von der Erfüllung von Zwecken und Zielen abhängig macht, die dem Menschen von außen vorgegeben werden und seiner autonomen Selbstbestimmung widerstreiten.

Der biblische Ursprungsmythos nennt auch die Bedingung dafür, dass und warum sich der Mensch für bedeutsam halten darf, selbst wenn in der ihn umgebenden Wirklichkeit kein Anhaltspunkt zu finden ist, der seine Selbstakzeptanz und seine Selbstwertschätzung rechtfertigt. Er bahnt eine Passage vom Faktischen zum fehlenden Passenden, indem er den Leser darauf bringt, als Bedingung für seine Selbst- und Daseinsakzeptanz das voraussetzungs- und bedingungslose Freigelassensein ins eigene Dasein, das wohltuende Unterschiedensein von Nichts und Chaos wahrzunehmen. Einen anderen Grund für die Existenz von Welt und Mensch als die Ermöglichung freien und unverzweckten Daseins nennt der Schöpfungsmythos nicht. Freiheit und Unverzweckbarkeit sind zugleich Elementarbedingungen der Daseinsakzeptanz.

Dass der Mensch auf wohltuende Weise grundlos existiert, darf nun auch als jene Aussage herausgestellt werden, die zwar nicht *im* Text, aber *mit* dem Text von Gen 1–2 vermittelt wird. Die Wortverbindung „wohltuende Grundlosigkeit“ erscheint allerdings auf den ersten Blick widersprüchlich. Hier wird anscheinend zusammengebracht, was nicht zusammengehört. Mit Grundlosigkeit assoziiert man meist Willkür und Beliebigkeit – also jenes, was Wert und Sinn untergräbt, anstatt beides zu ermöglichen. Wer sich aber von diesem Vorverständnis löst, dem geht eine Alternative auf. Aus einer Akteursperspektive heißt etwas grundlos zu tun auch, keine Hintergedanken und Nebenabsichten zu hegen, sondern etwas um seiner selbst willen zu wollen. Das Christentum sieht darin eine zentrale Bedeutung der Rede von einer „creatio ex nihilo“ und leitet aus ihr eine materiale Akzeptanzbestimmung des Daseins ab. Jemanden aus dem Nichts, wegen nichts und somit grundlos ins Leben zu rufen und sich zu eigen sein zu lassen ist identisch mit dem Vollzug einer unbedingten Bejahung. Wer jemanden unbedingt bejaht, will nichts von ihm oder ihr, sondern für ihn und sie: dass er und sie ist, dass er/sie frei und sich selbst zu eigen ist. Wenn dies die Grundierung der Welt ist, dann ist sie zustimmungsfähig. Diese Zustimmungsfähigkeit ist darum nicht erst das Ergebnis einer herstellenden Tätigkeit des Menschen, sondern die Prämisse dieses Handelns und sein Maßstab.

### 1.3. Akzeptanzbedingungen des Daseins: Optionen des Mythos – Postulate der Vernunft

Ob die vom biblischen Schöpfungsmythos vorgeschlagene Perspektive der Daseinsakzeptanz der Vernunft zumutbar ist, muss sich daran erweisen, dass sie relevant wird für die Erörterung einer der Vernunft selbst aufgegebenen Herausforderung. Eine unabweisbare Aufgabe der Vernunft besteht in der Konzeption von Umgangsformen mit Limitationen des Daseins (d. h. die psycho-physische Verletzbarkeit des Subjekts, die Erschöpfbarkeit der natürlichen Lebensressourcen, die Konkurrenz mit anderen Subjekten um deren Nutzung, die Befristung der Lebenszeit), welche die damit gegebene Limitation der Daseinsakzeptanz überwinden.[150] Allerdings gerät die Vernunft bei der Bewältigung dieser Aufgabe sehr bald in einen Zwiespalt.

Vertreter einer naturalistischen Existenzreflexion weisen darauf hin, dass das physische Weltall als das Größte, das dem Menschen im Blick auf sein Eigensein erfahrbar ist, sich gleichgültig gegenüber allem zeigt, was in ihm geschieht – inklusive aller menschlichen Versuche der Weltverbesserung.[151] Andererseits ist das Nächste, das dem Menschen erfahrbar ist, sein eigenes Dasein, ihm nicht gleichgültig, sondern höchst relevant. Gegen die Indifferenz des Kosmos angesichts all dessen, was in ihm geschieht, setzt der Mensch die Differenz, dass er sich und seine Welt wichtig nimmt, an sich und seiner Welt interessiert ist. Er setzt (auf) eine Differenz im Horizont je größerer Indifferenz. Damit entsteht das Paradox, dass der Mensch sein für ihn höchst bedeutsames Dasein als für die Natur und den Kosmos ganz und gar gleichgültig und unerheblich anerkennen muss.

Verbunden ist mit diesem Paradox ein Widerstreit zweier Vernunftvermögen und -einsichten. Die praktische Vernunft gebietet einen Umgang mit den Limitationen des Daseins zur Optimierung der Daseinsverhältnisse zwecks Erzielung größtmöglicher Daseinsakzeptanz. Dem steht der Einspruch der theoretischen Vernunft entgegen, dass nicht ersichtlich ist, ob und warum die Welt es wert, ist verbessert zu werden.[152] Aus

150 Vgl. hierzu in diesem Band den Abschnitt „Leben am Limit: Das Projekt der Vernunft" (II.2.2.).

151 Vgl. exemplarisch B. KANITSCHEIDER, Entzauberte Welt. Über den Sinn des Lebens in uns selbst, Stuttgart 2008.

152 Mit der Unterscheidung von theoretischer und praktischer Vernunft ist nicht auf den Unterschied von „Theorie" und Praxis" angespielt. Vielmehr geht es um zwei prinzipiell unterscheidbare Inanspruchnahmen oder Gebrauchsweisen der Vernunft auf dem Feld des Erkennens (Was kann ich wissen?) und des Handelns (Was soll ich tun?). Gegenstand und Anliegen des theoretischen Vernunftvermögens ist es, den vielfältigen Phänomenen der sinnlich wahrnehmbaren Wirklichkeit in einem widerspruchsfreien Erklärungszusammenhang ihrer Ursachen, Bedingungen und Wechselwirkungen gerecht zu werden. Anspruch und Ziel des praktischen Vernunftvermögens ist es, Motive,

dem Anspruch der praktischen Vernunft und dem Einspruch der theoretischen Vernunft resultiert eine Verlegenheit der Vernunft im Ganzen: Weder darf aus Vernunftgründen das Interesse des Menschen an einer Welt- und Selbstakzeptanz relativiert werden, noch darf aus Vernunftgründen das Faktum der Nichtausweisbarkeit einer Sinnbedingung des Projekts der Daseinsoptimierung ignoriert werden. Es droht eine Selbstblockade der Vernunft, wenn die praktische Vernunft darauf besteht, dass trotz der unbewiesenen Erfüllung einer Sinnbedingung der Daseinsoptimierung etwas unterlassen wird, das konstitutiv ist für die Humanität der Vernunft. Für die theoretische Vernunft ist es jedoch unvernünftig, etwas zu tun, dessen Sinnbedingungen nicht erfüllt sind. Es ist allerdings auch unvernünftig, eine Selbstblockade der Vernunft hinzunehmen, ohne nach einer vernunftgemäßen Konstellation von theoretischer und praktischer Vernunft zu suchen, in der es möglich ist, das menschliche Bemühen um Selbst-, Welt- und Daseinsakzeptanz fortzusetzen.

Ein Selbstzerwürfnis der Vernunft kann nur überwunden werden über eine Neukalibrierung der Vernunft zu den in ihr widerstreitenden Perspektiven. Hierzu muss Bezug genommen werden auf eine Größe, auf die sowohl die theoretische als auch die praktische Vernunft verwiesen sind, ohne dass diese Größe jeweils im Verfügungsbereich beider Vernunftvermögen liegt. Einem Vernunftsubjekt ist ein solcher Ausgriff über die Grenzen der theoretischen und praktischen Vernunft zumutbar, sofern er um ihrer Rationalität und Humanität willen unumgänglich ist. Es muss gleichsam ein gemeinsamer Referenzpunkt gesucht werden, von dem her die Verschiedenheit und die Vereinbarkeit beider Vernunftvermögen widerspruchsfrei gedacht werden können. Die Orientierung an dieser Referenz

---

Mittel, Zwecke und Folgen menschlichen Handelns in einen widerspruchsfreien Rechtfertigungszusammenhang zu bringen (vgl. I. Kant, Kritik der praktischen Vernunft, BA 29–31). – Zu Relevanz und Tragweite dieser Unterscheidung siehe auch F. Börchers, Handeln. Zum Formunterschied zwischen theoretischer und praktischer Vernunftausübung, Münster 2013.

muss ermöglichen, dass beide Vernunftvermögen jeweils bei ihrer Sache bleiben können, ohne dass sie sich dabei blockieren.

Eine solche Bezugsgröße wird mit der Denkfigur „wohltuende Grundlosigkeit“ benannt. Sie bringt zusammen, was scheinbar nicht zusammenpasst: die von der theoretischen Vernunft konstatierte Grundlosigkeit des Daseins und die von der praktischen Vernunft unterstellte Sinnprämisse der Daseinsgestaltung und -akzeptanz. Die Vernunft kann sich vermutlich nicht die semantische Codierung dieser Denkfigur in einem schöpfungstheologischen Kontext zu eigen machen. Aber die in dieser Denkfigur enthaltene Option kann sie als ein Vernunftpostulat deuten, das sowohl mit Ansprüchen der theoretischen wie der praktischen Vernunft kompatibel ist. Mit der theoretischen Vernunft vereinbar ist es, die Letztbestimmung menschlicher Existenz in der Grundlosigkeit des Daseins zu sehen. Für die praktische Vernunft anschlussfähig ist eine Lesart dieser Grundlosigkeit, die sie als Sinnbedingung von Freiheit und Würde bzw. als prä-funktionale Voraussetzung aller zweckorientierten, funktionalen Gestaltungen menschlicher Lebensverhältnisse bestimmt und als eine „transpragmatische“ Akzeptanzbedingung des Daseins identifiziert: Grundlos am Leben (gelassen) zu sein bedeutet in der Tat, dass das menschliche Dasein bedeutungslos ist in dem Sinne, dass es nicht etwas abbildet, an- oder bedeutet und für etwas steht, das es nicht selbst ist. Es ist als grundloses zugleich zwecklos in dem Sinne, dass es nicht als Mittel zum Erreichen eines Zwecks herhalten kann. Aber gerade diese Grundlosigkeit erweist sich in einem zweiten Hinblick als wohltuend. Allein ein Dasein, das allen Zweck- und Nutzenbestimmungen enthoben ist, an dessen Seinkönnen keine Vor- oder Nachbedingungen gestellt werden, das nicht als Emanation, Funktion oder Platzhalter einer anderen Größe begegnet, ist sich wirklich selbst ganz gegeben, frei überantwortet und kann Zweck an sich selbst sein, sich als Zweck an sich selbst anerkennen und in Freiheit selbstgesetzte Zwecke verfolgen. Grundlos und zweckfrei existieren zu können ist mithin das Erste und Beste, was dem Menschen widerfahren kann.

Die Denkfigur „wohltuende Grundlosigkeit" kann von der Vernunft rezipiert werden als das fehlende Passende, um einerseits der theoretischen und praktischen Vernunft dort, wo sie etwas Richtiges sehen, auch Recht zu geben, und andererseits ihren Widerstreit zu überwinden. Sie beschreibt ein Sinnapriori der Weltgestaltung, dessen Annahme der Vernunft zumutbar ist. Aber diese Zumutung richtet sich auf eine Bedingung, deren Erfüllung nicht als Ergebnis eigener Leistungen eines Vernunftsubjekts in Betracht kommt. Die Annahme ihrer transpragmatischen Erfüllung ist gleichwohl nicht ungerechtfertigt. Denn sie wirkt sich aus in der Hervorbringung einer Praxis, die von der praktischen Vernunft geboten ist. Zwar können die Sinnbedingungen dieser Praxis nicht mit den Mitteln der Vernunft als objektiv gegeben aufgezeigt, sondern nur postuliert werden. Was die Vernunft jedoch zugestehen kann, ist die Einsicht, dass wir so handeln dürfen und sollen, als ob dem Gegenstand des Vernunftpostulates objektive Realität zukäme, weil wir auf diese Weise jene Widerstände in uns überwinden können, die uns hindern, kontrafaktisch den von der Vernunft gebotenen Einsatz für akzeptable Lebensverhältnisse aufzubringen.

Mit der Annahme eines transpragmatischen Referenzpunktes der praktischen Vernunft wird ihre Autonomie nicht angetastet. Es geht hier nicht um Fragen der Begründung, sondern um Probleme einer Operationalisierung praktischer Rationalität. Es handelt sich hier auch nicht um einen Beitrag zur Letztbegründung des moralisch Gesollten, sondern um eine Reflexion auf die Sinnbedingungen moralischer Praxis angesichts ihrer Hemmnisse und Selbstblockaden. Überwindbar sind solche Verlegenheiten der Vernunft nur, wenn man ein vernunftgemäßes Anderes annimmt, auf das hin man das Vernunftvermögen übersteigt, um von ihm her wieder in seinen autonomen Kompetenzbereich zurückzukehren. Die Bezugnahme auf dieses „Außerhalb" nimmt der Vernunft nichts von ihrer eigenen Kompetenz, sondern ermöglicht erst, dass sie kontrafaktisch zur Wirkung gebracht wird. Sie führt nicht dazu, dass sich die Vernunft etwas vormacht oder sich in illusionärem Wunschdenken verliert, sondern hier wird ihr dargelegt und vorgestellt, wie sie bei ihrer Sache bleiben kann.

Die Sinnoptionen des biblischen Schöpfungsmythos können als Sinnpostulate der säkularen Vernunft aufgezeigt werden, indem eine Übersetzung ihrer Gehalte aus dem mythischen Idiom in die Sprache der Vernunft erfolgt. Hierbei lassen sich mythologisch verschlüsselte semantische Potentiale finden, die eine die Vernunft inspirierende Kraft entfalten können, wenn sie „in begründende Rede verwandelt und ihres profanen Wahrheitsgehaltes entbunden“[153] werden. Für die Überschreitung der Sprachgrenzen des Schöpfungsmythos und für die Freisetzung seines der Vernunft zugänglichen Gehaltes hat sich im Rückblick ein existentialsemiotisches Vorgehen als aussichtsreich erwiesen, das in den Gehalten des Mythos eine für den Selbstvollzug der Vernunft relevante transpragmatische Sinnbedingung identifiziert. Relevant ist dieses Sinnapriori für den Selbstvollzug der Vernunft, weil seine Unterstellung es ermöglicht, die unbedingte Verpflichtung der Vernunft zur Widerspruchsfreiheit auch dann durchzuhalten, wenn zwischen unterschiedlichen Weisen, von der Vernunft Gebrauch zu machen, Widersprüche auftreten oder dabei eine Selbstblockade der Vernunft droht.[154]

## 2. Logos „Mensch“: Wort geben – Wort halten

Einer existentialsemiotisch orientierten Theologie geht es darum, auf eine Herausforderung des Denkens und des Daseins aufmerksam zu machen, die den Menschen auf den Gedanken

153 J. Habermas, Zwischen Naturalismus und Religion, Frankfurt 2005, 13.

154 Die Anklänge an I. Kants Reflexionen zu einer „ethico-theologischen Rekonstruktion“ des Verhältnisses von Vernunft und Glauben (vgl. KdU §§87–88; KpV A 122–148) sind dabei unverkennbar. Aber anders als in Kants Postulatenlehre wird hier nicht auf eine „eschatologische“ Überwindung des skizzierten Widerstreits gesetzt, sondern auf eine bereits „protologische“ Ermöglichung seiner Bewältigung reflektiert. Zum Ganzen siehe auch M. Hofer u. a. (Hg.), Der Endzweck der Schöpfung (FS R. Langthaler), Freiburg/München 2013.

bringen kann, (an) Gott zu denken. Mit dieser Absicht fragt sie nach der existentialen Verfassung des Daseins und stößt dabei auf Strukturen einer unverfügbaren, aber ihm zugutekommenden, existenz-, identitäts- und freiheitskonstitutiven Grundlosigkeit. Diese Grundlosigkeit identifiziert sie als ein Sinnapriori menschlicher Daseinsgestaltung. Hinter diesem Apriori mag der religiöse Mensch einen Zuspruch und eine Zusage erkennen. Aber ist damit ein hinreichendes Indiz gefunden, um Zuspruch und Zusage bereits als „Wort Gottes" zu identifizieren? Sind in der Konstellation grundloser Existenz, Identität und Freiheit bereits jene Momente zu erkennen, die das Denken darauf bringen, diese Konstellation zu überschreiten und dieses Transzendieren auf eine Größe auszurichten, für die in der religiösen Sprache das Wort „Gott" steht? Zwar gehört zur existentialen Grundsituation des Menschen auch das Merkmal der Sprachlichkeit, das man über eine existentiale Deutung des biblischen Schöpfungsmythos als „Im-Wort-Sein" beschreiben kann. Aber so wenig das Sinnapriori menschlicher Daseinsgestaltung bereits dem Gottesgedanken entspricht, so wenig zwingt die Entdeckung des Existentials der Sprachlichkeit dazu, den Menschen als Hörer des „Wortes Gottes" zu identifizieren.

Offensichtlich ist es sogar möglich, die Gehalte des Schöpfungsmythos existential zu interpretieren, ohne dass die Inhalte dieser Interpretation wiederum mit dem Gottesgedanken verknüpft werden müssen, um für die Vernunft plausibel zu sein. Wenn diese Beobachtung zutrifft, droht ein existentialsemiotischer Ansatz für die Theologie zum Verlustgeschäft zu werden. Versteht sich die existentiale Interpretation des biblischen Schöpfungsmythos lediglich als Erhebung seines vernunftkompatiblen Gehaltes, kann die Vernunft mit ihm in einer Weise umgehen, die keinen Rekurs mehr auf seine Herkunft nötig macht und eine theologische Anschlussreflexion entbehrlich erscheinen lässt.[155] Umgehend landet man bei einer Auszeich-

155 Vgl. hierzu die kritischen Rückfragen von H. Nagl-Docekal, W. Raberger, M. Striet, J. Reikerstorfer, R. Esterbauer an J. Habermas' Vorschlag einer

nung des Menschen, die keine Transzendenzbezüge mehr erkennen lässt.

## 2.1. Mit Sprache begabt: Behaupten – Bestreiten – Begründen

Auf die anthropologische Grundfrage, was der Mensch sei, wird seit der Antike mit der Wendung ζωον λογον εχων geantwortet: Der Mensch ist das Lebewesen, das den Logos hat.[156] Er hat den Logos, indem er mit der Sprache begabt, mit Sinn und Verstand ausgestattet ist und etwas zu sagen hat. Als Sprecher ist er Hörer seiner Worte. In der Weise des Hören-Sagens ist er im Besitz des Logos und vergewissert er sich dieser Sprachbegabung. Als mit dem Logos Begabter kann er etwas im Sinn haben – er entwickelt Ziele, verfolgt Absichten, hat Ideen im Kopf. Als Wesen, das den Logos hat, ist der Mensch das Wesen, das Gründe hat – er weiß um das „Warum“ und „Wozu“ seines Handelns. Als das Lebewesen, das mit Sprache begabt ist, steht er aber auch unter dem Anspruch, von der Ausübung dieser Begabung Rechenschaft abzulegen (λογον διδοναι).

Die Philosophie versteht das Angeben von triftigen Gründen für das eigene Tun als Modus der Ablegung von Rechenschaft und der Übernahme von Verantwortung. Der Mensch lässt sich zur Rede stellen und nimmt zu seinem Wollen und Tun Stellung, indem er in Frage stellt und argumentiert. Darin liegt aus der Perspektive der Vernunft zugleich der „Logos“ des Menschseins. Er kann andere Menschen zur Rede stellen und der Berechtigung dessen, was sie sagen, auf den Grund gehen. Er übernimmt Verantwortung für sein eigenes Sprechen, indem er für das, was er sagt, einen Anspruch auf Gel-

„rettenden Aneignung“ der Semantik religiöser Traditionen in: R. Langthaler/H. Nagl-Docekal (Hg.), Glauben und Wissen, Wien 2007, sowie die auf der Unübersetzbarkeit von Glaubenswahrheiten insistierende Position von St. Jütte, Analogie statt Übersetzung, Tübingen 2016.

156 Vgl. Aristoteles, Politik I,2 1253a 10: „Der Mensch ist das einzige Lebewesen, das Sprache (logos) besitzt.“

tung und Wahrheit erhebt und seine Bereitschaft zu erkennen gibt, diesen Anspruch angesichts seiner Bestreitung durch das Beibringen triftiger Gründe zu rechtfertigen. Dabei unterwirft er sich keinem anderen Zwang als jener Nötigung seiner Vernunft, nur solche Gründe anzuerkennen, denen zu widersprechen die Vernunft in einen logischen Selbstwiderspruch manövrieren würde.

In der Sphäre der Sprachlichkeit geht auch auf, wie weit das Freiheitsvermögen des Menschen reicht. Gegenüber dem Bereich des Sachhaften bleibt menschliche Freiheit und das, was sie vermag, auf die Möglichkeiten des gegenständlichen Ausdrucks beschränkt (wie ein Künstler mit einem Stück Marmor nur insoweit machen kann, was er will, wie es der Werkstoff zulässt). Die Freiheit gegenüber einem Objekt und die Macht über einen Gegenstand mag so weit gehen, dass der Gegenstand macht, was der Mächtige will. Ein Gegenstand wird aber niemals wollen (können), was jemand von ihm oder mit ihm will. Erst in der Sphäre der Sprachlichkeit und gegenüber Personen sind Freiheitsvollzüge möglich, die über den Bereich des sachhaften Bewirkens und Erzwingens hinausgehen. Dass der Mensch mehr vermag und z. B. einen anderen so überzeugen (statt: erpressen) kann, dass dieser etwas aus freien Stücken tut, geht ihm erst in der Begegnung mit einem personalen Anderen auf, den er mit guten Gründen dazu motivieren kann, sich seinem Wollen anzuschließen. Erst dann kommt es dazu, dass ein Mensch aus freien Stücken tut, was sein Gegenüber will. In diesem Fall will die zweite Person auch das, was die erste Person will.

Die Freiheit des Menschen, ihr Vermögen und ihr Wirkungsgrad sind somit umso größer, je weniger ihr Gegenüber nach Art einer Sache und je mehr nach Art einer Person gedacht werden kann und je zwangloser die Mittel sind, die jeweils angewandt werden, um auf diese Person einzuwirken. Von guten Gründen, mit der eine Person eine andere überzeugen will, geht ein solch „zwangloser Zwang“ aus, weil das letzte unerzwingbare und unverfügbare Wort der Zustimmung von der angesprochenen Person gesprochen werden muss. Zu einem solchen letzten, eigenen und freien Wort wird der Mensch aber nicht von einem Gegenüber ermächtigt, das selbst nur etwas Sachhaft-Naturales ist oder in dieser Sphäre antreffbar ist. Es muss zumindest personalen Rang und Status haben und selbst Rede und Antwort stehen können.

Offensichtlich bedarf es nicht einer existentialsemiotischen Interpretation des biblischen Schöpfungsmythos, um zu zeigen, dass der Mensch im Hinblick auf sich selbst und seine gesamte Lebenswirklichkeit am besten dadurch charakterisiert wird, dass er das Wesen ist, das zur Rede gestellt wird. Es ist auch möglich, unter Absehung aller religiösen oder metaphysischen Bezüge die Grundsituation des Menschen als Sprachsituation zu kennzeichnen. Auch hierbei wird deutlich, was Dasein heißt: das Wort haben – Antwort geben – zu seinem Wort stehen. Wenn damit tatsächlich die existentiale Grundsituation des Menschen erfasst ist, kommt zwar kein Bezug zu einem „Wort Gottes" in den Blick. Dennoch ist sie theologisch belangvoll. Denn in Absehung von der Grundsituation des Menschen lässt sich nicht zur Sprache bringen, was es mit dem Reden von Gott auf sich hat.

Vor diesem Hintergrund hat eine existentialsemiotisch operierende Theologie nur dann vom Menschen etwas Eigenes zu sagen, wenn sie etwas vorbringen kann, das nicht einfachhin in die diskursive Sprache der Vernunft übersetzbar ist, in der Grundlegendes und Grundsätzliches über sein Dasein artikuliert wird. Dies setzt voraus, dass der „Logos" des Menschen noch nicht zureichend erfasst ist, wenn er nur auf das Sprachspiel des Argumentierens bezogen wird.[157] Denn dabei bleibt unberücksichtigt, ob es noch andere Formen gibt, um zu artikulieren, was es für den Menschen bedeutet, am Leben zu sein. Als ein weiteres, religiöses Sprachspiel, in und mit dem dies geschieht, erscheint das Gebet. Was der Mensch im Gebet sagt, kann der Vernunft zwar übersetzt und von ihr gedeutet werden. Aber dass er es im und als Gebet ausspricht, vermag

157 Vgl. F. Ulrich, Logo-Tokos. Der Mensch und das Wort, Einsiedeln/Freiburg 2003.

sich die Vernunft nicht zu eigen zu machen. Die Vernunft betet nicht. Was der Mensch damit ausdrückt, dass und wie er betet, ist zu unterscheiden von dem, was er in seinem Gebet sagt.

Wenn die Theologie damit befasst ist, nach Möglichkeiten und Wegen zu suchen, Gott zur Sprache zu bringen, kann sie Bezug nehmen auf diesen Unterschied und auf verschiedene Formen und Formate des Betens, in denen religiöse Menschen Gott zum Bestimmungsgrund ihres Sprechens machen. Sich auf das Sprechen zu Gott zu beziehen kann für die Theologie auch der Ausgangspunkt sein, um etwas über den Menschen sagen zu können, das einer Sprach- und Existenzform entspricht, welche die Vernunft nicht hervorbringt, sondern vorfindet.[158]

Findet die Theologie als Reden *über* Gott ihren Gegenstand primär im Reden *zu* Gott, dann ist die Gegebenheitsweise ihres Gegenstandes das „Hören-Sagen“. Die Theologie hört mit, wenn Menschen *zu* Gott sprechen, und sie hört zu, wenn Menschen *von* Gott sprechen. Auf den Gottesgedanken kommt die Theologie somit nicht über einen kausalen Verweisungszusammenhang innerweltlicher Ereignisse, der auf eine weltjenseitige Erstursache schließen lässt. Vielmehr eröffnet ihr die Sprachlichkeit des Menschen einen Zugang zum Gottesgedanken. Außerhalb der Sphäre menschlicher Sprachlichkeit kommt das, was er zu denken gibt, in der Welt nicht vor. Das „Im-Wort-Sein“ ist somit nicht nur ein existentialsemiotisches Merkmal menschlichen Daseins, sondern auch ein Charakteristikum der Begegnung mit dem, worauf das Wort „Gott“ verweist. Allerdings ist es eben dieser Umstand, der daran zweifeln lässt, dass

158 Was der Vernunft gleichwohl vermittelt werden muss, ist der Umstand, dass jedes Reden von oder über Gott seinen existenziellen Anhalt im Reden zu Gott findet. Das Beten ist nicht wider alle Vernunft, auch wenn ihr dieser Vollzug fremd ist. Vgl. vor diesem Hintergrund den Versuch von R. Schaeffler, Das Gebet und das Argument. Zwei Weisen des Sprechens von Gott, Düsseldorf 1989, beide Sprachformen so zueinander in Beziehung zu setzen, dass ihre jeweilige Verschiedenheit gewahrt bleibt und zugleich eine Interferenz, d.h. ein gemeinsamer Gegenstandsbezug erkennbar wird. Vgl. dazu auch St. Walser, Beten denken. Studien zur religionsphilosophischen Gebetslehre Richard Schaefflers, Freiburg/München 2015, 331–385.

es für das Wort „Gott" auch eine außersprachliche Referenz gibt. Dieser Zweifel ist kaum anders auszuräumen, als dass gerade in und mit der Sprachlichkeit des Menschen diese Referenz aufgezeigt werden kann.

Wie sich diese Referenz erschließen lässt, ist bereits angeklungen: Hinter dem Reden zu Gott steht die Erfahrung eines Angesprochenseins, das mit dem Zuspruch von Existenz, Identität und Freiheit einhergeht. Hierbei wird an der existentialen Grundsituation des Menschen eine Bestimmung offenbar, die den Menschen nicht als jemanden in Anspruch nimmt, der für sein Denken und Tun zureichende Gründe beizubringen hat. Vielmehr ist er gefragt, wie er sich zur Grundlosigkeit seines Daseins verhält und wie er dazu steht, dass diese Grundlosigkeit jedem Kalkül der Vernunft vorausgeht. Die Grundformen des Redens zu Gott – Dank und Bitte, Lob und Klage – bringen weitere Facetten dieser Grundlosigkeit zur Sprache.

### 2.2. Zur Rede gestellt: Dank und Bitte – Lob und Klage

Dass sich der Mensch im Gebet anders als im Diskurs zur Rede stellen lässt, ergibt sich aus der Bestimmung seines Daseins als „Im-Wort-Sein", das sowohl die Geschöpflichkeit als auch die Grundlosigkeit dieses Daseins näher qualifiziert. Beten heißt daher: das Dasein beim „Wort Gottes" nehmen, wodurch der Mensch überhaupt ist, sich zu eigen ist und als Gottes freies Gegenüber existiert. Im Gebet vergewissert sich der Mensch, dass Dasein heißt: Antwort geben auf einen Zuspruch von Dasein, Identität und Freiheit. Hier gibt ein Wort (Gottes) das andere (des Menschen). In der Weise des Gebetes antwortet er mit einer eigenen sprachlichen Resonanz auf das Schöpferwort Gottes. Hier steht nicht die diskursive Selbstverständigung und Verantwortungsübernahme für Geltungsansprüche im Vordergrund, sondern die Erwiderung auf einen Zuspruch.

Für das Projekt einer Existentialen Semiotik des Glaubens ist das Gebet von herausragender Bedeutung, weil der Mensch im Gebet seine existentiale Grundsituation „coram Deo" artikuliert.[159] Dies tut er weder in der Form des Selbstgespräches noch im Zwiegespräch mit anderen Menschen. Im Gebet spricht der Mensch vor Gott von sich selbst – zu Gott. Er tut dies als ein von Gott Angesprochener. Wenn der Mensch Gott zur Sprache bringen will, beruft er sich zwar auf ein „Wort" Gottes. Aber dieses Wort Gottes vernimmt er in seiner Sprache, und nur in seiner Sprache kann er Gott zu Wort kommen lassen. Gott vermag den Menschen anzusprechen, ohne dabei „mit" ihm zu sprechen.[160] Bereits die wohltuende Grundlosigkeit des Daseins bringt zur Sprache, was Gott dem Menschen sagen will.

Das Schöpfungswort Gottes, auf das im Gebet geantwortet wird, hat als Wort Gottes bereits den Charakter des Unhintergehbaren und Unüberbietbaren. Darauf kann der Mensch ein Leben lang Bezug nehmen. Das Gebet ist nicht darauf angelegt, dass unaufhörlich zwischen Gott und Mensch Worte gewechselt werden. Das Unhintergehbare und Unüberbietbare am Wort Gottes wird zerredet, anstatt anerkannt, wenn der Beter meint, viele Worte machen zu müssen, um von Gott gehört zu werden. Rede und Antwort zu stehen hat der Mensch, indem er sein Leben ins Gebet nimmt. Unter dieser Rücksicht

159 Daher ist es angezeigt, das Gebet nicht erst als Ernstfall oder Testfall des Glaubens zu deklarieren, sondern bereits als spezifische Wahrnehmung der existentialen Grundsituation des Menschen zu deuten. Vgl. auf dieser Linie B. Casper, Das Ereignis des Betens. Grundlinien einer Hermeneutik des religiösen Geschehens, Freiburg/München $^{2}$2016; G. Ebeling, Dogmatik des christlichen Glaubens. Bd. 1, Tübingen 1979, 192–207; Ders., Wort und Glaube. Bd. 3, Tübingen 1975, 405–427; F. Ulrich, Gebet als geschöpflicher Grundakt, Einsiedeln 1973.

160 Gegen die Versuchung einer anthropomorphen Verzeichnung der Kategorie „Wort Gottes" ist daran zu erinnern: „Wo immer ein Text, eine Rede, ein Spruch syntaktisch so gebaut ist, daß er Gott zum grammatikalischen Subjekt hat ist es doch immer ein Satz einer Menschensprache mit einem Menschen als sprechendem Subjekt. … So ergibt sich das Paradox, daß das Wort Gottes, das allein Gott zu sprechen vermag, im *Menschenwort* zum Ausdruck kommen kann, ohne daß indessen *Gott* diese Sätze sprechen würde. Sätze in ihrem linguistischen Bestand werden nur von Menschen gesprochen. Aber Menschen können offenbar Sätze sprechen, in denen das Wort Gottes vernehmbar wird", M. Seckler, Was heißt „Wort Gottes"?, 84.

sind die Grundformen und -vollzüge des Betens in einem Entsprechungsverhältnis zur existentialen und sprachlichen Verfassung des Daseins zu sehen.[161] Denn in und mit ihnen ereignet sich die

- Wahrnehmung des Daseins im Modus des Freispruchs bzw. des Zuspruchs von Freiheit: Dem Menschen ist sein Dasein von Gott frei, d.h. ohne Vor- und Nachbedingungen zugesprochen. Menschsein heißt, in der Sphäre der Zweckfreiheit zu existieren. Ausgesprochen wird diese Umstandsbestimmung des Daseins in einer Form des Gebetes, die sich selbst frei hält von Nebenabsichten und Hintergedanken. Im *Lob* Gottes vollzieht der Mensch einen Akt der unverzweckten Anerkennung Gottes. Das Gotteslob ist ebenso „grundlos" wie die Existenz des Beters.
- Wahrnehmung des Verdanktseins von Existenz und Freiheit: Die Wahrnehmung wohltuender Grundlosigkeit als Grundierung des Daseins ermöglicht, das Dasein nicht als eine Gegebenheit bloß hinzunehmen, sondern es auch anzunehmen. Dem mit Freiheit und Sprache begabten Menschen ist es gegeben, das ihm Gegebene als Gabe anzunehmen.[162] Den Gabecharakter seines Daseins vermag er dankbar anzunehmen. Seinen Ausdruck findet diese Annehmbarkeit im *Dank*gebet.
- Wahrnehmung der Verstehbarkeit des Daseins: Wenn die Welt „creatura verbi" ist, kann sie von diesem Wort her verstanden werden und hat sie in ihm Bestand und Bedeutung. Verstehbar sein heißt: Stellungnahmen ermöglichen. Wer

---

161 Zu den nachfolgend skizzierten Grundformen und Idealtypen des Betens siehe auch M. Meyer-Blanck, Das Gebet, Tübingen 2019, 60–68, 260–268; J. Splett, Antwort des Gerufenen: Dank – Bitte – Lob, in: M. Arnold/Ph. Thull (Hg.), Theologie und Spiritualität des Betens, Freiburg/Basel/Wien 2016, 80–92; R. Schaeffler, Kleine Sprachlehre des Glaubens, Einsiedeln/Trier 1988, 82–114.

162 Vgl. hierzu V. Hoffmann (Hg.), Die Gabe. Ein „Urwort" der Theologie?, Frankfurt 2009; Dies. u.a. (Hg.), Die Gabe. Zum Stand der interdisziplinären Diskussion, Freiburg/München 2016.

etwas versteht, kann auch dazu stehen und für es eintreten, sich seine Anliegen und Belange zu eigen machen. Der Mensch kann Gott bei jenem Wort nehmen, kraft dessen er sein Leben führen kann. Im *Bitt*gebet bringt der Mensch zur Sprache, dass er nicht alles, dessen er hinsichtlich seiner Existenz, Identität und Freiheit bedarf, sich auch selbst beschaffen und selbst erhalten kann. Hier spricht er aus, worauf er unablässig und auch in Zukunft angewiesen bleibt. Die Bitte ist auch Bekenntnis eigener Machtlosigkeit, da der Mensch den Unterschied von Sein und Nichts nicht konstituieren kann. Sie anerkennt den unverfügbaren Unterschied von Schöpfer und Geschöpf, in dem alle daseinsermöglichenden Unterschiede gründen. Sie drückt die Hoffnung aus, dass Gott sein Wort halten möge und menschliches Leben nicht im Nichts endet.[163]

- Wahrnehmung der Limitationen des Daseins im Modus der Klage: Die Grundsituation des Menschen zeigt ihm Grenzen auf – Grenzen des Daseins und der Daseinsakzeptanz. Im Gebet geht der Mensch an diese Grenzen. An den Grenzen der Sprache lotet er die Grenzen des Daseins und die Grenzen seines Sprachvermögens aus. Er muss dabei erkennen, dass er zwar bei Gott im Wort ist und anderen Menschen sein Wort geben kann. Er ist aber auch zum Wortbruch fähig. Er bleibt es vielfach schuldig, seine Versprechen einzulösen. Im Gebet der *Klage* lässt er sich zur Rede stellen, klagt er sich an und beklagt er sich über andere. Ein himmelschreiendes Unrecht, das weder gesühnt noch wieder gut gemacht werden kann, bringt er vor die letzte Instanz.

163 „Deshalb bittet der Dankbare: Nicht weil er meint, Gott müsse zu weiteren Gaben erst von ihm genötigt werden, sondern um im Gegenteil die Freiheit seiner Gabe zu bekennen, die allein in solchem Bekenntnis als das entgegengenommen wird, was sie ist: als freies Geschenk", J. Splett, Antwort des Gerufenen, 84. Zur Problematik des Bittgebets im Rahmen einer theologischen Konzeption, die mit innerweltlichen Interventionen Gottes rechnet, vgl. Ch. Böttigheimer, Sinn(losigkeit) des Bittgebets. Auf der Suche nach einer rationalen Verantwortung, Freiburg/Basel/Wien 2018.

Er beklagt sich bei Gott – über Gott.[164] Er klagt ein, dass Gott sich als jene Wirklichkeit erweist, die den Widerstreit von Recht und Unrecht aufhebt – so wie er den Widerstreit von Leben und Tod zugunsten des Lebens entscheidet.

Gebete müssen sinnlos erscheinen, wenn vergessen wird, dass sie ihren Gegenstandsbezug und ihren Bedeutungsgehalt nur in Relation zur existentialen Grundsituation des Menschen erhalten. Zwar findet das Gebet meist statt in davon unterschiedenen Alltags- oder Ausnahmesituationen, aber es bringt jeweils die Grundsituation des Menschen zur Sprache – und es legt in jeder Lebenssituation diese Grundsituation als Sprachsituation frei. So wenig es beim Tischgebet, das als Dank für „Speis und Trank" artikuliert wird, um eine Erklärung für das Zustandekommen einer Mahlzeit geht, so wenig geht es beim Bittgebet um einen Versuch, dieses Zustandekommen zu bewirken. Das Beten ist kein Mittel zur Herstellung dessen, was noch nicht ist, sondern ein Vollzug, in dem sich der Mensch vergewissert, was immer schon gilt. Zugleich artikuliert das Gebet angesichts der Limitationen des Daseins, was noch aussteht, indem es benennt, was an den Bruchstellen des Lebens als das „fehlende Passende" vermisst wird und im Modus des Vermissens vergegenwärtigt wird. Wer vor Gott als „creatura verbi" zu Wort kommt, darf seinem Gegenüber auch keine Frage schuldig bleiben und sie im Modus der Klage vorbringen.

Im Gebet werden Fluchtlinien menschlichen Daseins ausgezogen. Hierbei handelt es sich um Linien, die analog zu den Entwürfen von Architekten und Stadtplanern nicht den Grundriss für Bauten zeichnen, sondern anzeigen, in welcher Zuordnung Gebäude errichtet werden können, damit sie sowohl Aufenthaltsorte als auch Freiräume für menschliches

164 Vgl. hierzu J. Schmidt, Klage. Überlegungen zur Linderung reflexiven Leidens, Tübingen 2011; E. Harasta (Hg.), Mit Gott klagen. Eine theologische Diskussion, Neukirchen-Vluyn 2008.

Leben bieten.[165] Diese Linien laufen auf einen fernen Punkt zu, der selbst zwar ein konturen- und formloses „Woraufhin" ist, auf den hin aber alle möglichen Formen und Projekte des Daseins so bezogen werden können, dass sie sich nicht ihren Rang und ihren Ort streitig machen müssen. Im Gebet werden diese Grundlinien menschlicher Daseinsakzeptanz und ihrer Bestreitung ausgezogen. Sie verweisen auf einen Fluchtpunkt, auf den Akzeptanz und Bestreitung gleichermaßen bezogen werden können. Von ihm her müssen sich Perspektiven ergeben, wie man das Leben annehmen und mit dem Enttäuschungsrisiko dieser Annahme leben kann.[166]

Wenn die Theologie die Aufgabe hat, die Sprache auf Gott und Gott zur Sprache zu bringen, wird sie nicht daran vorbeikommen, den Weg über die genannten Fluchtlinien zu nehmen. Das Wort „Gott" wird sie derart von seinen Anführungszeichen befreien können, dass sie damit den Fluchtpunkt benennt, von dem her die Faktizität und Grundlosigkeit, die Verstehbarkeit und Begrenztheit des Daseins zu erfassen sind. Und ebenso steht das Wort „Gott" für den Fluchtpunkt, auf den hin die Zweckfreiheit, das Verdanktsein, die Unverfügbarkeit und mögliche Vollendung menschlichen Daseins entworfen werden können.

---

165 Fluchtlinien kann man Wege nennen, die einen Lebensraum erschließen und begehbar machen. Es kann sich aber auch um Wege handeln, auf denen Menschen sich vor einer Bedrohung, die sie nicht abwehren können, in Sicherheit bringen wollen. Vgl. zu dieser doppelten Bedeutung auch D. Henrich, Fluchtlinien. Philosophische Essays, Frankfurt 1982.

166 Der Fluchtpunkt ist jener Punkt eines perspektivischen Bildes, in dem die Konturlinien unterschiedlicher Objekte, die sich im Bild finden, zusammenlaufen. So schneiden sich in einer Abbildung einer Straßenflucht die Linien aller Gebäude und Straßen, die in der Realität parallel zueinander verlaufen, in einem gemeinsamen Punkt. Vgl. dazu u. a. R. Thomae, Perspektive und Axonometrie, Stuttgart [7]2001.

## 3. Projekt „Theologie“: Gott zur Sprache bringen

Die bisherige Durchführung einer Existentialen Semiotik des Glaubens ist ganz auf eine Hermeneutik der Grundsituation menschlichen Daseins konzentriert. Dabei kommt einer Reflexion der Geschöpflichkeit dieses Daseins elementare Bedeutung zu. Sie wird auch zum hermeneutischen Schlüssel für die Bestimmung des Gott/Mensch-Verhältnisses. Ein spezifisches Merkmal dieser Bestimmung ist die Sprachlichkeit dieses Verhältnisses, die im biblischen Schöpfungsmythos herausgestellt wird. Diesem Vorgehen kann man den Vorwurf machen, dass die einzelnen Denkschritte in einer wenig plausiblen Reihenfolge erfolgen. Offensichtlich setzen die Überlegungen mit dem Bedenken eines „Wortes Gottes“ ein und kommen erst am Schluss zur Klärung des Wortes „Gott“. Müsste die Theologie nicht diese Schrittfolge umkehren und zunächst erörtern, was in Wahrheit und in Wirklichkeit mit dem Wort „Gott“ gemeint sein könnte? Muss nicht erst diese Frage geklärt sein, um dann erörtern zu können, wie man sinnvoll von einem „Wort Gottes“ sprechen kann?

In der Tat ist es unumgänglich, die Bedeutungsvoraussetzungen der Inhalte des christlichen Glaubens zu klären. Dazu gehört selbstverständlich auch die Rückfrage nach dem ontologischen Status des Wortes „Gott“.[167] Allerdings ist es durchaus angezeigt, zunächst möglichst vollständig zu erfassen, was Christen glauben, und danach zu rekonstruieren, wie man sich der Plausibilität dieser Glaubensinhalte vergewissern kann. Im Übrigen begegnet im Blick auf das Christentum das Wort „Gott“ ja gerade im Zusammenhang einer Botschaft, die von sich behauptet, aus der geschichtlichen Übersetzung von Gottes Schöpfungswort zu stammen. Es wäre ein merkwürdiger Umweg christlicher Theologie, 1. zunächst so zu tun, als wisse man gar nicht, wofür das Wort „Gott“ stehe, 2. dann einen

167 Vgl. hierzu ausführlich I. U. Dalferth, Die Wirklichkeit des Möglichen. Hermeneutische Religionsphilosophie, Tübingen 2003, 431–478.

Versuch zu starten, dieses Wort semantisch zu füllen und einen ‚Beweis' für die ‚Existenz' der damit bezeichneten Größe zu liefern, sowie 3. nach Belegen für eine geschichtliche ‚Offenbarung' dieser Größe zu suchen und 4. sich schließlich nach den Inhalten dieser Offenbarung zu erkundigen. Sinnvoller als ein solches Arrangement dürfte es sein, zunächst die Explikation von Glaubensinhalten vorzunehmen und dann über kritische Rückfragen die Berechtigung ihres Geltungsanspruchs zu erweisen. Auch in der alltäglichen Kommunikation ist das Urteil, ob jemand etwas zu sagen hat und ob seine Aussagen akzeptabel sind, davon abhängig, dass man ihn ausreden lässt. Erst danach kommen Einwände und Rückfragen zu ihrem Recht: „Was ist an dem, was du sagst, für mich so wichtig?" – „Woher hast du eigentlich deine Einsichten und Überzeugungen?" – „Bist du dir sicher, dass du begründen und verantworten kannst, was du sagst?"

In diesen Fragen geht es um die Relevanz von Behauptungen, um die Genese und die Stringenz der Herleitung von Überzeugungen sowie um Kriterien und Verfahren ihrer Überprüfung. Die Konzeption einer Existentialen Semiotik des Glaubens wird diesen Anforderungen dadurch gerecht, dass sie ein existenzielles Bezugsproblem christlicher Rede von Gott und Mensch ermittelt („Daseinsakzeptanz"), ein Entsprechungsverhältnis zwischen existentialer Grundsituation und ihrer religiösen Deutung („Sprachlichkeit und Geschöpflichkeit") ausmacht und für die Prüfung der Plausibilität aller weiteren Glaubensaussagen ein an deiktischen, semantischen, pragmatischen und syntaktischen Zeichenrelationen orientiertes Verfahren einsetzen kann.

Es macht die Besonderheit christlicher Theologie aus, dass gerade im Ausgang von der Semantik und Pragmatik des „Wortes Gottes" der sprachlogische Status des Wortes „Gott" bestimmt werden kann. Die Sprachlichkeit des Menschen als Ausdruck seiner Geschöpflichkeit erschließt dabei ebenso einen Zugang zur ontologischen Auszeichnung menschlichen Daseins wie zur ontologischen Bedeutungsvoraussetzung des Wortes „Gott".

## 3.1. Die Sprache auf Gott bringen
Vom „Wort Gottes" zum Wort „Gott"

Wer Gott zur Sprache bringen will, muss im Medium der Sprache dem Anspruch gerecht werden, dass dabei eine sprachlogische Besonderheit in Entsprechung zu einer ontologischen Besonderheit deutlich wird. Wenn Gott durch sein Schöpferwort existenzermöglichende und identitätsstiftende Unterschiede setzt, dann besteht diese ontologische Besonderheit darin, dass nichts ist, wenn nicht der Unterschied von Sein und Nichts zugunsten des Seienden besteht. Für diesen Unterschied, den weder das Seiende noch das Nichts konstituieren kann, steht das Wort „Gott". Zugleich muss gesagt werden, dass Gott weder „etwas" oder „jemand" noch „alles" oder „nichts" ist. Will man von oder über Gott reden, muss diese ontologische Besonderheit beachtet werden. Ihre sprachlogische Entsprechung besteht darin, dass beim Wort „Gott" eine spezifische Beziehung zwischen der Extension und der Intension dieses Begriffs vorliegt.[168]

Die extensionale Bedeutung eines Begriffs bezieht sich auf seinen Umfang und seine Reichweite, d.h. auf den Bereich von Gegenständen, Ereignissen, Sachverhalten etc., die er bezeichnen kann („Wovon ist die Rede?"). Je enger die Extension eines Begriffs ausfällt, umso präziser ist seine Bedeutung. Dabei kann man den Weg vom Allgemeinen zum Besonderen gehen: Ist die Rede von einem Lebewesen, von einem Menschen, von einem Mann, von einem Athener, von einem Philosophen, von Sokrates? Die extensionale Reichweite eines Begriffs lässt sich aber auch präzisieren, indem man mit limitativen Negationen arbeitet und zwischen zwei Bereichen eine Grenzziehung („Limes") vornimmt. Derartige

168 Zur präzisen Unterscheidung von Extension und Intension siehe H.-J. Müller, Logik neu denken. Pragmatisch-philosophische Systematik des Vernetzens von Begriffen, Frankfurt 2016. Ihre Relevanz für das Verständnis des Begriffs „Gott" demonstriert E. Nordhofen, Corpora. Die anarchische Kraft des Monotheismus, Freiburg/Basel/Wien 2018, 117–126.

Ein- und Abgrenzungen betreffen in einem religiösen Kontext meist den Unterschied zwischen Transzendenz und Immanenz. Sie begegnen aber auch in profanen Kontexten: Wer zu einer „U30-Party" eingeladen wird, kann davon ausgehen, dort niemanden zu treffen, der älter als 29 Jahre ist. Ohne jemanden zu kennen, kann er über alle Personen die wahre Aussage machen, dass jeder Gast jünger als 30 Jahre alt ist. Ein anderes Beispiel: Wer von einer Flugreise zurückkehrt, muss nach der Landung eine Passkontrolle durchlaufen und steht vor zwei Abfertigungsschaltern mit der Kennzeichnung „EU Nationals" und „Non-EU Nationals". Ein Passagier, der weiß, was er nicht ist, ist in der Lage, sich vor dem richtigen Schalter anzustellen. Kommt er aus Amerika oder Asien, muss er nicht alle EU-Mitgliedstaaten kennen, um sich für die passende Warteschlange zu entscheiden. Er weiß, dass er kein EU-Bürger ist. Es genügt ein wissendes Nichtwissen, um sich zurechtzufinden.

Die intensionale Bedeutung eines Begriffs bezieht sich auf Beschaffenheit und Eigenschaften von Größen innerhalb des Bereiches, auf den er abzielt. Auch hier kann mit Negationen operiert werden, indem man inhaltliche Bestimmungen bestreitet oder abwehrt („Was ist auszuschließen, wenn von x die Rede ist?"). Geht man dabei vom Besonderen zum Allgemeinen vor, verliert der Begriffsinhalt durch fortschreitend exklusive Negationen zunächst an Konkretheit und Anschaulichkeit: Sieht man davon ab, ob jemand männlich oder weiblich ist, kann man von einer Person sagen, dass sie ein Mensch ist. Sieht man davon ab, dass sie ein Mensch ist, kann man von ihr sagen, dass sie ein Lebewesen ist. Sieht man davon ab, dass sie ein Lebewesen ist, kann man von ihr sagen, dass sie ein Seiendes ist etc. Die Skala abnehmender Bestimmtheit führt schließlich zum Grenzwert eines unbestimmten Dass-Seins. Während die Anwendung von Negationen die Extension eines Begriffs eingrenzen kann, führen sie bei der Intension eines Begriffs zu einer Ausweitung und zu Aussagen, die letztlich nur noch angeben, dass etwas nicht nicht(s) ist. Es wird aber nichts mehr über sein Was- und Wie-Sein ausgesagt.

Dieses Zusammenspiel limitativer und exklusiver Negationen kann auch genutzt werden, um Extension und Intension des Begriffs „Gott“ zu bestimmen. Denn mittels exklusiver Negationen ist es möglich, anzugeben, dass der Begriff „Gott“ weder „etwas“ oder „jemand“ noch „alles“ oder „nichts“ bezeichnet. Sprachlogisch ist damit ein Vorgehen verbunden, das derart von Gott sprechen will, dass es von ihm all jene Bestimmungen ausschließt, die das zu Bestimmende zu einem „jemand“ oder „etwas“ machen. Das Wort „Gott“ steht dann für eine Größe, die nicht auf Seiten des Endlichen, Bedingten, Zeitlichen zu finden ist. Hierbei wird das mit dem Wort „Gott“ Bezeichnete als das Andere gegenüber dem Bedingten und Endlichen bestimmt. Mehr kann von ihm nicht ausgesagt werden.

Beim Einsatz limitativer Negationen kommt es zu einem ähnlichen Ergebnis. Von der mit dem Wort „Gott“ bezeichneten Größe kann letztlich nur gesagt werden, dass sie nicht nicht ist. Durch den Einsatz limitativer Negationen wird aber auch erreicht, dass das Wort „Gott“ fortan nicht für „alles“ oder die Gesamtheit des Seienden steht. Am Ende kommt es somit zur Koinzidenz von Extension und Intension des Gottesbegriffs. Sie artikuliert eine ontologische und eine sprachlogische Singularität. Über diese Singularität sind Aussagen möglich, die mit der Logik des „weder/noch“ operieren: Die mit dem Wort „Gott“ bezeichnete Größe hat weder die Eigenschaft eines Seienden oder der Gesamtheit all dessen, was sein kann, noch ist sie nicht(s). Vielmehr muss von ihr gesagt werden, dass sie sich von allem, was ist, und vom Nichts unterscheidet bzw. der Unterscheidung von Sein und Nichts vorausliegt. Anders formuliert: Es gibt nur eine einzige Größe, von der gesagt werden kann, dass sie nicht nicht ist und der Unterscheidung von Sein und Nichts vorausgeht bzw. durch Alterität gegenüber Sein und Nichts ausgezeichnet ist.

Es mag sein, dass die Beachtung extensionaler und intensionaler Bezüge zu einem konsistenten Gottesbegriff führt, der frei von logisch widersprüchlichen Bestimmungen ist. Aber dieser Begriff wurde gewonnen aus der Übersetzung eines mythischen Textes. Folgt daraus, dass er nur erfasst, was in einer längst überholten Weltsicht und religiösen Praxis als Gott bestimmt wurde? Wie steht es um die widerspruchsfreie Bewährung dieses Begriffs in anderen sozio-kulturellen Kontexten? Führt tatsächlich ein Weg vom religiösen Sprachspiel „Wort Gottes“ zu einem auch in säkularen Kontexten verstehbaren Wort „Gott“? Genügt es, religiöse Gottesbilder in konsistente Verstandesbegriffe zu übersetzen? Kohärenz könnte man einer solchen Übersetzung nur dann attestieren, wenn sie widerspruchsfrei anschlussfähig wäre an Vernunftaussagen, die sich nachweislich durch logische Konsistenz auszeichnen.

Man kann zu, von und über Gott sprechen. Aber wird mit dem Wort „Gott“, das man dabei verwendet, tatsächlich angesprochen bzw. ausgesprochen, wofür dieses Wort steht? Und wie kann man diesen Zweifel ausräumen? Die gewöhnlichen Testverfahren, die darüber befinden, ob menschliches Reden zwar wortreich, aber letztlich inhaltsleer ist, lassen sich hier nicht anwenden. Zwar kann man den Gottesgedanken auf seine Widerspruchsfreiheit prüfen und somit ausschließen, dass Unsinn geredet oder unsinnig geredet wird. Aber ist es möglich, das solchermaßen Gedachte mit einer vom Denken unabhängig gegebenen Realität zu konfrontieren, um zu ermessen, ob das Gedachte wirklich wahr ist?

Der christliche Glaube ist auf einen solchen Kohärenznachweis angewiesen, wenn er sich in der Gegenwart verständlich machen und als rational vertretbar erweisen will. Denn er behauptet, sich auf eine Wirklichkeit zu beziehen, die mehr ist als ein bloßes Gedankenkonstrukt. Wenn er von der Existenz Gottes oder von Gottes Zuwendung zum Menschen spricht, erhebt er den Anspruch, dass spezifische epistemologische und ontologische Bedingungen erfüllt sind, sodass jene Wirklichkeit, die er zur Sprache bringt, nicht darin aufgeht, nur als behauptete Wirklichkeit real zu sein. Würde die Theologie darauf verzichten, über die ontologischen Bedeutungsvoraussetzungen des Redens von Gott nachzudenken, würde sich die wissenschaftliche Beschäftigung mit den Inhalten des christlichen Glaubens reduzieren auf eine rekonstruktiv-deskriptive Beschreibung einer spezifischen Ausprägung menschlicher Religiosität und deren besonderer sozio-kultureller Formierung in religiösen Symboliken und Ästhetiken. Dabei würde zwar der Glaube der Christen reflektiert, aber nicht mehr das, was dieser Glaube als Wirklichkeit zur Sprache bringen will.[169]

Wenn auch in einer Existentialen Semiotik des Glaubens nicht auf den Nachweis verzichtet werden darf, dass man denken kann, was man glauben will, bedarf es einer Reflexion, was die „ontological commitments“ (W. V. O. Quine)[170] der Verwendung des Wortes „Gott“ sind.[171] Ohne eine Klärung, wer/was nicht nur in Wahrheit, sondern auch in Wirklichkeit verdient, „Gott“ genannt zu werden, droht das Reden von/zu/über Gott beliebig zu werden oder in Absurditäten zu verfallen. Dabei kommt man auch nicht an der Frage vorbei, in welcher Weise Gott (und seine Existenz sowie seine Eigenschaften) gedacht werden soll, damit wirklich und wahrhaft dabei von Gott die Rede ist. Es könnte ja sein, dass die Logik des „weder/noch“, mit der Extension und Intension des Gottesbegriffs bestimmt wurden, den begründeten Verdacht weckt, dass „Gott“ letztlich ein leeres Wort ist: Worauf bezieht sich dieser Begriff in Wirklichkeit, wenn er in Wahrheit etwas be-

---

169 Vgl. ähnlich B. P. Göcke, Der Anspruch des Glaubens auf objektive Wahrheit, in: M. Seewald (Hg.), Glaube ohne Wahrheit?, Freiburg/Basel/Wien 2018, 56–73.

170 Vgl. hierzu P. Valore, Fundamentals of Ontological Commitment, Berlin 2016.

171 Die Bereitschaft, über die „ontological commitments“ religiöser Rede nachzudenken, hat in den letzten Jahren einen deutlichen Aufschwung erlebt. Zwar besteht weitgehend Konsens bezüglich der Prämisse: Wer eine Aussage als wahr behauptet, muss das als existent annehmen, was sie wahr macht, und verpflichtet sich, ihre ontologischen Bedeutungsvoraussetzungen zu klären. Aber hinsichtlich ihrer Begründung und ihrer Applikation auf das Reden von Gott konkurrieren etliche, deutlich divergierende Ansätze. Vgl. dazu etwa H. v. Sass, Gott als Ereignis des Seins. Versuch einer hermeneutischen Onto-Theologie, Tübingen 2013, 19–27; I. U. Dalferth/A. Hunziker (Hg.), Gott denken – ohne Metaphysik?, Tübingen 2014; R. Gutschmidt/Th. Rentsch (Hg.), Gott ohne Theismus? Neue Positionen zu einer zeitlosen Frage, Münster 2016; M. Szatkowski (Hg.), Ontology of Theistic Beliefs, Berlin/Boston 2018.

zeichnet, das weder etwas oder jemand noch alles oder nichts „ist"?[172] Wer die Sprache auf Gott bringen will, hat allerdings nicht nur mit dieser Schwierigkeit zu kämpfen. In einem säkularen Kontext bestehen für einen solchen Versuch offensichtlich kein Anlass und keine Gelegenheit mehr.

## 3.2. „Gott" – ein leeres Wort? Relationale Ontologie und Existentiale Semiotik

Wer angemessen von Gott reden will, muss auf die säkularen Verstehensbedingungen dieser Rede achten. Werden sie ignoriert, erzeugt ein religiöses Zeugnis entweder Unverständnis oder stößt auf Missverständnisse und Fehldeutungen. Im schlimmsten Fall verstehen die Verfechter der Rede von Gott nicht, warum sie in ihrem säkularen Umfeld nicht verstanden werden. Werden hingegen die religiösen Voraussetzungen religiöser Kommunikation nicht bedacht und koppelt man sich von der traditionellen religiösen Semantik völlig ab, werden entsprechende Sprechversuche innerhalb religiöser Gemeinschaften nicht akzeptiert und als nicht mehr authentisch, repräsentativ oder konsensfähig kritisiert. Wer sich um eine zeitgemäße Form des Sprechens von und über Gott bemüht, muss daher zugleich säkulare und religiöse Rezeptionsbedingungen im Blick behalten.

Soll dabei das Anspruchsniveau der Moderne erfüllt werden, ist auf die radikale Autonomie des Menschen und seiner Welt im Sinne eines „etsi deus non daretur" zu achten. Weder für das Denken noch für das Tun des Menschen scheint der Gottesgedanke etwas zu bezeichnen, das als „conditio sine qua non" angesprochen werden muss. Für die Begründung moralischer Normen, für die Legitimation politischer Herrschaft, für das methodische Vorgehen in Technik und Wissenschaft ist der Rekurs auf Gott nicht mehr unabdingbar, zwingend oder

172 Vgl. hierzu die kritischen Anfragen von W. Kellerwessel, „Denn sie wissen nicht, wovon sie reden". Referenz, religiöse Glaubenssätze und Religionskritik aus sprachanalytischer Sicht, Würzburg 2011.

alternativlos, sondern entbehrlich. In all diesen Bereichen kann sich der Mensch nach Maßgabe der autonomen, ohne Transzendenzbezüge auskommenden Vernunft orientieren.[173] Außerdem bestätigt der faktische Lauf der modernen Welt kontinuierlich die Annahme von Gottes Nicht-Notwendigkeit zur Erklärung innerweltlicher Abläufe und Sachverhalte.

Zwar können im Blick auf die Akzeptanzbedingungen menschlichen Daseins durchaus Postulate der Vernunft und Fluchtlinien des Denkens beschrieben werden, die weit über diese Faktizität hinausweisen. Aber damit ist nur eine Möglichkeit angedeutet, wie man auf den Gedanken kommen kann, den Gedanken „Gott“ zu denken. Diese Möglichkeit widerstreitet nicht dem säkularen Credo der Moderne, dass die Welt ohne Gottes Eingreifen oder Zutun funktioniert. Es wäre ein Fehlschluss, aus dieser Möglichkeit eine Notwendigkeit abzuleiten. Längst hat sich die Vorstellung einer Notwendigkeit Gottes für die Bewältigung innerweltlicher Probleme als eine höchst problematische Prämisse des Redens von Gott erwiesen. Wenn es nun zutrifft, dass es logisch konsistent und kohärent ist, von der Welt zu sagen, dass ihre Verfassung und ihr Selbstverständnis es möglich und um ihrer Autonomie willen sogar nötig machen, die Welt zu denken „etsi deus non daretur“, dann steht die Theologie vor der Aufgabe, unter Verzicht auf die Kategorie „innerweltliche Notwendigkeit“ von der Wirklichkeit Gottes zu reden. Zugleich muss sie Gott und seine innerweltliche Nicht-Notwendigkeit so zusammendenken, dass daraus nicht die Nichtigkeit Gottes für das Selbstverständnis der an ihn Glaubenden oder die Belanglosigkeit ihrer Glaubenspraxis folgt.[174] Sollen dabei außerdem das bib-

---

173 Zum hier angedeuteten Autonomieverständnis vgl. J. Christman, Art. „Autonomie“, in: St. Gosepath u. a. (Hg.), Handbuch der Politischen Philosophie und Sozialphilosophie, Berlin 2008, 96–102. Zu seiner Genealogie siehe Ch. Taylor, Ein säkulares Zeitalter, Berlin 2012, sowie L. Honnefelder, Säkularität und Moderne im philosophischen Diskurs, in: Ders., Was ist Wirklichkeit?, Paderborn 2016, 217–235.

174 Vgl. hierzu auch H.-J. Höhn, Die Kunst der Bestreitung. In postsäkularen Kontexten von Gott reden, in: M. Rose/M. Wermke (Hg.), Religiöse Rede

lische Zeugnis und das christliche Credo nicht verfehlt werden, müssen gleichwohl Aussagen über eine Beziehung zwischen Gott und Welt möglich sein.

Beide Bedingungen sind nach der Auffassung christlicher Theologie erfüllbar, wenn man sich an die Überzeugung von der Geschöpflichkeit der Welt hält. Der Begriff „Geschöpflichkeit" impliziert nämlich sowohl eine unüberbietbare Verwiesenheit der Welt auf Gott als auch eine radikale Verschiedenheit von Gott. Als eine für die christliche Tradition repräsentative und konsensfähige Verdichtung dieser Überzeugung dürfen zwei konziliare Kurzformeln gelten: Zum einen ist Gott „der eine, wahre und lebendige Schöpfer des Himmels und der Erde, ... Er ist wirklich und wesenhaft von der Welt verschieden, in sich und aus sich heraus überaus selig und über alles unaussprechlich erhaben, was außer ihm ist und gedacht werden kann" (Vaticanum I/DH 3001). Zum anderen ist damit impliziert, dass zwischen Schöpfer und Geschöpf keine Ähnlichkeit besteht, die nicht von einer je größeren Unähnlichkeit umgriffen wird (vgl. Lateranum IV/DH 806). Wer von Gott reden will, muss sowohl von der Alterität und Transzendenz Gottes als auch von seiner innerweltlichen Nichtantreffbarkeit sprechen, so dass nichts in der Welt belegt und beweist, dass es ihn geben muss.

Allerdings ist für das Reden von Gott in der Moderne wenig gewonnen, wenn das Weltbild der Moderne keine Verwendung mehr für die Kategorie „Geschöpflichkeit" hat. In den intellektuellen Leitwährungen der Gegenwart wird diese Größe nicht mehr selbstverständlich akzeptiert.[175] Wer mit ihr einen Scheck ausfüllen möchte, muss zuvor einen Deckungsnachweis

---

in postsäkularen Gesellschaften, Leipzig 2016, 89–112; DERS., Der fremde Gott, Würzburg 2008.

175 Vgl. exemplarisch Ch. TAPP/Ch. BREITSAMETER (Hg.), Theologie und Naturwissenschaften, Berlin/Boston 2014; P. BECKER, Kein Platz für Gott? Theologie im Zeitalter der Naturwissenschaften, Regensburg 2009; G. SOUVIGNIER u. a. (Hg.), Gottesbilder an der Grenze zwischen Naturwissenschaft und Theologie, Darmstadt 2009; T. DENNEBAUM, Urknall, Evolution, Schöpfung. Glaube kontra Wissenschaft?, Würzburg 2008.

erbringen. Anders formuliert: Es bedarf einer neuen Anstrengung, modernitätskompatibel sowohl die Gottverwiesenheit der Welt als auch die Weltverschiedenheit Gottes auszusagen und dabei die ontologischen Bedeutungsbedingungen des Wortes „Gott“ zu klären.

Dass eine solche Anstrengung erfolgreich sein könnte, offeriert der Ansatz einer *Relationalen Ontologie*, als dessen Leitbegriffe die Kategorien „Verhältnis“ und „Beziehung“ auszuzeichnen sind.[176] Er steht in Kontinuität zu traditionellen Versuchen einer begrifflichen Erfassung allgemeiner, d.h. grundlegender und unabdingbarer Strukturen der Wirklichkeit sowie fundamentaler Eigenschaften darin begegnender Größen. Gesucht wird eine Antwort auf die Fragen: Wovon hängt es ab, dass etwas ist, was es ist? Welche Bedingungen müssen erfüllt sein, damit etwas als existent angenommen werden und „als“ etwas erfahren werden kann?[177] Diese Fragen sind in einem „postmetaphysischen“ Zeitalter keineswegs obsolet. Es kommt lediglich darauf an, eine Überziehung des erkenntnistheoretischen Kontos zu vermeiden und innerhalb des Kreditrahmens zu verbleiben, den Philosophie und Einzelwis-

---

176 Zu unterschiedlichen Formaten und Versionen siehe D. Bertini/D. Migliorini (Hg.), Relations. Ontology and Philosophy of Religion. Sesto San Giovanni 2018; W. Bührer/R. J. Meyer zu Hörste-Bührer (Hg.), Relationale Erkenntnishorizonte in Exegese und Systematischer Theologie, Leipzig 2018; A. Benjamin, Towards a Relational Ontology, Albany 2015, 1–34; P. Knauer, „Ontología relacional“, in: J. Quezada del Río (Hg.), Dios clemente y misericordioso. Enfoques antropológicos (FS B. Andrade), México 2012, 19–41; Ch. Yannaras, Relational Ontology, Brookline/Mass. 2011; W. J. Wildman, An Introduction to Relational Ontology, in: J. Polkinghorne/J. Zizioulas (Hg.), The Trinity and an Entangled World. Relationality in Physical Science and Theology, Grand Rapids 2010, 55–73; P. Gamberini, Relational Ontology and Mystical experience, in: L. Boeve u.a. (Hg.), Religious experience and Contemporary theological epistemology, Leuven 2005, 257–268; W. Härle (Hg.), Im Kontinuum. Annäherungen an eine relationale Erkenntnistheorie und Ontologie, Marburg 1999.

177 Vgl. als Erstinformation etwa M. Kuhlmann, Ontologie, in: H.D. Brandt (Hg.), Disziplinen der Philosophie, Hamburg 2014, 390–435; Ch. Rapp, Metaphysik. Eine Einführung, München 2016, 9–39.

senschaften durchaus noch gewähren.[178] Daran orientiert sich das im Folgenden vertretene Konzept einer Verknüpfung existentialsemiotischer Reflexionen mit ontologischen Überlegungen, welche die These vertreten, dass für alles, was in der Welt ist, sich hinsichtlich seines Daseins Verhältnisse und Beziehungen angeben lassen, in denen und durch die es (einzig und allein) ist, was es ist: Alles, was ist, steht im Verhältnis der Interdependenz zu anderem, was in der Welt ist. Verhältnislosigkeit und Beziehungslosigkeit sind dagegen für alles auszusagen, was nicht (mehr) ist, d.h. sie definieren das Nichtsein.

Ein relational-ontologischer Ansatz geht davon aus, dass sich die Seinsfrage für den Menschen immer im Horizont seines eigenen Involviertseins in die Wirklichkeit stellt und diese Wirklichkeit sich ihm grundlegend als ein Gefüge von Beziehungen erschließt. Im Gegensatz zu einer Substanzmetaphysik, für die Relationen als etwas Nachgeordnetes gelten, das sekundär zu einer selbständigen Entität hinzutritt und für diese nicht wesentlich ist, sieht eine Relationale Ontologie für das Sein alles Seienden die Verhältnisse und Beziehungen, in denen es existiert, als konstitutiv und bestimmend an.[179]

Allerdings spricht gegen diese Sichtweise zunächst eine Alltagsevidenz. Jeder Mensch weiß aus Erfahrung: Etwas, das ist, ist immer ein „etwas“ und nicht ein „anderes etwas“. Die Identität (und Identifizierbarkeit) von etwas ist davon abhängig, dass es von einem anderen real unterschieden ist. Die Identität von etwas hängt ebenso davon ab, dass es selbst bleibt, als was es identifiziert werden kann. Die Identität von etwas besteht auch darin, dass es für sich selbst besteht und etwas Eigenes, Umgrenztes, Selbiges ist. Allem, was derart ist, muss somit etwas eigen sein, das es zu etwas Bestimmten macht (d.h. iden-

---

178 Vgl. hierzu u.a. W. Detel, Metaphysik und Naturphilosophie (Grundkurs Philosophie 2), Stuttgart 2007.

179 Zu ihrer theoriegeschichtlichen und systematischen Einordnung siehe M. Erler u.a., Art. „Relation“, in: HWP VIII, 578–611; B. Weissmahr, Ontologie, Stuttgart ²1991, 133–135, 163–169; B. Welte, Über zwei Weisen des philosophischen Denkens und deren Folgen für die Religionsphilosophie, in: PhJ 87 (1980) 1–15.

tifizierbar in Zeit und Raum). Was jedem Seienden hinsichtlich seines Dass- und Soseins zugrunde liegt und derart sein Dasein als eines konkret Seienden „ausmacht“ (d.h. sein Wesen darstellt), ist seine „Substanz“. Davon zu unterscheiden sind Akzidentien, die zu einer Substanz (nachträglich) hinzukommen, wozu auch Relationen gehören.

Anthropologisch ist eine solche Auffassung dennoch kaum aufrechtzuerhalten – vor allem dann nicht, wenn sie die Spezifika menschlichen Daseins erfassen will. Der Mensch ist nicht durch ein relationsloses „Selbst“ bestimmt, zu dem Beziehungen nachträglich hinzutreten, sondern bis in sein „Selbst“ hinein relational durch das raum-zeitlich datierbare Bezogensein auf sachhaft-naturale, individuell-personale und sozial-mediale Andersheit definiert. Nimmt man die relationalen Bezüge seiner Grundsituation weg, ist kein menschliches „Selbst“ mehr identifizierbar. Aber nicht nur die existentiale Grundsituation des Menschen ist relational konstituiert, sondern auch jeder praktische Daseinsvollzug. In diesen Vollzügen nimmt der Mensch Bezug auf das, was sein Dasein ausmacht. Dasein heißt für den Menschen darum stets: sich verhalten können, d.h. ein Verhältnis haben zu Natur, Mitmensch/Gesellschaft, Zeit und Sprache. Dasein heißt aber ebenso: auf diese Verhältnisse nochmals Bezug nehmen können.

Was exemplarisch für die Beschreibung menschlichen Daseins skizziert wurde, markiert eine weitere Basisthese einer „Ontologie existentialer Verhältnisse“: Existentiale Relationen sind nicht bloß Beziehungen, die allein im Denken und Sprechen vollzogen werden (indem etwa mit Präpositionen Zeit-, Ort- und Lageverhältnisse zwischen verschiedenen Objekten ausgesagt werden). Sie sind ebenso daseins- und identitätskonstitutiv wie erkenntnisregulativ.[180] Existentiale Relationen sind

180 Von existentialen, d.h. daseinskonstitutiven Verhältnissen und Relationen sind zu unterscheiden akzidentelle, d.h. daseinsqualifizierende bzw. -konsekutive Verhältnisse und Relationen. Diese Verhältnisse kommen z.B. zur Sprache in Aussagen über die zeitliche oder räumliche Antreffbarkeit von etwas („x befindet sich vor/hinter/neben y bzw. x ereignet sich früher/später als y“) oder in kom-

mehr als bloßer Ausdruck der Tatsache, dass und wie unterschiedliche Seiende miteinander zu tun bekommen. Sie benennen auch, worin alles Seiende übereinkommt: „omne ens est relatum – esse est relatio". Als Konstitutiva der Realität der „conditio humana" sind Relationen darum nicht bloß Organisationsprinzipien des Verstandes. Sie besitzen eine eigene ontologische Dignität, insofern Relationen und Verhältnisse existenzkonstitutiv sind, d. h. in ihnen geht „vor" und durch sie geht „auf", was Dasein und Leben genannt wird. Auch für nicht-menschliche Entitäten gilt, dass sie nur im Kontext existenzermöglichender Verhältnisse vorkommen. Diese existentialen Bezüge sind daseins- und identitätskonstitutiv, anstatt – wie in der klassischen Substanzmetaphysik angenommen – bloß daseins- und identitätskonsekutiv zu sein. Die ersten Sätze eines „tractatus relatio-ontologicus" lauten daher:

1. Die Welt ist alles, was sich verhält.
1.1. Die Welt ist die Gesamtheit der Verhältnisse, nicht der Dinge, Tatsachen oder Ereignisse.
1.2. Die Gesamtheit der Verhältnisse ist alles, was die Welt ist.
1.3. Die Gesamtheit der Verhältnisse bestimmt, was der Fall ist.
2. Verhältnisse sind real, indem das, was sich in ihnen verhält, in Beziehungen steht.
3. Beziehungen sind die primären Realisierungsformen dessen, was sich verhält, d. h. was als wirklich und wahr bzw. als wahrhaft wirklich und wirklich wahr bezeichnet werden kann.

---

parativen Aussagen über die Eigenschaften zweier Dinge/Sachverhalte/Entitäten („x ist größer, schwerer, dicker als y"). Der Begriff „Relation" bezeichnet nicht Daseinsumstände, sondern die realen Beziehungen, die unter bestimmten Umständen zwischen verschiedenen Größen entstehen können. Die Relationen, die hierbei festgestellt werden, können ebenfalls akzidentelle Beziehungen sein, d. h. sie kommen additiv zu bestehenden Entitäten hinzu. Sie beschreiben nicht, worin unterschiedliche Entitäten im Grund und unaufgebbar (existenzial) übereinkommen, sondern wie und wodurch sie sich in bestimmten Daseinskonstellationen verwirklichen. Zu diesen Differenzierungen vgl. ausführlich H.-J. Höhn, Gott – Offenbarung – Heilswege. Fundamentaltheologie, Würzburg 2011, 117–123.

Eine Relationale Ontologie erlaubt es zum einen, an plausible einzelwissenschaftliche Befunde hinsichtlich der Relationalität menschlichen Daseins konsistent und kohärent anzuknüpfen.[181] Zum anderen eröffnet sie anhand einer Neuformatierung der Kategorie „Geschöpflichkeit" eine Perspektive, die Rede von Gott anschlussfähig zu machen für eine Welt, die „ohne Gott" gedacht werden will.[182]

Zum Selbstverständnis der modernen Welt gehört das Insistieren auf ihrer Autonomie, aber auch die Einsicht in ihre Kontingenz.[183] Es muss die Welt nicht geben. Mehr noch: Dass überhaupt etwas ist und nicht vielmehr nichts, ist weder eine Notwendigkeit, noch versteht sich das Faktum von selbst, dass es überhaupt etwas gibt.[184] Selbstverständlich ist lediglich, dass alles, was ist, aufgrund seiner Kontingenz auf das Nichts seiner selbst verweist, von dem es nur auf Zeit verschieden ist. Vom Kontingenten ist daher gleichzeitig auszusagen ein „Bewahrtsein vor dem Nichts (seiner selbst)" und ein „Hineingehaltensein ins Nichts (seiner selbst)". Man kann somit nur in der Weise umfassend und angemessen von einem kontingenten Dasein der Welt reden, wie man unter Angabe dieser beiden Hinsichten von ihrer Beziehung zum Nichts ihrer selbst spricht: Einerseits ist die Welt restlos vom Nichts ihrer selbst verschieden, andererseits kommt sie ganz aus diesem Nichts und verweist stets auf das Nichts ihrer selbst. Und zugleich ist sie nur soweit und solange vom Nichts ihrer selbst verschieden, wie sie aus ihm kommt und auf es zugeht.[185]

---

181 Vgl. hierzu in diesem Band den Abschnitt „Existenz und Relation: Die Verfassung des Daseins" (II.2.1.).

182 Zur ausführlichen Darlegung dieses Ansatzes siehe H.-J. Höhn, Gott – Offenbarung – Heilswege, 64–99.

183 Vgl. hierzu auch K. Wuchterl, Kontingenz oder das Andere der Vernunft. Zum Verhältnis von Philosophie, Naturwissenschaft und Religion, Stuttgart 2011.

184 Zu dieser Grundfrage des Denkens und Seins siehe ausführlich D. Schubbe u. a. (Hg.), Warum ist überhaupt etwas und nicht vielmehr nichts? Wandel und Variationen einer Frage, Hamburg 2013.

185 Eine solche Redeweise gerät leicht in die Gefahr einer Hypostasierung des Nichts. Zur näheren Klärung, wann dieser Verdacht begründet ist und inwie-

Wie aber kann etwas gerade durch seine Beziehung zum Nichts seiner selbst in seinem Bestand verstanden werden? Die Nichtigkeit des Nichts besteht doch gerade darin, dass es nicht als möglicher Referenzpunkt des Verstehens in Frage kommt. Bereits alltagssprachlich ist klar: Aus Nichts wird nichts! Nur mit einem „etwas" kann man etwas anfangen. Beim Nichts hört alles auf – auch das Verstehen und Erklären. Die Bezugnahme auf das Nichts ihrer selbst ist zwar *notwendig*, um die *Kontingenz* der Existenz der Welt zu verstehen. Aber sie ist *nicht zureichend*, um die *Existenz* der Welt in ihrer Kontingenz zu verstehen. Ein Nichts vermag nichts zu erklären, zu begründen, verständlich oder einsichtig zu machen.

Es bedarf daher eines zureichenden Grundes, durch dessen Angabe sich die Beschreibung der Welt unter Bezugnahme auf das Nichts von einer epistemisch unvollständigen, hermeneutisch defizitären und ontologisch prekären Beschreibung unterscheiden lässt. Der gesuchte Grund zielt auf eine hermeneutische Bedingung der Möglichkeit zur widerspruchsfreien Deutung eines Sachverhaltes, der ontologisch durch einander widerstreitende Bestimmungen gekennzeichnet ist („bewahrt vor dem Nichts/ hineingehalten ins Nichts"). Will man sodann den für die Kontingenz der Welt gesuchten Grund selbst ontologisch auszeichnen, kann er weder ein „etwas" oder das Ganze des Seienden sein noch nichts bzw. das Nichts sein. Wäre er ein „etwas" oder die Ganzheit des Seins, müsste man ihn auf Seiten welthafter Wirklichkeit suchen. Dann aber würde man auf Seiten des Deutungsbedürftigen nach etwas suchen, das seinerseits erklärungsbedürftig ist. Der gesuchte Grund kann aber auch nicht das Nichts sein, dessen Nichtigkeit sich jedem Erklären

---

fern er sich ausräumen lässt, siehe etwa J. SCHMIDT, Der Gedanke des Nichts und die Frage nach Gott, in: Ders. u.a. (Hg.), Mitdenken über Gott und den Menschen (FS J. Splett), Münster/Hamburg 2001, 36–54. Vgl. hierzu auch die Zusammenstellung von Argumenten, die Ausdrücke „Sein" und „Nichts" einem Missbrauch der Sprache zuzuschreiben, mit der ebenso wohlbegründeten Weigerung, auf ihren Gebrauch gänzlich zu verzichten, bei D. HENRICH, Sein oder Nichts. Erkundungen um Samuel Beckett und Hölderlin, München 2016, 61–225, 397–493.

verschließt. Er lässt sich daher nur so bestimmen, dass er weder etwas noch nichts ist, d.h. er muss der Unterscheidung von „etwas“ und „nichts“ noch vorausliegen bzw. den Unterschied von Sein und Nichts selbst erst konstituieren.

Will man in diesem Kontext die ontologischen Bedeutsamkeitsbedingungen für Inhalt und Gebrauch des Wortes „Gott“ ermitteln, so ergibt sich folgende These: Das Wort „Gott“ steht für den Unterschied zwischen Sein und Nichts, genauer: für jene Größe, die den Unterschied zwischen Sein und Nichts zugunsten des Seienden konstituiert. „Gott“ meint jenen Unterschied zwischen Sein und Nicht-Sein, ohne den nichts wäre.[186]

Dieser Gottesbegriff wahrt die in der christlichen Theologie stets betonte Transzendenz und Alterität Gottes: Nur jene Größe verdient in Wahrheit „Gott“ genannt zu werden, die nicht zum Bestand des (Inner-)Weltlichen zählt, sondern davon in Wirklichkeit und von ihrem Wesen her verschieden ist. Gott ist kein „etwas“ oder „jemand“, denn dann wäre er nicht von seinem Wesen her verschieden von allem, was ein „etwas“ oder ein „jemand“ ist. Er ist aber auch nicht „nichts“.

186 In dieser These wird ein Gedanke aufgegriffen, den Thomas v. Aquin im dritten „Gottesbeweis“ der Summa theologiae (STh I, 2,3 resp) vertritt: Wenn nichts war, wäre nie etwas. Vgl. dazu ausführlich J. Schmidt, Der Gedanke des Nichts und die Frage nach Gott, 37–38; Ders., Philosophische Theologie, Stuttgart 2003, 132–145.

Das Gottsein Gottes besteht aus der Perspektive der Welt darin, den Unterschied zwischen Sein und Nichts zugunsten der Welt zu konstituieren.[187] Als solcher ist er „Schöpfer des Himmels und der Erde“ – aber weder ein „höchstes Seiendes“ noch das Sein selbst.

Dass Gott „Schöpfer von Himmel und Erde“ ist und zugleich „wesenhaft und wirklich“ von seiner Schöpfung verschieden bleibt, impliziert, dass ein Verhältnis zwischen Gott und Welt ausgesagt werden kann, das einen Unterschied einschließt, der größer nicht gedacht werden kann. Dieser radikale Unterschied zwischen Schöpfer und Geschöpf ist gleichwohl ein kreativer, d.h. daseins-, identitäts- und freiheitskonstitutiver Unterschied. Denn nur wegen seiner radikalen Verschiedenheit von allem, was ein „etwas“ oder „jemand“ ist, kann Gott der Grund dafür sein, dass überhaupt etwas oder jemand ist – und nicht vielmehr nichts.[188]

Die ontologische Signatur des theologischen Konzepts der „Geschöpflichkeit“ besteht im Hinweis auf ein nicht bloß daseinsqualifizierendes, sondern daseinskonstituierendes Verwie-

187 Verdeutlichen lässt sich diese These an der metaphorischen Redeweise „Gott ist der Horizont des Daseins“, die eine Alltagserfahrung aufgreift: Wer am Meeresufer steht, stellt fest, dass diesseits des Horizontes alles ist, was für einen Menschen real präsent ist. Ob jenseits des Horizontes etwas ist, lässt sich nicht sagen. Um es zu überprüfen, müsste man sich dahin bewegen, wo jeweils die Horizontlinie verläuft. Je weiter man nun geht, umso weiter weicht diese Linie zurück. Das Jenseits des Horizontes bleibt dabei der Bereich dessen, wo für den Menschen nichts ist. Geht man auf dieses Jenseits zu, verändert sich der Abstand nicht. Der Horizont ist eine unerreichbare Grenze, aber er konstituiert gerade dadurch einen Raum, in den der Mensch (unbegrenzt) vordringen kann. Als solchermaßen den Frei-Raum menschlichen Daseins und Handelns konstituierend ist der Horizont nie selbst im Raum. Er ist nichts Räumliches, aber ermöglicht räumliches Orientieren. „Diesseits“ des Horizontes ist nur Endliches und alles Endliche. Er selbst ist weder Endliches noch das Ganze des Endlichen. Er selbst ist weder etwas noch nichts und weder im Diesseits noch im Jenseits zu (ver)orten.

188 Dass dieser Ansatz auch zu einem naturwissenschaftlich kompatiblen Gottesbegriff führt, unterstreicht Ch. Kummer, An Gott als Person glauben? Eine Spurensicherung, Ostfildern 2019, 16–99.

sen- und Bezogensein der Welt auf Gott, das mit einem radikalen Verschiedensein von Gott einhergeht. Für das Integral der Welt, d. h. für das, was die Welt letztlich und im Ganzen ist und was das Ganze dessen ist, was sein kann, gilt demnach, dass diese Gesamtwirklichkeit als relationale Wirklichkeit beschrieben werden muss. Alle innerweltlichen Entitäten, Verhältnisse und Interdependenzen sind eingelassen in jenes Verhältnis, außerhalb dessen die Welt nicht existieren kann. Diesem relational-ontologischen Sachverhalt entspricht der theologische Begriff „Geschöpflichkeit". Er bezeichnet keineswegs lediglich eine schlechthinnige Abhängigkeit der Welt von Gott, sondern zugleich ihr darin begründetes Selbstsein und Sich-zu-eigen-Sein.

Auf der Basis einer Relationalen Ontologie kann daher auch in theologischer Perspektive die Grundsituation der Welt in ihrer Autonomie gewürdigt werden, d. h. als von Gott in ihre Freiheit, ihr Selbstsein und Sich-zu-eigen-Sein überantwortet. Dies impliziert, dass alles, was *in* der Welt geschieht, jeweils für sich auch ohne Gott („etsi deus non daretur") erklärt und begriffen werden kann. Dies gilt in erkenntnistheoretischer Hinsicht nicht weniger als in lebenspraktischer Hinsicht. Was sich zu eigen ist, frei und mit sich identisch existiert, ist hinsichtlich seiner Identität, Freiheit und Autonomie von keiner anderen Größe abhängig. Hinsichtlich seines Verschiedenseins vom Nichts seiner selbst kann es jedoch von sich aus den Unterschied zwischen Dasein und Nichtsein keineswegs wahren. Im Gegenzug trifft daher ebenso zu: Wenn es einen Grund für den Unterschied von Sein und Nichts gibt, muss er zwar von allem, was ist, verschieden sein, aber zugleich muss alles, was ist, hinsichtlich des Umstands, dass es ist, auf diesen Grund bezogen sein.[189]

---

189 Diese Bestimmung des Gott/Welt-Verhältnisses ist nicht kompatibel mit einem Konzept, das „Gott als panentheistisches Integral von Allem denkt, als das Eine und Ganze, das sich von nichts unterscheidet, sondern alles Unterschiedene in sich hat… Man muss Gott vielmehr so denken, dass man nichts ohne Gott denken kann, ohne Gott als etwas (eines unter anderem) oder als alles (die Summe

Wenn unter dieser Rücksicht die Welt ohne Gott nicht sein kann (aber sehr wohl Gott ohne die Welt existieren kann), dann kann in der Terminologie einer Relationalen Ontologie die modernitätskompatible, logisch konsistente und kohärent an eine säkulare Daseinsdeutung anschlussfähige These formuliert werden: Die Welt ist unüberbietbar bezogen auf Gott, von dem sie radikal verschieden ist. Das „Bezogen-sein-auf-Gott" ist für die Welt *daseinskonstitutiv*. Das „Verschieden-sein-von-Gott" ist für die Welt *autonomiekonstitutiv*. Als radikal von Gott verschieden ist die Welt gerade in ihrem Verwiesensein auf Gott etwas Eigenes, d.h. sich zu eigen und sich selbst gegeben.

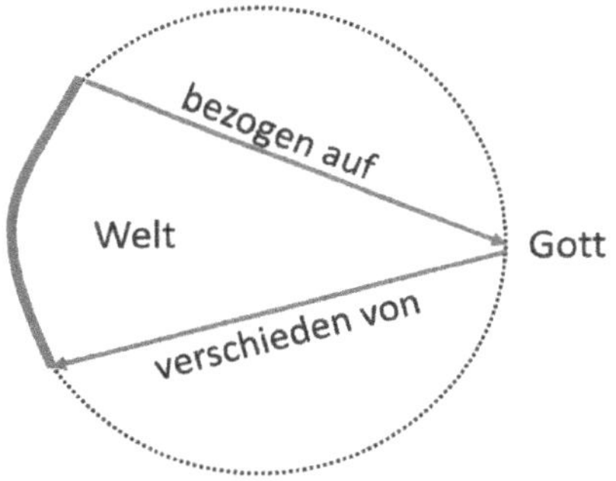


Das Bezogen-sein-auf-Gott relativiert nicht die Autonomie der Welt, die in ihrem Verschieden-sein-von-Gott begründet ist. In dem Maße, wie der Mensch unüberbietbar verwiesen ist auf Gott, bleibt er auch gegenüber Gott in einem nicht relativierbaren Maße frei. Zugleich begründet dieser Umstand die innerweltliche Nichtantreffbarkeit und die Nichtnotwendigkeit Gottes zur Bewältigung innerweltlicher Belange.[190]

---

von allem) misszuverstehen. Dass nichts ist ohne Gott, heißt nicht, dass Gott alles oder eines von allem ist", I. U. Dalferth, God first. Die reformatorische Revolution der christlichen Denkungsart, Leipzig 2018, 295.

190 Die bisherigen Überlegungen weisen zwar etliche Berührungspunkte mit dem Konzept auf, das vertreten wird von P. Knauer, Der Glaube kommt vom Hören. Ökumenische Fundamentaltheologie, Norderstedt $^7$2015, 25–56. Allerdings bestehen auch signifikante Unterschiede, von denen der wichtigste

### 3.3. Gottes Existenz und Eigenschaften: Die kritische Logik analogen Sprechens

Wenn die Geschöpflichkeit der Welt impliziert, dass die Welt unüberbietbar verwiesen ist auf Gott in radikaler Verschiedenheit von ihm, sind zunächst nur Aussagen über Gott möglich, die seine Transzendenz und Alterität unterstreichen. Gleichwohl schließt die relational-ontologische Bestimmung des Welt/Gott-Verhältnisses bzw. die radikale Verschiedenheit der Welt von Gott keineswegs weitere Aussagen über Gottes Dasein aus: Wenn Gott jene Größe ist, ohne die nichts wäre, ist alles, was vom Nichts verschieden ist, unüberbietbar auf ihn bezogen. Gott ist demnach das „Woraufhin" dieses Bezogenseins. Wenn nun die Welt ist bzw. eine Realität ist, muss auch das Woraufhin dieses Bezogenseins real bzw. eine Realität sein. Wäre Gott in jeder Hinsicht von der Welt verschieden, könnte es kein Bezogensein der Welt auf Gott geben. Gott und Welt haben darin eine Gemeinsamkeit, dass sie radikal vom Nichts verschieden sind – wenngleich auf jeweils verschiedene Weise. Dieser ontologische Sachverhalt hat unmittelbar Folgen für eine sprachlich angemessene Form, von der „Existenz" Gottes zu reden: Dass Gott „ist", gilt nicht in derselben Weise, wie die Welt „ist", wegen ihrer radikalen Verschiedenheit von Gott. Daher kann das Wort „ist" nicht univok verwendet werden. Dass Gott „ist", gilt aber auch nicht in völlig verschiedener Weise, wie die Welt „ist", wegen ihres unüberbietbaren Bezogenseins auf Gott. Daher kann das Wort „ist"

ist, dass hier kein „Geschöpflichkeitsbeweis" vorgestellt wird, der auf einzelne widerspruchsproblematische innerweltliche Sachverhalte rekurriert, die angeblich nur in einer relational-ontologischen Bestimmung eines Welt/Gott-Verhältnisses logisch widerspruchsfrei beschreibbar werden. Wenn der Grundsatz „etsi deus non daretur" bei der Beschreibung innerweltlicher Sachverhalte wirklich ernstgenommen wird, ist es nicht mehr statthaft, einzelne innerweltliche Tatbestände allein „sub ratione Dei" konsistent und kohärent deuten zu wollen. Die Rekonstruktion eines Welt/Gott-Verhältnisses kann auch nicht dazu dienen, um innerweltliche Phänomene besser erklären zu wollen, als es Philosophie und Wissenschaften vermögen.

auch nicht äquivok verwendet werden. Da Gott nicht nicht sein kann, muss das Wort „ist“ angesichts der Tatsache, dass die Welt sowohl auf ihn bezogen als auch von ihm verschieden ist, analog verwendet werden.

Allerdings erhebt sich an dieser Stelle auch die Frage, ob damit die Bestimmung jener Größe, die es verdient, in Wahrheit und in Wirklichkeit „Gott“ genannt zu werden, nicht bereits an ihr Ende kommt. Wäre dies der Fall, müsste dem Ansatz einer Relationalen Ontologie vorgehalten werden, möglichen Aussagen über und von Gott eher enge Grenzen zu setzen, als einen neuen Horizont zu eröffnen. Oder haben wir es hier mit epistemischer Bescheidenheit zu tun? In der Vergangenheit hat sich die Theologie jedenfalls zugetraut, nicht nur über die Existenz, sondern auch über die Eigenschaften Gottes Auskunft erteilen zu können. Gleichwohl ist sie auch immer wieder in Verlegenheit geraten, wenn sie die erkenntnistheoretische und sprachlogische Grundlage ihrer Auskünfte ausweisen und rechtfertigen sollte. In den letzten Jahren ist vor allem im angelsächsischen Raum auf Seiten einer „analytischen“ Religionsphilosophie bzw. Philosophischen Theologie das Nachdenken über Gottes Eigenschaften wieder forciert worden.[191] Dabei ist die Frage nach den „ontological commitments“ sowie nach den epistemologischen und sprachlogischen Grenzen eines solchen Versuches oft eine Marginalie geblieben. Innerhalb einer „hermeneutisch-kritischen“ Religionsphilosophie und Systematischen Theologie ist zwar immer wieder bedacht worden, welche kriteriologische Bedeutung Prädikate wie „Allmacht“ und „Allwissenheit“ für die Arbeit am Gottesbegriff haben bzw. von welchen damit in Beziehung stehenden Verhaltensweisen abhängt, ob man eine Größe „göttlich“ nen-

---

191 Vgl. Th. Marschler/Th. Schärtl (Hg.), Eigenschaften Gottes. Ein Gespräch zwischen systematischer Theologie und analytischer Philosophie, Münster 2016; B. Irlenborn/A. Koritensky (Hg.) Analytische Religionsphilosophie, Darmstadt 2013 (darin v.a. die Beiträge von J. Hoffman/G. Rosenkrantz und L. Zagzebski).

nen kann.[192] Allerdings hat man immer seltener überprüft, ob diese Bestimmungen kompatibel sind mit einer Weltdeutung „etsi deus non daretur".[193]

Beiden Aufgaben stellen sich die folgenden Überlegungen aus der Perspektive einer Relationalen Ontologie. Die Verknüpfung ontologischer, erkenntnistheoretischer und sprachlogischer Belange erfolgt im Rekurs auf die traditionelle Analogielehre. Dabei wird Bezug genommen auf eine *via affirmationis* gewonnene Aussage über eine Entsprechung zwischen Schöpfer und Geschöpf, aber auch der Weltverschiedenheit Gottes wird Rechnung getragen, indem alle affirmativen Aussagen über die *via negativa* und *via eminentiae* modifiziert werden. Als instruktives Vorbild kann hierbei Thomas von Aquins Ansatz in der „Summa contra Gentiles" gelten:

> „Auf Grund dessen lässt sich auch darüber nachdenken, was von Gott gesagt oder nicht gesagt werden kann, sowie auch darüber, was sich nur von ihm und was sich zugleich von ihm und anderen Dingen aussagen lässt. Weil man nämlich alle Vollkommenheit des Geschöpfes in Gott finden kann, aber auf eine andere, hervorragendere Weise, werden alle die Namen, die eine Vollkommenheit

---

192 Vgl. zuletzt J. Ringleben, Der lebendige Gott. Gotteslehre als Arbeit am Begriff, Tübingen 2019, 403–685; J. Herzgsell, Gott über uns – Gott unter uns – Gott in uns. Philosophische, theologische und spirituelle Annäherungen an Gott, Freiburg/München 2018, 492–557; R. Schaeffler, Gott und seine „Eigenschaften". Ein altes philosophisches Thema, neu entdeckt, in: F. Resch (Hg.), Die Frage nach dem Unbedingten, Dresden 2016, 215–245; J. Moltmann, Der lebendige Gott und die Fülle des Lebens, Gütersloh 2014, 44–60, sowie W. Löffler, Die Attribute Gottes, in: M. Schrenk (Hg.), Handbuch Metaphysik, Stuttgart 2017, 201–207.

193 Für B. P. Göcke, Alter Wein in neuen Schläuchen, in: M. Blay u. a. (Hg.), „Stets zu Diensten?" Welche Philosophie braucht die Theologie heute?, Münster 2018, ist der Hinweis darauf, dass ohne den Nachweis der Modernitätskompatibilität die Theologie sozio-kulturelle Muster und Bedingungen der Plausibilität religiöser Kommunikation verfehlt, eine „bloße Behauptung ohne systematische Relevanz" (251, Anm. 47). Als Begründung für diese Feststellung genügt ihm die Behauptung, dass „sich die wenigsten Philosophen verpflichtet fühlen, bestimmten geschichtlichen Epochen entsprechen zu müssen" (ebd.).

an sich und ohne Mangel bezeichnen, von Gott und von den anderen Dingen ausgesagt, wie ‚Gutsein', ‚Weisheit', ‚Sein' und anderes dieser Art. – Jeder Name aber, der geschöpfliche Vollkommenheiten in der den Geschöpfen eigenen Weise ausdrückt, kann von Gott nur nach der Weise einer Ähnlichkeit oder Metapher ausgesagt werden, durch die das, was dem einen Ding eignet, einem anderen beigemessen zu werden pflegt, wie ein Mensch wegen der Starrheit seines Verstandes ‚Stein' genannt wird. Zu dieser Gruppe aber gehören alle Namen, die gegeben werden, um die Art eines geschaffenen Dinges zu bezeichnen, wie ‚Mensch' und ‚Stein', denn einer jeden Art gebührt eine ihr eigene Weise der Vollkommenheit und des Seins. Ebenso auch alle die Namen, die Eigenschaften von Dingen bezeichnen, welche aus den eigenen Prinzipien der Arten verursacht werden. Deshalb können sie von Gott nur metaphorisch ausgesagt werden. – Die (Namen) aber, die geschöpfliche Vollkommenheiten in der Weise des Überragens ausdrücken, in der sie Gott zukommen, werden allein von Gott ausgesagt, wie ‚das höchste Gute', ‚das erste Seiende' und anderes dergleichen."[194]

Anhand dieses Analogiekonzepts kann eine Präzisierung von Status und Funktion der Rede von Gottes Eigenschaften innerhalb der Theologie erzielt werden, welche jene Konsistenz- und Kohärenzpostulate erfüllt, die bereits für Aussagen über die Existenz Gottes formuliert wurden. Es wird sich zeigen, dass eine solche Rede nur im Kontext schöpfungstheologischer Überlegungen sinnvoll zu unternehmen ist. Dabei ist durchgängig zu beachten, dass ein angemessenes Verständnis von Gottes Allmacht, Allgüte und Allwissenheit sich erst am Ende eines Denkwegs auf der via affirmativa, negativa, eminentiae ergibt. Erst als Abschluss dieses Weges ergibt sich ein analoger Begriff von Gottes Existenz und Eigenschaften.[195]

---

194 THOMAS V. AQUIN, Summa contra Gentiles I, cap. 30 (hg. v. K. Albert/P. Engelhardt, Darmstadt 2001, 127).

195 Bei manchen prominenten Autoren, die auf diese Schrittfolge Bezug nehmen, wird nicht recht klar, worauf die „via eminentiae" abzielt und wie sie zu den affirmativen und negativen Bestimmungsmerkmalen steht. AUGUSTINUS, Be-

Die epistemologische Basis liefert die relational-ontologische Bestimmung geschaffenen Daseins: Wenn Gott den Unterschied von Nichtsein und Dasein zugunsten des Seienden konstituiert bzw. selbst dieser Unterschied „ist", dann kommt dem Geschaffenen sein Dasein von Gott her zu bzw. sein eigenes Verschiedensein vom Nichts kommt ihm zu vermittels Gottes radikalem Verschiedensein vom Nichts. Hinsichtlich des Verschiedenseins vom Nichts kann zwischen Schöpfer und Geschöpf eine ‚Gemeinsamkeit' festgestellt und affirmativ ausgesagt werden. Zugleich sind verneinende Aussagen notwendig hinsichtlich des radikalen Verschiedenseins von Schöpfer und Geschöpf. Beim Sprechen von Gott ist zu beachten, dass aufgrund des Unterschieds zwischen Schöpfer und Geschöpf keine ‚Ähnlichkeit' zwischen beiden ausgesagt werden kann, die nicht umgriffen wird von einer je größeren Unähnlichkeit. Von Gott kann der Mensch daher nur Eigenschaften aussagen,

---

kenntnisse/Confessiones, München [2]1960, 611, ordnet ihr ein Moment der Bestreitung zu, das auf die Unvergleichlichkeit Gottes abhebt, worauf bereits die „via negativa" hinweist: „Du also, Herr, hast sie erschaffen, der du schön bist – denn sie sind schön; der du gut bist – denn sie sind gut; der du bist – denn sie sind. Aber nicht in gleicher Weise schön sind sie, nicht in gleicher Weise gut sind sie, nicht in gleicher Weise seiend wie du, ihr Schöpfer, mit dem verglichen sie weder schön sind noch gut sind noch seiend sind" (Buch XI, Kap. 4). Bei I. KANT nimmt die „via eminentiae" lediglich eine „Entschränkung" von Eigenschaftszuschreibungen vor, die auf Seiten der Geschöpfe eingeschränkt, d.h. minderen Grades vorgefunden werden. So ist es statthaft, dass „man Gott verschiedene Eigenschaften beilegt, deren Qualität man auch den Geschöpfen angemessen findet, nur daß sie dort zum höchsten Grade erhoben werden, z.B. Macht, Wissenschaft, Gegenwart, Güte etc. unter den Benennungen der Allmacht, der Allwissenheit, der Allgegenwart, der Allgütigkeit etc., es doch drei giebt, die ausschließungsweise und doch ohne Beisatz von Größe Gott beigelegt werden, und die insgesammt moralisch sind: er ist der allein Heilige, der allein Selige, der allein Weise; weil diese Begriffe schon die Uneingeschränktheit bei sich führen" (KpV, AA V, 131 (Anm. 2). Von Gott auszusagen, er sei „uneingeschränkt" mächtig und gütig, lässt jedoch nicht mehr erkennen, dass er auf gänzlich andere und einzigartige Weise als der Mensch über Macht und Güte verfügt. Von ihm auszusagen, er sei „allein weise", übergeht in semantischer Hinsicht, dass „weise" auch ein Prädikat ist, das man dem Menschen zuweisen kann.

die einzig im analogen Sinn Geltung beanspruchen können. Analoge Aussagen gewinnt man in einem Dreischritt aus:

(1) Via affirmativa: Was dem Geschöpf hinsichtlich seiner Geschöpflichkeit zukommt, d. h. hinsichtlich dessen, was für seine Existenz und seine Besonderheit („geschöpfliche Vollkommenheit“) konstitutiv ist („A ist derart, dass es ohne die Eigenschaft B nicht sein kann.“), kann auch von Gott als seinem Schöpfer ausgesagt werden.
(2) Via negativa: Was von Gott als Schöpfer ausgesagt werden kann, unterscheidet sich von dem, wie es dem Menschen als Geschöpf zugesprochen werden kann („Die Eigenschaft B kann der Größe A nicht in derselben Weise zukommen, wie dies für Größe C zutrifft.“).
(3) Via eminentiae: Wenn vom Schöpfer überhaupt etwas ausgesagt werden kann, das auch für das Geschöpf daseinskonstitutiv ist, dann muss ihm dies in unüberbietbarer und einmaliger Weise zukommen („Wenn Gott die Eigenschaft B zukommt, besitzt er sie in einer nicht relativierbaren oder übertreffbaren Weise, d. h. sie kommt ihm derart zu, wie sie von nichts und niemandem sonst ausgesagt werden kann.“).

Auf diesem Weg lassen sich inhaltliche Bestimmungen der Eigenschaften Gottes gewinnen, die zugleich „Alleinstellungsmerkmale“ bezeichnen, d. h. angeben, woran das Gottsein Gottes festgemacht werden kann und worin der je größere Unterschied zwischen Schöpfer und Geschöpf besteht.[196]

196 Zum Ganzen siehe H.-J. Höhn, „Deus semper maior“. Existenz und Eigenschaften Gottes aus der Perspektive einer Relationalen Ontologie, in: ThPh (2017) 481–508. – Diesem Dreischritt folgt auch R. Schneider, Analogie, kontextuale Semantik und holistischer Pluralismus, in: B. Nitsche/F. Baab (Hg.), Dimensionen des Menschseins – Wege der Transzendenz?, Paderborn 2018, 321–342. Allerdings versteht er den dritten Schritt als „Negation der Negation“ und als Überstieg zu einem „Allumfassenden“. In einer relational-ontologischen Perspektive zielt die „via eminentiae“ hingegen auf den Überstieg des Negierten zu einem Unüberbietbaren. Die ontologische Diffe-

### 3.3.1. Allmacht: Konstitution des Unterschieds von Sein und Nichts

Nicht selten findet sich auch in der zeitgenössischen religionsphilosophischen und theologischen Literatur ein Allmachtsbegriff, der das Produkt der Anwendung einer Steigerungs- und Überbietungslogik ist und im Kontext anthropomorpher Beschreibungen verbleibt. Am Menschen oder in der Natur beobachtbare machtförmige Potenzen oder Kräfte werden mit dem Faktor „unendlich" versehen und als Gottesprädikate ausgegeben.[197] Gottes „Allmacht" wird dann verstanden als ein Vermögen, sich bei der Ausführung eigener Absichten über alle Einschränkungen und Hindernisse hinwegsetzen zu können oder alles allein bewirken zu können, was man sich vornimmt. „Allmächtig" ist Gott dann, wenn er alles kann, was er will, und alles Mögliche (oder Unmögliche) wollen kann. Was auf den ersten Blick wie eine plausible Definition anmutet, erweist sich bei näherem Hinsehen als die religiöse Dublette einer menschlichen Allmachtsphantasie. Wendet man jedoch den Dreischritt analogen Denkens an, so ergibt sich eine Gedankenfolge, die sich weder den Anthropomorphismusvorwurf zuziehen noch dem Projektionsverdacht aussetzen muss:

(1) Der Mensch macht die Erfahrung, dass er in der Welt etwas anfangen kann, d.h. er kann Neues anfangen und er kann neu anfangen. Etwas, das vorher nicht *in* der Welt

---

renz zwischen Schöpfer und Geschöpf ist nicht dadurch gewahrt, dass man sie ähnlich wie die Differenz zwischen Allumfassendem und Vielem bestimmt. Gott umgreift nicht alles, was ist, sondern konstituiert den Unterschied zwischen Sein und Nichts – und eben dies macht die Unüberbietbarkeit bzw. das Gottsein Gottes aus.

197 Vgl. die kritische Sichtung solcher Auffassungen von A. Kreiner, Das wahre Antlitz Gottes – oder was wir meinen, wenn wir Gott sagen, Freiburg/Basel/Wien 2006, 307–343. Siehe ferner M. Bachmann, Gott, der „Allmächtige". Der Pantokrator der Bibel und die Theodizeediskussion, Freiburg 2019; J. Ringleben, Der lebendige Gott, 345–371; W.H. Ritter u.a., Der Allmächtige. Annäherungen an ein umstrittenes Gottesprädikat, Göttingen [2]1997.

war, kommt durch menschliches Wollen und Tun *zur* Welt. Etwas, das zuvor nicht war, ist aus dem Nicht-Sein ins Da-Sein überführt worden. Diese Neuanfänge kann der Mensch spontan, aus freien Stücken und vermittels der Unterbrechung bestehender Handlungsabläufe in Gang setzen. Dieses Vermögen (der Willens- und Handlungsfreiheit) ist konstitutiv, charakteristisch und sinnstiftend für menschliches Dasein; darin manifestiert sich sein Selbst- und Eigensein und darin unterscheidet er sich von anderen Geschöpfen. Sofern das Vermögen des Neu-Anfangen-Könnens und des „Zur-Welt-Bringens" von etwas, das zuvor nicht in der Welt war, dem Menschen hinsichtlich seiner Geschöpflichkeit zukommt, kann dieses kreative Vermögen der Daseinsermöglichung auch Gott zugesprochen werden.

(2) Das Vermögen des Menschen, etwas Neues bzw. neu anfangen zu können, ist nicht voraussetzungs- oder bedingungslos, sondern an kontingente Daseinsumstände gebunden (z.B. psycho-physische Einschränkungen, Befristung der Zeit, Endlichkeit von Ressourcen, Konkurrenz mit anderen Menschen). Sofern Gott das Vermögen zugesprochen wird, etwas, das noch nicht ist, wirklich werden zu lassen bzw. aus seinem Nicht-Sein in sein Dasein zu rufen, müssen dabei alle kontingenten Daseinsumstände negiert werden. Es muss ein voraussetzungsloses Anfangen-Können sein.

(3) Wenn Gott (etwas) voraussetzungslos (neu) anfangen kann, übersteigt und überbietet dies alle innerweltlichen Anfänge. Unüberbietbar ist allein jenes Vermögen, das den Unterschied von Sein und Nichts zugunsten des Seienden konstituiert. Der Begriff „Allmacht" bezieht sich auf den Sachverhalt, dass es keine größere Macht gibt als das Vermögen, den Unterschied von Sein und Nichts zu konstituieren.

Aus diesem Dreischritt ergibt sich auch, dass der Begriff *„Allmacht"* ein Alleinstellungsmerkmal von Gottes Wesen und Wirklichkeit bezeichnet. Die Bedeutung der via eminentiae liegt darin, Merkmale an Gottes Wesen und Wirklichkeit auszuzeichnen, für die ein „maius cogitari non potest" zutrifft.[198] Im Folgenden ist zu prüfen, welche Implikationen dieses Allmachtsverständnis für die Beschreibung des Gott/Welt-Verhältnisses birgt. Diese Erörterung soll derart erfolgen, dass zunächst darauf eingegangen wird, welche Annahmen mit diesen Implikationen nicht vereinbar sind. Eine erste Implikation betrifft die Semantik und Pragmatik des Allmachtsbegriffs. Sinnvoll verwendbar ist der Begriff „Allmacht Gottes" zunächst nur im Kontext der Schöpfungstheologie. Er eignet sich nicht als ‚Joker' in anderen theologischen Traktaten. Gott erweist sich dort als allmächtig, wo es um Sein und Nichts geht – nirgendwo sonst.[199]

Eine solche Feststellung ist keineswegs Ausdruck menschlicher Hybris, die Gottes Handeln Grenzen ziehen will. In ihr manifestiert sich auch nicht eine theologische Arroganz, die den ‚einfachen' Gläubigen vorschreiben will, wo sie mit Gottes Handeln rechnen können und wo nicht. Vielmehr nimmt sie ernst, was theologischer Spekulation und religiöser Phantasie gleichermaßen ein Limit setzt: Das durch Gottes Allmacht begründete Welt/Gott-Verhältnis ist weder überbietbar noch relativierbar. Zu jedem Zeitpunkt ist alles, was ist, darauf angewiesen, auf Gott bezogen zu sein, der allein den Unterschied von Sein und Nichts zugunsten des Seienden zu konstituieren vermag. Kein Seiendes ist zu irgendeinem Zeitpunkt in der Lage, diesen Unterschied aus eigener Kraft zu wahren. Alles, was ist, ist demnach ausnahmslos und zu jeder Zeit verwiesen auf Gott, ohne den nichts ist. Ein höheres Maß an Gottverwiesenheit des Geschaffenen ist somit gar nicht möglich. Der traditionell mit „creatio continua" bezeichnete Aspekt einer

198 Zur grundlegenden Bedeutung dieser Formel für einen konsistenten Gottesbegriff siehe G. PÖLTNER, Was heißt Denken? Die Herausforderung des Proslogion-Arguments, in: PhJ 125 (2018) 150–169.

199 Vgl. ähnlich NIKOLAUS V. KUES, De deo abscondito, in: Ders., Philosophisch-theologische Schriften I, Wien 1989, 305: „Gott steht über dem Nichts und dem Etwas. Ihm gehorcht das Nichts, so daß es zu Etwas wird. Und dies ist seine Allmacht. Durch sie überragt er alles, was ist und das, was nicht ist … Er ist also nichts von allem, das ihm unterworfen ist und dem seine Allmacht vorangeht."

bleibenden und ungebrochenen Gottverwiesenheit der Welt wird in relational-ontologischer Perspektive somit nicht relativiert, sondern hinsichtlich seiner inneren Verwiesenheit auf die „creatio ex nihilo“ hervorgehoben.

Gleichwohl steht das bisher umrissene Verständnis von Gottes Allmacht und Geschöpflichkeit der Welt der Behauptung eines Gott/Welt-Verhältnisses entgegen, das ein Eingreifen Gottes in innerweltliche Prozesse und Strukturen impliziert. Für dieses Eingreifen wird auf „Wunder“ verwiesen, die gar nicht anders zu erklären sein sollen als durch ein Handeln Gottes, das eine Steigerung oder Überbietung seines mit dem Begriff „Geschöpflichkeit“ bezeichneten Weltverhältnisses darstellt. Ein solcher Hinweis übersieht jedoch, dass „Allmacht“ ein ontologischer Endbegriff ist: Wie der Unterschied von Sein und Nichts keine Abstufungen kennt oder nochmals überboten werden kann, so kennt auch die Allmacht Gottes keine Abstufungen. Wenn die Welt je schon zur Gänze unüberbietbar mit Gott „zu tun hat“, wie soll es dann in der Welt etwas geben, mit dem Gott noch „mehr zu tun hat“?

Dass es in der Welt Phänomene gibt, die sich (natur)wissenschaftlich kausal oder konditional bzw. mittels der bekannten Naturgesetze nicht erklären lassen (z. B. Spontanheilungen lebensgefährlicher Erkrankungen), muss in diesem Kontext keineswegs geleugnet werden. Aber Naturgesetze definieren nicht das Verhältnis von Welt und Gott, sondern innerweltliche Abläufe. Hier mag es durchaus Sprünge und Brüche geben. Allerdings stellen sie keine Sprünge und Brüche im Welt/Gott-Verhältnis dar. Alle naturwissenschaftlichen Weltentstehungs-, Welterhaltungs- und Weltuntergangstheorien sind relevant für das Gesamt dessen, was von Gott verschieden ist und was hinsichtlich seiner Gottverschiedenheit von ihm gesagt werden kann; sie betreffen es aber nicht hinsichtlich seines Verhältnisses zu Gott bzw. seines Verwiesenseins auf Gott.[200]

---

200 Dieser Sachverhalt wird durchgängig ausgeblendet, wenn für die Rechtfertigung eines theologischen Wunderverständnisses Beihilfe bei naturwissenschaftlichen Theorien bzw. deren Kritik gesucht wird. Vgl. hierzu etwa

Ebenso ist zu beachten, dass bestimmte in der Theologie kursierende Wundervorstellungen in das Gegenteil dessen münden, was sie anzielen, wenn sie mit Interventionen Gottes in das Weltgefüge rechnen, welche die Struktur dieses Gefüges partiell oder situativ aufheben. Derartige Vorstellungen sind nicht nur inkompatibel mit dem ausnahmslosen und unüberbietbaren Verwiesensein der Welt auf Gott. Indem solche „Wunder" die Struktur der „Schöpfungsordnung" bzw. die Sinnlogik von Dasein, Freiheit und Autonomie des Menschen partiell oder situativ außer Kraft setzen, würden sie den Rang jener Größen relativieren, deren Erhalt und Bedeutung sie angeblich dienen sollen. Wer einen solchen Eingriff verlangt, formuliert einen Widerspruch zwischen Mittel und Zweck dieses Eingriffs: Wenn es bei einem Wunder darum gehen soll, dass die Sinnstruktur der Welt offenbar wird, indem sich Gott als „seinsmächtig" oder „geschichtsmächtig" erweist, wäre es wi-

---

Ch. J. Amor, Renaissance des Wunders?! Zur Rehabilitierung einer beinahe totgesagten Kategorie, in: R. A. Siebenrock/Ch. J. Amor (Hg.), Handeln Gottes. Beiträge zur aktuellen Debatte, Freiburg/Basel/Wien 2014, 265–302. – M. Blay, Natürliche Wunder?! Eine Rekonstruktion des Wunderbegriffs im Horizont der Emergenztheorie, Münster 2018, unternimmt den Versuch, einen Wunderbegriff zu entwickeln, der sowohl mit einem wirkursächlichen (theologischen) Non-Interventionismus kompatibel ist als auch die Möglichkeit eines göttlichen Avisierens bestimmter innerweltlicher Vorkommnisse einschließt: „Wunder sind demnach Transformationsprozesse, bei denen durch die Effektivität natürlicher dispositionaler Kräfte emergente Ereignisse, Prozesse oder Strukturen mit eigener formalursächlicher Wirksamkeit auftreten und die keine Naturgesetze durchbrechen, sondern eigene Regularitäten begründen und so zur Verwirklichung höherer Seinsstufen beitragen" (374). Auch die hier beschriebenen Transformationsprozesse beziehen sich auf innerweltliche Vorgänge und betreffen nicht das Welt/Gott-Verhältnis. Zudem bleibt fraglich, ob Blay seinen non-interventionistischen Anspruch konsequent durchhalten kann, wenn er eine göttliche causa formalis ins Spiel bringt, der er zugleich die Merkmale einer causa efficiens zuschreibt: „Gott ist also nicht nur die schöpferisch-wirkursächliche Quelle der natürlichen Entwicklung, sondern auch ihr formalursächliches Ziel, das in allen weltimmanenten Prozessen präsent ist, wobei er sich dafür geschaffener Formen bedienen kann, die er im ursprünglichen Schöpfungsakt in die Welt mit eingestiftet hat" (373). Wird hier ein Non-Interventionismus von einem teleologischen Determinismus eskortiert?

dersinnig, wenn das Wunder auf Umstände angewiesen wäre, unter denen diese Sinnstruktur mitsamt der radikalen Verschiedenheit von Schöpfer und Geschöpf aufgebrochen würde. Die in der Geschöpflichkeit der Welt begründete Freiheit, Autonomie und Identität des Geschaffenen würde angetastet. Wozu? Um von Seiten Gottes für die Freiheit, Autonomie und Identität des Geschaffenen einzutreten? Wer meint, durch die Aufgabe oder Relativierung des radikalen Unterschieds von Gott und Welt etwas an Freiheit, Autonomie und Identität für die Welt gewinnen zu können, tastet mit diesem Vorhaben gerade die Ermöglichungsstruktur und -logik von Freiheit, Autonomie und Identität des Geschaffenen sowie seiner eigenen Geschichtsmächtigkeit an. Wenn in der Theologie auf Wunder verwiesen wird, die eine Durchbrechung von Naturgesetzen manifestieren (sollen), so kann mit diesen Phänomenen nicht eine Veränderung in der Struktur und Logik der Geschöpflichkeit des Menschen, d.h. seines Welt/Gott-Verhältnisses plausibel vertreten werden.

Sofern Gott das Vermögen zugesprochen wird, was noch nicht ist, wirklich werden zu lassen bzw. aus seinem Nicht-Sein in sein Dasein zu rufen, müssen dabei alle kontingenten Daseinsumstände negiert werden. Von Gottes Allmacht kann theologisch und (onto)logisch sinnvoll – wie gezeigt – nur hinsichtlich der Konstitution des Unterschiedes von Sein und Nichts zugunsten des Seienden gesprochen werden. Daraus folgt nicht, dass Gottes Allmacht impliziert, logisch und/ oder ontologisch (Selbst)Widersprüchliches wirklich werden zu lassen, weil man meint, ein unverkürzter Allmachtsbegriff impliziere, dass ein allmächtiges Subjekt auch logisch Unmögliches wollen und realisieren kann.[201] Nochmals: Unverkürzt

---

201 Zur Abwehr derart unsinniger Auffassungen siehe A. LANGE, Allmacht denken. Studien zur widerspruchsfreien Konzipierbarkeit eines fundamentalen Gottesprädikats, St. Ottilien 2012. Hilfreich sind in diesem Kontext auch die Arbeiten von J. BAUKE-RUEGG, Allmacht Gottes. Systematisch-theologische Erwägungen zwischen Metaphysik, Postmoderne und Poesie, Berlin/ New York 1998; DERS., Was heißt: ‚Ich glaube an den allmächtigen Gott'?, in: ZThK 97 (2000) 46–79.

wird von Allmacht nur dort gesprochen, wo es um die Konstitution von Sein und Nichts zugunsten des Seienden geht – nirgendwo sonst. Aus diesem Grund kann man Gottes Allmacht auch nicht zum Gegenstand von Denksportübungen machen, wie dies bei den häufigen Bemühungen des „Steinparadoxes" der Fall ist.[202] Dass es bei diesen Gedankenexperimenten äußerst intelligent und scharfsinnig zugeht, macht sie zu einem reizvollen intellektuellen Zeitvertreib. Allerdings ändert dieser Reiz nichts daran, dass eine theologische Beschäftigung damit eine Zeitverschwendung darstellt – wenngleich eine höchst intelligente.

Auf der Basis eines relational-ontologisch rekonstruierten Verständnisses von Gottes Allmacht lassen sich auch die Prädikate der „Allgüte" und „Allwissenheit" Gottes als analoge Letztbegriffe rekonstruieren. In gewisser Weise stellen sie Ausfaltungen von Bestimmungen dar, die bereits mit dem Allmachtsbegriff gegeben sind. Kaum anders lässt sich auch erreichen, dass diese Prädikate einander widerspruchsfrei zugeordnet werden können.

### 3.3.2. Allgüte: Begründung wohltuender Unterschiede

Der Begriff „*Allgüte Gottes*" ergibt sich unmittelbar aus der Feststellung, dass Gott den Unterschied von Sein und Nichts *zugunsten* des Seienden konstituiert und als einen wohltuenden Unterschied sowohl zum Nichts als auch zu Gott erweist: Dass die Welt unüberbietbar verwiesen ist auf Gott in ausnahmsloser Verschiedenheit von ihm (und vom Nichts) begründet ihre Identität, Autonomie und Freiheit. Es gibt keine höhere Macht, die eine größere Wohltat vollbringen kann, als jene, die einem Seienden aus dem Nichts heraus, ohne Vorbedingungen zu stellen und Nachforderungen zu erheben, sein Eigensein, seine Selbstzwecklichkeit und Freiheit ermöglichen kann. Und es gibt für das Geschaffene kein höheres Gut, als

202 Vgl. hierzu A. Lange, Allmacht denken, bes. 63–151.

vom Nichts verschieden zu sein (Existenz), sich zu eigen zu sein (Identität) und sich die Zwecke seines Handelns frei und selbstbestimmt setzen zu können (Autonomie).

- Die mit Gottes Allmacht korrelierende Allgüte impliziert nicht, dass Gott dem Menschen Wohltaten erweist, welche die ihm bereits geschenkte Identität, Autonomie und Freiheit überbieten oder um eines noch höheren Gutes willen einschränken.
- Wie Gottes Allmacht ausschließt, in der Welt etwas logisch und/oder ontologisch (Selbst)Widersprüchliches wirklich werden zu lassen, so schließt seine Allgüte aus, derart in die Welt einzugreifen, dass dabei die Logik menschlicher Freiheit, Autonomie und Selbstzwecklichkeit partiell oder situativ aufgehoben wird.
- Wie Gottes Allmacht keine Abstufungen kennt, so gibt es auch für die Allgüte Gottes und deren Wirksamkeit kein graduelles Mehr oder Weniger. Dies steht nicht im Widerspruch zur Erfahrung besonderer Glücksmomente, für die der religiöse Mensch Gott in besonderer Weise dankbar ist. Allerdings kann mit dem Hinweis auf solche „Gnadenerfahrungen“ nicht eine Überbietung in der Struktur und Qualität des Welt/Gott-Verhältnisses plausibel vertreten werden. „Gnadenerfahrungen“ überbieten nicht ein mit Freiheit, Autonomie und Selbstzwecklichkeit begabtes Dasein, vielmehr manifestiert sich in ihnen die Unüberbietbarkeit eines solchermaßen begnadeten Daseins.

Mit der Berufung auf Gottes Allgüte kann nicht das Ausbleiben von Interventionen Gottes in innerweltliche Abläufe als Ausdruck göttlicher Ohnmacht oder Tatenlosigkeit beklagt werden. Worüber hinaus Größeres nicht von Gott gesagt werden kann, ist bereits die Ermöglichung menschlichen Daseins in Freiheit und Selbstzwecklichkeit. Wo aber Dasein, Freiheit und Autonomie zuerkannt werden, ist zugleich ihre Unverfügbarkeit anzuerkennen. Diese Unverfügbarkeit anzutasten durch (vermeintliche) Wohltaten, die im Dienste ihrer

Unverfügbarkeit stehen sollen, heißt – wie im Fall mirakulöser Weltinterventionen – einen Widerspruch zwischen Mittel und Zweck, Weg und Ziel einer göttlichen Intervention zu formulieren.

Wenn von Gott gesagt wird, dass er die Unverfügbarkeit menschlicher Freiheit anerkennt, bedeutet dies nicht eine Einschränkung der Freiheit Gottes. Dies ist nur dann der Fall, wenn man ein Freiheitskonzept vertritt, das mit der Logik der Optionensteigerung operiert: Freiheit ist umso größer, je mehr Optionen des Wählens, Entscheidens und Handelns ihr zur Verfügung stehen. Die Logik der Freiheit ist hier identisch mit der Logik der freien Verfügung bzw. des Freigebens von Handlungsoptionen zur freien Verfügung.[203] Daraus wird abgeleitet: Würde Gott die Möglichkeit einer Weltintervention abgesprochen, würde man ihn einer Option berauben, die sogar einen Testfall seiner Allmacht und Freiheit darstelle. Abgesehen davon, dass bei diesem Verständnis von Gottes Freiheit wieder die Regeln analoger Rede missachtet werden, wird übersehen, dass das Höchstmaß der Freiheit ihre Unverfügbarkeit ist. Ist die Freiheit selbst der Logik unbeschränkter Verfügung ausgesetzt, wird sie ihrerseits disponibel. Kreatürliche Freiheit verliert daher ihren Freiheitscharakter, wenn sie zum Objekt göttlicher Verfügung wird. Anders verhält es sich, wenn man die Logik der Unverfügbarkeit als Freiheitslogik ausweist: Frei ist nicht bereits, wer über ein breites Spektrum von Verfügungsmöglichkeiten verfügt, sondern wer dem optionalen Zugriff und der freien Verfügung anderer Subjekte und ihren Absichten entzogen ist. Freiheitsbewahrend sind Beziehungen, die sich durch Zweckfreiheit auszeichnen bzw. den Versuch abwehren, in und mit ihnen könne jemand machen, was er wolle. Daher kann göttliche Freiheit mit der Allmacht und Allgüte Gottes nur dann kompatibel sein, wenn sie sowohl dem Geschöpf unverfügbar ist als auch dem Geschöpf eine eigene unverfügbare Freiheit gibt. Von dieser Frei-

203 Vgl. auf dieser Linie K. v. Stosch u. a. (Hg.), Streit um die Freiheit. Philosophische und theologische Perspektiven, Paderborn 2019.

heit kann gesagt werden, dass über sie hinaus Größeres nicht gedacht werden kann.[204]

Wer gegen diese Deutung einwendet, hier sei nur vom Gott der Philosophen die Rede, aber nicht vom Gott der Bibel, oder wer mit dem Gestus der Relativierung ihres Geltungsanspruchs auf die im Neuen Testament bezeugte Liebe und Barmherzigkeit Gottes hinweist, muss sich vorhalten lassen, jene Lektion auszuschlagen, die in einer neutestamentlichen Schlüsselstelle zur Gottesfrage steckt: In der Erzählung von der Versuchung Jesu (Mt 4,1–11) geht es um die Streitfrage, welche Eigenschaften man Gott zusprechen muss und was man von ihm erwarten kann, wenn er diese Eigenschaft besitzt. Eine zentrale Rolle spielen hierbei Gottes Allmacht und Güte. Gibt sich der allmächtige Gott nicht daran zu erkennen, dass er dem Menschen gibt, was dieser notwendig und not-wendend von ihm erwartet? Diese Frage wird in zwei Anläufen durchgespielt. Für den Versucher steht fest, dass Gott Macht haben muss. Denn nur ein (all)mächtiger Gott verdient es, in Wahrheit Gott genannt zu werden. Und ebenso ist für den Versucher klar, dass sich diese Macht für den Menschen mit einer Wohltat verbindet, die Gott zur Abwehr einer menschlichen Not erbringen muss, will er sich vor den Menschen als Gott erweisen. Darum wird auch die Forderung eines Glaubwürdigkeitsbeweises, der alle Zweideutigkeit und allen Widerspruch im Blick auf Person und Botschaft Jesu beseitigen soll, mit einer Machtdemonstration verknüpft: „Wenn du Gottes Sohn bist, so befiehl, dass aus diesen Steinen Brot wird“ (Mt 4,3). Hinter der zweiten Versuchung steht erneut ein machtförmige Verständnis von göttlicher Größe und Güte: „Wenn du Gottes Sohn bist, so stürz dich hinab; denn es heißt in der Schrift: Seinen Engeln befiehlt

204 Folgt die Theologie dagegen einem Freiheitskonzept, das mit der Logik der freien Verfügbarkeit arbeitet, verheddert sie sich umgehend in ähnlichen Paradoxien, mit denen auch das „Steinparadox“ aufwartet. Vgl. dazu die Sondierungen von J. Grössl, Freiheit – Gott – Verantwortung. Plädoyer für einen philosophisch und theologisch reflektierten Freiheitsbegriff auf Grundlage des restriktiven Libertarismus, in: ThPh 92 (2017) 371–389.

er, dich auf ihren Händen zu tragen, damit dein Fuß nicht an einen Stein stößt“ (Mt 4,6). Jesus lässt sich weder auf die erste noch auf die zweite Machtprobe ein. Er widersteht der Versuchung, das Gottsein Gottes mit Zügen des Herrschaftsförmigen (mit der Logik von Befehl und Gehorsam) auszustatten. Dem Kalkül des Versuchers setzt er nichts anderes entgegen als den Verweis auf das unverfügbare Gottsein Gottes. Der Frage, wozu Gottes Allmacht „gut“ ist und welchen Nutzen sie dem Menschen bringt, weicht er aus. Wer so fragt, will die Bedeutung der Allmacht und Allgüte Gottes für die Bewältigung innerweltlicher Probleme und Nöte aufzeigen – und übersieht, welche Problematik für das Reden von Gott daraus resultiert. In diesem Fall wäre Gott jene Wirklichkeit, von der man sich die größtmögliche Güter- und Nutzenmehrung erwarten darf. Gibt es nicht Größeres? Ist das Nützliche bereits das, worüber hinaus etwas Größeres nicht gedacht werden kann?

### 3.3.3. Allwissenheit: Gewähr des allzeit und wirklich Wahren

Auch hinsichtlich des Begriffs *„Allwissenheit“ Gottes* sind zahlreiche Versionen im Umlauf, denen nicht anzumerken ist, dass sie gemäß der Regeln analoger Rede von Gott aufgestellt wurden. Die Bandbreite reicht von simplen Verknüpfungen mit dem Allmachtsgedanken, wonach ein allmächtiges Wesen auch allwissend sein muss, „weil Macht ohne Wissen jedenfalls kleiner wäre als Macht, die weiß, was sie tut,“[205] bis hin zum Postulat, dass die Vollkommenheit Gottes auch ein vollkommenes Wissen einschließen muss, zu dessen Vollkommenheit wiederum gehört, den Inhalt freier menschlicher Willensentscheidungen zu kennen, bevor sie gefällt werden.[206]

---

205 M. Hailer, Gottes Vorherwissen als theologisches Problem, in: Th. Marschler/Th. Schärtl (Hg.), Eigenschaften Gottes, 330.

206 Vgl. W. Beinert, Gotteslehre, in: Ders./U. Kühn, Ökumenische Dogmatik, Leipzig/Regensburg 2013, 165: „In Gott ist Wissen in vollkommenster Form gegeben: Er erkennt sich und alles außerhalb seiner Bestehende in einem ein-

Teilt man die Prämisse, dass der Begriff „Allwissenheit Gottes" zunächst in Relation zur Allmacht Gottes zu sehen ist, dann ist daran zu erinnern, was Allmacht auszeichnet: die Konstitution des Unterschieds von Sein und Nichts, von Wirklichkeit und Nichtigkeit. Auf diesen Unterschied muss bezogen werden, was Gegenstand und Inhalt von Gottes Allwissenheit sein kann. Beginnt man alle weiteren Überlegungen mit der „via affirmativa", so ergibt sich: Wissen ist stets auf Wirkliches und Wahres bezogen. Von dem, was in der Welt geschieht, kann der Mensch ein Wissen erwerben. Dieses Wissen ist jedoch stets kontingent, d. h. fallibel und korrekturoffen. Im Blick auf innerweltliche Sachverhalte kann der Mensch nicht beanspruchen, über zureichende Informationen zu verfügen, um definitiv sagen zu können, was wirklich wahr ist. Jede Aussage über das, was wirklich wahr ist, steht unter dem Vorbehalt, zu einem späteren Zeitpunkt als unzutreffend kritisiert zu werden. Es gibt für den Menschen kein Wissen über Innerweltliches, das für alle Zeit wirklich wahr ist, so dass er sich zu jeder Zeit darauf verlassen kann.

Allerdings stellt es einen Kurzschluss dar, Gottes Allwissenheit mit dem Besitz vollständiger Informationen über innerweltliche Begebenheiten zu assoziieren und daraus eine Datenbank aller vergangenen, gegenwärtigen und künftigen Weltereignisse zu machen – mit den hinreichend bekannten Aporien hinsichtlich der Kompatibilität dieses Wissens mit der menschlichen Willens- und Handlungsfreiheit.[207] Die „via negativa" wird für

zigen unzeitlichen Erkenntnisakt – auch die Ereignisse, die (von uns aus in diesem Moment betrachtet) zukünftig und vorerst nicht tatsächlich, sondern nur möglich sind, auch jene, die von kreatürlichen Freiheitsentscheidungen abhängen. Diese Qualität ergibt sich folgerichtig aus seiner Allmacht. Wenn Gott alles vermag, vermag er auch alles zu wissen."

207 Diesem (Miss)Verständnis sind viele Interpretationsversuche verhaftet, die in den letzten Jahren von den Verfechtern einer „Analytic Theology" vorgetragen wurden. Vgl. E. Stump u. a. (Hg.), Göttliches Vorherwissen und menschliche Freiheit. Beiträge aus der aktuellen analytischen Religionsphilosophie, Stuttgart 2015. Bei einigen Vertretern eines „Offenen Theismus" fällt außerdem ein eklatantes Unverständnis bezüglich des analogen Sprechens von Gott auf. Meist praktiziert man dabei ein simples Überbietungs-

einen Allwissenheitsbegriff nicht dort relevant, wo es um die Aufdeckung der Kontingenz menschlichen Wissens und deren Bestreitung auf Seiten Gottes geht. Vielmehr erschließt sich auf der „via negativa“: Gottes Allwissenheit besteht nicht darin, dass er mehr über innerweltliche Sachverhalte weiß als der Mensch oder dass er im Besitz verborgener Wahrheiten über die Wirklichkeit der Welt ist. Gottes Allwissenheit hat vielmehr zum Gegenstand und Inhalt, worin wahrhaft und wirklich das Wirkliche und das Wahre Bestand haben.

In diesem Kontext können zur Verdeutlichung die Überlegungen zu einem „grammatischen Gottesbeweis“ von H. Jonas und R. Spaemann aufgegriffen werden.[208] Sie ergeben sich aus der Beobachtung, dass alle „ist-Aussagen“ der Alltagssprache temporal formatiert sind – und zwar als Präsenz- und Präsensaussagen. Ein wahrer Satz, der beginnt mit „Es wird einmal gewesen sein, dass $x \rightarrow y$“, bleibt immer wahr, sofern es einmal einen Augenblick gegeben hat, in dem die Aussage „Jetzt ist $x \rightarrow y$“ wahr gewesen ist. Sätze im Futur II sind wahr, wenn von einem entsprechenden Satz im Präsens nachgewiesen werden kann, dass er wirklich wahr ist. Futur II ist somit eine (sprachliche) Form der „Verewigung“

verfahren, indem Gott im Sinne einer linearen Steigerung ein Vermögen zugesprochen wird, über das auch der Mensch verfügt. Die „via negativa“ wird dabei ebenso ausgelassen wie das Unvergleichlichkeits- bzw. Alleinstellungsmerkmal Gottes, das die „via eminentiae“ zur Geltung bringt. Die prekäre Prämisse solcher Überlegungen benennt J. Grössl, Gottes Allwissen und menschliche Freiheit, in: G. Gasser u. a. (Hg.), Handbuch für Analytische Theologie, Münster 2017, 332: „Die philosophische Reflexion von Gott als eines in allen Dingen perfekten Wesens führte dazu, dass Gott jedes Attribut in maximaler Weise zugesprochen werden kann.“ – Zur auf weiten Strecken fruchtlosen Debatte um die Vereinbarkeit von göttlicher Allwissenheit und menschlicher Freiheit siehe auch die instruktive Studie von L. Neidhart, Gott und Zeit, Münster 2017.

208 Vgl. H. Jonas, Vergangenheit und Wahrheit, in: Ders., Philosophische Untersuchungen und metaphysische Vermutungen, Frankfurt 1994, 173–189. Das Kernargument begegnet wieder bei R. Spaemann, Das unsterbliche Gerücht. Die Frage nach Gott und die Täuschung der Moderne, Stuttgart 2007, 35–36, 49–52; Ders., Der letzte Gottesbeweis, München 2007, 9–32.

des Erfassens von Wirklichem und Wahrem. Ein gegenwärtiges Ereignis, von dem wir dagegen sagen müssten, es werde einmal nicht gewesen sein, würde schon jetzt als gegenwärtiges „entwirklicht“. Diese Implikation gilt auch in umgekehrter Richtung. Nur was später gewesen sein wird, ist jetzt. Die Aussage, etwas werde künftig nicht gewesen sein, ist identisch mit der Behauptung, dass es auch jetzt nicht in Wahrheit ist. Eine solche Behauptung streicht quasi die Gegenwart auf dem Weg der Grammatik zugleich ontologisch durch. Insofern verweist die Grammatik von Futur II auf eine Bedingung des wirklich Wahren. Futur II gehört somit zur Konstitution des Präsens. Wer das Futur II beseitigt, beseitigt auch das Präsens. Die „futurische“ Negation des Präsens läuft daher auf eine „Annihilation“ der Gegenwart hinaus. Wir müssten sagen, dass das, was jetzt ist, einmal nicht gewesen sein wird, anstatt zu sagen: Es wird einmal gewesen sein! Jeder wahre Satz muss also, um überhaupt wahr zu sein, „auf ewig“ wahr sein. Dies gilt auch für die Aussage: „Alles, was ist (bzw. war oder sein wird), kann nur sein kraft des Unterschiedes von Sein und Nichts zugunsten des Seienden.“ Das ewige Gewesensein des Vergangenen und das ewige Wahrsein eines jeden wahren Satzes können aber über alle Zeiten hinweg nur präsent gehalten werden von einem Bewusstsein, in dem die „Unvergänglichkeit“ dieser Wirklichkeit und Wahrheit aufgehoben ist.

Dieser Umstand ist nicht nur sprach- und wahrheitstheoretisch, sondern auch existenziell bedeutsam: Es macht nur dann einen Unterschied, ob es einen Menschen jemals gegeben hat oder nicht, wenn dieser Unterschied für alle Zeit gewahrt und bewusst bleibt. Es mag sein, dass ein Mensch in der Generationenfolge bald vergessen ist und sich seiner niemand erinnert. Wenn es dennoch für immer wahr sein soll, dass er wirklich existierte, bedarf es eines Bewusstseins, das den Unterschied zwischen Dasein und Nichtsein und die Wahrheit seines Gewesenseins für alle Zeit wahrt. Einzig ein solches Bewusstsein verdient „allwissend“ genannt zu werden und nur ein solches, mit dem letzten Schritt auf der „via eminentiae“

gewonnenes Verständnis von „Allwissenheit“ kann ein göttliches Prädikat sein.[209]

Als Zwischenergebnis des Dreischritts analoger Rede von Allwissenheit als einer Eigenschaft Gottes kann somit festgehalten werden:

- Die mit Gottes Allmacht korrelierende Allwissenheit Gottes ist auf Wirkliches und Wahres bezogen.
- Wie mit Gottes Allmacht und Allgüte nicht kompatibel ist, von Seiten Gottes derart innerweltlich zu intervenieren, dass dabei die Sinnstruktur der Schöpfung und die Logik menschlicher Freiheit aufgehoben werden, so schließt Gottes Allwissenheit eine „Prädestination“ zukünftigen menschlichen Wollens und Tuns aus.
- Gottes Allwissenheit besteht darin, dass in ihr für alle Zeit die Wirklichkeit und Wahrheit des vom Nichts Unterschiedenen gewahrt bleiben.

Diesem Verständnis von Allwissenheit könnte man wiederum entgegenhalten, dass es auf einer philosophischen Reflexionsebene gewonnen wurde, aber nicht an jene Bedeutung heran-

209 Hierbei erweisen sich „Allwissenheit“ wie „Allmacht“ als (schöpfungs-)theologische Endbegriffe, von denen man keine Folgerungen für die Beschreibung innerweltlicher Ereignisse oder Gottes Einfluss auf diese Ereignisse ableiten kann. Damit entfällt eine Reihe von Widerspruchsproblemen (wie etwa die Vereinbarkeit von göttlicher Allwissenheit mit menschlicher Freiheit), mit denen sich die Theologie bis in die Gegenwart in meist aporetisch endende Diskussionen verstricken lässt. Vgl. exemplarisch die Diskussion zwischen Th. Schärtl, Gottes Ewigkeit und Allwissenheit, in: ThPh 88 (2013) 321–339, J. Grössl, Schöpfung, Ewigkeit und Allwissenheit, in: ThPh 89 (2014) 200–214 und J. Stoffers, Gottes ewiges Wissen vom Zeitlichen – und der freie Mensch, in: ThPh 91 (2016) 402–422, sowie die Studien von J. Grössl, Gottes Zeit und Gottes Freiheit, in: A. Hutter/G. Sans (Hg.), Zeit – Sprache – Gott, Stuttgart 2019, 109–125; Ders., Die Freiheit des Menschen als Risiko Gottes. Der offene Theismus als Konzeption der Vereinbarkeit von göttlicher Allwissenheit und menschlicher Freiheit, Münster 2015; R. Schneider, Sein, Gott, Freiheit. Eine Studie zur Kompatibilismus-Kontroverse in klassischer Metaphysik und analytischer Religionsphilosophie, Münster 2015.

kommt, die mit einem genuin theologischen Verständnis göttlicher „Vorsehung“ verbunden ist und mit der Umsetzung eines göttlichen „Heilsplans“ in Beziehung gebracht werden kann.[210] Allerdings kommt man zu keinem anderen Ergebnis, wenn man Gottes Vorsehung in Relation zur Allgüte und Allmacht Gottes setzt: Gott hat für den Menschen „vorgesehen“, ein Leben in Freiheit, Autonomie und Selbstzwecklichkeit führen zu können. Es gibt keine ‚Vorherbestimmung‘ menschlichen Daseins, die „besser“ und „weiser“ sein könnte. Und es gibt für den Menschen kein besseres Wissen und kein höheres Gut, als darauf setzen zu können, vom Nichts verschieden zu sein, sich zu eigen zu sein und die Zwecke seines Handelns in Freiheit selbst bestimmen zu können.

Es bleibt dabei: Wie Gottes Allmacht ausschließt, in der Welt etwas logisch und/oder ontologisch (Selbst)Widersprüchliches wirklich werden zu lassen, und seine Allgüte ausschließt, derart in die Welt einzugreifen, dass dabei die Logik menschlicher Freiheit, Autonomie und Selbstzwecklichkeit partiell oder situativ aufgehoben wird, so besteht Gottes Allwissenheit weder im Besitz von Informationen über Ereignisse, die noch nicht wirklich sind, noch im Vorauswissen freier menschlicher Entscheidungen. Künftige Ereignisse und Entscheidungen sind (noch) nicht wirklich, so dass Aussagen über ihr Eintreten (noch) nicht wirklich wahr sein können. Wer dies bestreitet, verstrickt sich im Widerstreit von Wahrheit und Wirklichkeit. Wer Aussagen über künf-

210 Zu den unterschiedlichen Positionen, die im zeitgenössischen religionsphilosophischen und theologischen Diskurs über „Vorsehung“ vertreten werden, siehe A. Kreiner, Das wahre Antlitz Gottes, 360–367; R. Biersack, Bittgebet und Gottes Vorsehung. Eine systematisch-theologische Studie zur Sinnhaftigkeit und Wirksamkeit der Bitte an Gott, St. Ottilien 2015. Eine umfangreiche und umfassende Rekonstruktion und Kritik von Konzeptionen göttlicher Vorhersehung, denen es an Stringenz und Kohärenz mangelt, unternimmt O. Wintzek, Gott in seiner allwissenden Verantwortung auf dem Prüfstand der Kontingenz, Regensburg 2017. – Zum Ganzen siehe auch A. v. Scheliha, Der Glaube an die göttliche Vorsehung. Eine religionssoziologische, geschichtsphilosophische und theologiegeschichtliche Untersuchung, Stuttgart/Berlin/Köln 1999.

tige freie Entscheidungen eines Menschen trifft und für diese Aussagen Wahrheit beansprucht, kann dies nur auf der Basis bestehender Determinismen tun, die künftigen Entscheidungen aber die Qualität freier Entscheidungen nehmen, d.h. sie wären nicht wahrhaft frei. Wer diesen Versuch unternimmt, verstrickt sich erneut im Widerstreit von Wahrheit und Freiheit. In einen solchen Widerstreit zu geraten ist ein deutliches Indiz für die Inkonsistenz und Inkohärenz der jeweils eingenommenen Position. Dies gilt auch für den Versuch, mit der Berufung auf Gottes Allwissenheit die Verhinderung menschlichen Leidens einzuklagen oder bei dessen Eintreten Gottes Allwissenheit und Allgüte falsifiziert zu sehen. Ereignisse, die in der Zukunft stattfinden, sind kein Gegenstand göttlichen oder menschlichen Wissens – zumal dann nicht, wenn sie aus freien Entscheidungen und Handlungen des Menschen hervorgehen.

Werden die Begriffe „Vorsehung", „Allmacht" und „Allgüte Gottes" zueinander in Beziehung gesetzt, kommt überhaupt erst jenes „wirklich Wahre" in den Blick, worauf sich der Mensch im existenziellen Sinn erstlich und letztlich, d.h. zu jeder Zeit verlassen kann, weil es nicht nur zu jeder Zeit wahr und wirklich, sondern auch existenziell verlässlich ist – und dies ist die unbefristete Grundunterscheidung von Sein und Nichts zugunsten des Seienden. Gottes Allwissenheit und Vorsehung haben nur insofern einen Zukunftsaspekt, als sie all das umfassen, was jederzeit wahr, wirklich und existenziell verlässlich ist. Der Satz „Gott weiß zu jeder Zeit, was wahr und wirklich ist" bedeutet in diesem Fall zum einen: „Gott weiß, was zu jeder Zeit wahr und wirklich ist". Was zu jeder Zeit wirklich wahr ist, ist zum anderen uneingeschränkt gültig und täuschungsresistent. Auf das zu jeder Zeit wirklich Wahre ist unbedingt Verlass – und dies ist der Umstand, dass sich der Mensch als Adressat einer irreversiblen Zuwendung verstehen darf, gegen die im Leben und Sterben auch der Tod nichts mehr ausrichten kann.

Auf das jederzeit und unvergänglich Verlässliche ist zugleich überall Verlass. Unter dieser Rücksicht gewinnt auch die Kategorie der „Allgegenwart“ Gottes eine existenziell bedeutsame Akzentuierung: Zu jedem Zeitpunkt und an jedem Ort gilt, dass Gott den Unterschied von Sein und Nichts bleibend zugunsten des Menschen entschieden hat. Kein Zeitpunkt und kein Ort sind von dieser existenz-, freiheits- und identitätskonstitutiven Unterscheidung ausgenommen. Daher ist auch die Kategorie „Vorsehung“ theologisch erst dann recht verstanden, wenn sie bezogen wird auf das, worauf sich der Mensch unbedingt verlassen kann, wenn es um Sein und Nichts, um Leben und Tod geht. Wenn Gott den Unterschied von Sein und Nichts bleibend zugunsten des Menschen entschieden hat, wird dieser Unterschied auch im Tod des Menschen zum Austrag kommen.

### 3.4. Unter besonderen Umständen: Adverbiale Rede von Gott

Die Reflexion auf die Eigenschaften Gottes hat eine kriteriologische Bedeutung im Kontext der Rede von der Existenz Gottes. Allmacht, Allgüte und Allwissenheit markieren in der Perspektive einer Relationalen Ontologie nicht Akzidentien, „die auch wegfallen könnten, ohne dass das Wesen Gottes dadurch angetastet würde, sondern Manifestationen seines Wesens, die nirgendwo fehlen können, wo wirklich Gott und nicht ein Götze sich wissend, wollend und wirkend zu seinen Geschöpfen verhält.“[211] Insofern können sie auch als Umstandsbestimmungen geschaffenen Daseins gedeutet werden. Was es mit diesen Eigenschaften auf sich hat, erweist sich, wenn es für Mensch und Welt ums Ganze geht und jene existentialen Umstände zu bedenken sind, unter denen sich menschliches Dasein letztlich vollzieht. Was im Blick auf den Schöpfer prädikativ auszusagen ist und grammatisch als Adjektiv identifiziert wird („Gott ist allmächtig, allgütig, allwissend“), entspricht einer ‚adverbialen‘ Bestimmung der existentialen Verfassung seiner Schöpfung: Sie ist in ihrem Dasein unüberbietbar bezogen auf Gott, ohne den nichts sein kann. Ihre existentiale Grund-

211 R. SCHAEFFLER, Gott und seine „Eigenschaften“, 217.

situation zeichnet sich dadurch aus, dass sie in radikaler Verschiedenheit von Gott sich zu eigen ist und dass über ihre Zukunft nichts anderes verfügt ist, als dass der Unterschied von Sein und Nichts zugunsten des Seienden ein bleibender Unterschied ist.

Von dieser Interpretation des Welt/Gott-Verhältnisses lassen sich auch die Grundregeln einer theologischen Grammatik ableiten. Sie führt zu Kriterien, anhand deren die Stringenz und Kohärenz jeder theologischen Rede über Gott und den Menschen überprüft werden können. Dies gilt vor allem bezüglich ihrer ontologischen Bedeutungsvoraussetzungen. Jedes Sprechen von, über und zu Gott muss sich darauf befragen lassen, ob sein Inhalt in Einklang steht mit der relational-ontologischen Struktur einer unüberbietbaren Verwiesenheit des Geschaffenen auf Gott bei gleichzeitiger radikaler Verschiedenheit von Gott. Unter dieser Rücksicht können nur solche Aussagen Geltung beanspruchen, die keine Beziehung zwischen Gott und Mensch beschreiben, ohne dabei eine je größere Verschiedenheit von Gott und Mensch festzuhalten. Aber auch umgekehrt gilt: Der in seinem Dasein radikal von Gott verschiedene Mensch ist zugleich in und mit seinem Leben unüberbietbar auf Gott verwiesen.

Vor diesem Hintergrund sind die bisherigen Erörterungen zu Gottes Existenz und Eigenschaften weit davon entfernt, die Behauptung einer Gott los gewordenen Moderne mit einer theologischen Unterschrift zu versehen. Gleichwohl sind sie mit dem Einwand konfrontiert, dass die Betonung von Gottes Transzendenz und Weltverschiedenheit zumindest auf die Bekräftigung einer innerweltlichen Tatenlosigkeit Gottes hinauslaufen und im Kontext des Redens zu und von Gott etwa dem Bittgebet oder der Bezeugung von Gebetserhörungen nicht gerecht werden können. Ist das Bittgebet nichts anderes als der vergebliche Anruf eines innerweltlich ohnmächtigen Gottes? Stößt ein theologischer Ansatz, der bei der Kritik an interventionistischen Vorstellungen von Gottes Weltverhältnis die Vernunft auf seiner Seite hat, nicht gerade die besonders Frommen unter den Gläubigen vor den Kopf? Kritiker sehen den

Preis für eine derart modernitätskompatible Theologie darin, dass sie „ihre Vernunft dadurch unter Beweis stellt, dass sie besonders ‚unfromm' daherkommt."[212] Aber was ist vom Tugendgrad der Frömmigkeit zu halten, wenn sie die intellektuelle Redlichkeit scheut und dies zu einem Ausweis besonderen Gottvertrauens erklärt?

Aus Sicht einer relational-ontologisch formatierten Theologie bestehen kein Grund und kein Anlass, Erfahrungen in Abrede zu stellen, die religiöse Menschen als Gebetserhörungen verstehen. Aber wie in der Frage des Wunders geht es auch hier darum, die damit gemeinten Phänomene nicht als Überbietung des normalen Weltenlaufs zu interpretieren. Nicht mit der Logik der Überbietung, sondern mit der Logik der Unüberbietbarkeit ist hier zu argumentieren. In Erfahrungen, die menschliches Hoffen und Sehnen auf einen guten Ausgang schwieriger Lebenssituationen erfüllen, steckt die Bedeutung, dass sie die Unüberbietbarkeit des Verwiesenseins menschlichen Daseins auf Gott manifestieren. Hier wird situativ manifest, was existenzial je schon gilt: das durch nichts zu überbietende Bezogensein auf Gottes Unterscheidung zwischen Sein und Nichts zugunsten des Seienden. Hier geht inmitten der Welt auf, wie es erstlich und letztlich um sie steht. Darum lebt auch das Gebet von der Logik der Unüberbietbarkeit. Um mehr kann man Gott nicht bitten (und von ihm erlangen) als um die Erfahrung, im Leben wie im Sterben kein Nichts und kein Niemand zu sein, sondern bleibend vom Nichts und Nichtigen unterschieden zu sein. Gibt es mehr und Größeres, das man von Gott erwarten kann und das er für den Menschen tun kann?

Zwischen den „ontological commitments" des Bittgebetes und den Besonderheiten der analogen Rede von den Eigenschaften Gottes besteht kein Widerspruch. Sofern beide Formen des Redens zu und über Gott zur Klärung der Frage beitra-

212 J. Negel, Weil die Welt nicht ganz dicht ist… Eine philosophisch-theologische Erörterung der Frage nach dem Wirken Gottes in der Welt, in: W. Eisele (Hg.), Gott bitten? Theologische Zugänge zum Bittgebet, Freiburg/Basel/Wien 2013, 181 (102–185).

gen, wie wahrhaft und wirklich von Gott gesprochen werden kann, ist in beiden Fällen mit der Geschöpflichkeit der Welt jenes ontologische Vorzeichen benannt, das diese „commitments“ auszeichnet.

Allerdings ist damit noch nicht alles ausgeführt, was über das Weltverhältnis Gottes gesagt werden kann. Eine solche Ambition würde das Leistungsvermögen analoger Rede überschätzen und andere Erkenntnisquellen apriori ausschließen. Gleichwohl sollte eine Theologie, die sich auf göttliche Offenbarungen als Erkenntnisgrundlage für eine Bestimmung von Gottes Welt- und Menschenverhältnis beruft, die kritische Funktion der via affirmativa, negativa, eminentiae auch auf diesem Feld nicht unterschätzen: Nichts kann über ein Weltverhältnis Gottes gesagt werden, das dem widerspricht, was kohärent und konsistent über das Gottesverhältnis der Welt ausgeführt werden kann.

Betroffen ist davon auch die Erörterung des Theodizeeproblems, das sowohl die Frage nach den Eigenschaften Gottes als auch die Möglichkeit göttlicher Interventionen zur Behebung innerweltlicher Notlagen berührt. Meist wird darunter ein Widerspruchsproblem verstanden, das aus dem unverschuldeten Leiden des Menschen im Hinblick auf einen über alles mächtigen, in jeder Hinsicht gütigen und um künftige Ereignisse wissenden Gott resultiert. Als Lösungsstrategie wird erwogen, dieses Problem durch eine Relativierung eines der Gottesprädikate oder durch ein Hinnehmen des Leidens um eines von Gott gewollten höheren Gutes zu entschärfen.[213] Solche Vorstellungen stellen eine „Verschlimmbesserung“ des Problems dar. Angenommen, es sei Ausdruck von Gottes Güte, um eines höheren Gutes willen den Menschen unermesslichen Leiden auszusetzen. Würde die Monstrosität des Leidens nicht noch einmal unterstrichen anstatt gemildert, wenn dahinter

213 Zur Darstellung und Kritik solcher Vorschläge siehe u.a. A. Torres Queiruga, Das Neubedenken allen Übels. Von der Ponerologie zur Theodizee, Darmstadt 2018; Ders., Die Theodizee neu denken. Das Dilemma Epikurs und der Mythos einer Welt ohne Übel, in: Conc 52 (2016) 342–352.

eine Absicht Gottes stünde? Und was käme als ein solches „höchstes Gut" überhaupt in Frage?

Außerdem ist prinzipiell fraglich, ob man mit einer Behebung von logischen Kompatibilitätsproblemen göttlicher Prädikate der existenziellen Problematik des Menschen gerecht werden kann. Würde eine solche Lösung kognitiver Schwierigkeiten verhindern können, angesichts unermesslichen Leidens zu verzweifeln?

Die relational-ontologische Neuformatierung der Gottesprädikate „Allmacht", „Allgüte", „Allwissenheit" lässt im Blick auf den Umgang mit dem Theodizeeproblem solche semantischen Reparaturen weder als sinnvoll noch als notwendig erscheinen. Unverschuldetes und sinnloses Leiden ist bereits per se etwas, das ohne Wenn und Aber nicht sein soll. Dass es kategorisch inakzeptabel ist, wird nicht dadurch gesteigert, dass man es „coram Deo" wahrnimmt. Unter dieser Rücksicht sind die skizzierten Gottesprädikate auch nicht geeignet, um daraus „coram mundo" angesichts des Leidens ein Argument gegen die Rede von und zu Gott abzuleiten.[214] Worin das Leidvolle des Leidens besteht, was die Malignität widerfahrener Übel und die Bösartigkeit des Bösen ausmacht, können und müssen religiöse wie säkulare Zeitgenossen „remoto Deo" bestimmen. Und ebenso sollten sie gemeinsam überlegen, wie Menschen einander beistehen können, um das Leiden am Leiden zu mindern. Erst dann und danach steht die Frage an, welches Leiden derart ist, dass es zum Himmel schreit.

Bevor der Klagende aber ein Zeichen vom Himmel verlangt, sollte er selbst ein Zeichen setzen. Zwar vermag der Mensch gegen das Leid, das vom „malum physicum" oder „malum naturale" ausgeht, wenig auszurichten. Aber er kann das Leiden

---

214 Eine solche Strategie wird gewöhnlich in religionskritischer Absicht gewählt z. B. von N. Hoerster, Der gütige Gott und das Übel. Ein philosophisches Problem, München 2017; B. Gesang, Darf ich das oder muss ich sogar? Die Philosophie des richtigen Handelns, München 2017, 19–34. Von beiden Autoren werden die Regeln analoger Gottesrede teils ignoriert, teils missverstanden oder fehlinterpretiert.

an diesem Leiden verringern. Menschen, die Opfer von Naturkatastrophen, Erdbeben und Epidemien geworden sind, leiden doppelt: an dem ihnen zugefügten Verlust und an der Gleichgültigkeit ihrer Mitmenschen gegenüber einem Unglück, das nicht ihr eigenes ist.

Vielleicht ist es möglich, sich mit dem „malum physicum" abzufinden, da ein endliches Dasein stets ein unvollkommenes Dasein ist und der Tod den finalen Ausweis dieser Unvollkommenheit bedeutet. Und vielleicht mag man sich auch mit dem „malum naturale" abfinden, das in der Unvollkommenheit evolutiver Prozesse gründet, die sich in einer Welt, die selbst im Werden ist, in Naturkatastrophen und Krankheiten manifestiert. Ein Naturalist kann sich sogar darauf den Reim machen, dass Endlichkeit der Preis eines kontingenten Daseins ist, dass mit dem Tod dieser Preis bezahlt wird und dass mit dem „malum morale" der Preis für ein Dasein in Freiheit und Selbstverantwortung zu entrichten ist. Eine solche Entübelung von Malignitäten wird es dem Theisten erleichtern, Endlichkeit, Verletzbarkeit und Schuld als eingelassen in die ontologische Struktur und Logik eines geschöpflichen Daseins zu behaupten. Beide aber haben nicht im Blick, was das Leidvolle am erlittenen Tod, Schmerz und Unrecht ausmacht. Es ist die Erfahrung der physischen, psychischen und sozialen Desintegration, die leidenden Menschen zu schaffen macht. Ihr Leiden am Leiden gründet in der Erfahrung des Vergessen- und Alleingelassenseins, in der Apathie und in der verweigerten Solidarität ihrer Umwelt. Für die Empörung über dieses Leiden ist Gott die falsche Adresse. Wer den Leidenden beisteht, kann ihr Leid nicht ungeschehen machen. Aber gegen ihr Leiden am Leiden lässt sich etwas unternehmen – und auf diesem Weg auch gegen das Leidvolle des Leids.

# V. Existentiale Semiotik und Christologie:
# Wahrhaft Mensch – Wahrhaft Gott?

Eine theologische Hermeneutik des Glaubens kann sich nicht damit begnügen, eine Gott/Mensch-Beziehung nur im Blick auf die existentiale Grundsituation des Menschen zu identifizieren. Alles Reden vom Welt- und Menschenverhältnis Gottes vergeht spurlos in der Alltagswelt, wenn von diesem Verhältnis im Leben eines Menschen nichts spürbar wird. Im Zentrum des Christentums steht aus gutem Grund die Biographie eines Menschen, von der es heißt, dass in und mit ihr Gottes Verhältnis zum Leben und Sterben eines jeden Menschen Spuren hinterlassen hat. Mit der Person und Botschaft Jesu von Nazareth verbindet das Christentum die geschichtlich-konkrete Selbstvergegenwärtigung Gottes in der Welt. In und mit seinem Leben und Sterben wird das Schöpferwort Gottes interpersonal realisiert im Modus der Zusage von Freiheit und Identität – im Setzen wohltuender Unterschiede zwischen Leben und Tod, im Freisprechen des Menschen von Schuld und Versagen. In der Verkündigung Jesu kommt Gott so zur Sprache, dass sich dabei Gott selbst verständlich macht.[215] Und da Jesus von Nazareth in seinem Leben und Sterben so für diese Botschaft einsteht, dass er sich mit ihr identifiziert, gilt er auch als „Personifikation" jenes Wortes, in dem Gott zur Sprache und in die Welt kommt.

215 Zum Versuch einer Verknüpfung sprachtheoretischer und offenbarungstheologischer Überlegungen siehe auch M. Petzoldt, Offenbarung erleben und zu verstehen suchen. Zum theologischen Diskurs um das Prinzip Offenbarung im Kontext der hermeneutischen Diskussion, in: Ch. Landmesser/A. Klein (Hg.), Offenbarung – verstehen oder erleben?, Neukirchen-Vluyn 2012, 29–40; Ders., Offenbarung – in sprechakttheoretischer Perspektive, in: F. Krüger (Hg.), Gottes Offenbarung in der Welt, Gütersloh 1998, 129–148. Orientiert an P. Ricœur sind ähnliche Überlegungen von K. Wenzel, Offenbarung – Text – Subjekt, Freiburg/Basel/Wien 2016.

Wer überprüfen will, inwiefern diese Behauptungen berechtigt sind, muss sich sowohl mit der Botschaft als auch mit der Person Jesu beschäftigen:[216] Was zeichnet Jesus von Nazareth aus, dass seine Botschaft als „Wort Gottes“ verstanden werden kann? In welcher Beziehung steht seine Botschaft zu seiner Existenz, so dass er die „Personifizierung“ von Gottes Wort zum Menschen darstellt? Unter welchen Voraussetzungen kann überhaupt ein Entsprechungsverhältnis von Person und Botschaft Jesu einerseits und Gottes Weltverhältnis andererseits einsichtig gemacht werden?

## 1. Gottes Offenbarung im Horizont der Welt: Problem – Bekenntnis – Dogma

Dass sich gerade an einer für das Christentum konstitutiven Aussage Einwände, Vorbehalte und Fragen häufen, fordert die Theologie nicht weniger heraus als die bereits erörterte Bestreitung von Gehalt und Bedeutung des Wortes „Gott“. Diese Bestreitung ist zwar über die relational-ontologische Rekonstruktion der theologischen Kategorie „Geschöpflichkeit“ relativierbar. Allerdings kommt das Ergebnis dieser Relativierung einer problemerzeugenden Problemlösung gleich. Sie ist problemlösend, weil der dabei formulierte Gottesbegriff die Möglichkeit eröffnet, Gott mit einer Welt zusammen zu denken, die ohne Gott gedacht werden will und kann. Es ist theologisch möglich, widerspruchsfrei über die Gottverwiesenheit der Welt zu sprechen und zugleich die Autonomie der Welt anzuerkennen. Der relational-ontologische Ansatz wirkt sich für die Theologie aber auch problemerzeugend aus, weil er jedes weitere Reden von einer (unmittelbaren) Erfahrung Gottes in der Welt, von einem besonderen Eingreifen Gottes in die Welt

216 Vgl. hierzu J. Schröter (Hg.), Jesus Christus, Tübingen 2014; J. Schröter/Ch. Jacobi (Hg.), Jesus Handbuch, Tübingen 2017; J. Herzer u. a. (Hg.), Die Rede von Jesus Christus als Glaubensaussage, Tübingen 2018.

oder einer geschichtlichen Selbstoffenbarung Gottes höchst fraglich erscheinen lässt.

Dieses Folgeproblem resultiert nicht zuletzt aus der Logik und Struktur der Geschöpflichkeit der Welt. Denn das unüberbietbare und ausnahmslose Verwiesensein auf Gott geht einher mit einem radikalen Verschiedensein von Gott und Welt. Dieses Verschiedensein mindert zwar nicht die Unüberbietbarkeit des Bezogenseins auf Gott. Wenn nämlich alles, was (in der Welt bzw. welthaft) ist, ganz und gar auf die Größe verweist, welche die daseinsbegründende Unterscheidung zwischen Sein und Nichtsein konstituiert, dann kann es daneben oder darüber hinaus nicht noch etwas geben, das einen höheren Verweischarakter trägt oder für einen Direktkontakt mit dieser Größe einsteht. Aber aus genau diesem Umstand erwächst ein zentraler Einwand gegen die Behauptung einer Selbstoffenbarung Gottes in Welt und Geschichte: Um eine Selbstvergegenwärtigung Gottes in der Welt denken zu können, muss man entweder auf ein Überbietungsmoment der geschöpflichen Gottverwiesenheit setzen. Oder man postuliert, dass im Horizont der Welt, die radikal von Gott verschieden ist, etwas von dieser Verschiedenheit ausgenommen sein muss, um eine Gelegenheit für die Antreffbarkeit Gottes in der Welt zu schaffen. Von einer dieser beiden Möglichkeiten muss die Theologie offenkundig Gebrauch machen, wenn sie daran festhalten will, dass Gott in den Lauf der Welt eingreift.

Beide Möglichkeiten erscheinen sowohl im Hinblick auf philosophisch-naturwissenschaftliche Plausibilitäten als auch im Blick auf die skizzierte Logik des theologischen Konzepts „Geschöpflichkeit“ als höchst problematisch. Wenn die Theologie von ihnen Gebrauch macht, läuft sie Gefahr, dass entsprechende Behauptungen seitens der Vernunft als inkonsistent und inkohärent kritisiert werden. Gleichwohl rückt die christliche Theologie nicht von der Behauptung eines geschichtlichen Offenbarungsereignisses ab. Und sie revidiert auch nicht die These, dass dieses Offenbarungsereignis derart mit der Person Jesu von Nazareth verbunden ist, dass sie in ontologischer Hinsicht besonders ausgezeichnet ist. Bis heute hält die katholische Dogmatik fest an der Lehrformel des Konzils von Chalcedon (451):

Wir folgen also den heiligen Vätern und lehren alle übereinstimmend: Unser Herr Jesus Christus ist als ein und derselbe Sohn zu bekennen, derselbe vollkommen in der Gottheit und derselbe vollkommen in der Menschheit, wahrhaft Gott und wahrhaft Mensch, derselbe aus Vernunftseele und Leib, wesensgleich dem Vater der Gottheit nach, derselbe auch uns wesensgleich der Menschheit nach, in allem uns gleich außer der Sünde, vor aller Zeit aus dem Vater geboren der Gottheit nach, am Ende der Tage eben derselbe für uns und um unseres Heiles willen [geboren] aus Maria, der Jungfrau, der Gottesgebärerin, der Menschheit nach, ein und derselbe Christus, Sohn, Herr, Einziggeborener in zwei Naturen unvermischt, unveränderbar, ungeteilt, untrennbar zu erkennen, niemals wird der Unterschied der Naturen aufgehoben der Einigung wegen, vielmehr wird die Eigentümlichkeit jeder der beiden Naturen bewahrt, auch im Zusammenkommen zu einer Person und einer Hypostase, nicht geteilt oder getrennt in zwei Personen, sondern ein und derselbe einziggeborene Sohn, Gott, Logos, Herr, Jesus Christus, wie die Propheten von alters her über ihn lehrten und er, Jesus Christus, selbst uns gelehrt hat, und wie es uns das Glaubensbekenntnis der Väter überliefert hat (vgl. DH 301–302).[217]

Beim Lesen dieser Formel muss der Eindruck entstehen, dass hier den schon genannten theologischen Verlegenheiten und Problemen eine Reihe weiterer Schwierigkeiten hinzugefügt wird. Dies gilt nicht nur für die gewählte Terminologie, sondern auch für die damit formulierten Behauptungen. Wie kann logisch widerspruchsfrei ausgesagt werden, Jesus Christus sei „wahrhaft Gott“ und „wahrhaft Mensch“, wenn ontologisch

217 Zur Interpretation dieser Formel siehe A. Grillmeier, Jesus der Christus im Glauben der Kirche. Bd. 1, Freiburg/Basel/Wien 1979, 751–775; Th. Hainthaler, A Short Analysis of the Definition of Chalcedon and some Reflections, in: The Harp (2006) 317–331.

an einer radikalen Verschiedenheit von Gott und Mensch festgehalten werden muss? Wie können in einem Subjekt Göttliches und Menschliches ungetrennt und unvermischt angetroffen werden? Sind derartige Vorstellungen in der Moderne noch diskursfähig oder sind sie eher dem Mythos zuzuordnen, der etwas Wahres sagen kann, ohne erkennen zu geben, wie dieser Wahrheitsanspruch einlösbar ist? Bleibt die Beschäftigung mit der christologischen Lehrformel des Konzils von Chalcedon allenfalls aus theologie- und kirchengeschichtlichen Motiven interessant und geboten? Muss sich die zeitgenössische Theologie nur deswegen mit ihr beschäftigen, weil sie ein instruktives Zeugnis für die Geschichtlichkeit dogmatischer Festlegungen ist?[218]

## 1.1. Distanz und Präsenz: Existentiale Semiotik und Dogmenhermeneutik

Die Theologie hat die Geschichtlichkeit des christlichen Glaubens, seiner Inhalte und seiner Praxis zu rekonstruieren, weil sie den Glauben in der Geschichte des Christentums je neu zu verantworten hat. Wer Kontinuität im Prozess der Tradition sichern will, kommt allerdings nicht umhin, zunächst die kulturelle Distanz von „damals" und „heute" wahrzunehmen. Dies betrifft auch Konsensformeln des Glaubens (Dogmen), die eine für Christen verbindliche Aussage über konstitutive Glaubensinhalte formulieren, die – obwohl situativ bedingt – auf zeitgemäße Weise der Sache des Glaubens über den Tag hinaus gerecht werden wollen.

218 Siehe dazu G. Essen/Ch. Danz (Hg.), Dogmatische Christologie in der Moderne. Problemkonstellationen gegenwärtiger Forschung, Regensburg 2019; M. Hackl (Hg.) Transformationen der Christologie. Herausforderungen, Krisen und Umformungen, Göttingen 2019; K. Ruhstorfer, Christologie, in: Th. Marschler/Th. Schärtl (Hg.), Dogmatik heute. Resultate – Entwicklungen – Perspektiven, Regensburg 2014, 231–280; C. Danz/M. Murrmann-Kahl (Hg.), Zwischen historischem Jesus und dogmatischem Christus. Zum Stand der Christologie im 21. Jahrhundert, Tübingen $^{2}$2011, 59–64.

In semiotischer Perspektive gehören Dogmen zum Bestand jener Regeln eines Zeichensystems, mit denen sich eine Sprachgemeinschaft über die Handhabung von Zeichen, Bezeichnungen und Bedeutungen verständigt. Sie wollen ermöglichen, dass Ereignisse aufgezeichnet, ihre Bedeutung bestimmt und diese Bedeutungsbestimmung über die Zeit hinweg tradiert werden können. Ihnen kommt somit eine grammatische Funktion zu. In dieser Funktion verweisen sie aber zugleich auf die anderen semiotischen Bezüge der Sprache: anzeigen (Deiktik), deuten (Semantik), verständigen (Pragmatik). Die christologische Lehrformel des Konzils von Chalcedon weist diese Bezüge ebenfalls auf: Sie macht aufmerksam auf ein geschichtliches Ereignis, greift dessen Deutungen auf, unterstreicht die Bedeutsamkeit dieser Deutungen für weitere Verständigungsbemühungen und entwickelt dabei eine Deutungslogik, an der sich spätere dogmatische Aussagen und künftige Entwürfe zur Christologie orientieren sollen.

Das christologische Dogma des Konzils von Chalcedon reflektiert aus einer zeitlichen Distanz die Bedeutung eines geschichtlichen Ereignisses, muss aber heute seinerseits aus einer zeitlichen Distanz gedeutet werden. Seine Sprachgestalt im Ganzen und seine unterschiedlichen semantischen Bezüge unterscheiden sich erheblich von den theologischen Denkformen der Gegenwart. Soll diese Distanz überbrückt werden, bedarf es einer geeigneten Methode, welche die Differenz von Geschichte und Gegenwart sowohl erfasst (statt sie zu überspielen oder zu ignorieren) als auch überwindet. Wer sich um eine Auslegung kirchlicher Dogmen bemüht, kann dabei nicht in die Rolle des Dolmetschers schlüpfen, der „eine Brücke zwischen zwei Anwesenden schlägt, die wechselseitig ihre Sprache nicht kennen."[219] Vielmehr muss er in die Doppelrolle des Übersetzers und des Interpreten schlüpfen. Kraft seiner Sprachkompetenz überträgt er die Bedeutung von Zeichen einer Quellsprache in eine Zielsprache, wobei er darauf achtet, sie auf einen Sachverhalt zu beziehen, der in beiden Sprachen

219 A. Assmann, Im Dickicht der Zeichen, Berlin 2015, 295.

formulierbar ist. Kraft seiner Deutungskompetenz überträgt er Zeichen und Bedeutungen in einen neuen Verstehenszusammenhang und bringt dabei einen Text zustande, der nicht nur das Resultat einer Wortübertragung von einer Sprache in eine andere ist. Er ist auch das Ergebnis einer Bedeutungsübertragung, die sich die Anschlussfrage gefallen lassen muss, ob sie im Vergleich mit dem Ausgangstext sinnwahrend oder sinnentstellend ausfällt.

Einem solchen Risiko ist auch die Hermeneutik christologischer Dogmen ausgeliefert. Dieses Risiko zu meiden, würde jedoch bedeuten, wichtige Texte der altkirchlichen Konzilien nur noch zu archivieren anstatt sie auszulegen. Gerade wenn die Theologie das christologische Dogma von Chalcedon zum situativ bedingten, aber über die Entstehungssituation hinaus verbindlichen Konsens in Glaubensfragen rechnet, muss sie seinen zeitbedingten Merkmalen ebenso große Beachtung schenken wie seinem Anspruch auf zeitüberdauernde Gültigkeit. Dabei kommt es nicht nur „auf eine historisch möglichst umfassende Bestimmung der relevanten inner- und außerkirchlichen Faktoren, der wichtigsten Träger und Opponenten, Zentren und Verlaufsformen an, welche die Rezeption der Lehrentscheidung des Konzils nachhaltig beeinflußt haben."[220] Hier geht es auch um die hintergründige Frage, wie ein solcher Text in unterschiedliche sozio-kulturelle Kontexte so übersetzt werden kann, dass jeweils neu seine konsensstiftende Bedeutung hervortritt. Eine entsprechende Rekonstruktion von Genese und Rezeption des christologischen Dogmas wird nicht nur die Verständigungsbemühungen in theologischen Kontroversen dokumentieren, sondern auch deren Scheitern vor und nach dem Konzil von Chalcedon. Man muss im Nachhinein verstehen können, warum sich die Kontrahenten immer wieder missverstanden, Missverständnisse produzierten und im Dissens verharrten. Vor allem muss dabei klar sein, dass die synchrone Problematik des Missverstehens sich in diachroner

220 A. Grillmeier, Jesus der Christus im Glauben der Kirche. Bd. 2/1, Freiburg/Basel/Wien 1986, 20.

Perspektive noch einmal verschärft: „Haben sich die kirchlichen Parteien schon damals (451) nicht verstanden, wieviel weniger können Menschen des 20. Jahrhunderts die Sprache der altchristlichen Jahrhunderte verstehen!"[221] Diese Schere geht umso weiter auseinander, je präziser Text und Kontext der altkirchlichen Christologie vor Augen gestellt werden. Der Versuch, heutigen Adressaten den Text (mit seinem ursprünglichen Kontext) nahezubringen, macht erst recht deutlich, wie groß Distanz und Differenz zwischen „damals" und „heute" sind. Ob ein damaliger Konsens orientierend wirken kann für gegenwärtige christologische Problemstellungen, darf ernsthaft bezweifelt werden.

Diese Zweifel werden manifest, wenn man aktuelle Lehr- und Handbücher zur Christologie aufschlägt und sich erkundigt, welche Probleme heute primär als bedrängend empfunden werden:[222] Neben der Frage, was wir heute gesichert vom sog. „historischen Jesus" und seinem Zeugnis der heilswirksamen Zuwendung Gottes zum Menschen wissen können, steht zur Diskussion, ob man den damit verbundenen Offenbarungsanspruch auf eine nicht-exklusivistische Weise vertreten kann. Neben dem Verdacht, dass die Rede von einer „Menschwerdung" Gottes im Raum des Mythischen verbleibt, wird ein Antijudaismusvorwurf gegen die christliche Soteriologie erhoben. Noch immer steht die Kritik feministischer Theologie an der patriarchalen Grundierung der Christologie im Raum.

Keiner dieser prekären Aspekte lässt sich mit dem Verweis auf die altkirchliche Christologie klären. Mehr noch: Häufig ist die Tendenz zu beobachten, die Bedeutung von Person und Botschaft Jesu nicht entlang der überkommenen (dogmatischen) Deutungen der christlichen Lehrtradition, sondern an

---

221 A. Grillmeier, Mit ihm und in ihm, Christologische Forschungen und Perspektiven, Freiburg/Basel/Wien $^{2}$1978, 491.

222 Vgl. exemplarisch H. Hoping, Einführung in die Christologie, Darmstadt 2004, 13–20.

ihr vorbei zu erörtern.[223] Dabei wird signalisiert, dass der Klärungsbedarf altkirchlicher Konzilstexte höher ist als ihr Erklärungspotenzial.[224] Die hinter diesen Texten stehenden christologischen Probleme müssen offenkundig mit erheblichem Aufwand erst wieder erzeugt werden, ehe die Konzilstexte als deren Lösung präsentiert werden können. Bei der Erläuterung der Problemlösung ist man zudem mit dem Folgeproblem konfrontiert, dass semantische Barrieren und Blockaden die Akzeptanz der Lösung erschweren. Lehnbegriffe aus der neuplatonischen Philosophie wie „Hypostase" oder „Ousia", die ursprünglich als Interpretamente, d. h. als Verstehensschlüssel dienten, werden in der Moderne selbst zum Interpretandum, d. h. zu einer hermeneutischen Verschlußsache. Am deutlichsten wird dies angesichts einer Verschiebung der semantischen Bezüge der Begriffe „Person", „Natur" und „Substanz". Es fehlt hier „jeder Bezug zu neuzeitlicher Begrifflichkeit und zur Selbsterfahrung des Menschen, die sich in ihr reflektiert, um die Leit-Begriffe der altkirchlichen Christologie in gegenwärtiger menschlicher Selbstverständigung mit einer semantisch gehaltvollen Bedeutung verbinden zu können."[225]

---

223 Vgl. auf dieser Linie E. Drewermann, Wendepunkte oder: Was eigentlich besagt das Christentum?, Ostfildern 2014, 170–242; H. Küng, Jesus, München/Zürich 2012; K. Berger, Wer war Jesus wirklich?, Stuttgart 1995; Ders., Jesus, München 2004. Einen instruktiven Kontrast hierzu bildet K. Ruhstorfer, Christologie, Paderborn 2007, der die biblischen Zeugnisse nicht als Ausgangs-, sondern als Zielpunkt seiner Rekonstruktion des Bekenntnisses zu Jesus Christus wählt. Ausgehend von (post)modernen Konstellationen werden in einem „archäologischen" Verfahren neuzeitliche, scholastische und patristische Überlieferungsschichten freigelegt, ehe das Zeugnis der Hl. Schrift nachgezeichnet wird.

224 Vgl. H. Küng, Das Christentum. Die religiöse Situation der Zeit, München/Zürich 1999, 238–239.

225 J. Werbick, Gott-menschlich. Elementare Christologie, Freiburg/Basel/Wien 2016, 264. Zu den Verschiebungen im Personverständnis siehe auch G. Essen, Die Personidentität Jesu Christ mit dem ewigen Sohn Gottes. Dogmenhermeneutische Überlegungen zur bleibenden Geltung der altkirchlichen Konzilienchristologie, in: IkaZ 41 (2012) 80–103.

Vor diesem Hintergrund scheint eine Gegenwartsrelevanz der altkirchlichen Christologie nur sehr eingeschränkt zu bestehen. Dies betrifft zum einen die Frage, auf die sie ursprünglich eine Antwort geben wollte, und zum anderen die bei ihrer Beantwortung verwandte Terminologie. Es scheint höchst fraglich, ob man mit dem Dogma von Chalcedon noch etwas anfangen kann, wenn man mit der Formel von der „einen Person in zwei Naturen" nichts mehr anzufangen vermag, weil die Leitbegriffe dieser Formel längst eine neue Bedeutung bekommen haben.

Eine solche Möglichkeit besteht, wenn ein Text, dessen ursprüngliche Fragestellung in den Hintergrund getreten ist, eine Bedeutungstiefe hat, die ihn für eine Fragestellung interessant macht, die in der Gegenwart relevant ist. In diesem Fall führt die historisch-kritische Sicherung der authentischen Textgestalt des christologischen Dogmas und die Vergewisserung seines ursprünglichen Kontextes über die Wahrnehmung des historischen Abstandes und der sozio-kulturellen Unterschiede von Textproduktion und Textrezeption sowie der aufgetretenen semantischen Brüche und Verschiebungen („vom Interpretament zum Interpretandum") zur Erörterung der Gegenwartsrelevanz des Textes, die auf eine Transferleistung angewiesen ist. Hierbei kommt es zur Anwendung des Textes auf Fragestellungen, die nicht materialiter, sondern strukturell in Analogie zu seiner ursprünglichen Fragestellung stehen.

Kenner der altkirchlichen Christologie haben darauf hingewiesen, dass für das Nachdenken über das Verhältnis von Gott und Mensch sowie über das Verhältnis von Gott und Welt überhaupt die Konzilsformel von Chalcedon Perspektiven eröffnet, die im Rückblick durchaus modern anmuten. Hier ist ein Reflexionsniveau erreicht, an das die Theologie in der Moderne anknüpfen kann. Zentrale Einsichten können im Kontext einer Existentialen Semiotik aufgegriffen und fortgeschrieben werden. Dies gilt vor allem für zwei Themenbereiche der theologischen Anthropologie und der Schöpfungstheologie. Anthropologisch höchst bedeutsam ist die Anerkennung von Selbststand, Eigensein und Autonomie des Humanum, d. h. nicht nur des Menschseins Christi, sondern des Menschen schlechthin, die in folgenden Passagen der christologischen Formel von Chalcedon angedeutet wird: Jesus Christus ist „vollkommen in der Menschheit – wahrhaft Mensch mit Vernunftseele und Leib – uns wesensgleich der Menschheit nach“ (DH 301)[226]. Auf dieser Linie ist auch die Tragweite der „Zwei-Naturen-Lehre“ als paradigmatisch für die (onto)logische Bestimmung des Gott/Welt-Verhältnisses zu deuten. Das Konzil markiert eine Alternative zu monistischen und dualistischen Konzepten, legt den Akzent auf die Beziehung zweier voneinander zu unterscheidenden Größen, ohne dabei den Unterschied der aufeinander bezogenen Größen zu relativieren: „Niemals wird der Unterschied ... aufgehoben der Einigung wegen, vielmehr wird die Eigentümlichkeit der beiden Naturen bewahrt, auch im Zusammenkommen in einer Person“ (vgl. DH 302). Für die Bewältigung der Aufgabe, eine Beziehung zwischen Mensch und Gott derart zu denken, dass dabei die Alterität Gottes und die Autonomie des Menschen gewahrt bleiben, wird hier eine instruktive Vorlage geliefert.

### 1.2. Göttlich und menschlich – ungetrennt und unvermischt: Aporie oder Grammatik des christlichen Glaubens?

Zur theologischen Würdigung der kirchlichen Lehrentwicklung gehört, „dass man sich des unaufgebbaren Ertrags vergewissert, der in ihr erreicht worden ist, und deutlich zu ma-

226 „Gerade dadurch, daß in der angenommenen Menschennatur Christi der Sohn ‚existiert‘, ist das wahre und echte Menschsein mehr gesichert als durch eine nur adoptianistisch verstandene Bindung an Gott. Die echte naturhafte Autonomie der menschlichen Existenz Jesu wird gerade in der Spannung von ‚ungetrennt‘ und ‚ungemischt‘ abgesichert“, A. Grillmeier, Nicaea (325) und Chalcedon (451). Um das christliche Gottes- und Menschenbild, in: A. Ziegenaus (Hg.), Wegmarken der Christologie, Donauwörth 1980, 80 (43–80). Vgl. hierzu auch Ders., Die christologische Entdeckung des Humanum, in: Das Menschenbild des Nikolaus von Kues und der christliche Humanismus (FS R. Haubst), Mainz 1978, 305–319.

chen versucht, warum er christlich normativ bleiben muss."[227] Allerdings ist damit noch nicht hinreichend klar, worin diese Normativität besteht. Ist sie verbunden mit dem philosophischen Hintergrund der „Zwei-Naturen-Lehre" und dem materialen Gehalt der Begriffe „Physis" und „Hypostasis", der sich wiederum nur erschließt im Kontext der klassischen Substanzmetaphysik?

In der zeitgenössischen Christologie besteht eine ausgeprägte Skepsis, dass diese Theoriereferenz für eine zeit- und sachgemäße Auslegung des Christusereignisses noch in Betracht kommt.[228] Sie gilt vielfach als ein „ahistorisches Produkt einer statischen Metaphysik, in welcher das dynamische Relationsgefüge der konkreten Geschichte Jesu Christi substanzontologisch verkannt werde."[229] In Zweifel gezogen wird ebenso ihre Normativität, denn eine christologische Jesusinterpretation wird enggeführt, wenn sie „angeblich ohne griechische Metaphysik gar nicht möglich wäre, dann aber mit ihr auch steht und fällt."[230]

Wie geht man nun (theologisch) mit dem Sachverhalt um, dass die Plausibilität der Feststellung einer Übereinstimmung fraglich wird, weil die damaligen Denkformen heute problematisch geworden sind? Verzichtet man angesichts der genannten Vorhaltungen auf die Fachbegriffe „Physis" und „Hypostasis" und will man zugleich das Anliegen Chalcedons wahren,

227 J. Werbick, Gott-menschlich, 265.

228 Vgl. hierzu B. Dahlke, Kritische Orthodoxie. Zum Umgang evangelischer und anglikanischer Theologen mit der Lehrformel von Chalcedon, Paderborn 2017; J. Sobrino, Der Glaube an Jesus Christus. Eine Christologie aus der Perspektive der Opfer, Ostfildern 2008, 451–467; H.M. Kuitert, Kein zweiter Gott. Jesus und das Ende des kirchlichen Dogmas, Düsseldorf 2004. Eine Kurzfassung der einschlägigen Vorbehalte findet sich bei G. Kraus, Jesus Christus – der Heilsmittler. Lehrbuch zur Christologie, Frankfurt 2005, 324–325.

229 G. Wenz, Chalcedon 451 – Wahrer Mensch und wahrer Gott, in: Una Sancta 57 (2002) 24 (16–30).

230 J. Wohlmuth, Chalkedonische Christologie und Metaphysik, in: M. Knapp/Th. Kobusch (Hg.), Religion – Metaphysikkritik – Theologie im Kontext der Moderne/Postmoderne, Berlin/New York 2001, 345 (333–354).

Beziehung und Unterschied, Einheit und Verschiedenheit der menschlichen und göttlichen Wirklichkeit in Jesus Christus auszusagen, so bietet sich als Ausweg nur das Festhalten an den logischen Bestimmungen ihrer Zuordnung an: Göttliches und Menschliches bleiben in der hypostatischen Union erhalten – ohne Vermischung, ohne Veränderung, ohne Teilung, ohne Trennung (vgl. DH 302). Allerdings wird auch diese Logik nicht selten als Ausdruck einer theologischen Verlegenheit kritisiert. Sie erscheint als Ausdruck der Schwäche, sich über bestimmte Inhalte nicht einigen zu können, wobei diese Schwäche durch einen Formelkompromiss verdeckt wird.[231] Diese Kritik geht bisweilen so weit, dass man die Formel von Chalcedon nicht nur für aporetisch hält, sondern auch meint, sie laufe auf einen kontradiktorischen Widerspruch hinaus, da sie ein Einschlussverhältnis zweier sich ausschließender Größen behaupte: „Die Behauptung, daß ein Mensch, der per definitionem Nicht-Gott ist, als einer und derselbe zugleich Gott ist, der doch per definitionem Nicht-Mensch ist, scheint … eine contradictio in adiecto zu sein."[232]

231 „Das Symbol von Chalkedon ist also so etwas wie ein Formelkompromiß aus Kompromißformeln, ein Kompromiß aus Kompromissen", K.-H. Ohlig, Fundamentalchristologie. Im Spannungsfeld von Christentum und Kultur, München 1986, 273.

232 W. Pfüller, Plädoyer für eine „nachklassische" Christologie, in: FZPhTh 39 (1992) 137 (130–154). Dass man aus logischen Verlegenheiten auch eine theologische Tugend machen kann, erwägt hingegen G. M. Hoff, Aporetische Theologie. Skizze eines Stils fundamentaler Theologie, Paderborn 1997, 236: „Die aporetische Interpretation der chalkedonensischen Christologie drückt in der Sprache und Logik Negativer Theologie das grundsätzliche christliche Glaubensgeheimnis aus. Sie ist nicht Flucht in das Mysterium, sondern zeigt es erst in seiner ganzen Deutlichkeit." Vgl. auch Ders., Chalkedon im Paradigma Negativer Theologie. Zur aporetischen Wahrnehmung der chalkedonensischen Christologie, in: ThPh 70 (1995) 355–372. Vermutlich fasst S. Coakley, What Does Chalcedon Solve and What Does It Not?, in: St. T. Davis u. a. (Hg.), The Incarnation, Oxford 2002, 143–163, repräsentativ zusammen, was in der Systematischen Theologie derzeit der Lehrformel Chalcedons (noch) an Bedeutung zugemessen wird: „It does not … intend to provide a full systematic account of Christology, and even less a complete and precise meta-physics of Christ's makeup. Rather, it sets a ‚boundary' on what

Hierbei wird übersehen, dass die Lehrformel des Konzils von Chalcedon lediglich Grenzmarken setzt, diesseits deren gesagt werden kann, was konsensfähig ist. Das christologische Dogma stellt eine Sprachregelung vor, wie man Einheit und Verschiedenheit in Jesus Christus denken kann, und seine negativen Bestimmungen leiten dazu an, unzulässige Deutungen zu eliminieren. Man greift aber zu kurz, wenn diese Sprachregelung lediglich als resignativer Formelkompromiss angesichts anhaltender Kontroversen gedeutet wird. Vielmehr begegnet hier eine „adverbiale" Theologie, die das hermeneutische Potential einer „theologia negativa" nutzt: Sie praktiziert die Kunst der Bestreitung und gibt an, wie man nicht sprechen darf, um dem Gegenstand des Sprechens gerecht zu werden. Göttliches und Menschliches sind weder zu trennen noch zu vermischen. Im Modus des „Absprechens" sagt sie wenig von ihrem Gegenstand, aber dieses Wenige kommt ihm am nächsten.

Wenn es – inspiriert von dieser Denkform – heute darum gehen soll, die Gegenwartsrelevanz des Konzilstextes zu demonstrieren trotz seiner sperrigen semantischen Bezüge, die sich aus seinem substanzmetaphysischen Vokabular ergeben, kann dies durchaus im Modus des partiellen Absprechens des in ihm Angesprochenen geschehen. Das Ergebnis dieser Bestreitung – so die Leitthese der folgenden Überlegungen – ist der Verzicht auf eine materiale Deutung durch das Weglassen der Begriffe „Physis" und „Hypostasis" und die Konzentration auf die Logik der adverbialen Bestimmungen: unvermischt/inconfuse, unveränderbar/immutabiliter, ungeteilt/indivise, untrennbar/inseparabiliter (vgl. DS 302).[233]

can, and cannot, be said, by first ruling out three aberrant interpretations of Christ (Apollinarism, Eutychianism, and extreme Nestorianism), second, providing an abstract rule of language (physis and hypostasis) for distinguishing duality and unity in Christ, and third, presenting a ‚riddle' of negatives by means of which a greater (though undefined) reality may be intimated. … In this, rather particular sense, it is an ‚apophatic' document." (161).

233 Das Folgende erweitert Überlegungen von H.-J. Höhn, Wahrhaft Gott – wahrhaft Mensch? Chalcedon und die Christologie heute, in: Th. Haintha-

Dieses Verfahren ist bei der 1. Wiener Konsultation zwischen Orientalisch-orthodoxen Kirchen und Römisch-Katholischer Kirche (1971) bereits praktiziert worden: „Wir glauben, dass unser Gott und Erlöser, Jesus Christus, Gottes fleischgewordener Sohn ist; vollkommen in seiner Gottheit und vollkommen in seiner Menschheit. Seine Gottheit war von seiner Menschheit nicht einen Augenblick getrennt. Seine Menschheit ist eins mit der Gottheit, ohne Vermischung, ohne Vermengung, ohne Teilung, ohne Trennung."[234] Im Rückgriff auf christologische Wendungen, die in beiden Kirchen nicht umstritten sind und von beiden Kirchen(leitungen) nicht bestritten werden, hat man versucht, das auszusagen, was nach gemeinsamer Überzeugung von Jesus Christus zu bekennen ist – ohne Rekurs auf die klassische Terminologie der „Zwei-Naturen-Lehre". Offenkundig gehört hier die spezifische adverbiale Logik des Dogmas nicht zu seinen strittigen Aspekten. Ausgerechnet jene Formulierungen, die man vielfach für aporetisch und widerspruchsanfällig erklärt oder als Formelkompromiss abgetan hat, bilden die Basis für die Formulierung eines Einverständnisses. Offensichtlich ist gerade die anspruchsvolle „Logik der Bestreitung" kein Gegenstand des Streites. Mehr noch: Sie kann sogar neu die Normativität der christologischen Lehrformel zur Geltung bringen, indem sie ein Anspruchsniveau christologischer Reflexionen markiert, das nicht mehr unterboten werden darf. Nicht die „Zwei-Naturen-Lehre" gilt hierbei als normativ oder unaufgebbar, sondern die Grammatik der hierbei verwendeten Sprachzeichen,

---

ler u. a. (Hg.), Jesus der Christus im Glauben der einen Kirche, Freiburg/Basel/Wien 2019, 432–439 (421–439).

234 Der Text findet sich in der Dokumentation der Tagung von R. Kirchschläger/A. Stirnemann (Hg.), Chalzedon und die Folgen, Innsbruck/Wien 1992, 272. Vgl. hierzu auch Th. Hainthaler, Hermeneutische Aspekte bei christologischen Erklärungen mit den Kirchen des Ostens, in: St. Ernst/G. Gäde (Hg.), Glaubensverantwortung in Theologie, Pastoral und Ethik (FS P. Knauer), Freiburg/Basel/Wien 2015, 146–171.

d.h. die adverbiale Logik des In-Beziehung-Setzens der Größen „Gottheit“ und „Menschheit“.[235]

Gleichwohl stellen die mittels der „via negativa“ ermittelten Bestimmungen eine problemerzeugende Problemlösung dar. Anhand der vier adverbialen Negativbestimmungen lässt sich zwar angeben, wie man *in Wahrheit* Gottheit und Menschheit Jesu Christi einander zuordnen kann, ohne dabei ihre Verschiedenheit einzuebnen. Aber es bleibt offen, worauf diese Bestimmungen „realiter“ Bezug nehmen. Lässt man die Referenzbegriffe „Physis“ und „Hypostasis“ weg, bleiben die Referenzgrößen „Menschheit“ und „Gottheit“ übrig. Aber diese Größen bleiben unbestimmt bzw. führen zu der Frage, worauf sich die Begriffe „Menschheit“ und „Gottheit“ *in Wirklichkeit* beziehen. Wenn es um das gleichzeitige Mensch*sein* und Gott*sein* Jesu Christi geht, tauchen alle ontologischen Fragen wieder auf, die man traditionell im Format einer Substanzmetaphysik zu klären versuchte. Die Verabschiedung dieses Reflexionsformates bringt keineswegs jene Fragen zum Verschwinden, auf die es problematische Antworten gegeben hat.

Die Konzentration auf die adverbiale Logik der Konzilsformel erspart somit nicht die Klärung der ontologischen Konnotationen der Begriffe „Menschheit“ und „Gottheit“. In ihr steckt vielmehr eine Anweisung, wie diese Bezüge widerspruchsfrei gedacht werden können. Unter dieser Rücksicht erfüllt sie die Aufgabe einer Grammatik des Glaubens, d.h. sie stellt einen sprachlich-logischen Rahmen zur Verfügung, innerhalb dessen alle Inhalte einer Beziehung zwischen Gott und Mensch zum Gegenstand einer intersubjektiven Verständigung werden können. Allerdings nötigt die Umsetzung dieser Anweisung zu einem Paradigmenwechsel. Im Format der klassischen Substanzmetaphysik ist sie nicht durchführbar, aber der

---

235 Diese These ist inspiriert von P. KNAUER, Die chalkedonensische Christologie als Kriterium für jedes christliche Glaubensverständnis, in: ThPh 60 (1985) 1–15. Vgl. auf dieser Linie auch G.M. HOFF, Wer ist Christus? Das Symbolon von Chalkedon als Grammatik des Glaubens, in: SaThZ 8 (2004) 17–29.

Verzicht auf jegliche ontologische Reflexion ist ebenso wenig angebracht.[236]

## 2. „Durch ihn und mit ihm und in ihm": Christologie – Ontologie – Semiotik

Die christliche Theologie beansprucht, dass die Interpretamente der Christologie sich auf eine Wirklichkeit beziehen, die mehr ist als ein bloßes Gedankenkonstrukt. Sie erhebt den Anspruch, dass die ontologischen Bedeutungsvoraussetzungen dieser Interpretamente erfüllt sind.[237] Ob dieser Anspruch berechtigt ist, muss sie eigens aufzeigen (können). Wer einen solchen Versuch unternimmt und dabei die „ontological commitments" dieses Anspruchs ausweisen will, wird jedoch unversehens mit einer Problemverschärfung konfrontiert, die aus den Prämissen und Kernthesen des theologischen Nachdenkens über das Weltverhältnis Gottes entstehen und auch in einer relational-ontologischen Beschreibung dieses Verhältnisses begegnen.

Demnach ist die Welt in ihrem Dasein unüberbietbar bezogen auf Gott, von dem sie zugleich radikal verschieden ist. Von Gott als Schöpfer der Welt kann wiederum ausgesagt werden: Gott ist der, ohne den nichts (d. h. kein „jemand" und kein „etwas") wäre. Er selbst ist (als Schöpfer) aber weder „jemand" noch „etwas" oder „nichts". Vielmehr konstituiert er den Unterschied von Sein und Nichts zugunsten des Seienden – sei

236 Vgl. hierzu die Problemanzeige von A. Grillmeier, Mit ihm und in ihm, 493: „Angewandt auf die Glaubenslehre fordert das hermeneutische Problem, daß die Theologie die Geschichtlichkeit der Offenbarung und der Glaubensverkündigung ganz ernst nimmt, ohne die ‚Wahrheit' relativierend zu verschleudern. Philosophie und Theologie werden damit über statisches Seinsdenken – nicht über die Seinsfrage überhaupt – … hinausverwiesen."

237 Vgl. A. Grillmeier, Mit ihm und in ihm, 5: „Wird die Christologie der Väter und der Konzile als zeit- und kulturgebundene ‚Ontologie' qualifiziert und nur noch als überholter Ausdruck der Bedeutsamkeit Jesu gewertet, lohnt sich ein größerer Aufwand ihrer Erforschung nicht mehr."

dies ein „etwas" oder ein „jemand". Diese Bestimmungen des Gottesbegriffs bilden sogleich den Haupteinwand gegen ein Offenbarungsverständnis, das eine Selbstvergegenwärtigung Gottes in der Erfahrungswelt des Menschen behauptet. Wenn Gott weder „jemand" noch „etwas" oder „nichts" ist, wie soll er sich in einem Kontext offenbaren, der nichts vorkommen lässt, das nicht ein „jemand" oder ein „etwas" ist? Wie lässt sich die Weltimmanenz eines Offenbarungsgeschehens mit der Welttranszendenz des sich darin offenbarenden Gottes vereinbaren, wenn doch seine Göttlichkeit unablösbar ist von seiner Alterität gegenüber der Welt? Wie kann es eine Selbstoffenbarung Gottes geben als Begegnung des endlichen und bedingten Menschen mit dem unbedingten Gott im Horizont der endlichen und bedingten Welt? Wie kann dies geschehen, ohne dass unter den Bedingungen des Endlichen die Wirklichkeit Gottes gemindert oder verändert wird oder von einer Vermischung des Göttlichen und Menschlichen gesprochen wird?[238]

Eine konsistente und stringente Lösung dieser Aufgabe verlangt die Verabschiedung einer Substanzmetaphysik zugunsten einer Relationalen Ontologie nicht nur im Kontext der Schöpfungstheologie, sondern auch auf dem Feld der Gotteslehre, Offenbarungstheologie und Christologie. Es dürfte der Theologie jedoch keine Probleme bereiten, hier eine relationale Neujustierung vorzunehmen. Angelegt ist diese Möglichkeit in der neutestamentlichen Grundaussage „Gott ist Liebe" (1 Joh 4,8.16).[239] In der existentialsemiotischen Lesart dieser Metapher meint diese Neujustierung: Gott ist in sich und für sich eine Wirklichkeit, deren Wesen die daseinsbejahende Un-

---

238 Zwar besteht in der zeitgenössischen Christologie durchaus ein Bewusstsein dieser Problematik, jedoch fehlt weithin die Bereitschaft, nach einem ontologischen „Setting" zu fragen, in dem diese Schwierigkeiten gar nicht erst auftreten. Vgl. exemplarisch B. NITSCHE, Christologie, Paderborn 2012, 97–116.

239 Vgl. Th. SÖDING, „Gott ist Liebe". 1 Joh 4,8.16 als Spitzensatz Biblischer Theologie, in: Ders. (Hg.), Der lebendige Gott, Münster 1996, 306–357; M. MÜHLING, Gott ist Liebe. Studien zum Verständnis der Liebe als Modell des trinitarischen Redens von Gott, Marburg [2]2005.

terscheidung von Sein und Nichts ist. Diesem Wesen entspricht eine Beziehung zum vom Nichts unterschiedenen Seienden im Modus der grundlosen Anerkennung seines Daseins. Anders gesagt: Gott steht zur Welt im Verhältnis einer unbedingten Zuwendung. Die Aussage „Gott ist Liebe“ darf hier nicht als Kennzeichnung einer Eigenschaft oder Verhaltensdisposition Gottes verstanden werden. Vielmehr kennzeichnet sie die Vollzugsweise seines Wesens. Gott subsistiert im Vollzug einer daseinsbejahenden Unterscheidung und entspricht diesem Vollzug in der Beziehung unbedingter Anerkennung des vom Nichts unterschiedenen Seienden. Was das Göttliche dieses Beziehungsgeschehens ausmacht, ist seine Unbedingtheit, Unüberbietbarkeit und Unteilbarkeit. Unbedingt ist die Beziehungsrealität des Zugewandtseins, wenn sie ursprungslos ist, d. h. wenn ihr nichts vorausgeht, das ihr vor- oder übergeordnet ist. Unüberbietbar ist sie, wenn sie an nichts Geschaffenem Maß nimmt, und unteilbar ist sie, wenn Vollzug und Gehalt der Zuwendung koinzidieren. Darum kann ein relationaler Monotheismus auch als trinitarischer Monotheismus ausgelegt werden. Der eine Gott „ist“ ineins das ursprungslose „Woher“, das ungeschaffene „Woraufhin“, das unüberbietbare und ungeteilte „Was“ unbedingter Zuwendung.[240]

Diese semantische Präzisierung des christlichen Gottesbegriffs ist zugleich erkenntnistheoretisch belangvoll, da sie die Ermöglichungsbedingungen eines Offenbarungsgeschehens und seiner Wahrnehmung zu identifizieren hilft. Soll angegeben werden, unter welchen Bedingungen es möglich ist, eine Selbstvergegenwär-

240 Vgl. vor diesem Hintergrund auch E. Prenga, Gottes Sein als Ereignis sich schenkender Liebe, Freiburg/Basel/Wien 2018. – Allerdings droht der inzwischen inflationär gebrauchten Wendung „Gott ist Liebe“ in erheblichem Maße eine Trivialisierung und Banalisierung, wenn als semantisches Assoziationsfeld ein romantisches Liebeskonzept fungiert (vgl. B. Rathmayr, Geschichte der Liebe, München 2016, bes. 217–234). Wenn die Theologie nicht in Sentimentalitäten abgleiten will, sollte sie sich darauf beschränken, Gottes Liebe zum Menschen existentialsemiotisch zu buchstabieren als vorbehaltlosen Zuspruch unverzweckten menschlichen Selbstseinkönnens und als Einspruch gegen die Vergleichgültigung dieses Daseins durch den Tod.

tigung Gottes in der Welt zu denken, lautet die Antwort: Gegenstand und Ereignis der Selbstoffenbarung Gottes kann nur die *Vergegenwärtigung* der Realität *einer Beziehung* (unbedingter Zuwendung) sein. Folglich kann auch die Verlaufsform dieser Offenbarung nur die *Übersetzung einer Relation* (unbedingter Zuwendung) *in Entsprechungsrelationen* sein. „Selbstoffenbarung" Gottes meint nicht, dass ein „wer", „jemand" oder „etwas" dem Menschen zugänglich, erschlossen oder mitgeteilt wird. Es handelt sich hier auch nicht um die Proklamation von göttlichen Willensbekundungen. Vielmehr geht es um die Vergegenwärtigung jener Relation, die für Gottes Selbstsein „wesentlich" ist. Erst wenn im Verhältnis Gottes zur Welt sein Selbstverhältnis offenbar wird, kann dieses Geschehen auch „Selbstvergegenwärtigung Gottes" genannt werden. Unter dieser Rücksicht kann in einem trinitarisch-relationalen Gottesverständnis gesagt werden, dass Gott „in sich selbst die strukturierte Möglichkeit ist, im Anderen seiner Selbst als er selbst gegenwärtig zu sein."[241]

## 2.1. Gott und Mensch in Beziehung: Entsprechungen und Übersetzungen

Wenn eine Selbsterschließung Gottes in der Welt als Übersetzung seines Selbstverhältnisses in innerweltliche Entsprechungsverhältnisse gedacht werden soll, impliziert dies nicht

241 Th. Schärtl, Trinitätslehre, in: Th. Marschler/Th. Schärtl (Hg.), Dogmatik heute, Regensburg 2014, 66 (59–130). – Die Trinitätslehre ermöglicht, Aussagen über Gottes Selbst- und Weltverhältnis so zu formulieren, dass sie vor der Vernunft nicht aus logischen Gründen als religiöse Ungereimtheiten erscheinen. Allerdings ist sie ihrerseits immer wieder dem Verdacht ausgesetzt, dass man sich keinen vernünftigen Reim auf sie machen kann. Zu erhärten ist dieser Verdacht jedoch nur dann, wenn die Rede vom drei-einen Gott in einem substanzontologischen Format vorgetragen wird. Allerdings bedeutet es für die Theologie keinen Fortschritt, wenn man zwar terminologische Alternativen zur klassischen Trinitätslehre vorlegt, dabei aber vergisst, auf die theologische Problemlösungskompetenz der Trinitätslehre im Kontext der Rede von der weltimmanenten Selbstoffenbarung des welttranszendenten Gottes einzugehen. Vgl. dazu Th. Marschler/Th. Schärtl (Hg.), Herausforderungen und Modifikationen des klassischen Theismus. Bd. 1: Trinität, Münster 2019.

die mythologische Vorstellung, dass in dieser Übersetzung etwas Göttliches neu in die Welt kommt. Es wird vielmehr erschlossen, was seit Beginn der Welt schon gilt: Gott ist ihr von Anfang an unbedingt zugewandt. Als ihr Schöpfer konstituiert Gott den Unterschied zwischen Sein und Nichts zugunsten des Seienden. Dieser Unterschied ist existenz-, identitäts- und freiheitskonstitutiv und für das Geschaffene die Ermöglichung eines wohltuenden Unterschiedenseins vom eigenen Nichtsein. Welt und Mensch sind hineingeschaffen in Gottes Verhältnis zum Verhältnis von Sein und Nichts. Durch die Offenbarung von Gottes Welt- und Menschenverhältnis als einem Verhältnis der Konstitution von Existenz, Freiheit und Identität kommt daher materialiter nichts in die Welt, was ihre Geschöpflichkeit überbietet.

Gleichwohl kann in diesem Kontext von einer *Selbst*vergegenwärtigung Gottes gesprochen werden. Wenn gilt, dass Gott Liebe ist und deren göttliche Relationalität darin besteht, ineins das ursprungslose „Woher", das ungeschaffene „Woraufhin" sowie das unüberbietbare, ungeteilte „Was" unbedingter Zuwendung zu sein, dann geht bei der Übersetzung dieser Realität in Entsprechungsverhältnisse materialiter nichts verloren (wie dies z. B. der Fall ist, wenn ein dreidimensionales Objekt auf eine zweidimensionale Fläche projiziert wird).[242] Ist bereits das Weltverhältnis Gottes (im Modus der existenz-, iden-

242 Eine Verdeutlichung dieser These mag folgende Versuchsanordnung leisten: In einem Raum hängen von der Decke herab drei lange Schnüre, die etwa einen Meter über dem Fußboden enden. An diesen Schnüren befestigt man die dreidimensionalen Körper Kugel, Kegel und Zylinder. Werden diese Körper von oben durch eine intensive Lichtquelle angestrahlt, werfen sie alle auf dem Fußboden einen Schatten in Form eines Kreises. Beleuchtet man diese Körper von einer Seite des Raums, so werfen sie auf der gegenüberliegenden Seite jeweils unterschiedliche Schatten: Kreis, Dreieck und Rechteck. In keinem Fall führt die „Abbildung" eines dreidimensionalen Körpers auf einer zweidimensionalen Fläche zu einem dem „Urbild" vollständig entsprechenden „Ebenbild". Im ersten Fall lässt der Schattenwurf den falschen Rückschluss auf eine Kugel als Referenzgröße aller drei Schattenbilder zu. Im zweiten Fall wird jeweils nur partiell erkennbar, welche Merkmale für die verschiedenen Referenzgrößen charakteristisch sind. In keinem Fall kann je-

titäts- und freiheitskonstitutiven Unterscheidung von Sein und Nichts, die das Geschaffene als Adressat der unbedingten Zuwendung Gottes konstituiert) Ausdruck seines Selbstverhältnisses, so gilt dies unvermindert für die Offenbarung dieses Weltverhältnisses. Wie sich das Selbstverhältnis Gottes in sein Weltverhältnis übersetzt, so findet dieses Verhältnis Gottes *zur* Welt seine Entsprechung *in* der Welt mittels seiner Übersetzung in existenz-, identitäts- und freiheitsermöglichende Lebensverhältnisse des Menschen.[243] Diese Übersetzung ereignet sich in den Vollzügen (Relationen) unbedingter personaler Zuwendung und ist für das Christentum unablösbar verbunden mit dem Leben und Sterben Jesu von Nazareth. Gottes Weltzugewandtheit wird in und mit seiner Person offenbar in der Übersetzung dieser Weltzugewandtheit in Entsprechungsverhältnisse der Menschenzugewandtheit.[244]

Würde die Wirklichkeit Gottes substanzhaft gedacht bzw. seine Unbedingtheit und Unendlichkeit an eine unbedingte und unendliche Substanz geheftet, bliebe undenkbar, wie Gott sich

---

doch von einer Selbstvergegenwärtigung der Referenzgröße in ihrem Schattenriss gesprochen werden.

243 Für die Veranschaulichung dieses Sachverhaltes bietet sich eine mathematisch-geometrische Analogie an: Man kann das unsichtbare „Wesen" einer Parabel sowohl als Graph als auch in einer Formel ($y = x^2$) ausdrücken. In beiden Fällen ist die Parabel ihrer Formel nicht „ähnlich", sondern entspricht ihr – und zwar als durchgezogene Linie nicht weniger als in jedem einzelnen ihrer (unendlichen) Punkte. Formel und Graph liegen nicht in einer Dimension, fungieren auch nicht als Abbild eines Urbildes, sondern sind jeweils verschiedene und doch ebenbürtige Übersetzungen dessen, was eine Parabel definiert. Sie sind je für sich und zugleich im Verhältnis zueinander Versichtbarung des „Unsichtbaren". Die Realität des Verhältnisses von x und y wird graphisch in „vermittelter Unmittelbarkeit" offenbar, indem das funktionale Verhältnis von x und y in eine andere Dimension übersetzt wird und darin eine wahrnehmbare Entsprechung zum nicht wahrnehmbaren (funktionalen) Verhältnis von x und y findet. Materialiter geht bei der Übersetzung von der funktionalen zur graphischen Darstellung nichts verloren.

244 An dieser Stelle kann nur eine sehr gedrängte und kompakte Skizze christlicher Offenbarungstheologie und Christologie präsentiert werden. Zu den notwendigen Differenzierungen und Begründungen siehe H.-J. Höhn, Gott – Offenbarung – Heilswege, 192–278.

als Gott, d.h. in seiner Unbedingtheit und Unendlichkeit, im Bedingten und Endlichen offenbaren kann. Wenn dagegen die Wirklichkeit Gottes relational zu verstehen ist, dann kann eine Offenbarung dieser Relationalität als Übersetzung in Entsprechungsverhältnisse gedacht werden. In dieser Korrelation geht auf: Gott verhält sich so zur Welt, wie er sich zu sich selbst verhält. Gottes Selbst- und Weltverhältnis geht aber weder im Endlichen und Bedingten auf, wenn es innerweltlich vergegenwärtigt wird, noch ändert sich etwas am ontologischen Status des Endlichen und Bedingten, wenn es Ort der Offenbarung von Gottes Selbst- und Weltverhältnis in innerweltlichen Entsprechungsverhältnissen wird.

In der Sichtweise einer Verhältnisontologie lassen sich somit sämtliche Widerspruchsprobleme vermeiden, die mit einer substanzmetaphysisch formatierten Offenbarungstheologie und Christologie verbunden sind.[245] Sie ist zudem kompatibel mit den „via negationis" gewonnenen Zuordnungen göttlicher und menschlicher Wirklichkeit. Entscheidend ist dabei, die Struktur des Offenbarungsereignisses als Übersetzungsgeschehen zu bestimmen. Für die Deutung der Beziehung zwischen Ursprungs- und Entsprechungsverhältnissen kann man die adverbiale Logik der christologischen Formel des Konzils von Chalcedon heranziehen: In einem Entsprechungsverhältnis bleiben jene Wirklichkeiten, die einander entsprechen, voneinander unterscheidbar („unvermischt"), aufeinander beziehbar („ungetrennt"), in ihrer Beziehung zueinander für sich bestehen und

245 Dass substanzontologische Prämissen zu grotesken religionspädagogischen Umsetzungen führen können, wird deutlich bei S. Pemsel-Meier, Gott und Jesus Christus. Orientierungswissen Christologie, Stuttgart 2016, 195f.: „Fehl am Platze sind die in manchen Unterrichtswerken herangezogenen Kippbilder, denn sie illustrieren ein Entweder-Oder, das dem Gottmenschen Jesus Christus gerade nicht entspricht. Die Aussage von Chalcedon, dass zwei Wirklichkeiten eine untrennbare Einheit bilden können und dabei doch unterschieden bleiben, lässt sich besser an anderen Beispielen demonstrieren: an einem Gemisch aus Wasser und Öl, das sich zu einer Flüssigkeit verbindet, ohne dass beide sich vermischen, am aufgeschnittenen Marmorkuchen, der nur dann einer ist, wenn heller und dunkler Teig nicht zu einer mittelbraunen Masse verrührt werden."

identifizierbar („unveränderbar") und in ihrer Verschiedenheit voneinander zugleich aufeinander verwiesen („untrennbar").

Mittels dieser adverbialen Bestimmungen lässt sich auch verdeutlichen, inwiefern existentialsemiotische und relational-ontologische Überlegungen gegenseitig anschlussfähig sind. Es geht dabei um den Aufweis von Entsprechungen zwischen den existential-ontologischen Vollzugsformen des Daseins und den Sprachformen ihrer Bedeutungszuschreibung. Die genannten Adverbien bestimmen ontologisch das Verhältnis göttlicher und menschlicher Wirklichkeit und sie setzen dazu die Bedeutung wahren Gott- und Menschseins in Beziehung. Dabei werden sowohl die existentialen als auch die geschichtlichen Aspekte des Gott/Welt-Verhältnisses zureichend herausgearbeitet.

Das existentiale Moment tritt in einer relational-ontologischen Sichtweise dadurch hervor, dass die innerweltliche Vergegenwärtigung von Gottes Zuwendung zur Welt keine Minderung oder Veränderung seines Selbstverhältnisses unbedingter Zuwendung bedingt. Weder dem Weltverhältnis Gottes noch dem Gottesverhältnis der Welt wird „etwas" (materialiter) hinzugefügt. Vielmehr wird offenbar, was immer schon wahr und wirklich ist, bzw. wie Gott in Wahrheit und in Wirklichkeit immer schon zur Welt steht und dass die Welt, seitdem es sie gibt, das Gegenüber seiner unbedingten Zuwendung ist. Ihr Selbstsein ist „untrennbar" verbunden mit dieser Relation, die in und mit dem Christusereignis nicht überboten, sondern offenbar wird. Im Christusereignis wird seinerseits nichts am Weltverhältnis Gottes „verändert", sondern „ungemindert" und „ungeteilt" vergegenwärtigt, was Gottes Verhältnis zur Welt auszeichnet.

In ontologischer Hinsicht wird hier benannt, was für die Welt existenz- und identitätskonstitutiv ist. Was konstitutiv ist, stellt den Normalfall dar, d. h. nicht die Ausnahme, sondern die Regel. Unter dieser Rücksicht muss man auch für Jesus Christus als geschichtliche Gestalt von Gottes Selbstvergegenwärtigung in der Welt nicht einen ontologischen Ausnahmetatbestand reklamieren. An seiner Person wird nicht eine Ausnahme offenbar, vielmehr offenbart er, was für jeden Menschen die Regel ist: Adressat einer unbedingten Zuwendung Gottes zu sein.

Dieser Umstand relativiert keineswegs die Besonderheit Jesu Christi. Von ihm kann in Anlehnung an die Lehrformel von Chalcedon gesagt werden: Der Mensch Jesus ist unüberbietbar auf Gott bezogen, von dem er in seinem Menschsein radikal verschieden ist. In und mit seinem Verschiedensein ist er hineingenommen in das Selbstverhältnis Gottes, d. h. in ein Verhältnis unbedingter Zuwendung. In seiner Verschiedenheit von Gott ist Jesus zugleich Adressat und Übersetzer einer Beziehung Gottes zum Menschen. Jesus Christus entspricht in seinem Dasein sowohl dem geschöpflichen Verschiedensein von Gott – unter dieser Rücksicht ist er „wahrhaft Mensch" – als auch der Beziehung Gottes zum Menschen – unter dieser Rücksicht ist er „wesensgleich" der Wirklichkeit Gottes. Anders formuliert: An der Person Jesu sind menschliches (geschöpfliches) Bezogensein auf Gott und Gottes Beziehung zum Menschen als voneinander unterscheidbar („unvermischt") und aufeinander bezogen („ungetrennt") aussagbar. In ihrer Beziehung zueinander bleiben beide Relationen für sich bestehen und unterscheidbar („unverändert"). Zugleich verweisen sie in ihrer Verschiedenheit voneinander auf ihre Beziehung zueinander („ungeteilt"). Wahrhaft „menschlich" ist Jesu unüberbietbares Bezogensein auf Gott in geschöpflicher Verschiedenheit von Gott. Wahrhaft „göttlich" ist Jesu Einbezogensein in ein unüberbietbares Verhältnis unbedingter Zuwendung Gottes zum Menschen.

## 2.2. „Menschwerdung des Logos": Verstehensschlüssel oder Verschlusssache?

Zwar erlaubt die adverbiale Logik des christologischen Dogmas existentiale und ontologische Aspekte der Rede von Gottes Selbstvergegenwärtigung in der Geschichte zu klären. Aber es ist fraglich, ob dies bereits genügt, um damit die überkommene Rede von der Menschwerdung Gottes vom Mythologieverdacht zu befreien.[246] Zahlreiche Grundbegriffe der Christologie – wie

246 Zu entsprechenden Vorbehalten und Vorhaltungen siehe J. Hick, Wurde Gott Mensch? Der Mythos vom fleischgewordenen Gott, Gütersloh 1979.

etwa „Inkarnation“ bzw. „Menschwerdung des Logos“ oder „Gottessohnschaft“ weisen unbestreitbar Merkmale auf, die auf einen mythischen Kontext verweisen. Allerdings widerstreitet die Verwendung dieser Begriffe nicht einem aufklärerischen Anliegen, dem es heute um die spezifische Logik der Vermittlung von ontologischen, existentialen und semiotischen Belangen geht.

Bereits im Neuen Testament ist eine Tendenz der „Letztbegründung“ erkennbar, die in der folgenden christologischen Bekenntnisbildung der Kirche forciert wird und darin besteht, die Ermöglichungsbedingungen für eine Offenbarung Gottes in Jesus von Nazareth immer weiter zurückzuverlagern: Jesus wurde nicht erst dadurch Sohn Gottes, dass er durch die Auferstehung als solcher eingesetzt wurde (Röm 1,4), auf dem Berg der Verklärung als solcher proklamiert (Lk 9,35), bei der Taufe im Jordan als solcher adoptiert (Lk 3,22; Mt 3,17) oder von einer Jungfrau als solcher empfangen wurde (Lk 1,35; Mt 1,18–23), sondern er ist „göttlichen Wesens“. Bis zum Konzil von Nizäa (325) steht dabei das Bemühen im Vordergrund, das Göttliche der Person Jesu zu bestimmen und dies mit dem Inhalt seiner Botschaft in Beziehung zu setzen. Denn wenn es für das, was durch ihn und mit ihm offenbar wird, seit Anbeginn der Welt kein zeitliches „noch nicht“ gibt, dann muss gelten, dass auch für Jesus selbst kein solches „noch nicht“ angenommen werden darf. Dann muss gelten, dass er *immer schon* hineingenommen ist in Gottes Selbst- und Weltverhältnis unbedingter Zuwendung. In den neutestamentlichen Schriften ist deutlich die Suche nach passenden Interpretamenten für diesen Sachverhalt zu erkennen. Darunter nimmt etwa die Logosspekulation (Joh, 1,1ff.) eine besondere Stellung ein. Sie führt zu christologischen Präexistenzvorstellungen (Röm 8,3; 2 Kor 8,9, Gal 4,4; Phil, 2,6f.) und zur Konzeption der „Schöpfungsmittlerschaft“ des Logos: Wenn in der Zeit offenbar werden soll, dass Gott seit Anbeginn der Welt ihr liebend zugewandt ist, dann muss für den Träger dieser Offenbarung gelten, dass es keine Zeit gab, in der er nicht für sich war, was er für die Welt wurde.

Diesen Sachverhalt wollen auch die im Neuen Testament verwandten christologischen Hoheitstitel ausdrücken, unter denen die Bezeichnung „Sohn Gottes“ herausragt. Würde dieser Titel auf einen anthropologisch-ontologischen Ausnahmetatbestand hindeuten, der Jesus von Nazareth charakterisiert, läge ein mythologisches Denkschema vor, das heute erhebliche Plausibilitätsprobleme erzeugt. Was das Interpretament „Sohn Gottes“ heute dennoch verwendbar macht, ergibt sich aus seiner mythoskritischen Verwendung im Neuen Testament. So verweist die Rede von der „Gottessohnschaft“ Jesu in den Paulusbriefen keineswegs auf wundersame biologische Umstände seiner Zeugung oder Geburt. Wenn Paulus diese Wendung aufgreift, bestimmt er damit nicht die physisch-biologische Herkunft Jesu, sondern beschreibt ein Gottesverhältnis, das gerade nicht ein Privileg Jesu darstellt, sondern für jeden Glaubenden gilt: „Als aber die Zeit erfüllt war, sandte Gott *seinen* Sohn, geboren von einer Frau und dem Gesetz unterstellt, damit er die freikaufe, die unter dem Gesetz stehen, und damit *wir* die Sohnschaft erlangen. Weil *ihr* aber Söhne seid, sandte Gott den Geist seines Sohnes in unser Herz, den Geist, der ruft: Abba, Vater! Daher bist du nicht mehr Sklave, sondern Sohn; bist *du* aber Sohn, dann auch Erbe, Erbe durch Gott“ (Gal 4,4–7). – „Denn *alle*, die sich vom Geist Gottes leiten lassen, sind *Söhne Gottes*“ (Röm 8,14). „Ihr habt den Geist empfangen, der *euch* zu *Söhnen* macht, den Geist, in dem wir rufen: Abba, Vater!“ (Röm 8,15). Ebenso kennt der Beginn des Johannesevangeliums ein Verständnis von „Gotteskindschaft“ Jesu und aller Glaubenden, das sich fernab eines mythologischen Abstammungsdenkens bewegt: „*Allen* aber, die ihn aufnahmen, gab er Macht, *Kinder Gottes* zu werden, allen, die an seinen Namen glauben, die nicht aus dem Blut, nicht aus dem Willen des Fleisches, *nicht aus dem Willen des Mannes, sondern aus Gott geboren sind* (Joh 1,12f.). „Gottessohnschaft“ ist in diesem Kontext keine Kategorie, die eine seinshafte Besonderheit Jesu hervorheben will, die ihn über alle anderen Menschen hinaushebt.[247]

247 Vgl. ferner 1 Joh 3,1: „Sehet, welch eine Liebe uns der Vater geschenkt hat, dass wir Kinder Gottes genannt werden – und sind.“ Besondere Erwähnung

Wie verfehlt eine Deutung von „Gottessohnschaft“ im Sinne eines ontologischen Privilegs Jesu ist, zeigt sich im Epheserbrief, wo „Gottessohnschaft“ als Interpretament für die Gottesbeziehung jedes Christen bzw. jedes Menschen verwendet wird: „Er hat uns in ihm vor Grundlegung der Welt erwählt, damit wir heilig und untadelig vor ihm seien. Er hat uns durch Jesus Christus zur *Sohnschaft* auf ihn hin vorbestimmt nach dem Wohlgefallen seines Willens“ (Eph 1,4–5).

Die Bedeutung dieser Aussage erschließt sich, wenn sie in Beziehung gesetzt wird zu einem anderen Interpretament einer existentialen Gottesbeziehung des Menschen. Gemeint ist jene Entsprechungsrelation zu Gott, die jedem Menschen aufgrund seiner „Gottebenbildlichkeit“ zukommt. Nach Gen 1,26f. wird der Mensch zwar nach dem „Bild“ Gottes geschaffen. Damit ist aber nicht ein Sachverhalt gemeint, der den Menschen in der Welt zum materialen Abbild Gottes macht. Der Mensch bildet an sich nicht etwas materialiter Göttliches ab. Vom unsichtbaren Gott kann es ohnehin kein Bild geben. Ein Denken im Urbild-Abbild-Schema verbietet sich von selbst. Daher muss nach einer anderen Weise gefragt werden, wie der Mensch in seinem Dasein Gott entsprechen kann. Und diese Entsprechungsrelation muss ihrerseits in Relation stehen zu jener Weise, wie der Mensch seinem Dasein in der Welt entspricht. Dieses doppelte Entsprechungsverhältnis – so die im

---

verdient in diesem Kontext auch Joh 10,34–36, wo es im Streit Jesu mit den Pharisäern unter Bezugnahme auf Ps 82,6 heißt: „Jesus erwiderte ihnen: Heißt es nicht in eurem Gesetz: Ich habe gesagt: Ihr seid Götter? Wenn er jene Menschen Götter genannt hat, an die das Wort Gottes ergangen ist, und wenn die Schrift nicht aufgehoben werden kann, dürft ihr dann von dem, den der Vater geheiligt und in die Welt gesandt hat, sagen: Du lästerst Gott – weil ich gesagt habe: Ich bin Gottes Sohn?“ Auch hier wird die „Gottessohnschaft“ Jesu als nicht ihm allein zukommend bestimmt, sondern von der entsprechenden Würde Israels her verstanden, die nun in ihm voll ins Licht kommt. Zur Auslegung dieser Stelle siehe J. BEUTLER, „Ich habe gesagt: Ihr seid Götter“. Zur Argumentation mit Ps 82,6 in Joh 10,34–36, in: G. Gäde (Hg.), Hören – Glauben – Denken (FS P. Knauer), Münster 2005, 101–113; J. RINGLEBEN, Das philosophische Evangelium, Tübingen 2014, 506–508.

Folgenden zu explizierende These – ist fundiert in der Sprachlichkeit menschlichen Daseins.[248]

Nach biblischer Überzeugung ist die Dimension der Sprachlichkeit unabdingbar, um das Schöpfersein Gottes und die Geschöpflichkeit der Welt identifizieren zu können. Gott erweist sich als Schöpfer der Welt, indem er durch sein Wort (Logos) die Welt ins Dasein und in ihr freies Eigensein ruft. Dasein, Eigensein und Freisein sind dem Menschen von Gott zugesprochen. Sein Wort begründet den wohltuenden Unterschied von Sein und Nichts, von Leben und Tod zugunsten des Lebendigen (vgl. Gen 1,1–2,4a). Das Menschenverhältnis Gottes manifestiert sich im Zusprechen von Dasein und Freiheit, Wert und Würde. Der Mensch realisiert seine „Gottebenbildlichkeit", wenn er dem Schöpferwort Gottes entspricht und im eigenen Dasein dem schöpferischen Wort Gottes gerecht wird. Gott zu entsprechen und dadurch sein „Ebenbild" zu sein bedeutet für den Mensch nicht: sein zu wollen wie Gott oder selbst „göttlich" zu sein. Vielmehr geht es um eine Verhältnisentsprechung: In seiner Sprachlichkeit findet sich auf Seiten des Menschen eine Entsprechung zu jener Hinsicht, wodurch sich Gott *als* Gott erweist und was sein Weltverhältnis konstituiert. Das „Ebenbild" Gottes ist der Mensch, wenn er in seinen Lebensverhältnissen Gottes unbedingtes Ja zum Menschen mit-spricht, umsetzt und übersetzt.

Über diese Deutung der Kategorie „Gottebenbildlichkeit" lässt sich nun auch ein angemessenes Verständnis der „Inkarnation des Wortes Gottes" und der Besonderheit von Jesu Menschsein gewinnen: Auch Jesus entspricht dem Selbst- und Menschenverhältnis Gottes in der Sprachform seiner Existenz. Auch er existiert im Hören-Sagen des Wortes Gottes, dessen Vollzug seinen Inhalt realisiert: voraussetzungslose Zusage von Existenz und Freiheit. Jesus hat Gottes schöpferische Zusage von Existenz, Identität und Freiheit in seinen Lebenskontext übersetzt und als Einspruch gegen soziale Unrechtsverhält-

---

248 Vgl. dazu in diesem Band den Abschnitt „Signaturen des Daseins: Geschöpflichkeit und Sprachlichkeit" (IV.1.2).

nisse und geschichtliche Unheilszusammenhänge zur Geltung gebracht. Er hat diesen Einspruch derart praktiziert, dass er Zeichen gesetzt hat, die neue Realitäten schaffen, in denen sich das Wunder der Aufhebung von Ausgrenzung und Isolation ereignet. Er hat Worte gefunden, mit denen der Mensch an Leib und Seele gesunden kann. Was die Besonderheit Jesu ausmacht, ist der Umstand, dass er das Wort Gottes nicht in einen weiteren Text übersetzt, sondern diese Übersetzung „in Person" ist. Eben dies macht ihn zum Gott entsprechenden Menschen, durch den offenbar wird, wie jeder Mensch Gott entsprechen kann.

Die hermeneutische Bemühung um den (ontologischen) Sinn der Behauptung einer Inkarnation des „Wortes Gottes" hat vor allem jene christologisch bedeutsamen Texte zu beachten, in denen die Sprachlichkeit von Mensch und Schöpfung thematisiert und in Beziehung zur Offenbarung Gottes in Jesus von Nazareth gesetzt wird. In diesem Zusammenhang ist auch die Kategorie der Gottebenbildlichkeit neu zu denken. Eine solche Perspektive eröffnet der Christus-Hymnus im Kolosserbrief (Kol 1,15f.): „Er ist das Ebenbild des unsichtbaren Gottes, der Erstgeborene der ganzen Schöpfung. Denn in ihm wurde alles erschaffen im Himmel und auf Erden."[249] Die Gottebenbildlichkeit Jesu steht hier im Zusammenhang mit der Rede von der Präexistenz des Logos und seiner Schöpfungsmittlerschaft (Kol 1,17: „Er ist vor aller Schöpfung, in ihm hat alles Bestand."), die erweitert wird um das Zeugnis der Selbstvergegenwärtigung Gottes in Jesus Christus (Kol 1,19: „Denn Gott wollte mit seiner ganzen Fülle in ihm wohnen."). Offensichtlich übernimmt hier die Denkfigur der „Schöpfungs-

---

249 Zur Exegese dieser Perikope siehe C. Welz, Imago Dei. Bild des Unsichtbaren, in: ThLZ 136 (2011) 479–490; U. Luz, Bild des unsichtbaren Gottes – Christus. Der Kolosserhymnus (Kol 1,15–20), in: BiKi 63 (2008) 13–17; H. Merklein, Christus als Bild Gottes im Neuen Testament, in: JBTh 13 (1998) 53–75; A. Planitzer, „Er ist das Eikon des unsichtbaren Gottes". Spiegelungen des Gottesbildes im Christusbild am Beispiel des Schöpfungslogos, in: G. Larcher (Hg.), Gott-Bild. Gebrochen durch die Moderne, Graz/Wien/Köln 1997, 150–162.

mittlerschaft“ (des Wortes Gottes) die theologische Grundierung dessen, worauf die Begriffe „Gottebenbildlichkeit“ und „Gottessohnschaft“ abzielen: Jesus von Nazareth entspricht dem Sein und Wirken Gottes, insofern er das Schöpferwort Gottes im Leben wie im Sterben als eine Wirklichkeit bezeugt, gegen die der Tod nichts auszurichten vermag.

Alle bisher zitierten neutestamentlichen Texte zeichnet aus, dass sie die Möglichkeit eröffnen, unter Mythologieverdacht stehende Denkfiguren (z. B. „Gottmensch“, „Inkarnation“) um der in ihnen eingeschlossenen Wahrheit willen zu entmythologisieren. Die Notwendigkeit einer Entmythologisierung besteht darin, dass der Mythos die unüberbietbare Verschiedenheit von Schöpfer und Geschöpf nicht wahrt. Entmythologisierung bedeutet, anstelle der Vermischung von Göttlichem und Menschlichem ein unterscheidendes In-Beziehung-Setzen zu praktizieren und dadurch die Wahrheit mythologischer Bilder wieder aussagbar zu machen. Das unterscheidende In-Beziehung-Setzen von Schöpfer und Geschöpf ist gerade dort zu wahren, wo die Gefahr der Vermischung von Göttlichem und Menschlichem und zugleich die Versuchung einer Dissoziierung am größten sind: in der Rede von der Selbstoffenbarung Gottes in Jesus von Nazareth. Wer dagegen mit der Kategorie „Sohnschaft“ einen ontologischen Sonderstatus Jesu beschreiben will, betreibt wieder Mythologie. Dabei wird aus einem Interpretament für den modernen Menschen wieder ein Interpretandum gemacht. Was eigentlich ein Verstehensschlüssel sein wollte und sollte, wird hier zu etwas (ontologisch) Verschlüsseltem oder zu einer Verschlusssache gemacht.[250] „Gottessohnschaft“ ist jedoch als eine exis-

250 Dies gilt auch für zahlreiche Versuche von Vertretern der Analytischen Theologie, deren Deutungen christologischer Dogmen entweder mit modernen Coverversionen substanzmetaphysischer Konzepte operieren und dabei problemerzeugende Problemlösungen altkirchlicher Debatten reproduzieren oder zur Interpretation des Inkarnationsgedankens Vorstellungen einer „ontologischen Kenosis“ entwickeln, die höchst mythologisch anmuten. Vgl. hierzu den Literaturbericht von Ch. J. Amor, Ist ein Gottmensch widerspruchsfrei denkbar, in: ThPh 87 (2012) 349–375, sowie Th. Marschler,

tentialsemiotische Kategorie zu betrachten, d.h. als ein Interpretament zur Bestimmung, wer jemand in Wahrheit ist. Sie ist ein sprachliches Deutungsmittel für die Bestimmung, *als* wer jemand wirklich er selbst ist. Genauer: Sie steht für den Ineinsfall von Gottes Menschenverhältnis mit dem Gottesverhältnis des Menschen. Christen glauben nicht an Jesu Botschaft vom Menschenverhältnis Gottes, weil er der „Sohn Gottes" ist, sondern weil er das Menschenverhältnis Gottes praktizierte (in und als Übersetzung von Gottes Selbstverhältnis), bekennen sie ihn als „Sohn Gottes".

## 3. Gottes letztes Wort? Offenbarung und Geschichte

Wenn es eine Kernaufgabe der Theologie ist, das Reden von der Zuwendung Gottes zum Menschen zu verantworten, hilft ein Schwenk von der Schöpfungstheologie zur Offenbarungstheologie bzw. zur Christologie nur bedingt weiter. Auf ein Offenbarungsereignis der Vergangenheit zu verweisen, in dem Gott „ein für alle Mal" und in einer unüberbietbaren Weise sein Menschenverhältnis im Menschen- und Gottesverhältnis Jesu von Nazareth vergegenwärtigt hat, stellt erneut eine problemerzeugende Problemlösung dar. Denn dieser Akt der Vergegenwärtigung von Gottes Zuwendung zum Menschen ist längst nicht mehr gegenwärtig. Das Ereignis, in dem Gott dem Menschen nahegekommen ist, gehört der Vergangenheit an. Seitdem muss das Verhältnis zwischen Gott und Mensch offenkundig wieder als eine Fernbeziehung gedeutet werden. In einer Fernbeziehung überwiegt die Distanz, nicht die Nähe zweier Größen. Damit entsteht ein Folgeproblem von erheblicher Brisanz: Wie kann man trotz des historischen Abstandes heute einen existenziell be-

Inkarnation, in: G. Gasser u.a. (Hg.), Handbuch für Analytische Theologie, Münster 2017, 545–577.

deutsamen Zugang zum Grundereignis des christlichen Glaubens finden?[251]

Die Aufgabe, die Bedeutung eines geschichtlich einmaligen Ereignisses so zu vergegenwärtigen, dass trotz historischer Ungleichzeitigkeit die Erfahrung seiner „Realpräsenz“ gemacht werden kann, ist keineswegs unlösbar. Eine Lösungsmöglichkeit resultiert daraus, dass am Offenbarungsereignis sowohl ein geschichtliches als auch ein existentiales Moment identifiziert und unterschieden werden können. Das geschichtliche Moment besteht darin, dass sich im Leben und Sterben Jesu die Übersetzung von Gottes Welt- und Menschenverhältnis in zwischenmenschliche Entsprechungsverhältnisse ereignet. Das existentiale Moment besteht darin, dass nicht erst im Akt dieser Übersetzung Gottes Verhältnis zum Menschen im Modus der grundlosen Gewähr von Existenz, Identität und Freiheit entsteht oder hervorgebracht wird. Vielmehr wird darin offenbar, was über dieses Ereignis hinaus für jeden Menschen zu jeder Zeit und an jedem Ort immer schon gilt: Er darf sich in jeder Situation seines Lebens verstehen als freies Gegenüber Gottes, der ihm in guten wie in schlechten Tagen zugewandt ist.

Was derart für jede Situation zutrifft, in die sich der Mensch begibt, ist allerdings keine situative Gegebenheit. Die Realpräsenz der Zuwendung Gottes muss vielmehr eigens bewusst gemacht werden. Dies kann derart geschehen, dass eine Umsetzung der Praxis Jesu erfolgt. Seine Übersetzung von Gottes Weltverhältnis in zwischenmenschliche Entsprechungsverhältnisse ist ihrerseits zu übersetzen – und zwar in jeweils neue und andere, kontextspezifische Entsprechungsverhältnisse. Auf diesem Weg können im Christentum nicht nur für den Unterschied von Gott und Mensch, sondern auch für die bleibende Zuwendung Gottes zum Menschen Zeichen gesetzt werden.

251 Zur ausführlichen Erörterung dieser Fragestellung siehe auch H.-J. Höhn, Gott – Offenbarung – Heilswege, 278–283.

# VI. Existentiale Semiotik und Ästhetik:
## Leben – Sinn – Zeichen

Die Nähe Gottes zu vergewissern, wo sie existenziell oft am wenigsten vernommen wird, ist das Leitmotiv einer besonderen Zeichensprache des Glaubens. Diese Zeichen finden sich in einer Partitur, die das Schöpfungswort Gottes und das Evangelium Jesu in die Lebenswelt des Menschen übersetzen und die zugleich die Verfassung des Daseins in Szene setzen will. Damit ist bereits eine Kurzdefinition jener christlichen Handlungssymbole („Sakramente") gegeben, die sich durch eine spezifische existentialsemiotische Struktur auszeichnen. Ihr „Sitz im Leben" ist verbunden mit den Limitationen, Schwellen und Zäsuren, mit den Passagen und Brüchen einer Biographie, die allein mit den Mitteln der praktischen oder theoretischen Vernunft nicht zureichend bewältigt werden können. Sie stehen für jene existentiellen und religiösen Situationen des Daseins, in denen dem Glaubenden das Hören und Sehen für das Gelingen und Zerbrechen seiner Existenz gerade nicht vergehen soll. Sie haben zu tun mit der Hoffnung der Menschen auf ein bleibendes Bewahrtsein vor dem eigenen Nichtsein (Taufe), auf ein Standgewinnen und Zu-sich-stehen-Können im Eingeständnis eigenen Versagens (Buße), auf die Verlässlichkeit eines Versprechens von Treue und Zuneigung (Ehe), auf die Tragkraft des sich „In-Beschlag-nehmen-Lassens" von Gott (Weihe), auf eine Bewahrung der eigenen Identität im Angesicht einer existenziellen Bedrohung der physisch-psychischen Integrität (Krankensalbung).

In den Sakramenten geht es nicht allein darum, das Gottesverhältnis des Menschen und das Menschenverhältnis Gottes biographisch zu kontextuieren. Es geht ihnen auch um eine sinnliche Vergegenwärtigung einer Wirklichkeit, die den Sinnen entzogen ist. Sakramente gelten als performative Symbole, die mit dem, was sie bezeichnen, auf etwas anderes deuten und dieses Andere im Vollzug des deutenden Zeigens zugleich vergegenwärtigen. Die Vorstellung, dass Symbole erschließen oder bewirken, was sie bezeichnen, ist heute allerdings zahlreichen Missverständnissen ausgesetzt. Oft stellen sich Assoziationen des Magischen ein, die etwa im Kontext des Sakraments der Eucharistie zu eklatanten Fehldeutungen führen. Selbst eine semiotisch versierte Kulturwissenschaftlerin wie A. Assmann ist nicht vor kurzschlüssigen Interpretationen gefeit, wenn sie konstatiert: „Im Zentrum der kulturellen Zeichen im Abendland besteht somit das Sakrament des Abendmahls fort als weitverbreitete und anerkannte Form einer magischen Zeichenpraxis."[252] Sowohl Assmanns Zuordnung des Sakraments zu magischen Zeichen als auch ihr Verständnis von der Wirkkraft eines Sakramentes basieren auf prekären Prämissen: „Magische Zeichen stellen ... eine unmittelbare Verbindung zu einem wirkmächtigen, übersinnlichen Adressaten her. (...) Das magische Zeichen holt eine unsichtbare Potenz in sinnliche Präsenz, um sie der menschlichen Einwirkung zugänglich zu machen beziehungsweise um eine Kommunikation zu ermöglichen oder zu erzwingen. (...) Die Zeichenkraft des magischen Zeichens beruht darauf, dass der Referent dem Zeichen einwohnt; Zeichen und Referent sind – wie im kontroverstheologischen Problem des Abendmahls – durch Konsubstantialität miteinander verbunden."[253]

Diese Thesen offenbaren eher ein eklatantes Missverständnis als dass sie eine überzeugende semiotische Rekonstruktion von Theologie und Praxis der Eucharistie leisten. Weder geht es dabei um das Einrücken „übersinnlicher" Kräfte und Potenzen in menschliche Verfügbarkeit noch handelt es sich um das Innewohnen einer Substanz in einer anderen oder um die wundersame Verbindung zweier Substanzen. Im Zentrum der Eucharistie steht nicht die Vergegenwärtigung einer substanzhaft verfassten Größe, sondern die Realpräsenz eines Verhältnisses unbedingter Zuwendung. Die Realpräsenz dieser Zu-

252 A. Assmann, Im Dickicht der Zeichen, Berlin 2015, 58.
253 Ebd., 57–58.

wendung ist ebenso wie der Modus ihrer Vergegenwärtigung durchaus semiotisch beschreibbar – und zwar in entschiedener Absetzung von einem magischen Konzept der Wirksamkeit von Zeichenhandlungen.

Zwar hat es in den letzten Jahren eine Schwemme an theologischer Literatur über religiöse Symbole gegeben. Aber nur selten ist dabei versucht worden, strukturell einsichtig zu machen, worin die Wirkkraft sakramentaler Vollzüge besteht und worauf sie beruht. Wird dieser Aspekt nicht geklärt, entsteht gerade für die christliche Symbolsprache eine erhebliche Plausibilitätslücke. Um diese Lücke zu schließen, wird im Folgenden versucht, die Sakramente als ein spezifisches Format religiöser Zeichensprache zu beschreiben, deren Besonderheit ebenso von ihrer ästhetischen Performanz wie von ihrer semiotischen Verfassung als Handlungssymbol herrührt. Die hierauf bezogene theologische Leitthese lautet: Sakramente stellen Partituren dar, deren Ausführung zu einer Übersetzung des vom Evangelium bezeugten Welt- und Menschenverhältnisses Gottes in jeweils neue, situative Entsprechungsverhältnisse führt.[254]

Mit diesem Versuch ist ein weiterer Schritt zur Erprobung und Anwendung einer Existentialen Semiotik des Glaubens verbun-

---

254 Keineswegs wird beansprucht, damit alle Aspekte katholischer Sakramententheologie und -praxis zu erfassen. Instruktive theologiegeschichtliche Darstellungen und systematische Reflexionen bieten hierzu u. a. O. H. Pesch, Dogmatik aus ökumenischer Erfahrung. Bd. II, Ostfildern 2010; Th. Schneider, Zeichen der Nähe Gottes. Grundriß der Sakramententheologie, Mainz [9]2008; F.-J. Nocke, Sakramententheologie, Düsseldorf 1997; F. Courth, Die Sakramente, Freiburg/Basel/Wien 1995; H. Vorgrimler, Sakramententheologie, Düsseldorf [3]1992. – Dem Konzept einer existentialsemiotisch fundierten Theorie sakramentaler Vollzüge kommt seitens der zeitgenössischen Theologie am nächsten L.-M. Chauvet, Symbol und Sakrament. Eine sakramentale Relecture der christlichen Existenz, Regensburg 2015. Allerdings wird dort keine stringente theoriegeleitete Argumentation vorgelegt. Auf weiten Strecken bleibt es bei assoziativ gehaltenen Bezugnahmen auf sprachphilosophische und anthropologische Aspekte. Es handelt sich eher um eine Relecture der Sakramententheologie im Geiste und mit dem Sprachgestus von J. Derrida und J. Lacan als um eine sakramententheologische Neuauslegung menschlichen Daseins.

den. Sie ist nicht nur relevant für eine Sinndeutung der existentialen Grundsituation des Menschen, sondern auch für das Bestreben, über die Bedeutsamkeit von biographischen Grenz- und Schwellenerfahrungen theologisch so zu reden, dass der Sinn dieser Rede sinnenhaft demonstriert werden kann, anstatt sinnenlos daherzukommen und unsinnlich zu bleiben.

In einer existentialsemiotischen Perspektive kann das Verhältnis von Ästhetik und Glaube, von sinnlicher und sinnenvermittelter Wahrnehmungs- und Ausdrucksfähigkeit des Menschen einerseits und seiner Gestaltungskompetenz[255] in religiösen Symbolen und Zeichenhandlungen andererseits zunächst im Blick auf strukturelle Gemeinsamkeiten bestimmt werden: Religion und Ästhetik ist gemeinsam, dass sie Einstellungssache sind; sie stehen für ein spezifisches Verhältnis zu den Lebensverhältnissen des Menschen, die von widerstreitenden Merkmalen geprägt sind. Das ästhetische Weltverhältnis stellt den Menschen auf Daseinskonstellationen ein, in denen sich zeigt, was am Leben derart ist, dass man daran Gefallen finden kann. An dem darin aufscheinenden Wahren, Schönen und Guten erfasst der Mensch, was ihm im Leben zusagt – und was sogar das Dasein selbst als eine Zusage deutbar macht. Eine ästhetische Einstellung zum Leben zeigt aber auch, was das Dasein und seine Deutung als Zusage „ganz schön schwer" macht. Sie konfrontiert das Schöne mit dem Hässlichen, das Gelungene mit dem Missglückten. Sie erschließt, was das Schöne zu etwas Gutem macht und was das Gute am Schönen ausmacht. „Schön" und „gut" sind Kriterien des Zustimmungsfähigen.[256] Daher berührt das ästhetische Weltverhältnis auch die Frage der Daseinsakzeptanz und macht es sowohl anschlussfähig für eine existenzielle Sinnsuche als auch für eine religiöse Vergegenwärtigung dieses Sinnes.

---

255 Zu diesem Verständnis von Ästhetik, das eine Verengung auf Phänomene der Kunst oder des Schönen aufsprengt, siehe u. a. G. PÖLTNER, Philosophische Ästhetik, Stuttgart 2008, 13–21.

256 Vgl. B. KLEIMANN, Das ästhetische Weltverhältnis. Eine Untersuchung zu den grundlegenden Dimensionen des Ästhetischen, München 2002.

## 1. Zeigen und Deuten: Die Symbolsprache des Glaubens

Religion und Ästhetik haben nicht bloß den Charakter einer Einstellungssache. Sie stehen auch für Realitäten ein, die Ansichtssache sind, d. h. die sich zeigen, wenn man für sie entsprechend disponiert ist. Hierbei kommt den Sinnen eine Schlüsselfunktion zu. Sie ebnen den Zugang zur Faktizität und Gegebenheit von Dingen, Ereignissen und Personen und erschließen die Bedeutsamkeit des Gegebenen.[257] Sie übersteigen die Sphäre des bloß Sinnlichen und Faktischen auf das hin, „als“ was etwas erscheint. Um wahrzunehmen, *als* was etwas da ist, muss zunächst deutlich werden, *wie* etwas für die Sinne in der Fülle seiner Aspekte und Bezüge anwesend ist, unter welchen Umständen es *erscheint* und in welchen Kontexten es sich *zeigt*.[258]

Was sich hierbei zeigt, erweist sich als Überschuss bloß empirischer Erfahrungsgehalte. Darin besteht auch der Transzendenzaspekt, der ästhetische Erfahrungen auszeichnet: Sie treiben über das im Leben sinnenhaft Erfahrene hinaus auf ein „Mehr“ und „Anderes“, das mit-erfahren wird. Dieses „Mehr“ und „Andere“ bleibt zugleich auf die Verlaufsform ästhetisch-sinnlicher Erfahrung als adäquate Weise angewiesen, in der es erscheinen und sich zeigen kann. Über die Sinne wird etwas (re)präsentiert und kommt zur Erscheinung, das selbst mehr als nur ein Gegenstand der Sinneserkenntnis ist.

Diese Besonderheit der ästhetischen Erfahrung kann analog zu den semiotischen Bezügen des Zeigens und Bemerkens (Deiktik), Bezeichnens und Deutens (Semantik), Bewirkens und Verstehens (Pragmatik) sowie des Sich-darüber-Verständigens (Syntaktik) beschrieben werden: Wer durch ein Museum geht,

257 Vgl. G. Böhme, Aisthetik. Vorlesungen über Ästhetik als allgemeine Wahrnehmungslehre, München 2001, 29–43.

258 Vgl. M. Seel, Ästhetik des Erscheinens, München 2000. Zum Ganzen siehe auch J. Küpper/Ch. Menke (Hg.), Dimensionen ästhetischer Erfahrung, Frankfurt 2003.

erlebt eine sinnliche Aufmerksamkeitslenkung, die von der Materialität der Exponate ausgeht. Der Blick des Besuchers einer Pinakothek wird angezogen von einem Bild, das das Porträt einer Frau ist. Beim näheren Betrachten des Gemäldes werden nicht nur Stirn, Nase, Mund gesehen. Vielmehr werden diese Details als ein Gesicht erkannt. Dieses Gesicht vermittelt nicht nur einen Anblick. Vielmehr sieht der Betrachter in diesem Anblick auch einen Blick. Er sieht in diesem Blick, dass und wie ihn die porträtierte Person anblickt. In diesem Blick steckt wiederum eine Deutungsmöglichkeit. Denn offenkundig zeigt das Bild nicht nur eine Person, sondern anhand ihres Anblickes auch, wie diese Person gesehen werden will. Sie gibt mit dem Porträt ein Bild von sich ab, das zeigt, wie sie sich selbst sieht und wie sie von anderen gesehen werden möchte. Zugleich stellt das Bild auch eine Beziehung zwischen Betrachter und Maler her: Man kann dem Bild auch ansehen, dass der Maler zeigen will, wie man zeigen kann, wie eine Person aussieht und wie sie gesehen werden will. In einem Bild steckt daher auch eine Anregung für den rechten Blick, mit dem der Betrachter sowohl im Bild jemanden sieht als auch wahrnimmt, wie diese Person sich zeigt, wie sie den Betrachter anblickt und welches Ansehen sie dafür finden will. Und zusätzlich geht ihm auf, dass der Maler zeigen wollte, wie man zeigen kann, auf welche Weise sich jemand zeigt und gesehen werden will. Der Betrachter kann nun sehen, wie man zeigen und sehen kann, wie jemand gezeigt und gesehen werden kann.

Um diese Koppelung von Sehen und Zeigen geht es auch in einer ästhetischen Glaubenspraxis. Hierbei suchen Christen nicht bloß nach passenden Worten, sondern auch nach Zeichen und Symbolen, die über den Hörsinn hinaus den anderen Sinnen zugänglich machen, was vom Evangelium her für den Menschen sinnstiftend sein kann. Der Glaube stellt sogar selbst in mehrfacher Hinsicht eine ‚synästhetische' Angelegenheit dar, da es eine Wahrnehmung des Wortes Gottes gibt, die mit der sinnlichen Auffassungsgabe seiner Träger und Adressaten in Beziehung steht: „Was wir gehört haben, was wir mit unseren Augen gesehen, was wir geschaut und was unsere Hände angefasst haben, das verkündigen wir: das Wort des Lebens“ (1 Joh 1,1). Es geht um eine Zusage, die hörbar, sichtbar und spürbar auf jene Lebensmöglichkeiten bezogen ist, die das Evangelium erschließt. Nicht mehr und nicht weniger intendieren neben der Verkündigung des „Wortes Gottes“ und der ethisch formatierten Praxis dieses Wortes alle ästhetisch-symbolischen Vermittlungsweisen, deren sich der Glaube bedient.[259]

### 1.1. Zeichen und Symbol: Semiotik der Performanz

Die Sinngehalte des christlichen Glaubens lassen sich in Zeichen und Gesten ausdrücken, deren Sprache allerdings nur versteht, wer um die besondere metaphorische Logik und semiotische Struktur symbolischer Rede weiß:[260] Symbole operieren mit der Logik des Fehlens und Passens. Sie sind An-Denken und Fehl-Anzeigen. Sie drängen darauf, dass zusammenkommt, was zusammengehört. Bereits die Etymologie des Begriffs „Symbol“ macht auf diese Logik aufmerksam.[261] Eine der ursprünglichen Verwendungen findet sich im griechischen Brauch der Gastfreundschaft: „Symbolon“ ist die Erkennungsmarke, die der Gast zu seiner Beglaubigung vorzeigt. Die passende Hälfte weist den Überbringer als Gastfreund aus, der dadurch Anspruch auf Aufnahme und Schutz hat.[262] Daneben gibt es für „symbolon“ noch eine eigene Bedeutungsebene, die vom Substantiv „symballesthai“ abgeleitet ist: im Geist zusammenbringen, zusammenreimen, erschließen, erraten, verstehen, deuten. Hier ist „symbolon“ ein bestimmtes Zeichen,

259 Die folgenden Überlegungen können daher gelesen werden als existentialsemiotische Konkretisierung des Plädoyers für einen „sensual turn“ der Theologie in H.-J. Höhn, Praxis des Evangeliums – Partituren des Glaubens. Wege theologischer Erkenntnis, Würzburg 2015, 237–298.

260 Vgl. Ch. Fricke, Zeichenprozess und ästhetische Erfahrung, München 2001.

261 Vgl. W. Müri, Symbolon. Wort- und sachgeschichtliche Studie, in: Ders., Griechische Studien, Basel 1976, 1–44.

262 Siehe hierzu J. Nicols, The Rituals of Hospitium. The Tesserae Hospitales, Leiden 2014.

von welchem aus bzw. vermittels dessen auf etwas Zugehöriges geschlossen werden kann.

In Symbolen steckt somit eine Handlungsaufforderung. Man darf nicht beim Gegebenen stehenbleiben, sondern soll sich auf eine Zugabe bringen lassen. Im Gegebenen ist jedoch nicht diese Zugabe, sondern zunächst nur die Aufgabe enthalten, einen Überstieg auf das zu vollziehen, was dem Gegebenen entspricht, aber nicht in derselben Weise präsent ist. Symbole wollen zu denken und zu tun geben, indem sie als Sehhilfen den Blick in die Richtung des Fehlenden neu justieren. Symbole sind Anleitungen zum Übersetzen, sie bestehen aus einem „hin" und „her", aus einem „da" und „dort". Ihre besondere Struktur ist dadurch charakterisiert, dass sie recht verstanden nichts Ganzes und nichts Halbes sind. Sie sind nichts Ganzes, weil sie auf ein dem Vorhandenen zugehöriges Anderes verweisen. Und sie sind nichts Halbes, weil sie dieses Andere auf dem Weg des Verweisens vergegenwärtigen. Religiöse Symbole sind demnach Andeutungen von Sinnbezügen, die einer Ergänzung durch die Hörer/innen bedürfen und diese zugleich in die Lage versetzen, darauf zu kommen, was dem Gegebenen fehlt. Darin entsprechen sie der metaphorischen Verfassung menschlichen Daseins und der Grundbestimmung des religiösen Transzendenzvollzuges als Ausgriff des Menschen nach dem, „was fehlt und passt".[263]

Das jeweils Fehlende und Passende lässt sich in Analogie zu den semiotischen Dimensionen der Sprache bestimmen: Die Materialität eines Symbols ist gekoppelt mit seiner Funktion der Erzeugung von Aufmerksamkeit (Deiktik). Mit dieser Materialität verknüpft ist sein Status als Medium von Bedeutung. Das in diesem Fall fehlende Passende ist das Signalisieren von Bedeutsamkeit (Semantik), das sich wiederum passgenau fortsetzt in der intersubjektiven Verständigung über die Relevanz des Angezeigten (Pragmatik). Die Verwender eines Symbols verstehen seine Bedeutung nur dann, wenn sie über einen ge-

263 Vgl. in diesem Band den Abschnitt „Metaphorische Wahrheit: Vom fehlenden Passenden" (III.3.2.).

meinsamen Code seiner Entschlüsselung verfügen. Erst dann sind sie auch in der Lage, das Verständnis dieser Bedeutung in weiteren Zeichenereignissen zu tradieren (Syntaktik).

Die Besonderheit eines Symbols besteht darin, dass sein Gebrauch einen „metaphorischen" Prozess anstößt, in dessen Verlauf zum Ausdruck kommt, was seine Zeichengestalt nahelegt. Symbole gehören zu jener Klasse von Zeichen, die nicht bloß auf eine von ihnen verschiedene Wirklichkeit verweisen, wie etwa Piktogramme, bei denen das Bezeichnete eine vom Zeichen getrennte Wirklichkeit bleibt. Piktogramme bilden ab, worauf sie verweisen. Sie setzen etwas ins Bild, das man schon kennt, und visualisieren die Entsprechung von Zeichen und Bezeichnetem. Symbole hingegen wollen zugleich nahebringen, worauf sie verweisen. Daher verlangen sie einen besonderen Umgang mit ihnen, bei dem man sich „einhandelt", worauf sie hinweisen. Allerdings kann auch dies nur gelingen, wenn über einen spezifischen Code bekannt ist, was dieser Umgang verlangt. Dieser Code steckt in der Partitur, die ein Symbol zu einem performativen Geschehen macht.

Die in der Theologie gebräuchliche Redeweise vom „Realsymbol", die in Entsprechung zur Kategorie „Performativ" steht, will diesen Umstand deutlich machen.[264] Hier wird nicht etwas ab- oder nachgebildet (wie im Falle eines „Vertretungssymbols"), sondern etwas vergegenwärtigt. Realsymbolen eignet darum eine materiell-mediale Realität, die sie zugleich überschreiten: Ein Versprechen ist mehr als ein phonetisches Klanggebilde; ein Kuss ist mehr als die Berührung zweier Schleimhäute. Zugleich sind sie aber auch nicht identisch mit jener Wirklichkeit, die in und mit ihnen vergegenwärtigt wird. Das realsymbolisch Vergegenwärtigte geht nicht in der Symbolgestalt auf, sondern bleibt ihr gegenüber das „Nicht-Andere" (Nikolaus v. Kues). Das gesprochene Wort „ist" nicht die versprochene Treue; ein Kuss „ist" nicht die Liebe. Ein Kuss kann Liebe zeigen und ebenso bloß vortäuschen. Die Täu-

264 Vgl. E.-M. Faber, Einführung in die katholische Sakramentenlehre, Darmstadt ²2009, 67–69.

schung aber ist nur so lange erfolgreich, wie sie überzeugend vorgibt, ihr Gegenteil auszudrücken. Auch sie lebt davon, was die Authentizität eines Realsymbols ausmacht: reale Vergegenwärtigung eines „Nicht-Anderen“ zu sein.

Realsymbole sind stets eingelassen in Interaktions- und Deutungszusammenhänge, in denen Gehalt und Gestalt zur Übereinstimmung gebracht werden müssen. In einem performativen Symbol steckt die Anweisung einer Praxis, in der getan wird, wovon es redet, und in der sich dann einstellt, worauf es verweist, bzw. bei der sich herausstellt, ob es tatsächlich vergegenwärtigt, worauf es verweist.[265] Als derartige Handlungssymbole sind auch die Sakramente zu charakterisieren. Ihnen liegt eine spezifische Partitur zugrunde, die auf eine „Performance“ aus ist. Auch in ihnen steckt die Anweisung einer Praxis, in der praktiziert wird, was ihr vom Evangelium her vorgezeichnet wurde. Die traditionelle dogmatische Redeweise vom „opus operatum“ (Konzil von Trient 1547/DH 1608)[266] weist auf eben diesen Sachverhalt hin: Wenn die Grundwahrheit des Evangeliums das Zeugnis von Gottes unbedingter Zuwendung zum Menschen ist, dann kann dieses Zeugnis wiederum nur im Vollzug einer unbedingten Zuwendung angemessen erfolgen. Kraft des Vollzuges unbedingter Zuwendung wird vergegenwärtigt, was bezeugt wird.

Weder die Kategorie des Performativen noch die Denkfigur des „opus operatum“ lassen die Assoziation eines Automatismus zu. Worauf sie abzielen, geht keineswegs ohne eine aktive Selbst- und Eigenbeteiligung der beteiligten Personen vonstatten. Wer sich mit einer Partitur befasst, ohne sie selbst zu spielen, hat nicht erfasst, um was es ihr geht und was für sie essentiell ist. Solange sie nicht gespielt wird, fehlt ihr das Ent-

---

265 Zu diesem Zusammenspiel siehe auch E. Fischer-Lichte, Ästhetik des Performativen, Frankfurt 2004, sowie die theologischen Anschlussreflexionen von S. Trawöger, Ästhetik des Performativen und Kontemplation, Paderborn 2019.

266 Zur Erläuterung dieses Begriffs vgl. Th. Schneider, Zeichen der Nähe Gottes, 50–53.

scheidende und ihr wird vorenthalten, dass sie wirklich ist, was sie in Wahrheit sein will. Unter dieser Rücksicht ist der Grundzug des Metaphorischen auch für performative bzw. sakramentale Symbole konstitutiv. Es geht um Prozesse der vergegenwärtigenden Übersetzung, die ebenso interaktiv wie interpersonal ausgelegt sind.

### 1.2. Symbol und Sakrament: Partitur und Praxis

Sakramente sind derart komponiert, dass am Prozess der Vergegenwärtigung von Gottes Weltverhältnis in konkreten Lebenssituationen auf spezifische Zeichen zurückgegriffen wird und besondere Sprechakte vollzogen werden. Zu den Bestimmungsgrößen eines Sakramentes bzw. zu seiner Partitur gehört stets ein aus der Alltagswelt des Menschen kommendes sinnenhaftes Element, das durch das hinzutretende „Wort Gottes" über alles Gegenständliche und Sinnenhafte hinaus um eine ihm fehlende und zugleich passende Sinndimension erweitert wird. Diese Erweiterung ereignet sich im performativen Zusammenführen zweier Elemente, die traditionell als „Materia" und „Forma" bezeichnet werden.

Nach kirchlicher Auffassung kommt ein Sakrament zustande „durch den dinglichen Vollzug als Materie, durch die Worte als Form, durch die Person des Spenders, der das Sakrament erteilt in der Absicht, zu tun, was die Kirche tut" (Konzil von Florenz 1439/DH 1312).[267] Eine existentialsemiotisch orientierte Hermeneutik christlichen Symbolhandelns kann bei dieser Definition ansetzen und wichtige symbolinterne Bezüge herausstellen, die in einem Entsprechungsverhältnis zu den semiotischen Dimensionen und Funktionen von Sprachhandlungen stehen: Aufzeigen und bemerken (Deiktik) – Bedeutsames benennen

---

267 Zur prägnanten Darlegung der traditionellen sakramententheologischen Terminologie und der darin formulierten wichtigsten lehramtlichen Aussagen siehe G. L. MÜLLER, Katholische Dogmatik, Freiburg/Basel/Wien $^{6}$2005, 635–644.

(Semantik) – etwas sagen, das etwas bewirkt (Pragmatik) – den Gebrauch von Zeichen regulieren (Syntaktik): Der „materia“ (z. B. Wasser, Brot und Wein, Chrisamöl) kommt anhand ihrer sinnlichen Wahrnehmbarkeit zunächst eine deiktische Funktion zu. Die „Forma“ erkennt in der „Materia“ etwas anthropologisch Bedeutsames (Semantik), bezieht diese Bedeutsamkeit nicht nur auf zwischenmenschliche Beziehungen, sondern auch auf das Gott/Mensch-Verhältnis. Ausgedrückt werden Bedeutsamkeit und Beziehungen in einer mit der „Forma“ einhergehenden Symbolhandlung (z. B. der Akt der „Salbung“ und „Besiegelung“ bei der Firmung). Die Verständigung über die Handhabung von „Materia“ und „Forma“ (Pragmatik) erfolgt durch die Orientierung an der „Absicht, zu tun, was die Kirche tut“ als dem Regulativ des Zeichengebrauchs (Syntaktik). Diese Absicht besteht in der Übersetzung der vom Evangelium bezeugten Zuwendung Gottes zum Menschen in die Lebensverhältnisse des Menschen.

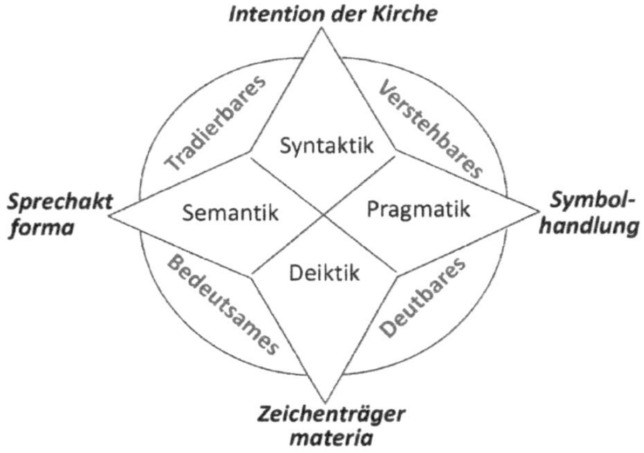


Eine stärker ins Detail gehende Rekonstruktion sakramentaler Vollzüge kann eine bereits von Thomas von Aquin vorgenommene semiotische Differenzierung aufgreifen. Für ihn ist ein Sakrament konstituiert durch die Einheit eines sichtbaren Elementes, das sich in der Lebenswelt des Menschen findet (materia), und eines das „Wort Gottes“ übersetzenden Sprechaktes (forma), der die „Materie“ neu qualifiziert: „Obwohl die Worte und die sinnenhaften anderen Dinge ihrer physischen Wirklichkeit nach unter einen verschiedenen Artbegriff gehören, kommen sie doch ihrer Bezeichnungsfunktion nach überein; diese ist bei den Worten vollkommener als bei den davon verschiedenen Dingen. Deshalb wird aus den Worten und den Dingen gewissermaßen ein einziges bei den Sakramenten wie aus Form und Materie, insofern nämlich durch die Worte die Bezeichnungsfunktion der Dinge vollendet wird, wie gesagt worden ist. Unter ‚Dingen‘ werden hier auch die sinnenhaften Handlungen selbst verstanden, etwa Abwaschung, Salbung und dergleichen, weil sie dieselbe Bezeichnungsfunktion haben wie die Dinge selbst“ (S. th. III q. 60,6 ad 2).[268]

An dieser Definition fällt auf, dass den für ein Sakrament konstitutiven „Dingen“ der Charakter von Interpretamenten eigen ist. Sie haben für den Menschen bereits eine Bedeutung, ehe sie in einen theologischen Kontext gesetzt werden. In diesem Kontext wird diese Bedeutung keineswegs aufgehoben. Denn als sakramentales Zeichen repräsentiert die „Materia“ das, was sie bezeichnet, mittels einer Entsprechung zwischen Basissymbolik und theologischer Deutung: „Signa sacramentalia ex naturali similitudine repraesentant.“[269] In semiotischer Perspektive heißt dies: Der deiktisch bestimmbaren „Materia“ eines Sakramentes kommt eine *Bezeichnungsfunktion* zu, die mit der anthropologischen bzw. sozio-kulturellen Basissymbolik des materiellen Elementes in Beziehung steht und in einem zweiten Schritt übersetzt und übertragen wird ins Theologische, wodurch sie eine spezifische *Bedeutungsfunktion* erhält. So ist z.B. bei der Eucharistie die Basissymbolik des Brotes mitkonstitutiv für die (metaphorisch-)theologische Aus-

268 Zur Anschlussfähigkeit dieses Ansatzes für semiotische Interpretationen vgl. auch U. Zahnd, Wirksame Zeichen? Sakramentenlehre und Semiotik in der Scholastik des ausgehenden Mittelalters, Tübingen 2014; St. Winter, Eucharistische Gegenwart. Liturgische Redehandlung im Spiegel mittelalterlicher und analytischer Sprachtheorie, Regensburg 2002.

269 Thomas v. Aquin, Super libros Sententiarum IV. d.25, q. 2,a. 2, qc. 1 ad 4.

sage, dass Jesus selbst zur „Nahrung“ für den Glauben wird. Die theologische Dimension eines Sakramentes kann wiederum nur so erschlossen werden, dass dies in der Rückbezugnahme auf die Basissymbolik der „Materia“ des Sakramentes erfolgt und – um im Bild zu bleiben – die Eucharistie als „Lebensmittel“ besonderer Art gedeutet wird. Diese Rückbeziehung beeinträchtigt nicht die theologische Aussage, sondern kommt ihr zugute, da auf diesem Weg die theologische Deutung als das „fehlende Passende“ ausgewiesen wird.[270]

Zur metaphorischen Struktur eines Sakramentes gehört auch, dass seine Basissymbolik in einem praktischen Vollzug aufgegriffen wird, der in Tateinheit mit der Spendeformel des Sakramentes ausgeführt wird und in den *Beziehungskontext* des christlichen Glaubens hineinführt.[271] Die jeweilige „Materia“ kommt dabei als Element eines Handlungssymbols ins Spiel, das auf eine (Inter)Aktion von Spender und Empfänger des Sakramentes abzielt. So ist bei der Taufe nicht bloß das

270 Auf diese Weise wird bereits jede religiöse Hermetik oder Esoterik im Ansatz gesprengt, da eine bleibende Verwiesenheit auf das Materielle in einem Verhältnis der Korrelation von „Materia“ und „Forma“ erhalten bleibt. Die „Materia“ ist mitkonstitutiv für die theologische Aussage eines Sakramentes („Forma“). Das Materielle gibt von sich aus etwas zu verstehen, das allerdings offen ist für ein fehlendes Passendes, das ihm vom Evangelium her zugesagt wird. Umgekehrt kann das Evangelium nur dann in seiner eigenen und unverwechselbaren Aussage verstanden werden, wenn man diese Aussage ‚materialiter‘ auf den Menschen, das Leben und die Welt bezieht.

271 Bei einem magischen Sprachverständnis liegt die performative Kraft bereits in den „Zauberworten“ – es ist gleichgültig, wer sie spricht und mit welcher Absicht sie ausgesprochen werden. Zwar gilt nach katholischer Auffassung, dass die Sakramente kraft ihres Vollzuges wirksam werden und die Gnade, die sie enthalten, jenen mitteilen, „die kein Hindernis setzen“ (Konzil v. Trient 1547/DH 1606–1608). Aber sie insistiert darauf, dass der Vollzug eines Sakramentes eingelassen ist in einen spezifischen interpersonalen Intentionszusammenhang, von dem her eine Zeichenhandlung erst ihre Bedeutung und Zielbestimmung erfährt. Vom Spender eines Sakramentes wird nicht nur verlangt, dass er weiß, was er tut. In seinem Wissen und Tun muss er sich auch der Intention bewusst sein, kraft deren in der Kirche Sakramente gespendet werden. Zur hier angeschnittenen Problematik siehe auch R. Miggelbrink, Heil durch Sprechen? Zur Theologie des sakramentalen Sprechhandelns, in: Catholica 55 (2001) 52–67.

Wasser (mit der Basissymbolik des „Lebensquells") das materiale Element des Sakramentes, sondern das Eintauchen des Täuflings bzw. das Übergießen oder Besprengen mit Wasser. Bei der Krankensalbung kommt es auf den Akt der Salbung mit geweihtem Öl (mit der Basissymbolik „Schutz – Reinigung – Heilung") an. Bei der Eucharistie ist ebenso entscheidend wie die Bereitstellung und Konsekration (Wandlung) von Wein und Brot (mit der Basissymbolik „Lebensmittel") das Essen und Trinken der eucharistischen Gaben, was durch die Spendeformel eigens unterstrichen wird: „Das ist mein Leib, mein Blut. Nehmt und esst – nehmt und trinkt!" Zugleich wird in der „Forma" das *regulative* Moment des eucharistischen Handlungssymbols zum Ausdruck gebracht: „Tut dies zu meinem Gedächtnis!" Es heißt nicht: „Gedenket meines Tuns!" Vollzug und Gehalt des Gedenkens müssen in einem Entsprechungsverhältnis stehen zu Vollzug und Struktur des Handlungssymbols, d. h. es muss getan werden, wovon gesprochen wird: geben und empfangen – nehmen und teilen![272]

Das regulative Moment erinnert überdies daran, dass in den auf Jesus von Nazareth zurückgehenden Einsetzungsworten der Eucharistie „Das ist mein Leib/Blut" (vgl. Mk 14,22ff.; 1 Kor 11,23ff.) keine deiktische Relation zwischen zwei sachhaften Gegenständen (Brot/Leib – Wein/Blut) behauptet wird. Vielmehr wird eine Entsprechung zwischen zwei Weisen des „Dahingebens" deutlich gemacht und darauf verwiesen, dass es auf den Nachvollzug dieser Hingabe als der angemessenen Weise ihres Gedenkens und Vergegenwärtigens ankommt. Man wird der Aufforderung Jesu, „Tut dies zu meinem Gedächtnis", erst dann gerecht, wenn man sie in einer entsprechenden Praxis erfüllt. Erst dann wird er mit seiner Geschichte real vergegenwärtigt. Seine Hingabe wird symbolisch-performativ präsent im Neh-

272 Unter dieser Rücksicht stellt die Praxis der eucharistischen Anbetung nicht eine Hochform, sondern eine Schwundstufe eucharistischer Frömmigkeit dar. Zu Sinn und Grenzen dieser Gebetsform siehe etwa St. M. Höltgen, Gestalten eucharistischer Anbetung. Phänomenologische Analyse und theologische Reflexion, Würzburg 2019.

men, Essen und Trinken. Allerdings ist es ein Essen und Trinken, das sich gewandelt hat. Es dient nicht mehr der Sättigung, sondern der Erinnerung und des Gedenkens. Diese Erinnerung muss aber in Vollzug und Gehalt der Hingabe Jesu entsprechen. Sie bedeutet mehr als das bewahrende Weitersagen historischer Ereignisse; sie vollzieht den Eintritt in die Wirkungsgeschichte des Vergangenen und bringt es zur Gegenwart.

Unter dieser Rücksicht stellt die Eucharistie die sinnlich-interaktive Realpräsenz der Grundwahrheit des Evangeliums dar: Der Mensch ist Adressat der Zuwendung Gottes. Diese Zuwendung besteht aber nicht in der Zuteilung von etwas, das der Mensch sachhaft-gegenständlich besitzen kann, sondern im Gewahrwerden einer Beziehung, die im Leben und im Tod Bestand hat. Diese Beziehung ist darum auch nicht „gegenstandsontologisch“ beschreibbar. Ihre sakramentale Gegenwart muss vielmehr analog zur personalen Gegenwart eines Menschen verstanden werden als relational bestimmbare Realpräsenz. Ein Mensch, der bloß physisch anwesend ist, unterscheidet sich weder von einem Stein noch von einem Leichnam. Sich selbst, sein Menschsein verwirklicht er nur so, dass er in Beziehungen steht, worin er sich selbst vergegenwärtigt, indem er aus sich herausgeht.

## 2. Zuspruch und Versagen: Die existentiale Signatur der Sakramente

Religiöse Handlungssymbole wollen zwar ganz von sich her verstanden werden. Wenn sie aber existenziell relevant werden sollen, müssen sie auch auf bereits bestehende Sinn- und Lebenskontexte bezogen werden. Schließlich sind es diese Kontexte, in denen sich zeigen soll, was sie bewirken und welche Relevanz diesen Wirkungen zugeschrieben werden kann. Um zu zeigen, ob und wie sie dabei auf diese Kontexte einwirken können, bedarf es einer näheren Analyse des Zusammenhanges der symbolinternen Relationen mit ihren symbolexternen Relationen. Ohne die Kenntnis dieses Zusammenhangs kann auch nicht vermittelt werden, was das Spezifikum jener religiösen Symbole ausmacht, denen der Rang eines Sakramentes zugesprochen wird.[273]

Hierbei handelt es sich um Partituren für eine Lebensdeutung und -praxis, die es nach dem Vorbild Jesu von Nazareth unternimmt, menschliches Leben und Sterben von Gott her zu verstehen. Es gilt, das Gottesverhältnis des Menschen in Beziehung zu setzen zur Art und Weise, wie der Mensch sich seinen Lebensverhältnissen und den Limitationen seiner elementaren Weltbezüge stellt, d.h. wie er sich einstellt auf die Verletzbarkeit seiner psycho-physischen Integrität, auf die Erschöpfbarkeit seiner Lebensressourcen, auf die Konkurrenz und Rivalität bei deren Nutzung im Horizont einer befristeten Lebenszeit.[274] Verknüpft ist damit eine Übersetzungs- und Vergegenwärtigungsaufgabe: Der Text der Sakramente ist das im Evangelium bezeugte Menschenverhältnis Gottes. Ihn gilt es lebensweltlich und biographisch in einen Kontext zu versetzen, in dem die Auslegung des Evangeliums geschieht und Folgen hat.[275] Dabei kommen unweigerlich jene Limitationen, Situationen und Konstellationen in den Blick, in denen die Selbst-

273 Einen guten Überblick zeitgenössischer Ansätze zur Bestimmung von Status und Relevanz der Sakramente vermitteln St. Oster, Allgemeine Sakramentenlehre, in: Th. Marschler/Th. Schärtl (Hg.), Dogmatik heute, Regensburg 2014, 467–508; D. Sattler, Sakramententheologie heute. Eine Standortbestimmung in ökumenischer Perspektive, in: ThGl 101 (2011) 1–30.

274 Vgl. in diesem Band den Abschnitt „Existenz und Relation: Die Verfassung des Daseins" (II.2.1.).

275 Nirgendwo wird dies deutlicher als in der Spendeformel des Ehesakramentes, in der zugleich die Partitur des nun beginnenden gemeinsamen Lebens zur Sprache kommt: „Ich nehme dich an als meine Frau (meinen Mann) und verspreche dir die Treue in guten und bösen Tagen, in Gesundheit und Krankheit. Ich will dich lieben, achten und ehren, solange ich lebe." Eingelöst wird dieses Versprechen in einer Praxis, die am Ende zur Erfüllung jener Zusage führt, die zu Anfang schon präsent war als Grundbestimmung der aller zwischenmenschlichen Zuwendung vorausgehenden und sie ermöglichenden Zuwendung Gottes zum Menschen: liebende Wertschätzung, ungekündigte Treue, Anerkennung des Anderen in seiner Freiheit und Andersheit. Vgl. hierzu ausführlich H.-J. Höhn, Wort geben – Wort halten – im Wort sein. Ehe als Versprechen, in: G. Augustin/I. Proft (Hg.), Ehe und Familie. Wege zum Gelingen aus katholischer Perspektive, Freiburg/Basel/Wien 2014, 187–198.

bejahung des Menschen sowie die Zustimmung zu Gott und Welt auf die Probe gestellt werden.

Die Sakramente stehen für die Möglichkeit eines zustimmungsfähigen Lebens ein, in dem einem Menschen nichts an Not und Angst erspart bleibt, aber auch nichts an Hoffnung und Zuversicht vorenthalten wird. Sie tun dies angesichts des immer wieder vernehmbaren Einspruchs, dass inmitten der menschlichen Lebensverhältnisse und -verhängnisse wohl nur in der Weise des Vermissens erkennbar ist, was an die Stelle von Not und Angst zu setzen ist. Darum sind die Sakramente stets mit menschlichen Kontingenzerfahrungen verknüpft; meist haben sie ihren Ort an biographischen Knoten- und Wendepunkten, wo ungewiss ist, wie sich der Mensch des „fehlenden Passenden" im Umgang mit den Limitationen des Daseins vergewissern kann. Sie sind daher „antizipierend vermittelnde Zeichen ‚wahren', ‚heilen' Lebens, die zugleich die kritische Funktion haben, das Unwahre und Nicht-Heile am konkreten geschichtlichen Leben aufzuzeigen."[276]

Die folgenden Rekonstruktionen des symbolexternen Bezuges sakramentaler Vollzüge nehmen anhand spezifischer existenzieller Kontingenzerfahrungen genau diese Doppelsignatur in den Blick. Sie konzentrieren sich auf jene Sakramente (Taufe, Krankensalbung, Buße), in denen die Dringlichkeit und Bedeutsamkeit, aber auch die Fraglichkeit menschlicher Selbst-, Welt und Daseinsakzeptanz in besonders eindrücklicher Weise aufbrechen.[277]

## 2.1. Aufhören und anfangen: Zur Welt kommen (Taufe)

Menschliches Dasein vollzieht sich im Rhythmus von Aufhören und Anfangen. Dies gilt nicht allein für das, was ein Mensch in

276 F. SCHUPP, Glaube – Kultur – Symbol. Versuch einer kritischen Theorie sakramentaler Praxis, Düsseldorf 1974, 7–8.

277 Dabei werden Überlegungen aufgegriffen, die erstmals skizziert wurden in H.-J. HÖHN, Spüren. Die ästhetische Kraft der Sakramente, Würzburg 2002.

seinem Leben unternimmt. Auch das Leben im Ganzen kennt ein „davor“ und „danach“. Bisweilen aber kommt es vor, dass ein Mensch mitten im Leben mit sich und seinem Leben nichts mehr anzufangen weiß und mit allem aufhören möchte. In einem Menschenleben kann alles aus sein, wenn es keine Gründe mehr gibt, das Dasein fortzusetzen. Ein alle Gründe losgewordenes Leben ist halt- und ziellos; es kennt keinen Zweck, den es zu erfüllen gilt, und keinen Wert, den es zu realisieren lohnt. Für das Halt- und Ziellose ist im letzten kein „Worumwillen“ auszumachen. Letztlich ist es selbst wert- und zwecklos. Auf die Frage, was es mit einem halt- und ziellosen Leben noch auf sich habe und was man mit ihm noch anfangen könnte, legt sich daher als Antwort nahe: nichts. Das solchermaßen Grundlose ist etwas Absurdes. Der christliche Glaube dementiert diese Deutung. Er verweist auf eine andere, wohltuende Grundlosigkeit, die sich als eine Freiheits-, Identitäts- und Sinnbedingung menschlicher Existenz erweist. Soll sich die Existenz des Menschen von Willkür, Zufall oder Beliebigkeit unterscheiden, muss er sein Dasein und dessen Grundlosigkeit als etwas verstehen können, das nicht bloß notgedrungen anzunehmen ist. Das Christentum vertritt die Überzeugung, dass die Welt im Gestus des Gebens und im Modus der Freigabe existiert. Es antwortet auf die Frage „Warum gibt es etwas und nicht vielmehr nichts?“, indem es das Dasein nicht als bedeutungsloses Faktum oder simples Vorhandensein, sondern als Gabe auslegt, d. h. als etwas auf wohltuende Weise grundlos Gegebenes.[278]

Warum aber soll man dieser christlichen Deutung der Grundlosigkeit des Daseins den Vorzug geben? Spricht nicht vieles Negative und Unannehmbare in der Welt dafür, dass sie inakzeptabel ist? Gleicht die Verfassung der Welt nicht einem Vexierbild, in dem je nach Blickwinkel für den Betrachter ein anderes Motiv seiner Annehmbarkeit oder Inakzeptanz sichtbar wird? Ist es bloß eine Sache der Einstellung, wie man sich zur

278 Zur schöpfungstheologischen Grundierung dieser These vgl. in diesem Band den Abschnitt „Sein und Sinn: Grundlosigkeit statt Gleichgültigkeit“ (IV.1.2.).

(Un-)Annehmbarkeit des Daseins verhält? Aber auch die Wahl einer Einstellung ist begründungspflichtig, soll sie von Willkür unterscheidbar sein. Um eine solche Lebensentscheidung kommt der Mensch nicht herum. Sie wird nicht in einer objektivierend-distanzierenden Haltung zu fällen sein; man muss sich hineinziehen lassen in den Widerstreit zwischen der Überzeugung von der nichtigen Grundlosigkeit des Daseins und der Wahrnehmung einer wohltuenden Grundlosigkeit, mit der dem Menschen sein Leben und seine Welt gegeben wird.

Welches Verhältnis man zu den Daseinsverhältnissen einnimmt, geht stets zurück auf eine Grundentscheidung in dem Streit, unter welches Vorzeichen man den Anfang des Daseins stellt. Das Sakrament der Taufe nimmt diesen Streit auf und thematisiert die Dialektik von Aufhören und Anfangen. Bereits der Beginn der öffentlichen Existenz des Menschen ist von dieser Dialektik geprägt. Er fängt an mit dem Exodus aus einem zu eng gewordenen Paradies. Es ist ein Beginn, der ein Abschluss ist: Die Mutter bekommt erst dann ihr Kind, wenn sie es aus sich herauspresst; das Kind kann nur dann am Leben bleiben, wenn man es abnabelt und von seiner Mutter trennt. Was die Geburt des Menschen kennzeichnet, begleitet ihn ein Leben lang; die Dialektik von Aufhören und Anfangen regiert bis in den Tod. Diese Dialektik ist auch das große Thema des Taufsakramentes.[279] Es will bezogen werden auf die existenziellen Fragen: Welche Anfänge kann und muss der Mensch hinter sich lassen, wenn er vorankommen will im Leben? Welche Anfänge sind nötig, um überhaupt ein eigener Mensch sein zu können und nicht als bloße Fortsetzung des bereits (von anderen Menschen) Begonnenen existieren zu müssen?[280]

Im Lauf der Kirchengeschichte hat sich neben der Erwachsenentaufe die Kindertaufe durchgesetzt, welche am Beginn

---

279 Zum Ganzen siehe O. H. Pesch, Katholische Dogmatik aus ökumenischer Erfahrung. Bd. II, Ostfildern 2010, 360–461; Ch. Lange u. a. (Hg.), Die Taufe. Einführung in Geschichte und Praxis, Darmstadt 2008.

280 Vgl. hierzu auch Ch. Schües, Philosophie des Geborenseins, Freiburg/München $^{2}$2016.

eines Lebensweges thematisiert, was zu einem guten Anfang gehört. Der „Sitz im Leben" des Sakramentes ist hier gekoppelt mit der Erfahrung der Geburt eines Menschen. Im Kind sieht der Mensch den Beginn des In-der-Welt-Seins. Das Geborenwerden zeigt, dass ein Mensch derart zur Welt kommt, dass er anderen Menschen zuerst gegeben wird, von ihnen angenommen werden will, um dann sich selbst und seine Welt annehmen zu können. Es ist ein ebenso unscheinbarer wie riskanter Anfang; keiner weiß, was daraus wird.

Für viele Menschen bedeutet die Geburt eines Kindes eine Kontingenzerfahrung, in die Beglückendes und Bedrückendes eingeht. Hoffnungen und Ängste liegen eng beisammen. Was heißt es, in diese Welt zu kommen? Ist es ein unverdientes Glück? Ist es ein unverdientes Unglück? Der erste Blick eines Menschen in die Welt ist ein Blick ins Licht. Sein erster Laut aber ist ein Schrei. Es wird nicht der letzte Aufschrei sein, den er in seinem Leben von sich geben wird – vor Schmerz und vor Freude. Wenn irgendwo, dann kann hier aufgehen, was „Daseinskontingenz" heißt: Erleben von Unverfügbarkeit, Unbestimmtheit, Unableitbarkeit des Lebens und seines Anfangs. Vor allem aber stellt sich die Frage: Wie geht es weiter? Welchen Fortgang nimmt dieser Anfang? Auch für die Eltern markiert die Geburt des ersten Kindes eine Schwellenerfahrung. Sie bedeutet das definitive Ende des eigenen „Nichterwachsenseins", es entsteht eine neue (Rollen-)Identität mit neuen Verantwortlichkeiten, von denen ungewiss ist, ob man ihnen gewachsen ist.

Das Zur-Welt-Kommen ist das Sichereignen eines Überganges. Dieser Übergang wird geprägt durch die Dialektik und Ambivalenz von Aufhören und Anfangen. Beides spiegelt sich im Ritus der Taufe. Wichtigstes alltagsweltliches Element dabei ist das Wasser, das bereits vorgängig zu seiner theologischen Verwendung aufgrund seiner kulturellen Basissymbolik in enger Verbindung zur anthropologischen Grundsituation des Zur-Welt-Kommens zu sehen ist.[281] In zahlreichen Schöp-

281 Vgl. hierzu ausführlich K. M. Woschitz, Fons Vitae – Lebensquell. Sinn- und Symbolgeschichte des Wassers, Freiburg/Basel/Wien 2003.

fungsmythen symbolisiert Wasser den Uranfang alles Seienden („materia prima"). Als ungeformte, undifferenzierte Masse steht es für den Anfang, das Werden und die Fülle des Daseins. Es birgt die Summe aller Möglichkeiten; es ist das Ursprüngliche, woraus alles entsteht, wodurch alles besteht, worin alles vergeht. Wasser hat eine eigene Dialektik von Formlosigkeit und Form. Es ist gestaltlos, aber kann unterschiedliche Aggregatzustände annehmen. Jede Gestalt, die man ihm von außen gibt, zerfließt wieder, wenn der Eingriff von außen aufhört. Wasser ist formlos und kann sich jeder Form anpassen. Es ist ein weiches Element und dennoch härter als Stein. Daher kann es selbst Formen bilden: Täler, Küsten, Ufer. Als das wandelbar Gestaltlose ist Wasser das Medium der verwandelnden Gestaltung.

Wasser hebt die Schwerkraft auf, es ist das einzige Medium, durch das der Mensch weiß, was Schweben ist – ein Akt der Aufhebung von Fesseln und Gewichten. Aber wer schwebt oder ins Schwimmen gerät, verliert die Bodenhaftung. Keinen festen Halt mehr zu kennen, zu versinken und unterzugehen, dies sind andere Erfahrungen, die der Mensch mit Wasser machen kann. Hier wird die Ambivalenz dieses Elementes deutlich: hervorbringen und ertränken. Auf der individuellen Ebene symbolisiert das Eintauchen den Tod, auf planetarischer Ebene die universale Katastrophe, die „Sintflut". Wegen ihrer Sünden kommt die Sintflut über die Menschheit, richtet sie aber nicht vollständig zugrunde, sondern „regeneriert" die Menschheit (vgl. Gen 7,17–8,22). Auf den ersten Blick scheint die Sintfluterzählung nur den negativen Aspekt des Wassers zu kennen: das verschlingende, in Abgrund und Tod hineinholende Moment. Jedoch erzählt sie zugleich vom Neuanfang im Untergang. Darin bildet die Sintflutgeschichte zugleich die Symbolik des Eintauchens und der Taufe vorweg ab: Im Wasser kann alles verschwinden, jede Geschichte wird ertränkt. Das Gestaltete wird ins Gestaltlose zurückgenommen und kehrt zurück in den Zustand „vor" seiner Gestaltwerdung. Das Wasser hat in seiner auflösenden Wirkung aber auch die Kraft zu reinigen und neu zu schaffen, denn wer im Wasser untertaucht, „stirbt“, und wenn er dem Wasser entsteigt, ist er ein „anderer“ in einem „neuen Leben“ – wofür im Alten Testament die Geschichte des widerspenstigen Propheten Jona ein prominentes Beispiel darstellt.

Der Ritus der Taufe vergegenwärtigt mitten im Leben, was den Anfang allen Lebens ausmacht. Er setzt die existentiale Grundsituation des Menschen in Beziehung zur Konstitution des anfänglichen und ursprünglichen Daseins. Im Anfang stecken alle Möglichkeiten, und doch ist er selber nichts von allem. Taufe meint die Bezugnahme auf diesen spezifischen Anfang, der allem, was man in und mit dem Leben anfangen kann, bedingend und ermöglichend vorausgeht. Darum wird auch aus gutem Grund in den meisten christlichen Kirchen die Kindertaufe praktiziert. Mit der Taufe eines Kindes wird klargestellt: Ein Mensch ist mehr als nur Produkt anderer Menschen, er ist mehr als Ausdruck der gesellschaftlichen Reproduktion. Sein Anfang reicht viel weiter zurück. Es ist zudem ein mitgehender Anfang. Von seiner ersten Lebensregung an ist Gott an der Seite des Menschen – und das wird so bleiben in guten wie in schlechten Tagen.

In der Taufe wird ferner benannt, was *subjektkonstitutiv* ist. Man ist nur dann ein eigener Mensch, wenn man nicht von anderen für bestimmte Zwecke instrumentalisiert werden kann. Um dies zu sein, muss man bei aller Hinordnung auf die Mitmenschen diese Hinordnung zugleich transzendieren. Dass man über sich selbst verfügen kann, setzt voraus, dem Verfügungswillen anderer bleibend entzogen zu sein. Ausdruck dieser Transzendenz ist das Getauftwerden im Namen Gottes: Ein Mensch gehört zu Gott, ist „Kind“ Gottes, der ihn nicht für etwas (ge-)braucht, sondern in sein eigenes Leben freigibt. Darum kann gerade ein Gott zugehöriger Mensch frei sein und sich selbst gehören. Kinder zu taufen bedeutet: das Leben und Gott als Geber des Lebens und seines Anfanges möglichst früh zusammenzudenken. Und das impliziert wiederum, allen anderen Instanzen zuvorzukommen, die es auf das Leben und den Menschen abgesehen haben, weil sie beanspruchen, etwas für sein Dasein Grundlegendes zu bedeuten. Windelproduzenten und Hersteller von Babynahrung geben mit ihren Werbegeschenken vor, dass sie etwas *für* einen neugeborenen Menschen wollen. Letztlich aber wollen sie etwas *von* ihm und seinen Eltern.

Dass im Namen Gottes ein Kind seinen Namen erhält, stellt ferner klar, dass der Mensch sich nicht erst einen Namen machen muss, um jemand zu sein. In der Taufe wird daher auch das benannt, was *identitätskonstitutiv* ist. Hier kommen jene Lebensbedingungen zur Sprache, die menschlicher Verfügung entzogen sind und aufgrund dieses Entzogenseins erst einen Freiheits- und Möglichkeitsraum für menschliche Selbstverwirklichung schaffen. Hier kommt das zur Sprache, was für ein Leben notwendig ist, wenn es nicht Mittel zum Zweck, sondern Zweck an sich selbst sein soll. Vor diesem Hintergrund bedeutet die Kindertaufe das genau nicht, was ihr Kritiker entgegenhalten: Vereinnahmung, Bevormundung, Beeinflussung, Missachtung von Selbstbestimmung und Selbstverfügung. Die Taufe im Namen Gottes, der den Menschen nicht für sich braucht, aber seine Hand über ihn hält, ist Zeichen des Widerstandes gegen die Bemühungen von Staat und Gesellschaft, von Politik und Ökonomie, den Menschen möglichst früh für sich in Beschlag nehmen zu wollen.

Dieser Widerstand erweist sich als umso notwendiger, aber offenkundig auch umso ohnmächtiger angesichts der immer weiter ausgreifenden Versuche, den Menschen zu einem Designprodukt zu machen, das sich gentechnisch herstellen lässt. Bis vor wenigen Jahrzehnten war der Vorgang der Verschmelzung von Eizelle und Samen mit der Folge einer unvorhersehbaren Kombination zweier verschiedener Chromosomensätze menschlicher Verfügbarkeit entzogen. Diese Unverfügbarkeit stand in enger Beziehung zur moralisch gebotenen Unantastbarkeit der Person. Die naturwüchsig gesteuerten Prozesse der genetischen Konstitution einer Person bildeten das physische Korrelat für die moralische Überzeugung, dass der Mensch nur dann als Zweck an sich selbst und nicht bloß als Mittel für die Zwecke anderer existieren kann, wenn er hinsichtlich dessen, was sein Dasein konstituiert, dem technisch-instrumentellen Zugriff anderer Menschen entzogen bleibt. Die neuen Bio- und Gentechnologien machen es nun möglich, einen Menschen unter Vorbehalt zu erzeugen und erst nach einer genetischen Untersuchung für existenz- und entwicklungswürdig zu erklären.[282] Damit wird eine bisher unverfügbare naturale Bedingung aufgehoben, angesichts deren ein Mensch seine Herkunft auf einen Anfang zurückführen konnte, den seine Umwelt nicht zu instrumentalisieren vermochte. Die neuen Bio- und Gentechnologien haben diesen Anfang disponibel gemacht und die Möglichkeit geschaffen, dass Menschen nun die Freiheit und das Eigensein eines anderen Menschen präjudizieren. Insofern wird nun gegenüber Menschen etwas praktizierbar, was bisher nur mit Dingen machbar war.

Allerdings hebt auch diese Entwicklung die Dialektik von Aufhören und Anfangen nicht auf. Auch ein gentechnisch gezeugter Mensch kann etwas anderes aus dem machen, was Genningenieure mit ihm geplant haben. Er kann aufhören, mit dem weiterzumachen, was andere sich mit ihm vorgenommen haben. Auch er kann „noch einmal zur Welt kommen" und sich dagegen wehren, ein Leben lang verzweckt und verdinglicht zu werden. Er kann ein Verhältnis zu Lebensverhältnissen einnehmen, das deren Zweck/Mittel-Logik übersteigt. Er kann die Verfügungsmacht der Gentechnik relativieren, indem er daran erinnert, dass auch für sie unverfügbar bleibt, was letztlich *daseinskonstitutiv* ist: die Unterscheidung zwischen Sein und Nichts zugunsten des Seienden. Und er kann mitten im Leben mit dem Sakrament der Taufe für diese Unverfügbarkeit ein Zeichen setzen.

### 2.2. Verletzlich und verwundbar: Am Leben sein (Krankensalbung)

Kann ein verzwecktes Leben ein gelungenes Leben sein? Wohl kaum. Aber dennoch: Die oft gebrauchte Formel vom „gelin-

282 Vgl. hierzu u. a. A. Flöel u. a., Designer-Baby. Diagnostik und Forschung am ungeborenen Leben, Paderborn 2009; B. Goebel/G. Kruip (Hg.), Gentechnologie und die Zukunft der Menschenwürde, Münster/Hamburg/London 2003.

genden Leben" ist prekär. Sie stellt das Dasein unter einen ständigen Optimierungsdruck, der nur bedingt zu beständigen Daseinsoptimierungen führt.[283] Wie kann ein Leben gelingen, auf das am Ende der Tod wartet? Wie kann ein Leben als gelungen betrachtet werden, das frühzeitig der Tod ereilt? Selbst dort, wo der Tod nicht selbst kommt, sondern lediglich seine Vorboten – Schmerz, Leiden, Krankheit – schickt, verliert das Leben so sehr seine Qualität, dass von einem glückenden Dasein kaum mehr die Rede sein kann. Selbst wer die Chance hat, nach einer schweren Erkrankung wieder gesund zu werden, wird die Erinnerung nicht los an ein Geschehen, das mitten im Leben mit seinem Ende konfrontiert. Aber auch eine rasch überwundene Krankheit, die nur vorübergehend aus den gewohnten Lebensrhythmen herausreißt, kann ihre Spuren hinterlassen. Bisherige Lebensführungsgewissheiten geraten in die Krise. Was zuvor wichtig war, wird nachrangig. Was wenig Beachtung fand, gewinnt im Moment seines Schwindens größte Bedeutung.

In der Moderne ist die Gesundheit auf der Rangliste möglicher Werte, die allen Menschen ungeachtet ihrer sonstigen Vorlieben erstrebenswert erscheinen, auf den ersten Platz vorgerückt. „Health is a wealth!" (B. Franklin).[284] Sie zählt zu den Dingen, die zwar nicht alles im Leben bedeuten, ohne die aber alles im Leben seinen Wert einbüßt. Dieser Verlust muss sich nicht plötzlich einstellen, sondern kann sich quälend in die Länge ziehen. Wer an einer chronischen Krankheit leidet, wird von der Frage gepeinigt, wie man mit etwas leben kann, das einem das Leben (und die Freude daran) allmählich nimmt. Einer Erkrankung sucht man zu entkommen, indem man frühzeitig

283 Zur Kritik an dieser Leitvorstellung siehe G. Schneider-Flume, Leben ist kostbar. Wider die Tyrannei des gelingenden Lebens, Göttingen [3]2008.

284 Vgl. hierzu G. M. Hoff u. a. (Hg.), Zwischen Ersatzreligion und neuen Heilserwartungen: Umdeutungen von Gesundheit und Krankheit, Freiburg/München 2010; D. Baltes, Heillos gesund? Gesundheit und Krankheit im Diskurs von Humanwissenschaften, Philosophie und Theologie, Freiburg/Fribourg 2013; I. Proft/H. Zaborowski (Hg.), Gesundheit – das höchste Gut?, Freiburg/Basel/Wien 2019.

auf Zeichen reagiert, die signalisieren, dass etwas im Zusammenspiel von Körper, Geist und Psyche nicht mehr stimmt. Zwischen Symptom und Befund, zwischen Diagnose und Therapie kann aber ein langer Weg liegen, dessen Etappen sich aus zahlreichen Datenerhebungen (Laborwerte, Ultraschall, Röntgen, MRT etc.) zusammensetzen. Der Umgang mit Gesundheit und Krankheit wird dabei zu einer Frage der „medizinischen" Semiotik, d. h. es gilt den deiktischen Aspekt eines Symptoms sukzessive mit semantischen Deutungsleistungen und pragmatisch-therapeutischen Absprachen zwischen Arzt und Patient zu verknüpfen.[285] In welchen Deutungshorizont diese Absprachen wiederum eingeordnet werden und welche biographisch-existenzielle Verarbeitung auf eine Erkrankung folgt, hängt wesentlich von gesellschaftlich codierten Mustern ab. Kranke fühlen sich nach eigenem Bekunden oft nur noch als „halber" Mensch. Diese Selbstminderung resultiert in der Regel aus verinnerlichten Sozialzwängen. Den Vitalitäts- und Schönheitsidealen der „Wellness"-Gesellschaft können Kranke nicht mehr entsprechen. Ihr Aktionsradius ist stark eingeschränkt. Wenn sie auf fremde Hilfe, d. h. auf die Hilfe von Fremden angewiesen sind, büßen sie ein, was sie zum „eigenen" Menschen macht: Selbstverfügung, Autonomie, Unabhängigkeit.[286]

Gesundheit und Krankheit haben enorme Bedeutung für das Dasein des Menschen in seinen Lebensverhältnissen. Gesundheit lässt ihn im psycho-physischen Einklang mit sich und seiner Welt leben. Krankheit bedeutet, dass ihm dieser Einklang entgleitet. Der Kranke entdeckt in sich selbst Fremdes, Störendes und Zerstörendes. Dies ist in extremer Weise dort der Fall, wo ein Geschwür, ein Tumor beginnt, den Körper von innen aufzufressen. Selbst wenn es gelingt, ihn rechtzeitig zu entfer-

---

285 Im esoterischen Grenzbereich der Medizin kommt es zu semiotischen Kurzschlüssen, indem bereits aus Symptomen häufig Botschaften gemacht werden, die angeblich die Seele oder das Schicksal an den Kranken adressiert. Vgl. exemplarisch Th. Dethlefsen/R. Dahlke, Krankheit als Weg. Deutung und Bedeutung der Krankheitsbilder, München $^{9}$2008.

286 Vgl. u.a. G. Thomas/I. Karle (Hg.), Krankheitsdeutungen in der postsäkularen Gesellschaft, Stuttgart 2009.

nen, bleibt über Jahre hinweg das Misstrauen gegenüber dem eigenen Körper. Von einem Leben im Einklang mit sich selbst kann nicht mehr die Rede sein. Dasselbe gilt für eine schwere psychische Erkrankung, wenn der Geist, die Seele des Menschen sich fremd fühlt in einem Körper.

In demselben Maße, wie ein Kranker solchermaßen Befremdliches an und in sich wirken sieht, wird er selbst zunehmend zum Fremdkörper in seiner Umwelt. Über alle physiologischen und psychologischen Bestimmungsmerkmale hinaus besteht ein Charakteristikum jeder Krankheit darin, dass sie zur Wahrnehmung der Desintegration führt. Sowohl das Zusammenspiel der körpereigenen Kräfte als auch die Einbindung in die soziale Lebenswelt droht zu zerfallen. Verstärkt wird dieser Prozess durch die Ohnmacht des Kranken, an diesem Vorgang selbst etwas ändern zu können. „Krankheit ent-setzt den Menschen aus seinem üblichen In-der-Welt-Sein; sie macht darum Angst, ihm sowie den Gesunden, weil ihnen daran ihre eigene Bedrohtheit aufgeht. Krankheit stört und zerstört das gemeinsame Sich-Einrichten in der Welt.“[287]

Die häufigsten Reaktionen auf Bedrohliches und Ängstigendes sind Verdrängung und Ausgrenzung. Kranke werden isoliert – nicht allein aus dem vermeintlich wohlmeinenden Grund, die Ansteckungsgefahr für Gesunde zu reduzieren. Es ist das einfachste Mittel, sich die Auseinandersetzung mit den Fragen, die Krankheiten auslösen und die weit über das Medizinische hinausgehen, vom Leibe zu halten, indem man sich die Kranken vom Leibe hält. Daher besteht ein entscheidendes Merkmal der Krankheit darin, dass sie den Kranken kränkt, weil sie ihm die Zugehörigkeit zur Gesellschaft, zur Welt, zum Leben nimmt. Wer erkrankt, dem geht sein In-der-Welt-Sein verloren.

Es geht hier nicht bloß um den Verlust eines vorhandenen Gutes (z. B. des Verfügenkönnens über sich selbst), sondern das eigentlich Schmerzliche besteht in dem paradoxen Zugleich der

---

287 J. Splett, Freiheits-Erfahrung. Vergegenwärtigungen christlicher Anthropo-Theologie, Frankfurt 1986, 201.

immensen Steigerung der Empfindsamkeit für den eigenen Körper und des Entzuges der Kontroll- und Regelungskompetenz der Körperfunktionen. Der Schmerz bewirkt Selbstnähe und Selbstverlust.[288] Der Schmerz manifestiert zum einen unmittelbar die stellvertretungslose Selbst-Präsenz des Menschen. Er zählt zu den Dingen, die kein Mensch einem anderen abnehmen kann. Zum anderen wird der Schmerz, der ungewohnte, plötzliche oder anhaltende, der tägliche oder außeralltägliche, als tiefe Enteignung empfunden, als Fremdmacht im Selbstbewusstsein, der das Ich wehrlos ausgeliefert ist. Durch nichts werden wir so sehr auf unsere Leiblichkeit und Endlichkeit zurückgeworfen und zugleich im Leiblichen und Endlichen präsent wie durch den Schmerz.

In der Dialektik von Selbstnähe und Selbstverlust ist auch der symbolexterne, existentiale Bezug des Sakramentes der Krankensalbung zu sehen. Hier wird ein Zeichen gegen die Erfahrung sozialer und existenzieller Desintegration gesetzt. Im Zentrum steht dabei eine Geste der Behutsamkeit. Die Verwendung seiner „Materia" – die Salbung von Stirn und Händen mit Öl – zielt auf eine vorsprachliche Kontaktaufnahme und Kommunikation. Sie will spür- und fühlbar machen, was allen Worten vorauszugehen hat, wenn es um die Bekundung von Nähe und Empathie geht. Nicht umsonst zielt sie dabei auf den Tastsinn des Menschen, durch den ein Mensch den anderen berührt und sich von ihm anrühren lässt.[289]

Das Sakrament der Krankensalbung will der physischen, sozialen und religiösen Desintegration des Kranken entgegenwirken. Seit frühchristlicher Zeit wird mit dieser Zeichenhandlung die Menschen- und Gottverlassenheit dementiert, welche die vollkommene Trostlosigkeit des Krankseins ausmacht:

288 Vgl. hierzu u. a. L. TAMBORINO, Schmerz. Über die Beziehung physischer und mentaler Zustände, Berlin/Boston 2013.

289 Vgl. vor diesem Hintergrund die theologisch-spirituellen Reflexionen von S. SOFFNER, Wenn Gott uns berührt. Gebet und Salbung am Krankenbett, München 2015; A. GRÜN, Sakramente. Die Salbung der Kranken. Trost und Zärtlichkeit, Münsterschwarzach 2001.

„Ist einer von euch krank? Dann rufe er die Ältesten der Gemeinde zu sich: Sie sollen für ihn beten und ihn im Namen des Herrn mit Öl salben. Das gläubige Gebet wird den Kranken retten, und der Herr wird ihn aufrichten; wenn er Sünden begangen hat, werden sie ihm vergeben. Darum bekennt einander eure Sünden und betet füreinander, damit ihr geheilt werdet“! (Jak 5,14).[290] Von billigem Trost unterscheidet sich diese Tröstung dadurch, dass das Schmerzliche und Kränkende des Leidens nicht überspielt wird. Es wird ausdrücklich benannt, was das Unheil des Menschen ausmacht in seinem Selbstverhältnis und ebenso in seinem Menschen- und Gottesverhältnis. Hier wird nicht vorschnell behauptet, dass alles wieder gut wird. Die großen Worte, die der Spender der Krankensalbung zu machen hat, sind in der Sprachform der Fürbitte gehalten: „Durch diese heilige Salbung helfe dir der Herr in seinem reichen Erbarmen; er stehe dir bei mit der Kraft des Heiligen Geistes (Amen). Der Herr, der dich von Sünden befreit, rette dich, in seiner Gnade richte er dich auf (Amen)“.

Die Fürbitte ist eine der ohnmächtigsten religiösen Sprachhandlungen. Sie kommt aus der Zuversicht, dass ein in der Vergangenheit vernommenes Versprechen von Hilfe und Unterstützung noch gilt. Sie bedrängt den Stärkeren, dem in Bedrängnis geratenen Schwächeren beizustehen. Sie will ihm klarmachen, dass das Leiden des Schwachen auch ihn angeht. Sie lässt nicht nach, bis der Mächtige sich anrühren lässt vom Elend des Machtlosen. Sie ist indiskret und konfrontiert das Heile und Heilige mit dem Unheilen. Sie hofft darauf, dass diese Konfrontation nicht folgenlos bleibt. Eine bestimmte Konsequenz nimmt sie vorweg: dass die Kranken und Elenden mit sich und ihrem Elend nicht allein bleiben. Es ist die Weigerung, diese Menschen abzuschreiben, aufzugeben und sich selbst zu überlassen, welche die Fürbitte in aller Ohnmacht mit der Kraft der Unnachgiebigkeit versieht. Unter dieser Rücksicht mag eine Wirkung des Sakramentes der Krankensalbung sein,

290 Zur Geschichte und gegenwärtigen Praxis siehe Th. SCHNEIDER, Zeichen der Nähe Gottes, 216–235.

dass jenes Leiden am Leiden gemindert wird, das in der Erfahrung des Vergessen- und Verlassenwerdens und im Erleben des sozialen Sterbens vor dem physischen Sterben gründet.[291]

Aber ebenso unweigerlich drängt sich die Frage auf, ob dies nicht ein schwacher Trost ist. Hat der in allem mächtige Gott nicht mehr für den Menschen übrig?[292] Wird hier nicht allzu wörtlich genommen, dass jemanden lieben heißt: für ihn oder sie eine Schwäche haben? Ereignet sich im Sakrament der Krankensalbung nur der Überstieg in die Sphäre der Schwäche Gottes? Hat hier Gott für den Menschen nur eine Schwäche und nicht seine Macht übrig? Wenn er sich des leidenden Menschen erbarmt, warum dann so erbärmlich unscheinbar? Warum werden so viele Menschen enttäuscht, die ihre letzte Hoffnung für die Wiedererlangung ihrer Gesundheit auf Gott setzen? Welchen Beistand finden sie, wenn sie diese Hoffnung fahren lassen müssen?

### 2.3. Bekennen und bereuen: Dasein im Zwiespalt (Buße)

Nicht immer sind es Schläge des Schicksals, die keinem Menschen als Täter zurechenbar sind, welche ein Leben in die Krise bringen. Neben dem schicksalhaften Unglück gibt es das vom Menschen produzierte, das sein eigenes Leben oder das seiner Mitmenschen zerstören kann. Nicht immer geschieht dies willentlich und wissentlich. Zwar werden Scheitern und Nie-

291 Siehe hierzu auch S. Demel, Krankensalbung und Letzte Ölung. Sakrament gegen die Isolation bei schwerer Krankheit, in: Diakonia 40 (2009) 83–90; B. Kranemann, Ein Zeichen in Kirche und Gesellschaft. Anmerkungen zur Praxis der Krankensalbung, in: Diakonia 40 (2009) 91–97; D. Sattler, Der Gebrechlichkeit des Lebens im Miteinander gewahr werden, in: Diakonia 40 (2009) 105–111.

292 Vgl. hierzu als Anschlussreflexion die systematisch-theologische Analyse von (religiösen) Grundproblemen des Umgangs mit Krankheit von Th. Moos, Krankheitserfahrung und Religion, Tübingen 2018, sowie M. Schulz, Sakramentale Theodizee – Die Krankensalbung. Anthropologie, Theologie und Spiritualität eines Sakramentes, in: ThGl 91 (2001) 69–86.

derlage bewusst in Kauf genommen als Nebenfolge eines aggressiven Konkurrenzverhaltens, das nur Sieger und Verlierer kennt. Aber oft ist es auch Fahrlässigkeit, zuweilen Unaufmerksamkeit, manchmal sogar der Umstand, es doch gut gemeint zu haben, der zum Auslöser von Ereignissen wird, die nicht wiedergutzumachen sind. Und nicht immer ist mit einem Anschlag auf das Leben eines anderen Menschen alles aus. Nicht selten lebt der Täter weiter – beladen mit einer Last aus Schuld und Scham, die ihm niemand abnehmen kann.

Belastet sind aber auch die Begriffe, die für solche Grenzerfahrungen und ihre Verarbeitung stehen: Sünde, Sühne, Buße. Vielen Zeitgenossen erscheinen sie als Relikt einer repressiven Moral, als Ausdruck einer freudlosen Pädagogik der Entsagung und sozialen Anpassung, als lust- und leibfeindlicher Treibsatz einer religiösen Drohbotschaft. Oft ist daher das Plädoyer zu hören, um des Menschen willen auf ihren weiteren Gebrauch zu verzichten. Zu viel unaufgeklärtes und womöglich unaufklärbares Verführungspotential scheint im Reden von Schuld und Sünde, von Tätern und Opfern zu stecken, als dass nicht auch vorsichtige Rehabilitierungsversuche scheitern müssten.

Es gehört jedoch zu den Eigentümlichkeiten des modernen Lebens, dass einer radikalen Verabschiedung von religiös-moralischen Schuldkomplexen eine soziale Wirklichkeit gegenübersteht, in der permanent durch Vorsatz oder Fahrlässigkeit Menschen zu (Übel)Tätern und Opfern werden. Die Verhältnisse könnten widersprüchlicher nicht sein: Im Großen wie im Kleinen wird zwar die Kunst perfektioniert, sich aus der Verantwortung zu stehlen, persönliches Versagen zu bagatellisieren oder auf andere abzuschieben. Zugleich hat sich aber eine Bezichtigungs- und Entlarvungskultur etabliert, die ständig auf der Suche nach Skandalen ist und nicht nachlässt, bis sie die mutmaßlichen Urheber an den medialen Pranger stellen kann und den Preis öffentlicher Entblößung zahlen lässt. Nicht weniger zahlreich sind aber auch die Versuche, die Realität der Opfer zu verleugnen, zu vergessen oder zu verschleiern. Verbreitet ist die Strategie, das Opfer selbst schuld sein zu lassen an den

Widerwärtigkeiten, denen es ausgesetzt ist. Wer so agiert, weiß warum: Die Identifikation von Opfern löst noch immer emotionale Reaktionen und Solidarisierungseffekte aus. Wo Opfer ausgemacht werden, muss auch über Täter, Verantwortliche und Schuldige, über Entschädigung und Wiedergutmachung gesprochen werden. Kurzum: Es gibt ausreichend Indizien dafür, dass die Vermeidung dieser Kategorien nicht weniger ideologieanfällig ist als ihr inflationärer Gebrauch.[293]

Wo auf prekäre Begriffe verzichtet wird, werden bald auch prekäre Phänomene ignoriert. Kulturelle Amnesie macht sich dann breit und Exkulpationsarrangements haben Konjunktur. Im Kontext des Sozialen auf die Rede von Schuld und Scham, von Täter und Opfer zu verzichten dient dem Menschen ebenso wenig wie das Auslassen dieser Begriffe in seiner privaten Lebenswelt. Die Welt wird keineswegs besser, wenn man das Üble in ihr verschweigt. Es ist weniger das Reden über das Schlechte in der Welt, das diese Übelstände verdoppelt, als ihr Verschweigen. Allerdings setzt dies voraus, dass möglichst präzise jene Hinsichten bestimmt werden, unter denen jeweils der Aspekt des Negativen aufscheint und worin die Negativität des Negativen besteht. Dies gilt vor allem für die theologische Rede von Schuld, Sünde und Buße.[294]

Nach einer Epoche der inflationären Inkriminierung von Zuwiderhandlungen gegen die kirchliche Ordnung, angesichts der selbst schon neurotischen Durchleuchtung menschlicher Sexualität und Sinnlichkeit als Ort der Sünde[295] und der unbarmher-

---

293 Vgl. M. Welker/B. Janowski (Hg.), Opfer. Theologische und kulturelle Kontexte, Frankfurt 2000.

294 Vgl. dazu J. Knop, Sünde – Freiheit – Endlichkeit. Christliche Sündentheologie im theologischen Diskurs der Gegenwart, Regensburg 2007; U. Lüke/G. Souvignier (Hg.), Schuld – überholte Kategorie oder menschliches Existential?, Freiburg/Basel/Wien 2015; J. Enxing (Hg.), Schuld. Theologische Erkundungen eines unbequemen Phänomens, Ostfildern [2]2015.

295 Dass in diesem Umfeld in kaum vorstellbarem Ausmaß zugleich ein sexueller Missbrauch vor allem Minderjähriger durch Kleriker geschehen ist, gehört zu den Auswüchsen religiöser Doppelmoral, die es Amtsträgern erlaubt, sich öffentlich als moralische Autorität aufzuspielen, und deren Verfehlungen von einer Institution, die sich um ihr öffentliches Ansehen sorgt, ver-

zigen Vermischung juridischer, moralischer und dogmatischer Kategorien (z. B. in der Frage der Zulassung „wiederverheiratet Geschiedener" zur Eucharistie), ist es unumgänglich, für die Frage nach Schuld und Umkehr die Schnittstelle von Theologie und Anthropologie aus theologischer Perspektive neu zu vermessen. Es gibt nicht nur eine gesellschaftliche Verharmlosung der Rede von Schuld und Sünde, von Umkehr und Opfer, sondern auch eine theologische Verengung, Trivialisierung und Banalisierung dieser Kategorien.

Dem ist kaum anders zu entgehen, als dass sie reserviert bleiben für eine existentiale Hermeneutik jener unheilvollen Ereignisse und Widerfahrnisse im Leben, angesichts deren jeder Beschwichtigungsversuch ebenso scheitert wie das Bemühen um eine zusätzliche religiöse Dramatisierung des Geschehens. Es geht hierbei um jene Grenzerfahrungen, in denen die Aporetik, Dialektik und Tragik menschlicher Existenz aufbricht und die dramatischer nicht mehr gedacht werden können. Diese Einschränkung theologischer Rede von Schuld und Versagen macht diese Begriffe lebensweltlich vielleicht selten, aber gerade nicht überflüssig. Es gibt durchaus aporetische Verstrickungen in Situationen, in denen man weiß, dass jede zu fällende Entscheidung eine falsche ist. Es gibt im Leben durchaus die Nötigung, zwischen zwei Übeln zu wählen, von denen keines ein kleineres ist. Es gibt durchaus die tragische Dialektik, im Wollen und Tun des Guten zum Auslöser des Unheils für andere zu werden. Nur in der Auslotung solcher Grenzerfahrungen lässt sich theologisch redlich und existenziell belangvoll von Schuld, Umkehr und Buße sprechen. Das Bußsakrament – so die nachfolgend zu explizierende These – ermöglicht eine Umgangsform des Menschen mit dem, was angesichts solcher Konstellationen im Leben nicht wiedergutzumachen ist.

---

schwiegen werden. Siehe zu diesem Komplex M. Striet/R. Werden (Hg.), Unheilige Theologie! Analysen angesichts sexueller Gewalt gegen Minderjährige durch Priester, Freiburg/Basel/Wien 2019.

Etwas getan zu haben, für das es nicht die Chance der Wiedergutmachung gibt, führt den Menschen in einen Zwiespalt. Wer sich als Auslöser eines solchen Geschehens erkennt und seine Verantwortung bekennt, bringt diesen Zwiespalt zum Ausdruck. Es geht hierbei nicht nur um den Schrecken angesichts der Unterbrechung eines bisher störungsfreien Lebenslaufes: „Wie konnte mir so etwas passieren?“ Es geht auch nicht bloß um die Irritation eines vormaligen Einklangs mit der Wirklichkeit: „Was ist das für eine Welt, in der so etwas passieren kann?“ Vielmehr bricht ein Missverhältnis im Selbst- und Weltverhältnis des Menschen auf: „Wer bin ich, dass ich etwas tun konnte, das ich mir selbst nicht verzeihen kann?“ Er stellt sich der Zwiespältigkeit seines Daseins, die darin besteht, dass er in einen Zwiespalt geraten ist zwischen seinem Leben und dem Leben der anderen und dass sein eigenes Leben in einen Zwiespalt mit sich selbst geraten ist. Das Verhältnis, in dem er jetzt zu seinen Lebensverhältnissen steht, wird als Verhängnis empfunden.

Wo es eigenem Tun oder Unterlassen zuzurechnen ist, dass ein Individuum in ein solches Verhängnis geriet, greift der Begriff der Schuld. Im Eingestehen eigener Schuld wird eine Verfehlung oder ein Versäumnis bekannt als etwas, das nicht sein musste, weil es nicht aus Zwang, sondern aus freien Stücken erfolgte – und sei es, dass ein bereits bestehender Unheilszusammenhang durch eigenes Zutun erhalten und fortgesetzt wurde. „Versündigt“ hat sich, wer sich nicht allein dem Mitmenschen oder dem eigenen besseren Selbst gegenüber vergangen hat, sondern sich in eine Untat verstrickt hat, aus der ihn weder der Andere noch er sich selbst befreien kann. Hier gibt es nicht mehr die Chance auf einen Täter/Opfer-Ausgleich. Hier wird eine Schuld eingestanden, die nicht wie andere Schulden in Rechnung gestellt, getilgt und beglichen werden kann. Hier geht es um eine unverrechenbare Verfehlung und um Wunden, welche die Zeit nicht heilt.

Das Bekenntnis der Schuld ist in diesem Kontext ein Vollzug der Offenbarung und der Hoffnung. Offenbar werden der Zwiespalt und die Unmöglichkeit, eines Lebens wieder froh zu werden, durch das aufgrund eigener Verfehlung ein Riss geht. Die eigene Verfehlung hat eine Leerstelle geschaffen, die durch eigenes Tun nicht mehr überwunden werden kann. Im Bereuen einer Verfehlung bekennt sich der Mensch zu einem Versagen und distanziert sich zugleich davon. Er hofft darauf, als Täter nicht auf alle Zeit mit seiner Untat identifiziert zu werden. Er sagt sich los von dem, was ihn zu seiner Tat geführt hat. Dennoch reicht diese Form der „Lossagung" nicht aus, um ein neues und anderes Leben anfangen zu können.

Um einen Neuanfang geht es im Bußsakrament. Es ist ein Anfang, der ein Ende voraussetzt. Das Bekennen, Bereuen und Sich-Lossagen vom eigenen Tun bildet die „Materia" des Bußsakraments. Seine „Forma" besteht im Akt der „Lossprechung" durch einen Priester, der dem Menschen etwas zuspricht, was dieser sich vielleicht gerne einreden, aber nicht bewirken kann: „Gott, der barmherzige Vater, hat durch den Tod und die Auferstehung seines Sohnes die Welt mit sich versöhnt und den Heiligen Geist gesandt zur Vergebung der Sünden. Durch den Dienst der Kirche schenke er dir Verzeihung und Frieden. So spreche ich dich los von deinen Sünden im Namen des Vaters, des Sohnes und des Heiligen Geistes (Amen)."

Die Lossprechung ist das fehlende Passende, auf das im Sprechakt des Bekennens und Bereuens verwiesen wird. Vernehmbar ist dieses Fehlende jedoch nur im Modus des Hörens. Bereits die Basissymbolik des Hörens deutet an, worauf es hier ankommt: aktive Passivität. Nicht immer übertrifft das Aktivwerden das Moment der Passivität. Wer eine Fremdsprache erlernt, macht die Erfahrung, als Passiver mehr zu können denn als Aktiver. Er versteht mehr, als er sagen kann, da sein passiver Wortschatz stets größer ist als sein aktiver. Er verdankt diesen Zuwachs seiner Rezeptivität. Sein Hörsinn steigert seine Empfänglichkeit für existenziell Bedeutsames. Das menschliche Ohr vermag nur zu nehmen, aber nicht zu geben. Darum steht das Hören in besonderer Beziehung zu allem, was den Menschen zwar angeht, aber von ihm mit eigenen Mitteln nicht bewerkstelligt werden kann. Dies gilt für die Existenz des Menschen im Modus des Angerufenseins in Freiheit, aber ebenso für die „Rehabilitation“ des Menschen im Modus des Freisprechens schuldig gewordener Freiheit. Für nichts kann der Schuldige Vergebung erwarten, wenn sie ihn nicht im Hören auf einen Zuspruch erreicht. Die resignative Selbstidentifikation von Täter und (Un)Tat „Ich bin nun einmal so“, die letztlich auf eine Leugnung von Freiheit und Verantwortung hinausläuft, wird hier dementiert im Akt der Vergebung: „Nein, so (einer) bist du nicht! Von Gott her bist du anders gewollt und kannst du anders sein!“[296]

Ein anderer (besserer?) Mensch kann nur werden, wer bereits als der, der er ist, angenommen wird – so inakzeptabel seine Tat auch war und bleibt. Der Reuige wird angenommen – es bleibt aber bei der Unannehmbarkeit seiner Tat und Schuld. Im Bußsakrament wird nicht einfach eine Amnestie geübt, die einhergeht mit einer Amnesie hinsichtlich des Getanen. Hier heißt es nicht beschwichtigend: „Komm, lass gut sein!“ Dies wäre eine Lüge. Die Schwere der Schuld besteht ja gerade darin, dass sich nichts mehr „nachbessern“ lässt. Der ehrliche Anfang und Ernst einer „Resozialisierung“ des Täters liegt im Wissen um das Ausmaß der Schuld sowie der gleichzeitigen Zusage, dem reuigen Übeltäter eine Zukunft offenzuhalten und ihn bereits jetzt als den zu betrachten, der er sein will: einer, der sich wieder gefunden hat, weil andere ihm die Chance der Selbstfindung gegeben haben.[297]

Es bleibt die Frage, kraft welcher Befugnis solches Vergeben und Verzeihen von Menschen ausgesprochen werden kann. Ist es nicht ein Akt der Anmaßung oder der zynischen Miss-

---

296 Vgl. zu diesem Aspekt ausführlich G. Werner, Die Freiheit der Vergebung. Eine freiheitstheoretische Reflexion auf die Prärogative Gottes im sakramentalen Bußgeschehen, Regensburg 2016.

297 Zum Ganzen siehe auch M. Rosenberger, Frei zu vergeben. Moraltheologische Überlegungen zu Schuld und Versöhnung, Münster 2019, 166–226; S. Demel/M. Pfleger (Hg.), Sakrament der Barmherzigkeit. Welche Chance hat die Beichte? Freiburg/Basel/Wien 2017; A. Wiedenhaus, Immer wieder neu anfangen dürfen. Ermutigung und Zuspruch im Sakrament erfahren, Kevelaer 2010; M. Pratl, Von der Schuld zum Neubeginn. Die Beichte als Übergangsritual, Wien/Berlin 2008.

achtung der Leidtragenden, wenn Vergewaltiger, Stasi-Spitzel und Terroristen – selbst wenn sie sich geläutert haben – wieder ihren alten Platz einnehmen? Ist es andererseits nicht ein Akt der Barbarei, einen geläuterten Täter immer wieder aufs Neue zu stigmatisieren und auszugrenzen? Selbst dem Brudermörder Kain wurde dieses Schicksal erspart. Nach der Entdeckung seiner Tat und der von Gott verfügten Verbannung von seinem Grund und Boden bleibt ihm eine Angst, die zumindest ebenso groß erscheint wie das Maß der verhängten Strafe. Er fürchtet die Rache als Umgangsform der Menschen mit demjenigen, der etwas getan hat, das nicht wiedergutzumachen ist: „Rastlos und ruhelos werde ich auf der Erde sein und wer mich findet, wird mich erschlagen" (Gen 4,14). Die Antwort Gottes nimmt ihm diese Angst. Er wird jedoch nicht mit einer neuen Identität ausgestattet, so dass ihn niemand mehr erkennt. Im Gegenteil. „Der Herr sprach zu ihm: Darum soll jeder, der Kain erschlägt, siebenfacher Rache verfallen. Darauf machte der Herr dem Kain ein Zeichen, damit ihn keiner erschlage, der ihn finde" (Gen 4,15). Es ist das Kainsmal, das ihn identifiziert und zugleich vor Rache schützt. Das Kainsmal ist Zeichen der Erinnerung an Tat und Opfer. Zugleich ist es ein Zeichen, das den Täter schützt. Als ein solchermaßen Gezeichneter wird er von Gott freigelassen in sein „neues" Leben, das ihm kein Mensch nehmen darf.

Das Kainsmal bleibt im Alten Testament singulär. Es ist keine Praxis, die Gott dem Menschen zur Nachahmung überlässt. Es soll allein Gottes Zeichen bleiben. An den Menschen adressiert ist das Verbot der Rache, das Aufgebot des Erbarmens und der Aufruf zur Verschonung des Täters vor nicht enden wollender sozialer Ausgrenzung. Auch im Christentum haben sich die Versuche nicht durchsetzen können, Schuldige und Büßende buchstäblich auf Dauer zu stigmatisieren und aus der Gemeinschaft der Glaubenden auszuschließen.

Das Bußsakrament ist ästhetisch auf die Sinnlichkeit des Sagens und Hörens beschränkt und verzichtet fast völlig auf weitere ergänzende Riten. Liturgisch vorgesehen ist allenfalls das

Ausstrecken oder Auflegen der Hand als Geste der wiedergewonnenen Zugehörigkeit zur Gemeinschaft der Glaubenden, von denen niemand sagen kann, selbst ohne Sünde zu sein. Es gibt Situationen, in denen das Vergebungswort Zeichen genug und jede weitere Geste zu viel ist.

## 3. Partituren der Übersetzung: Sakramentale Gegenwart

Die zeichenexternen Bezüge sakramentaler Praxis sind noch nicht hinreichend erfasst, wenn der Sitz im Leben und das existenzielle Bezugsproblem der jeweiligen Zeichenhandlung rekonstruiert werden. Wer zu dieser Form der religiösen Zeichensetzung greift, kann entsprechende Symbolhandlungen nur dann wirksam vollziehen, wenn bestimmte Gelingensbedingungen erfüllt sind. Hierzu ist es unumgänglich, die „ontological commitments" einer sakramental vermittelten Gott/Mensch-Beziehung zu klären: Unterscheiden sie sich strukturell von jenen Merkmalen, die im Rahmen einer Relationalen Ontologie für das Reden von einem Weltverhältnis Gottes in seinem Schöpfungswort und seiner Übersetzung in interpersonale Entsprechungsverhältnisse ermittelt wurden? Wird in den Sakramenten etwas bewerkstelligt, das andere Formen der Vergegenwärtigung von Gottes Zuwendung zum Menschen übertrifft? Inwiefern erfährt die „Materia" eines Sakramentes eine „Wandlung", wenn sie an einem performativen Sprechakt beteiligt ist? Was bewahrt ein sakramentales Symbolverständnis davor, magischen Vorstellungen wieder Vorschub zu leisten oder in einen unaufgeklärten Mystizismus abzugleiten?

Keine dieser Fragen ist beantwortbar, wenn man lediglich theologiegeschichtliche Auskünfte zur Genese sakramentaler Praxis und ihrer theologischen Reflexion einholt. Vielmehr ist es unumgänglich, die dabei gewonnenen Einsichten zum Verhältnis von Wort und Sakrament, zum propositionalen Gehalt sowie zur spezifischen Wirksamkeit sakramentaler Vollzüge hinsichtlich ihrer semiotischen und ontologischen Bezüge systematisch zu erfassen.

## 3.1. Problematischer Kontrast: Bezeichnende Worte – wirksame Zeichen?

Die in den Sakramenten manifest werdende Sinnlichkeit des Glaubens und die sinnenfällig vorgenommene Interpretation biographisch relevanter Kontingenzerfahrungen mag den Gedanken aufkommen lassen, dass eine lediglich mit Worten vorgenommene Sinndeutung menschlichen Daseins sakramental überboten werden kann und dass die bloße Wortverkündigung des Evangeliums nicht ausreicht, um seine Wahrheit lebensbedeutsam zu erschließen. In der Tat hat es in der Theologie immer wieder Modelle gegeben, die sakramentalen Symbolhandlungen eine größere Dichte und Wirksamkeit unterstellen.[298] Allerdings beruhen solche Konzepte auf Annahmen, die sich bei näherer Betrachtung als theologisch höchst fragwürdig erweisen.[299]

(1) Die Sakramente lassen sich nicht als materiale „Überbietung" des Wortes Gottes verstehen, wie auch das Wort Gottes nicht als „Vorbereitung" der Sakramente gelten kann. Bereits im Schöpfungswort Gottes ereignet sich,

298 Vgl. hierzu E. Herms/L. Žak (Hg.), Sakrament und Wort im Grund und Gegenstand des Glaubens. Theologische Studien zur römisch-katholischen und evangelisch-lutherischen Lehre, Tübingen 2011; J. Wohlmuth/M. Moxter, Wort und Sakrament, in: M. Meyer-Blanck/W. Fürst (Hg.), Typisch katholisch – typisch evangelisch, Freiburg/Rheinbach 2003, 245–257; A. Moos, Das Verhältnis von Wort und Sakrament in der deutschsprachigen Theologie des 20. Jahrhunderts, Paderborn 1993.

299 Als Beispiel für eine theologisch problematische Sichtweise vgl. L. Scheffczyk, Von der Heilsmacht des Wortes, München 1966, 281: „Da das Wort bei der Heilsverwirklichung am Anfang steht und das Sakrament auf ihm aufbaut, sind alle jene Erklärungen zutreffend, die dem Sakrament eine komparativische, intensivierende und festigende Wirkung gegenüber dem Wort zuerkennen. Das ‚Ganze' ist hier nach dem Bild einer ansteigenden Linie gedacht, die erst im Sakrament ausläuft."

was es besagt: die Unterscheidung von Sein und Nichts zugunsten des Seienden. In der im Wirken Jesu von Nazareth erkennbaren Übersetzung dieser daseins-, identitäts- und freiheitsermöglichenden Unterscheidung in zwischenmenschliche Entsprechungsverhältnisse handelt es sich ebenfalls um eine performative Praxis. Diese Praxis ist nicht überbietbar, denn mehr kann man für einen Menschen nicht tun als ihm Dasein, Identität und Freiheit zu gewähren.[300] Von Gott kann der Mensch nicht mehr erhoffen und erlangen, als dass Gott ihm im Leben und Sterben zugewandt bleibt. Die Vorstellung von einem „*Wort* Gottes“, das gleichwohl nicht mit der von ihm bezeichneten Wirklichkeit der Zusage von Existenz, Identität und Freiheit identisch wäre, unterbietet Gehalt und Bedeutung eines „Wortes *Gottes*“. Eine Theologie der Sakramente sollte weder den Eindruck entstehen lassen, dass im Wort Gottes noch nicht alles gesagt sei, was Gott dem Menschen mitzuteilen habe, noch sollte sie auf den Gedanken kommen, dass ohne das Wort Gottes irgendetwas von Gott mitgeteilt werden könnte.

(2) Die Sakramente lassen sich auch nicht als „existenzielle Verifikation“ des Wortes Gottes verstehen. Denn Gottes Wort ist nicht bloß Zeichen für eine von ihm getrennte, andere Wirklichkeit, die im Wort zwar abgebildet oder bezeichnet wird, aber selbst nicht real präsent ist. Wie bereits die Verkündigung des Wortes Gottes offenbart (und nicht erst hervorbringt), was je schon wirklich und wahr ist, so beziehen sich auch die Sakramente auf dieselbe Wirklichkeit, die sie nicht hervorbringen, sondern offenbar werden lassen: Gottes Verhältnis zum Menschen. Sakramente be-

300 Unter dieser Rücksicht ist es prekär, Sakramente zu definieren „als den radikalsten, intensivsten Fall des Wortes Gottes in der Kirche“, K. RAHNER, Grundkurs des Glaubens, Freiburg/Basel/Wien 1976, 411. Folgt daraus im Umkehrschluss, dass bei der Verkündigung des Wortes Gottes in Predigt und Katechese deutliche Abstriche hinsichtlich Intensität und Radikalität zu machen sind?

wirken nicht, was sie bezeichnen, sondern bezeichnen in konkreten Lebenssituationen, was immer schon für den Menschen wahr, wirklich und bedeutsam ist: Gottes unbedingte Zuwendung.

(3) Ein ähnliches Missverständnis liegt der Auffassung zugrunde, die Sakramente und das Wort Gottes seien als sich gegenseitig ergänzende Größen zu betrachten. Der Begriff der „Ergänzung" besagt, dass ein Ganzes dadurch zustande kommt, dass Teile zusammengefügt werden, die je für sich noch nicht das Ganze sind. Gottes Zuwendung zur Welt, die Offenbarung dieser Zuwendung und die Vergegenwärtigung dieser Offenbarung im Modus unbedingter Zuwendung können nicht in einem solchen Sinn als aus Teilen zusammengesetzt verstanden werden.[301]

(4) An den Sakramenten lässt sich inhaltlich nichts vorweisen, dessen Gehalt nicht schon das Schöpfungswort Gottes und das Sprachereignis des Evangeliums ausmacht. Da bereits Gottes existenz-, identitäts- und freiheitsbegründendes Schöpferwort materialiter unüberbietbar ist, zeichnen sich die Sakramente dadurch aus, dass sie der Unüberbietbarkeit des Im-Wort-Seins von Schöpfer und Geschöpf einen ästhetisch formatierten und existenziell-situativ belangvollen Ausdruck geben. Auf diese Weise bringen sie das Im-Wort-Sein von Gott und Mensch neu zu Bewusstsein. Die Sakramente sind ästhetisch-liturgische Vollzugsformen des Evangeliums und wollen existenziell bedeutsame Aspekte, die dem Evangelium

---

301 Bei W. Kasper, Wort und Sakrament, in: Ders., Glaube und Geschichte, Mainz 1970, 285–311, findet sich die Behauptung: „Das Sakrament engagiert normalerweise gesamtmenschlicher, leibhaft-konkreter und gemeinschaftsbezogener als das bloße Wort. Es ist deshalb mit dem Wort zusammen in der Regel (…) mehr als das Wort allein" (306f.). Hier wird eine komparative mit einer additiven Bestimmung beider Größen verknüpft und die Problematik solcher Zuordnungen verdoppelt. Die These, es fehle dem „Wort" an Gemeinschaftsbezug, ist überdies semiotisch und theologisch nicht haltbar.

zukommen, angesichts der Limitationen menschlichen Daseins unterstreichen.[302]

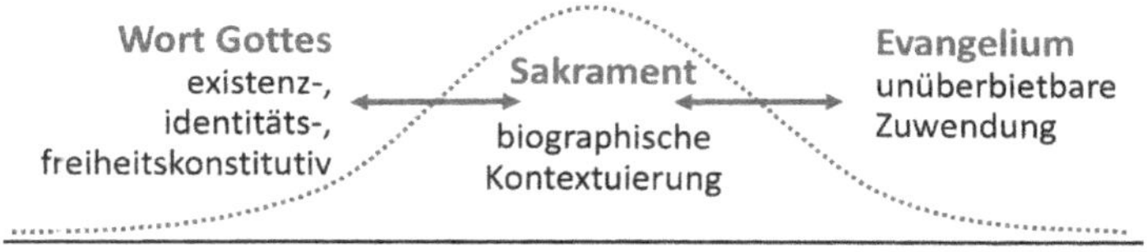


Wenn sich die Kirche zur theologischen Rechtfertigung ihrer sakramentalen Praxis auf Person und Botschaft Jesu beruft, so kann sie für diese Legitimation nur sehr eingeschränkt in einem historisch-kritischen Sinn entsprechende „Stiftungsakte" oder „Einsetzungsworte" Jesu anführen. Ebensowenig lässt sich die Wirksamkeit der Sakramente auf eine supranaturalistische Kausalität oder aktuale Weltinterventionen Gottes zurückführen. Bei der Frage nach Grundlage und Wirkweise der Sakramente muss in anderer Weise Maß genommen werden: Vorbild und maßgeblich für sakramentale Vollzüge ist Jesu Handeln, das sich durch die Koinzidenz von Vollzug und Gehalt unbedingter Zuwendung auszeichnet und darin das Menschenverhältnis Gottes offenbart. Jesus von Nazareth hat dieses Verhältnis selbst in performative Symbolhandlungen

302 Als Vollzugsformen des Evangeliums sind Sakramente notwendig möglich: Weil dem Evangelium die genannten performativen Aspekte (konstitutiv) zukommen, muss es auch prinzipiell möglich sein, diese Aspekte noch einmal eigens herauszustellen. Sakramente sind daher keine beliebige, sondern eine notwendige Möglichkeit, das Evangelium zu bezeugen. Es muss sie geben können, wenngleich nicht geben müssen (vgl. ähnlich O. H. Pesch, Katholische Dogmatik II, 807–818). Es muss Sakramente als performative Handlungssymbole geben können, weil das Wort Gottes selbst performativ ist, insofern es bewirkt, was es besagt. Sakramente sind Weisen der Übersetzung dieses Wortes in ein anderes performatives Format, worin es neu und anders, aber als es selbst den Menschen anspricht. Gleichwohl sind Sakramente für die Praxis und Weitergabe des Evangeliums weder schlechthin oder zwingend notwendig noch alternativlos. Es gibt Gedanken, Worte und Werke, in denen ebenfalls das Evangelium unverkürzt als es selbst in Zeit und Raum antreffbar werden kann – etwa in jeder Form diakonischen Handelns, das die Einheit von Gottes- und Nächstenliebe realisiert.

(z. B. Heilungen als Zeichenhandlungen) übersetzt, die in der Sphäre des Interpersonalen realisieren, worauf sie verweisen. Unter dieser Rücksicht ist für die Herleitung sakramentaler Zeichenhandlungen durchaus eine Berufung auf den „historischen" Jesus möglich.[303] Die Wirksamkeit dieser Symbolhandlungen beruht aber auf der Koinzidenz von Vollzug und Gehalt unbedingter Zuwendung und nicht auf einer zusätzlichen Intervention Gottes in Welt und Geschichte.

Für die sakramentale Praxis der Kirche folgt daraus: Wenn sie Gottes Weltverhältnis unbedingter Zuwendung erschließen will, muss sie nach dem Vorbild Jesu hierfür interpersonale Entsprechungsverhältnisse unbedingter Zuwendung realisieren. Außerhalb solcher Verhältnisse klaffen Vollzug und Gehalt christlicher Verkündigung und sakramentaler Praxis auseinander. Die Sakramente werden nur dort wirksam, wo Vollzug und Gehalt koinzidieren. Wer Gottes Zuwendung zum Menschen sakramental vergegenwärtigen will, muss diese Koinzidenz vergegenwärtigen. Wo dies geschieht, wird Gottes Verhältnis zum Menschen real präsent – und ebenso die von Jesus von Nazareth praktizierte Einheit von Gottes- und Nächstenliebe.[304]

---

303 Mit „Herleitung" ist nicht gemeint, dass sich für jedes Sakrament die Historizität seiner Einsetzung durch Jesus von Nazareth nachweisen lässt. Vielmehr geht es um die Tatsache, dass Jesus selbst seine Botschaft in unterschiedlichen Zeichenhandlungen verkündet hat, die ihrerseits in performative Vollzüge übersetzt werden können. Vgl. hierzu G. Ebeling, Wort Gottes und Tradition, Göttingen 1964, 225: „Es ist eine kurzschlüssige Fixierung der christologischen Verankerung der Sakramente, wenn man meint, sie auf eine ausdrückliche Einsetzung durch Jesus zurückführen zu müssen. Daß Jesus der Grund der Kirche ist, steht und fällt nicht etwa damit, daß Jesus die Kirche in einem ausdrücklichen Akt gegründet hat. Das Gegründetsein der Kirche in Jesus ist vielmehr von dem her zu verstehen, was in ihm als Person zur Sprache gekommen ist und zwar zum Weitersagen bevollmächtigend zur Sprache gekommen ist. Nicht eine Willensäußerung Jesu, sondern Jesus selbst, der Gekreuzigte und Auferstandene, ist der Grund der Kirche. Entsprechend ist es auch mit den Sakramenten. Sie kommen in der Weise von Jesus her, daß sie ihn selbst als summa et compendium Evangelii bezeugen."

304 Zählt man die Sakramente zur Gruppe performativer Symbolhandlungen, kommt man nicht daran vorbei, bei der Erörterung ihres Geltungsanspruchs auch den propositionalen Gehalt dieser Vollzüge zu prüfen und nach dessen

Die „ontological commitments" sakramentaler Praxis entsprechen darum jenen ontologischen Bedeutungsvoraussetzungen, die im christologischen Kontext bei der Erörterung der Kategorie „Selbstoffenbarung Gottes" identifiziert wurden. Wenn es um die Vergegenwärtigung einer Beziehungswirklichkeit geht, kann diese gedacht werden als Übersetzung in Entsprechungsverhältnisse. Handelt es sich bei den Sakramenten um die Übersetzung der performativen Praxis Jesu von Nazareth in gegenwärtige Entsprechungsverhältnisse, kann man zur Erläuterung der Beziehung beider Erschließungsweisen von Gottes Welt- und Menschenverhältnis erneut die adverbiale Logik der christologischen Formel des Konzils von Chalcedon heranziehen: Durch, in und mit Jesu Menschenverhältnis ist das Menschenverhältnis Gottes vergegenwärtigt worden. Will man das Menschenverhältnis Jesu vergegenwärtigen, ist man auf Entsprechungsverhältnisse angewiesen. Durch, mit und in diesen Verhältnissen kann dann wiederum real präsent werden, was durch, mit und in Jesu Menschenverhältnis offenbar wurde. Gemäß dieser Logik bleiben jene Verhältnisse, die einander entsprechen, voneinander unterscheidbar („unvermischt"), aufeinander beziehbar („ungetrennt"), in ihrer Beziehung zueinander für sich bestehen und identifizierbar („unverändert") sowie in ihrer Verschiedenheit voneinander zugleich aufeinander verwiesen („ungeteilt"). Was die Sakramente auszeichnet, ist die Darstellung und Übersetzung des Ineinsfalls von Voll-

---

ontologischen Bedeutungsvoraussetzungen zu fragen. Die traditionelle Sakramententheologie richtet ihre Aufmerksamkeit jedoch primär auf die dogmatisch und kirchenrechtlich definierten Gültigkeitsbedingungen der Sakramentenspendung (meist unter dem Aspekt einer entsprechenden kirchlichen Befugnis des Spenders) und hat hinsichtlich der „Fruchtbarkeit" der Sakramente meist die spirituelle und moralische Disposition des Sakramentenempfängers im Blick. Die dabei angelegten Kriterien sind jedoch weder geeignet, die Wirksamkeitsbedingungen eines Sakramentes hinreichend zu erfassen, noch kommen sie den „ontological commitments" hinsichtlich ihres propositionalen Gehaltes nach. Sie sind außerdem nicht geeignet, Verdachtsmomente bezüglich der Sinnlosigkeit oder des Illusions- und Projektionsanteils performativer Sprechakte auszuräumen. Zu dieser Problematik siehe auch R. SCHAEFFLER, Das Gebet und das Argument, Düsseldorf 1989, 22–24.

zug und Gehalt des in Person und Wirken Jesu von Nazareth offenbar gewordenen Verhältnisses Gottes zum Menschen. Ihre symbolische Struktur spiegelt sich in der Übersetzungslogik von Entsprechungsverhältnissen und der Koinzidenzlogik von Vollzug und Gehalt des Einander-zugewandt-Seins.

Die Sakramententheologie ist gut beraten, wenn sie bei der Reflexion der Beziehung von „Materia" und „Forma" auf diese Logik zurückgreift und mit ihr jeder Geheimniskrämerei in Gestalt von Magie und Mystizismus entgegentritt. Vor allem im Kontext der Eucharistie kommt immer wieder die Versuchung auf, hinter dieses in der Christologie erreichte Anspruchsniveau zurückzufallen und beim Reden über die „Wandlung" von Brot und Wein wieder Göttliches und Geschöpfliches zu vermischen. „Wandlung" meint gerade nicht das Ergebnis einer Vermischung, sondern den Prozess einer Übersetzung.

## 3.2. Eucharistie: Präsenz und Wandlung

Essen und Trinken, Hunger und Durst sind neben dem Schlaf die mächtigsten Konstanten im Alltag des Menschen. Sie manifestieren eine Gebundenheit an Rhythmen, denen sich der Mensch auf Dauer nur um den Preis der Selbstzerstörung entziehen kann. Essen und Trinken sind zugleich der ursprünglichste Kontakt des Menschen zur Welt. Im Hunger und im Durst realisiert er, dass die Quelle seines Lebens nicht in ihm liegt und dass das Entgegennehmen, Aufnehmen, Empfangen eine Grundbedingung der Lebenserhaltung ist. Aber dieser Daseinsbedingung entspricht der Mensch nur in der Weise des Zerstörens. Sein „Stoffwechsel" ist darauf angelegt, das von außen Aufgenommene sich innerlich auf dem Wege der Zersetzung „anzuverwandeln".

Diese Spannung prägt auch die religiöse Bedeutung des „heiligen Essens"[305]. Im kultischen Mahl realisiert der Mensch,

305 Vgl. hierzu A. Schubert, Gott essen. Eine kulinarische Geschichte des Abendmahls, München 2018; G. Bachl, Eucharistie – Macht und Lust des Verzehrens, St. Ottilien 2008.

dass ihm das, was sein Leben erhält, nur in der Weise des Entgegennehmens zugänglich ist. Er muss zu sich nehmen und in sich aufnehmen, was ihn am Leben hält. Was er braucht, ist mit Händen zu greifen. Aber wenn diese Hände hervorbringen wollen, was Leben ausmacht, bleiben sie leer. Mit leeren Händen steht der Mensch vor Gott und ist darauf angewiesen, dass Gott sie ihm füllt. Das Buch Exodus erzählt, dass die Israeliten auf ihrem Wüstenweg ins gelobte Land dem Wort des Mose nicht vertrauen, Gott werde an jedem Tag immer wieder genau so viel Brot schenken, wie jeder benötige. Das Manna, das sie aus diesem Misstrauen heraus über das Notwendige hinaus einsammeln, aber verdirbt ihnen. Es wird von Würmern zerfressen und verfault (vgl. Ex 16,16–20). In der „Brotrede" des Johannesevangeliums nimmt Jesus auf diese Geschichte Bezug: „Ich bin das Brot des Lebens. Eure Väter haben in der Wüste das Manna gegessen und sind gestorben. So aber ist es mit dem Brot, das vom Himmel herabkommt: Wenn jemand davon isst, wird er nicht sterben" (Joh 6,48–50). Aber auch an dieses Brot muss man Hand anlegen; auch dieses Brot muss man sich in die leere Hand legen lassen. Es kann nicht gehortet werden. Es muss verzehrt werden, soll es seine Wirkung entfalten.

Die Mahlgemeinschaft ist – noch vor allen Wunderheilungen – die im Neuen Testament am häufigsten berichtete Zeichenhandlung Jesu. Sie wird sogar zu einem Erkennungszeichen seiner Praxis und Person. „Johannes ist gekommen, der aß nicht und trank nicht; da sagen sie: Er hat einen Dämon. Der Menschensohn ist gekommen, der isst und trinkt, da sagen sie: Siehe, ein Schlemmer und Zecher, Freund mit Zöllnern und Sündern!" (Mt 11,18f). Im Zentrum eines Mahls stehen Essen und Trinken. Aber dem Essen und Trinken ist die Dialektik des Verkostens und Vernichtens eigen. Was genussvoll aufgenommen wurde, endet als das ungenießbar Ausgeschiedene und muss entsorgt werden.

Vor diesem Hintergrund ahnt man die Ambivalenz von Jesu letztem Abendmahl mit einer eigenen Aussage über sein Leben und Sterben. Er sieht sich gesandt, mit seiner Existenz und seinem Wort die grenzen- und bedingungslose Zuwendung Gottes zu bezeugen. Jede der in den Evangelien berichteten Tischgemeinschaften ist schon ein realisierendes Zeichen dieser Sendung. Allerdings ist es merkwürdig um diese Zuwendung bestellt. Jesu Zuwendung zu den Übersehenen, Verachteten, Ausgegrenzten geht mit einer Distanzierung einher. Wer die Gemeinschaft der Ausgegrenzten sucht, hat rasch teil an ihrer Ausgrenzung. Mit jeder Zuwendung liefert sich Jesus ein Stück mehr aus. Wer Zeichen einer grenzenlosen Gemeinschaft setzt, praktiziert etwas, das offensichtlich nicht in eine Welt passt, in der Ausgrenzungen ein probates Mittel sind, um Zusammengehörigkeiten zu demonstrieren. Es ist für Jesus absehbar, dass nicht nur seine Botschaft, sondern auch seine Person nicht in eine Welt passen, die beherrscht wird von einer sozialen und religiösen Logik der Identitätssicherung durch Aussonderung aller Kräfte, welche die bestehende soziale und religiöse Ordnung in Frage stellen. Jesus muss erkennen, dass man daran arbeitet, ihn aus dieser Welt zu schaffen. Das letzte Mahl mit seinen Jüngern bekommt ein besonderes Gewicht durch die Nähe seines Todes. Diese Nähe ragt auch hinein in die Deutung dieses Mahles und eines jeden Mahles, das gemäß den Worten Jesu im Gedächtnis seines Lebens und Sterbens gefeiert wird.

Die „Einsetzungsworte“ dieses Gedächtnismahles „Dies (ist) mein Leib/mein Blut“ (vgl. Mt 26,20ff.; Mk 14,22ff.; Lk 22,14ff.; 1 Kor 11,23ff.) sind gesprochen unter dem Eindruck des nahen Todes Jesu. Zugleich sind sie ein Ausblick darauf, dass dieser Tod das Verhältnis seiner Jünger zum Verhältnis von Leben und Tod verändern wird. Sie antizipieren eine Wandlung des tödlichen Verhältnisses von Leben und Tod zugunsten des Lebens – eine Wandlung, die jedoch nicht eintreten kann, ohne dass der Tod durchlitten wird. Jesus präsentiert in Brot und Wein sich selbst und sagt damit, dass mit ihm geschieht, was mit Trauben und Korn geschieht, damit daraus Brot und Wein werden. Aber er geht noch einen Schritt weiter und verdeutlicht, dass mit ihm passieren wird, was mit Brot und Wein geschieht. Brot und Wein entstammen einem Prozess der Wandlung als einem Prozess der lebensdienlichen Zerstörung von Korn und Trauben. Dieser Prozess ereignet sich ein weiteres Mal. Brot und Wein werden aufgezehrt und dienen so dem Leben. Diese Dialektik und ihre Basissymbolik[306] greift Jesus auf und macht sie zum Interpretament für sein Leben und Sterben.[307] Zugleich durchbricht er den in dieser Dialektik eingelassenen Widerstreit von Leben und Tod, der im Leben stets zugunsten des Todes ausgeht.

Jesus will bei seinen Jüngern in Erinnerung bleiben als ein Mensch, der sich vom Tod aufzehren lässt, damit sich in seinem Tod die Macht des Todes aufzehrt. Als der Mensch, der ganz von Gott her lebte, leitet ihn die Hoffnung, dass auch im Zugehen auf den Tod Gott mit ihm geht und Gott sich mit ihm und durch ihn selbst in Todesnähe begibt. Der Tod hat einen Ort im Gottesverhältnis Jesu, indem Jesus darauf setzt, dass sich Gott mit seinem Tod in ein Verhältnis zum tödlichen Widerstreit von Leben und Tod begibt. Jesu Todesnähe wird zur Gottesnähe des Todes. Allerdings bringt diese Nähe das gängige Verständnis der Allmacht und Allgüte Gottes in die Krise. Auch Jesus kann dem Tod nicht entrinnen. Daher ist auch sein Tod zunächst Zeichen der Ohnmacht Gottes. Zugleich aber wird er zum Ereignis einer Wende und Wandlung des Verhältnisses von Leben und Tod. Gottes Macht erweist sich darin, dass er diesen Tod in die Unendlichkeit Gottes hineinnimmt,

---

306 Vgl. Th. Söding, Brot und Wein. Die Gaben beim Letzten Abendmahl, in: IkaZ 42 (2013) 237–248; Ders., „Tut dies zu meinem Gedächtnis". Das Abendmahl Jesu und das Herrenmahl der Kirche, in: Ders. (Hg.), Eucharistie – Positionen katholischer Theologie, Regensburg 2002, 11–58; J. Schröter, Nehmt – esst und trinkt. Das Abendmahl verstehen und feiern, Stuttgart 2010, 118–130; W. Haunerland (Hg.), Mehr als Brot und Wein. Theologische Kontexte der Eucharistie, Würzburg 2005.

307 Zur hiermit angeschnittenen Frage, ob und inwieweit Jesus damit seinem Tod eine Bedeutung geben wollte, siehe u. a. J. Ringleben, Jesus. Ein Versuch zu begreifen, Tübingen 2008, 532–551; Ch. Niemand, Jesus und sein Weg zum Kreuz, Stuttgart 2007, 328–347; L. Schenke u. a., Jesus von Nazareth – Spuren und Konturen, Stuttgart 2004, 280–301. Vgl. ferner M. Hüttenhoff u. a. (Hg.), „…mein Blut für Euch". Theologische Perspektiven zum Verständnis des Todes Jesu heute, Göttingen 2018.

auf dass sich der Tod darin „totläuft“. Wo die Macht des Todes aufgezehrt wird, wird der Tod in seiner Ohnmacht präsent. In der Gegenwart des ohnmächtigen Todes ist fortan ein ‚anderes‘ Leben möglich. Hier kann ein Leben beginnen, das sich auf ein verändertes Verhältnis von Leben und Tod einstellt.[308]

Die Ohnmacht des Todes wird präsent in der Vergegenwärtigung des von Gott zugunsten des Lebens entschiedenen Widerstreites von Leben und Tod. Die Antizipation von Dramatik und Ausgang dieses Widerstreits nimmt Jesus beim letzten Abendmahl vor. Dass man sich auch in Zukunft dieses Ausgangs vergewissern kann, ist der auf Jesus zurückgehenden Partitur dieses Abendmahls zu verdanken: „Nehmt und esst! – Tut dies zu meinem Gedächtnis!“ Wer zum Gedächtnis Jesu das Brot bricht und den Wein austeilt, vergegenwärtigt nicht nur die Dialektik von Zerstörung und Erneuerung, sondern auch die Antizipation der Entmachtung des Todes im Tod Jesu und bezeugt ein gewandeltes Verhältnis zum Verhältnis von Leben und Tod.

Das Christentum ist überzeugt, dass die verwandelte Gegenwart von Leben und Tod nicht davon abzulösen ist, dass sich in, mit und durch den Tod Jesu das Verhältnis von Leben und Tod gewandelt hat. Daher kann das veränderte Verhältnis von Leben und Tod nicht anders vergegenwärtigt werden, als dass zugleich das Leben und Sterben Jesu vergegenwärtigt wird. Wird aber die Ohnmacht des Todes vergegenwärtigt, kann man Jesu nicht lediglich als eines Gekreuzigten gedenken. Er ist in diesem Gedenken nicht als Toter gegenwärtig, sondern als ein Mensch, in dessen Sterben sich die Macht des Todes aufgezehrt hat.

Das Ereignis dieser Vergegenwärtigung ist die Feier der Eucharistie. Diese Feier ist auf den Vollzug des Mahlhaltens angewiesen, in dem das veränderte Verhältnis von Leben und Tod

308 Vgl. hierzu H.-J. Höhn, Die Entmachtung des Todes – Hoffen auf Gott?, in: LebSeel 63 (2012) 298–303; Ders., Eucharistie. Präsenz und Wandlung des Verhältnisses von Leben und Tod, in: P.-Ch. Chittilappilly (Hg.), Das Leben vertiefen, Ostfildern 2019, 132–144.

vergegenwärtigt wird. Die Realpräsenz dieses neuen Verhältnisses kann jedoch nicht bezogen (oder enggeführt) werden auf die „dinghafte" Präsenz von Brot und Wein, von denen eine „Wesensverwandlung" (Transsubstantiation) behauptet wird. Die Konzentration auf die „Transsubstantiation" von Brot und Wein ist theologisch nur solange sinnvoll gewesen, wie sich in und mit dieser philosophischen Sprechweise eine Wandlung der für menschliches Dasein „wesentlichen" Bestimmungen und Bestimmungsgrößen plausibel machen ließ.[309] Mit dem Schwinden der Plausibilität ihrer substanzmetaphysischen Voraussetzungen muss nach neuen Möglichkeiten gesucht werden, wie strukturell einsichtig zu machen ist, dass die Eucharistie ein Vorgang verwandelnd-verwandelter Gegenwart bzw. die Ver-

309 Gemäß der vom IV. Laterankonzil (1215) im Gefolge der scholastischen Aristotelesrezeption formulierten „Transsubstantiationslehre" gilt: Jesu Christi „Leib und Blut ist im Sakrament des Altares unter den Gestalten von Brot und Wein wahrhaft enthalten, nachdem durch Gottes Macht das Brot in den Leib und der Wein in das Blut wesensverwandelt sind; damit wir von dem Seinigen empfangen, was er von dem Unsrigen annahm, und so die geheimnisvolle Einheit vollendet werde" (DH 802). – Die Plausibilität dieser Konzeption besteht solange, wie man sich dessen bewusst bleibt, dass „Substanz" eine metaphysische Seinskategorie darstellt. Gemäß der aristotelischen Seinslehre geht die mittelalterliche Theologie davon aus, dass jedes Ding dieser Welt ein inneres unsichtbares Wesen in sich trägt, durch das es ist, was es ist. Gestalt, Aussehen, Form, Geruch, Farbe etc. bestimmen, wie etwas ist, und treten als äußerer Ausdruck dessen, was etwas ist, als akzidentielle Seinsbestimmungen hinzu. Diese Akzidentien, d. h. das, worin und wodurch die Substanz eines Seienden erscheint und es sinnlich-empirischer Erkenntnis zugänglich wird, bleiben bei der „Wandlung" unverändert. Die eucharistische „Transsubstantiation" bezieht sich per definitionem somit nicht auf das, was sinnlich zugänglich ist, sondern auf das, was nicht Gegenstand empirischer Erkenntnis sein kann. Physikalisch und chemisch gesehen vollzieht sich an Brot und Wein schlechterdings nichts. Aber längst meint der Begriff „Substanz" im Bewusstsein der meisten Zeitgenossen eine physikalisch-chemisch untersuchbare Masse – also genau das, was in der scholastischen Metaphysik mit Akzidentien benannt wurde. Es macht wenig Sinn, an der Terminologie der Substanzmetaphysik festzuhalten und dabei stets zu unterstreichen, der Begriff „Substanz" meine etwas gänzlich anderes als das, was die meisten Menschen heute mit ihm assoziieren. – Zu Anspruch und Aporie dieses Konzeptes siehe ausführlich O. H. Pesch, Katholische Dogmatik II, 478–551 (Lit.).

gegenwärtigung eines veränderten Verhältnisses zum Verhältnis von Leben und Tod ist.

Wenn man an dem berechtigten Anliegen einer Transsubstantiationslehre als „Wesensverwandlung" festhalten will, muss man neu das „Wesen" der Eucharistie bedenken: die vergegenwärtigte Wandlung des tödlichen Verhältnisses von Leben und Tod und die Wandlung des menschlichen Verhältnisses zu diesem Verhältnis. Und ebenso gilt für das rechte Verständnis von „Realpräsenz" die Notwendigkeit der Differenzierung, für welche Art von Gegenwart die Eucharistie einsteht. Für die Bewältigung beider Aufgaben bieten sich eine Existentiale Semiotik und eine Relationale Ontologie an, welche zwar die Symbolik von Brot und Wein im Blick haben, aber diesen Blick auf ihre Bedeutung für ein Handlungssymbol richten und die ontologischen Bedeutungsvoraussetzungen eines Handlungssymbols jenseits einer Gegenstandsmetaphysik ermitteln wollen.

Was in der Eucharistie mittels Brot und Wein real präsent werden soll, ist etwas, das nie als etwas Sachhaftes und nimmer in der Weise gegenständlicher Vorhandenheit vergegenwärtigt werden kann. Ihrem Gehalt gemäß können eucharistische Wandlung nur als Wandlung eines Verhältnisses und eucharistische Präsenz nur als Vergegenwärtigung eines Verhältnisses und seiner Bedeutung angemessen gedacht werden. Wer bestreitet, dass die Wandlung von Verhältnissen einen ontologisch bedeutsamen Sachverhalt darstellt,[310] verkennt zum einen, dass wir von Dingen, Tatsachen oder Ereignissen nur im Kontext von Daseinsverhältnissen sprechen können. Außerhalb dieser Verhältnisse kann von keinem Ereignis oder Objekt

310 Der Vorwurf einer ontologischen Depotenzierung spielt eine erhebliche Rolle im Streit um die Berechtigung von Konzepten, die in den 1960er Jahren entwickelt wurden und anstelle der Kategorie „Transsubstantiation" mit den Begriffen „Transsignifikation" (P. Schoonenberg) und „Transfinalisation" (E. Schillebeeckx) zur Beschreibung der Wandlung von Brot und Wein arbeiten. Vgl. dazu u.a. St. Oster, Person und Transsubstantiation. Mensch-Sein, Kirche-Sein und Eucharistie – eine ontologische Zusammenschau, Freiburg/Basel/Wien $^{2}$2014, bes. 575–637.

etwas wirklich Wahres gesagt werden. Zum anderen kommt Verhältnissen selbst ein eigener Wirklichkeitsstatus zu. Sie sind real, indem sie darüber entscheiden, ob und wie Seiendes zueinander in Beziehung treten kann und welche Qualität diese Beziehung hat. Verhältnis- und Beziehungslosigkeit von einem Menschen auszusagen kommt einer Aussage über sein Nichtsein gleich. In welchem Maße existenzrelevant Verhältnisse sind, zeigt sich nicht zuletzt, wenn man bedenkt, dass die Gestaltung menschlichen Daseins aus einem reflexiven Verhältnis zu den existentialen Weltbezügen des Menschseins und seinen Limitationen resultiert. Ein verändertes Verhältnis zu diesen Limitationen, d.h. zur psycho-physischen Verletzbarkeit, zur Erschöpfbarkeit naturaler Ressourcen, zur Konkurrenz um deren Nutzung und zur Befristung der Lebenszeit, hat konkrete Folgen für die sozio-kulturellen Deutungen und Stilisierungen menschlicher Lebensverhältnisse.

In der Eucharistie geht es um das Verhältnis von Leben und Tod, um seine Veränderung und um die Vergegenwärtigung dieser Veränderung. Diese Vergegenwärtigung erfolgt in einer performativ angelegten Symbolhandlung. An der performativen Vergegenwärtigung der Veränderung von Verhältnissen können als Medien der Vergegenwärtigung durchaus sachhaft-objekthafte Elemente beteiligt sein. Allerdings ist zu beachten, dass sie dabei aus der Sphäre des Sachhaften in die Sphäre der Interpersonalität versetzt werden und dort neu antreffbar werden. Ihre veränderte Antreffbarkeit wirkt sich aus auf ihre Bedeutsamkeit. Werden sie in einen interpersonalen Handlungs- und Sinnzusammenhang versetzt bzw. übersetzt, hat dies Auswirkungen darauf, was sie bedeuten („Basissymbolik") und bewirken können. Besonders gravierend ist diese Veränderung, wenn die performative Symbolhandlung auf einen Wandel der Einstellungen des Menschen zu seinen Lebensverhältnissen und Lebenseinstellungen abzielt.

Sind sachhafte Objekte an performativen Vollzügen beteiligt, können sie dabei mehrfach eine semiotische Wandlung erfahren: Wenn zwei Menschen bei ihrer Eheschließung die Ringe tauschen, spielt bei diesem Tausch der materielle Wert des verwendeten Edelmetalls keine Rolle mehr. Sein Geldwert wird ersetzt durch eine andere Wertigkeit. Der Ringtausch wird zum Zeichen der Zusammengehörigkeit in guten wie in schlechten Tagen und zeigt an, wie Mann und Frau zueinander stehen und zum Leben stehen, bis dass der Tod sie scheidet. Wenn eine Frau nach dem Tod ihres Ehemanns weiterhin den Ehering trägt, wandelt sich nochmals seine Bedeutung und Wertigkeit, die sich schon einmal veränderte, als sie dieses Stück Edelmetall bei der Hochzeit über den Finger streifte. Er wird zum Zeichen des Widerspruchs, dass der Tod das letzte Wort über die Liebe zweier Menschen hat. Dieser Widerspruch ist Ausdruck eines Verhältnisses zum Verhältnis von Leben und Tod, das dem Tod die Macht bestreitet, jede Beziehung zu einem geliebten Menschen zu zerstören. In beiden Fällen hat sich auf der Ebene des Materiellen und optisch Vorzeigbaren nichts, auf der Ebene der Bedeutung und der Beziehung und der Einstellung zur Durchkreuzung von Bedeutung und Beziehung aber Entscheidendes verändert.

Ähnliches gilt für die Beantwortung der Frage, was denn eigentlich mit Brot und Wein geschieht, wenn über sie die Wandlungsworte gesprochen werden. Über das Wesen eines Zeichens gibt seine semiotische Struktur Auskunft. Wandlungen eines Zeichens können sich nur innerhalb dieser Struktur ereignen und beschreiben lassen. Im Blick auf die Zeichen Brot und Wein fällt als Erstes auf: Im Bereich des deiktisch Vorzeigbaren geschieht nichts, wenn darüber die Wandlungsworte gesprochen werden. Worte können ohnehin nicht Dinge („materia") verändern, sondern allenfalls deren Bedeutung. Das Dinghafte allein ist noch nicht signifikant, es ist lediglich benennbar und bezeichenbar und (erst) nach dem Akt einer besonderen Auszeichnung („forma") auch bedeutsam. Dass mit den Akten des Bezeichnens und Deutens dennoch etwas objektiv geschieht und sich etwas tatsächlich wandelt, ist relationalontologisch und semiotisch unabweisbar: Brot und Wein, die bereits aufgrund ihrer Basissymbolik bedeutsam sind, erhalten eine neue Antreffbarkeit im Ensemble der Einstellungen des Menschen zu seinen Lebensverhältnissen (genauer: in seinem Verhältnis zum Verhältnis von Leben und Tod). Sie erhalten eine neue Zielbestimmung und eine neue Relevanz für die Verständigung über die Bedeutung von Leben und Tod. Dadurch werden sie sowohl über ihre sachhafte Wirklichkeit als auch über ihre Basissymbolik hinausgeführt und ihnen wird ein neuer Status im Kontext menschlicher Daseinsdeutung verliehen. Unter dieser Rücksicht ereignet sich keine magische Wesensverwandlung von Objekten, sondern eine semiotische Wesensverwandlung von Zeichen in einem veränderten Verhältnis des Menschen zum Verhältnis von Leben und Tod.

Vor diesem Hintergrund lässt sich auch präzisieren, welche Bedeutung die „Forma" für die Bestimmung der „Materia" der Eucharistie hat, wenn von einer personalen Gegenwart Christi in der Eucharistie die Rede ist: Die Basissymbolik von Brot und Wein wird durch die „Forma" in einen anderen Beziehungs- und Bedeutungskontext übersetzt. Brot und Wein stellen nicht mehr nur die Wandlung von Naturstoffen in Nährmittel des Lebens und des Glaubens dar, sondern verdeutlichen, was den Glauben nährt: Jesu Hingabe. Insofern kommt ihnen auch der Charakter von Gaben zu, die, wenn sie in ihrem Gabecharakter erfahren werden, die Erfahrung der Zuwendung und Gegenwart des Gebers vermitteln. In der Gabe manifestiert sich die Geste des Sich-Hingebens und Anvertrauens und in dieser Geste zeigt sich ein Subjekt, das einem anderen mehr als nur „etwas" anvertraut.[311]

---

311 In der zeitgenössischen Theologie bildet die Metaphorik der Gabe den Ausgangspunkt, um von einer „personalen" Präsenz Christi in der Eucharistie zu sprechen. Vgl. dazu V. Hoffmann, Christus – die Gabe. Zugänge zur Eucharistie, Freiburg/Basel/Wien 2016; Dies., Skizzen zu einer Theologie der Gabe. Rechtfertigung – Opfer – Eucharistie – Gottes- und Nächstenliebe, Freiburg/Basel/Wien 2013; F. Bruckmann (Hg.), Phänomenologie der Gabe. Neue Zugänge zum Mysterium der Eucharistie, Freiburg/Basel/Wien 2015; H. Hoping, Mein Leib für euch gegeben. Geschichte und Theologie der Eucharistie, Freiburg/Basel/Wien 2011, 437–471. Eine lediglich phänomenologisch orientierte Explikation, was etwas (d. h. ein Ding, Sachverhalt, Ereignis) als Gabe verstehen lässt, reicht jedoch nicht aus. Etwas als Gabe zu verstehen bzw. „Gabe" als Interpretationskategorie zu verwenden setzt voraus, dass die

Dass in den eucharistischen Gaben und in der Geste ihrer Austeilung die Hingabe Jesu und darin er selbst gegenwärtig werden, kann man aber nicht außerhalb eines Geschehens-, Beziehungs- und Bedeutungszusammenhangs erfassen, in dem eine Partitur mit den Grundgesten des Gebens und Nehmens realisiert wird.[312] Mit diesem Geben und Nehmen ist es jedoch noch nicht getan. Für das, was man empfängt, muss man die Hände frei haben. Nur mit leeren Händen kann man etwas entgegennehmen. Was Gott dem Menschen zur Stärkung des Lebens und Glaubens gibt, darf der Mensch nicht bloß annehmen und verwahren. Hortet man es, bringt man es um seine Wirkung. Es wirkt sich nur auf den Menschen und seine Lebenseinstellungen aus, wenn es aufgenommen und aufgezehrt wird. Wer hortet, hat alle Hände voll zu tun mit der Sicherung seiner Habe. Wer hingegen aufzehrt, was ihm gegeben wird, erfährt eine Stärkung – und hat die Hände wieder frei. Für seine letzte Reise braucht der Mensch ohnehin nicht mehr als eine Wegzehrung.[313] Wenn Gott ihn mit offenen Armen emp-

---

deiktischen, semantischen, pragmatischen und grammatischen Bezüge eines solchen Interpretamentes hinreichend geklärt werden.

312 Die römische Glaubenskongregation rekurriert in dem Dokument „Inter insigniores" (1976) auf eine „naturalis similitudo", die in der Eucharistie zwischen Jesus Christus und dem „in persona Christi" handelnden Priester obwalten müsste, und begründet damit den Ausschluss von Frauen vom Priesteramt (DH 4600). Hierbei wird ein theologisch-semiotischer Kurzschluss vorgenommen. Wenn es darum geht, dass beim Eucharistievorsitz die handelnden Personen „die Handlungsweise Christi in der Eucharistie sakramental vergegenwärtigen sollen", dann kommt es nicht auf das Geschlecht der handelnden Personen an. Vielmehr muss eine Entsprechungsrelation zwischen der Handlungsweise Christi und der sie vergegenwärtigenden Symbolhandlung bestehen. In beiden Fällen kommt es auf einen Vollzug der Zuwendung und Hingabe an, bei dem Geschlechterunterschiede irrelevant sind. Mit welchen absurden Implikationen, Forderungen und Folgerungen eine biologistische Deutung des Grundsatzes „in persona Christi agere" aufwartet, zeigt U. Lüke, Jesu Männlichkeit oder Jesu Menschlichkeit? Humanwissenschaftliche und theologische Anfragen „an das nur Männern vorbehaltene Priesteramt", in: ThQ 198 (2018) 183–199.

313 „In dieser Linie kann die Eucharistie als Feier verstanden werden, die Reiseproviant mitgibt und dann losschickt. ‚Viaticum' ist ein altes Wort für die

fängt, wird der Mensch dankbar sein, jetzt die Hände für ihn frei zu haben. Und Gott wird es nicht stören, dass der Mensch mit leeren Händen vor ihm steht.

### 3.3. Gedächtnis einer Verheißung: Tod und Auferstehung

Eine Partitur zeichnet sich nicht nur dadurch aus, dass sie angibt, *was* gespielt werden soll und *wie* es gespielt werden soll. Sie zielt auch auf ein Geschehen ab, das in der Zeit zusammenführt, was der Lauf der Zeit trennt: Vergangenheit, Gegenwart, Zukunft. Eine Partitur macht es möglich, die Erfahrung einer zeitversetzten Gleichzeitigkeit zu machen. Wer bei der Erstaufführung einer Komposition nicht zugegen war, kann trotz des zeitlichen Abstandes originalgetreu nachvollziehen, was damals zu sehen und zu hören war, wenn einer späteren „Performance" die Partitur der Premiere zugrunde liegt. Die grammatische Funktion einer Partitur besteht darin, die Tradierbarkeit eines Werkes zu sichern. Es soll auch in Zukunft so vergegenwärtigt werden können, dass sein ursprünglicher Gehalt zur Geltung kommt. Auch hier kommt es auf die Koinzidenz von Vollzug und Gehalt an.

Vergangenheit, Gegenwart und Zukunft zu überspannen ist ein semiotisches Kennzeichen der Eucharistie, auf das bereits Thomas von Aquin hingewiesen hat (Summa theologiae III q.60, a.3; q.73, a4). Er charakterisiert die Eucharistie als dreidimensionales Zeitzeichen, das Bezug nimmt auf Vergangenes, Gegenwärtiges und Zukünftiges: Als „signum rememorativum" verweist es auf Gewesenes, dessen Bedeutung für die Gegenwart es als „signum demonstrativum" unterstreicht, und

---

Eucharistie: ‚Wegzehrung'. Als solche wurde die Eucharistie vor allem im Blick auf die letzte Reise, auf das Sterben verstanden; die dem Tod Nahen sollen noch einmal kommunizieren, damit sie ‚gut hinüberkommen'. Eucharistie nährt jedoch als ‚Pro-viant' (wörtlich: ‚für den Weg') nicht nur beim letzten Schritt, sondern auf allen Wegen, die der Mensch zu beschreiten hat", A. Knapp, Vom Segen der Zerbrechlichkeit. Grundworte der Eucharistie, Würzburg 2008, 163.

das als „signum prognosticum“ für eine Wirklichkeit steht, die nicht mit dem Ende der Zeit endet, sondern aller Vergänglichkeit enthoben ist.

Dieser dreifache Zeitbezug kennzeichnet die Eucharistie im Ganzen als Vergegenwärtigung einer Verheißung, an die es zu erinnern gilt, da ihre Erfüllung im Letzten Abendmahl schon antizipiert wird.[314] Nicht minder bezeichnend ist es, dass der Sprechakt der Erinnerung, Vergegenwärtigung und Antizipation auf das Verhältnis von Leben und Tod bezogen ist, das mit dem Tod Jesu eine Wandlung erfahren hat. Auf die Wandlungsworte, die allein der Priester über Brot und Wein spricht, antwortet die Gemeinschaft der Glaubenden: „Deinen Tod, o Herr, verkünden wir und deine Auferstehung preisen wir, bis du kommst in Herrlichkeit!“ Hier kommt eine Verschränkung von Zeit- und Zeichenbezügen zum Tragen, die für eine Existentiale Semiotik des Glaubens über den Bereich sakramentaler Zeichenhandlungen hinaus auch für andere Formate einer Vergegenwärtigung des Evangeliums von großer Bedeutung ist.[315]

Die Praxis des Evangeliums zielt auf die Bewältigung existenzieller Herausforderungen, die sich immer wieder und zugleich je neu stellen. Was zu tun ist und wie es zu tun ist, ergibt sich gleichermaßen aus der Orientierung am Evangelium: Die Gestaltung des Gegenwärtigen soll im Licht einer Erwartung vollzogen werden, die mit der Unabgegoltenheit des Vergangenen rechnet. Der Glaube betrachtet von diesem Vergangenen her die Gegenwart als gleichnisfähig für die erhoffte Vollendung in der Zukunft. Eben dies bringt ein „signum prognosticum“ zum Ausdruck. Es zeichnet sich nicht nur durch einen Zukunftsbezug aus, sondern ebenso durch einen Rückverweis in die Vergangenheit (1 Kor 11,26: „Denn sooft ihr von

314 Vgl. hierzu J. Knop, „Bis du kommst in Herrlichkeit!“. Zeit-Zeichen-Eucharistie, in: IkaZ 42 (2013) 281–290.

315 Vgl. M. Kehl, „Bist du kommst in Herrlichkeit…“ Neuere theologische Deutungen der „Parusie Jesu“, in: J. Pfammater/E. Christen (Hg.), Hoffnung über den Tod hinaus, Zürich 1990, 95–137.

diesem Brot esst und aus dem Kelch trinkt, verkündet ihr den Tod des Herrn, bis er kommt.“).[316] Die aus einer unabgegoltenen Vergangenheit hervorgegangene Wirkungsgeschichte des Evangeliums (genauer: die Praxis des Gedächtnisses von Leben und Sterben Jesu) bestimmt die Gegenwart der Glaubenden derart, dass sie im Lichte des für die Zukunft Erhofften ihre Zeit deuten und gestalten.

316 Zu den gegenwartsrelevanten eschatologischen Bezügen des Abendmahls siehe auch A. Biehler/L. Schottroff, Das Abendmahl. Essen, um zu leben, Gütersloh 2007, 77–102, 219–272.

# VII. Existentiale Semiotik und Eschatologie: Über den Tag hinaus leben

Was das Dasein dem Menschen bedeutet, ergibt sich nicht allein aus seinen aktuellen Lebensumständen. Es hängt auch davon ab, inwieweit aus dem, wie es jetzt um den Menschen steht, etwas deutlich wird, was es letztlich mit ihm auf sich hat. Auf den ersten Blick besteht wenig Aussicht darauf, ob sich Anfang und Ende eines befristeten Daseins letztlich unterscheiden. Der Mensch wird als Sterblicher geboren und betritt eine Welt, in der er sich den Tod holen wird. Von Anfang an ist klar, auf welches Ende er zugeht.

Der christliche Glaube spricht davon, dass nicht nur der Mensch sein Leben lang in Opposition zu diesem tödlichen Ende steht. Er behauptet, dass auch Gott ein Verhältnis zum Widerstreit von Leben und Tod eingegangen ist, das dem Tod ein Ende bereitet. Vielen Christen genügt jedoch diese Zusicherung nicht. Sie wollen wissen, was „nach" dem Tod auf sie zukommt und wie es mit ihnen und der ganzen Welt dann weitergeht. Die Theologie hat in ihrer Geschichte nicht selten dem Drängen einer frommen Neugier nachgegeben, die herausfinden will, was den Menschen in einem „Leben nach dem Tod" erwartet, und wie er – wenn schon nicht seinen verweslichen Leib – wenigstens seine unsterbliche Seele retten kann. Herausgekommen ist dabei eine Eschatologie, die sich im Besitz eines göttlichen Drehbuches für den „Jüngsten Tag" und das „Jüngste Gericht" wähnte und meinte, detailliert im Stile einer Jenseitsgeographie und -chronologie über das Schicksal der Verstorbenen im Fegefeuer, im Himmel und in der Hölle Auskunft geben zu können. In der zeitgenössischen Theologie ist man deutlich zurückhaltender gegenüber solchen Versuchen, deren Erkenntnisgrundlage meist brüchig und deren lebenspraktische Konsequenzen angesichts bizarrer Höllenpredigten oft fatal gewesen sind.[317] Angesichts der steten Mahnungen, der Erde treu und allem Irdischen zugetan zu bleiben, hat sich die Theologie verstärkt dem „Weltauftrag" der Christen zugewandt und es sich weitgehend versagt, Auskünfte über ihre „jenseitige" Existenz zu geben.[318]

Der Verzicht auf problematische Antworten erübrigt jedoch nicht den Versuch, sich berechtigten Fragen zu stellen: Was bedeutet es für den Menschen, wenn einerseits der Tod seinem Leben ein Ende setzt, in dem alle seine geistigen, seelischen und leiblichen Vollzüge aufhören, und zugleich in seinem Tod der Widerstreit von Leben und Tod von Gott zugunsten des Lebens entschieden wird? Was ist eigentlich das Resultat dieser Entscheidung? Wem kommt sie zugute, wenn im Tod das irdische Leben des Menschen ein für alle Mal zu Ende geht und von diesem Leben offenkundig nichts mehr übrig bleibt? Wer ist das Subjekt einer Auferstehung aus dem Tod? Was macht seine Identität mit dem verstorbenen Menschen aus?[319] Obsolet sind nicht diese Fragen selbst oder das hinter ihnen stehende existenzielle Interesse. Problematisch ist primär die Weise der Fragestellung und die Form ihrer Beantwortung. „Die traditionelle Auskunft der christlichen Glaubensüberlieferung auf diese Fragen lautet: Es ist die ‚unsterbliche Seele' des Menschen, die den Tod überwindet. Denn diese Seele trennt sich im Tod vom Leib. Während der Leib dann der Verwesung anheimfällt, geht die Seele, nach einem persönlichen Gericht, das Gott an ihr vollzieht, in die Ewigkeit ein: entweder – nach angemessener ‚Läuterung' – in die

317 Zum Problem- und Diskussionsstand der letzten Jahre siehe Th. Marschler, Eschtologie, in: Ders./Th. Schärtl (Hg.), Dogmatik heute, Regensburg 2014, 509–553. Vgl. ferner G. Essen, Geschichtstheologie und Eschatologie in der Moderne, Münster 2016; O. H. Pesch, Katholische Dogmatik II, 823–844; Ch. Schwöbel, Die Letzten Dinge zuerst? Das Jahrhundert der Eschatologie im Rückblick, in: Ders., Gott in Beziehung, Tübingen 2002, 437–468.

318 Vgl. M. N. Ebertz, Endzeitbeschränkungen. Zur Zivilisierung Gottes, in: E. Arens (Hg.), Zeit denken, Freiburg/Basel/Wien 2010, 171–189.

319 Zum Ringen der zeitgenössischen Theologie um plausible Antworten siehe M. Remenyi, Auferstehung denken, Freiburg/Basel/Wien 2016.

ewige Seligkeit bei Gott (Himmel) oder in die ewige Gottferne (Hölle)".[320]

Es soll im Folgenden nicht zum wiederholten Male der Versuch unternommen werden, diese Kategorien und die dahinter stehende „Leib/Seele-Anthropologie" wegen ihrer obsoleten metaphysischen Beiklänge zu kritisieren oder sie ihrer philosophischen Kritik zum Trotz zu rehabilitieren, um sie als theologisch unverzichtbar zu erweisen.[321] Ebensowenig wird angestrebt, die intellektuelle Zumutbarkeit biblischer Vorstellungen vom „Ende der Welt" durch den Nachweis von Konvergenzen mit der modernen Kosmologie zu rechtfertigen[322] oder auf das Jenseitswissen reanimierter klinisch Toter zurückzugreifen, um sich die Angst vor dem Sterben nehmen zu lassen.[323] Die Theologie ist schlecht beraten, wenn sie meint, den Vollzug des Hoffens auf eine Entmachtung des Todes durch solche Stützkonzeptionen stärken zu können. Aus dem Mut zu interdisziplinärem Mit- und Nachdenken resultiert nicht selten theologischer Übermut. Übermütig wird die Theologie, wenn sie durch Legierungen mit naturwissenschaftlichen Thesen eschatologische Aussagen als deskriptive Sätze im Stile eines transzendenten Objektivismus formuliert. Die vielleicht größere Versuchung führt jedoch in den theologischen Kleinmut. Kleinmütig wird die Theologie, wenn sie für die großen eschatologischen Themen lediglich das Deutungsformat der Tiefenpsychologie zur Verfügung hat, eschatologische Aussagen nur noch als deskriptive Sätze einer Transzendenz „nach innen"

320 M. Kehl, Und was kommt nach dem Ende?, Freiburg/Basel/Wien 1999, 113.

321 Vgl. G. Gasser, Personale Identität und leibliche Auferstehung, in: Ders. u.a. (Hg.) Handbuch für Analytische Theologie, Münster 2017, 611–614; K.-L. Koenen/J. Schuster (Hg.), Seele oder Hirn? Vom Leben und Überleben der Personen nach dem Tod, Münster 2012; G. Brüntrup u.a. (Hg.), Auferstehung des Leibes – Unsterblichkeit der Seele, Stuttgart 2010.

322 Zu solchen Bemühungen siehe F. J. Tipler, Die Physik der Unsterblichkeit. Moderne Kosmologie, Gott und die Auferstehung der Toten, München [4]1994 sowie (kritisch) K. P. Fischer, Kosmos und Weltende, Mainz 2001. Vgl. hierzu auch A. Benz, Die Zukunft des Universums, Ostfildern [7]2012.

323 Vgl. hierzu H. Kessler, Was kommt nach dem Tod? Über Nahtoderfahrungen, Seele, Wiedergeburt, Auferstehung und ewiges Leben, Kevelaer [3]2015.

liest und etwa beim Reden über die Hölle einzig an ein psychisches Inferno denken kann.[324]

Eine christliche Eschatologie, die ebenso eine Theologie des Todes wie eine Theologie der Hoffnung umfassen muss, wird ihr erkenntnistheoretisches Konto überziehen, wenn sie meint, einen Blick ins Jenseits werfen zu können. Ebenso wird sie erhebliche Kursverluste verzeichnen, wenn sie ihr Kapital nur in Aktien der Tiefenpsychologie anlegt. Wenn sie das Format einer Existentialen Semiotik wählt, verringert sie beide Risiken beträchtlich. Allerdings wird dabei ihr Auskunftsvermögen hinsichtlich der „letzten Dinge" ebenso erheblich reduziert. Ihre Zentralaussage wird keine andere sein als der Verweis auf ein Geschehen, in dem das Verhältnis von Leben und Tod unumkehrbar zugunsten des Lebens entschieden wurde.

Offensichtlich erzeugt diese Aussage Redundanz in Bezug auf Einsichten, die sich bereits im Kontext der Christologie und der Sakramententheologie ergaben. Dass eschatologische Reflexionen eine eigene Relevanz haben, muss darum auf einem Weg gezeigt werden, der erneut Existenzreflexion mit Glaubenshermeneutik verknüpft und dabei auf Sprachformen eingeht, die den Tod des Menschen im Modus der Hoffnung seiner Überwindung meditieren. Geschieht dies mit dem Instrumentar einer Existentialen Semiotik, stehen dabei Sprachlichkeit und Zeitlichkeit menschlichen Daseins im Zentrum. Geltungsanspruch und Wahrheitswert eschatologischer Aussagen sind in existentialsemiotischer Perspektive daran gebunden, dass sie im Kontext eines spezifischen Verhältnisses zur Temporalität menschlicher Lebensverhältnisse als performative Vollzüge auftreten, d. h. Lebenseinstellungen thematisieren und ein neues Verhältnis zu diesen Einstellungen hervorbringen können. Sie beziehen sich weder auf „letzte Dinge" vor dem Tod noch auf „letzte Dinge" nach dem Tod, sondern haben die Einstellung des Glaubens zur Gegensatz-Einheit von Leben und Tod und die mögliche Überwin-

324 Vgl. etwa R. Kaufmann, Die Hölle. Eine neue Reise in unsere Unterwelt, Solothurn/Düsseldorf 1994.

dung eines resignativen Verhältnisses zu diesem Widerstreit zum Gegenstand.

Ob eschatologische Aussagen stimmig und zustimmungsfähig sind, hängt ab von den jeweiligen Lebenssituationen, in denen dieser Widerstreit vom Menschen ausgetragen wird. Über ihre Bedeutung und Stimmigkeit kann wenig gesagt werden, solange man sich ihren Gehalt nicht durch einen Einstellungswechsel zum Widerstreit von Leben und Tod „eingehandelt“ hat.[325] Insofern geht es eschatologischen Hoffnungsaussagen nicht etwa darum zu wissen, wie viele Menschen in den Himmel kommen, wie lange man im Fegefeuer Sündenstrafen abzubüßen hat oder von welcher Beschaffenheit der „Auferstehungsleib“ sein wird. Sie sagen nichts darüber, wo die Hölle ist, sondern geben an, wie man verhindern kann, was die Hölle ausmacht: lebendig tot zu sein.[326]

## 1. „Alpha und Omega“: Gottes Schöpfungsversprechen

Vermeintlich steht der Terminus „Eschatologie“ für ein Expertenwissen um die Zukunft, das alle anderen Erkenntnismöglichkeiten überragt – nach der Devise: Was man glaubt, muss man auch wissen können. Weiß ein Mensch, was auf ihn zukommt, erübrigen sich für ihn Hoffen und Bangen. Nach biblischem Zeugnis werden aber Glaube und Hoffnung nicht durch eine besondere Form der Gnosis übertroffen. Als größte Tugend gilt die Liebe (1 Kor 13,13). Was geglaubt und erhofft wird, setzt sich folgerichtig fort in der Zuwendung der Glaubenden und Hoffenden zu ihren (nicht selten ungläubigen und hoffnungslosen) Mitgeschöpfen. Allein diese Praxis entspricht

325 Auf dieser Linie argumentiert auch J. Wohlmuth, Mysterien der Verwandlung, Paderborn 2005, 122–139.

326 Vgl. Johannes Chrysostomus, In Rom. Hom 31, n. 5 (Migne PG 60, 674): „Wir fragen nicht, wo sie ist, sondern auf welche Weise wir ihr entfliehen können.“

der Bewegung Gottes zu den Menschen und allein in der Verlängerung dieser Bewegungsrichtung gewinnen Sätze über das „Jenseits" des Lebens Bedeutung. Man kann den Glauben an ein Leben „nach" dem Tod nicht besser demonstrieren, als dass man zu Lebzeiten bereits überzeugend aus ihm lebt. Die Berechtigung all jener Fragen, was den Menschen nach seinem Tod erwartet, wird sich dann daran erweisen, welche Bedeutung ihre Antworten für ein Leben vor dem Tod und für ein Handeln über den (Todes)Tag hinaus haben.

Was den Menschen in Erkenntnis und Hoffnung über seinen Tod hinausführt, ist ohnehin nicht ein spekulatives Ausrechnen „jenseitiger" Verhältnisse, sondern allein das Schöpfungsversprechen Gottes, d. h. sein Wille, „uns auch in unserem Sterben nicht in Nichts und Vergessenheit hinein zu entlassen. Damit ist gewiß auch gesagt: Die Identität des *Menschen* wird nicht ausgelöscht werden. Aber *wie* Gott diese Identität durch den Tod hindurch festhalten wird, ist uns verborgen; wir können uns dessen nicht so vergewissern, daß wir in einem ‚von Natur' aus unvergänglichen Bestandteil unseres Wesens das ontologische Substrat der Identität suchen, in der wir von Gott festgehalten werden. Anderseits aber wird gesagt, daß das Wesentliche des Weges und der Geschichte des Menschen erhalten bleibt: Ist dieses Leben aber qualifiziert als der Weg der Geschichte Gottes mit uns und unserer Geschichte mit ihm, dann steht an jener Grenze nicht der Abbruch ins Nichts, sondern – so oder so – die Einholung dieses Weges in sein Ziel, in das Ergebnis der Geschichte mit Gott, die ihn qualifizierte. Gott will mit dem Menschen nicht zusammensein, um ihn dann in ein folgenloses Nichts zu entlassen."[327] Dieses Versprechen hat er dem Menschen mit dem Schöpfungsakt der Unterscheidung von Sein und Nichts zugunsten des Seienden gegeben. Es gibt ergänzend zum Vertrauen auf dieses Versprechen keine Erkenntnis, die mehr über seinen Gehalt und die Form seiner Einlösung weiß.

---

327 W. Joest, Dogmatik II. Der Weg Gottes mit den Menschen, Göttingen $^{4}$1996, 414.

Vom Versprechenscharakter der Schöpfung ausgehend lässt sich auch eine Hermeneutik eschatologischer Aussagen entwickeln.[328] Eschatologische Aussagen beziehen sich auf die Zukunft eines Anfangs und unter dieser Rücksicht auf den Anfang einer Zukunft. In der Zeit setzt sich dieser Anfang fort und mit ihr übersetzt er sich in die Zukunft. Insofern kommt der Gegenwart das Moment des Passageren und Vorübergehenden zu. Eschatologische Aussagen reden im Blick auf das Gegenwärtige und dessen Bedeutung von dem, was auf die Gegenwart zukommt und was ihr noch entgeht. Auf das Gegenwärtige kommt von seinem Ursprung her immer schon etwas zu, das es ermöglicht und bedingt. Zugleich treibt es das Gegenwärtige über sich selbst hinaus auf das, was es noch nicht ist, aber aus ihm noch werden kann. Für Mensch und Welt ist mehr „drin", als in der Welt gerade „dran" ist.

Eschatologische Aussagen sind keine Vorhersagen, wie man eines fernen Tages leben wird, sondern Anstöße, wie man über jeden Tag hinaus leben kann, selbst wenn dies der letzte Lebenstag ist. Hier wird nicht etwas prognostiziert, sondern etwas „in Gang gesetzt". Eschatologische Aussagen haben die Eigenschaften des Performativen: Sie bringen etwas zur Sprache und setzen etwas mit Worten in die Welt, das zunächst nur in der Welt der Worte präsent ist. Hält man sich an diese Worte, dann wird aus dem Angesagten mehr als etwas Dahingesagtes. Es sind Worte, die Wirkung zeigen. Sie bewirken nichts in der Sphäre der Objekte, sondern in der Sphäre der Beziehungen.[329] Ein solches wirkendes Wort ist das Verspre-

328 Zum Folgenden vgl. H.-J. Höhn, Versprechen. Das fragwürdige Ende der Zeit, Würzburg 2003. Zum Ganzen siehe auch F. Gruber, Der Diskurs der Hoffnung. Zur Hermeneutik eschatologischer Aussagen, in: E. Arens (Hg.), Zeit denken, Freiburg/Basel/Wien 2010, 19–45; J. Rahner, Einführung in die christliche Eschatologie, Freiburg/Basel/Wien 2010, 53–72; O. H. Pesch, Katholische Dogmatik II, 915–934; K. Rahner, Theologische Prinzipien der Hermeneutik eschatologischer Aussagen, in: Ders., Menschsein und Menschwerdung Gottes (SW 12), Freiburg/Basel/Wien 2005, 489–510.

329 Vgl. hierzu in diesem Band den Abschnitt „Einander etwas sagen, das etwas bewirkt: Die Beziehungsdimension der Sprache" (III.1.3).

chen. Eschatologische Aussagen kommen der Sprechhandlung des Versprechens am nächsten.[330] Wer jemandem ein Versprechen gibt (z.B. „Ich bin dir treu!“), sagt einer anderen Person etwas zu, das es schon und noch nicht gibt. Dass es dieses „etwas“ noch nicht gibt, hängt mit seiner temporalen Verfassung zusammen: Es handelt sich um etwas, das nicht nur ein Faktum „in“ der Zeit ist, sondern ein dynamisches Geschehen, das sich „mit“ der Zeit ereignet. Zwar stellt sich erst mit der Zeit heraus, ob die versprochene Treue wirklich gehalten wurde. Was sich aber am Ende als wahr und wirklich herausstellt, ist jene Treue, die auch schon zu Anfang real und präsent war. In der Zwischenzeit gilt für das Versprochene: Man muss ihm Zeit lassen, sonst wird nichts daraus.

Das Versprechen hat die Eigenart, einen Geschehens- und Sinnzusammenhang zu stiften, der Gegenwart und Zukunft überspannt und Zukünftiges antizipiert. Wer von jemandem, der einen Fehltritt zugibt, das Versprechen annimmt „Es wird nicht mehr vorkommen“, gibt ihm Kredit, einen Vorschuss an Zeit und Vertrauen. Er betrachtet den Versprechenden als jemanden, der ihm das schon in die Hand gibt, was er ankündigt. Und zugleich lässt er ihm Zeit, weil er weiß, dass das, was versprochen wurde, Zeit braucht, um in Erfüllung zu gehen. Ein Versprechen abzunehmen bedeutet, einem anderen zuzutrauen, es erfüllen zu können. Es ist ein Akt der Ermutigung und der Solidarität.[331] Umgekehrt ist es ein Akt der freien Selbstverpflichtung, der beim Adressaten des Versprechens das

330 Die folgende Thematisierung des Versprechenscharakters eschatologischer Aussagen ist inspiriert von M. KEHL, Dein Reich komme. Eschatologie als Rechenschaft über unsere Hoffnung, Kevelaer 2003, 25–33; DERS., Was kommt nach dem Ende?, Freiburg/Basel/Wien 1999, 20–30. Vgl. ferner R. WONNEBERGER/H. P. HECHT, Verheißung und Versprechen. Eine theologische sprachanalytische Klärung, Göttingen 1986.

331 Zu den personalen und intersubjektiven Bezügen des Versprechens siehe auch Ch. SEIBERT, Versprechen und Verzeihen, in: ZThK 109 (2012) 70–95; È. GRIEU/A. THOMASSET, La promesse à la source des relations interpersonnelles et sociales, in: Revue d’éthique et de théologie morale 236 (2005) 55–76; R. SCHENK (Hg.), Kontinuität der Person. Zum Versprechen und Vertrauen, Stuttgart 1998.

Vertrauen und die Hoffnung weckt, dass mit dem gegebenen Wort das Versprochene nicht bloß angekündigt, sondern bereits getätigt wird. Wenn zwei Personen versprechen, einander treu zu bleiben und trotz räumlicher Trennung einander nahe zu sein, wollen sie damit weniger ein künftiges Geschehen vorhersagen („An deinem Geburtstag werde ich an dich denken!"). Viel eher geht es darum, eine über die Zeit hinweg bestehenden Beziehung des Im-Wort-Seins auf alles, was geschieht, zu beziehen.

Typisch für ein Versprechen ist aber auch eine spezifische Deckungslücke bei dem Versuch, sich seiner Wahrheit zu vergewissern. Grundsätzlich gilt: „Wir verstehen eine Sprechhandlung, wenn wir die Art von Gründen kennen, die ein Sprecher anführen könnte, um einen Hörer davon zu überzeugen, daß er unter den gegebenen Umständen berechtigt ist, Gültigkeit für seine Äußerung zu beanspruchen."[332] Im Unterschied zu deskriptiven und informativen Sprechakten kann aber die Wahrheit des Versprechens nicht dadurch erwiesen werden, dass der Inhalt dieses Sprechaktes, sein Geltungsanspruch der Verlässlichkeit, durch das Beibringen empirisch überprüfbarer Sachverhalte begründbar ist. Ein in der Form des Versprechens geäußerter Geltungsanspruch (z. B. „Ich verspreche dir, in guten wie in schlechten Tagen an deiner Seite zu sein!") unterscheidet sich von allen anderen kommunikativen Äußerungen dadurch, dass er nicht diskursiv einlösbar ist, sondern nur durch konsistentes Verhalten, d. h. dass à la longue Wort und Tat übereinstimmen und ein Versprechen „gehalten" wird. Um das Handeln einer Person als konsistentes Verhalten im Sinne der Einlösung eines Versprechens zu werten, bedarf es zudem des Vertrauens in diese Person. Denn Aufrichtigkeit und Lauterkeit der Motive eines Handelnden können nicht empirisch an den einzelnen Handlungen selbst abgelesen, sondern auf der Basis ihrer Konsistenz nur „geglaubt" werden. Einem Versprechen

332 J. Habermas, Handlungen, Sprechakte, sprachlich vermittelte Interaktionen und Lebenswelt, in: Ders., Nachmetaphysisches Denken, Frankfurt ²1988, 128.

zu trauen ist daher immer auch eine riskante Angelegenheit. Einzig im Lauf der Zeit wird dieses Risiko geringer, wenn auf Worte die dazu passenden Taten folgen.

Wenn es zutrifft, dass das christliche Verhältnis zur Zukunft im Modus des Vertrauens und der Hoffnung sich auf ein Versprechen gründet, das die schöpfungstheologischen Aussagen der Bibel bezeugen, entsteht das Problem, wie man sich der Verlässlichkeit dieses Versprechens vergewissern kann. Welchen Anhalt findet die christliche Hoffnung in der Erfahrungswirklichkeit? Welche Erfahrungen geben Anlass und Rückhalt für diese Hoffnung? Auf welche Konsistenz von Wort und Tat kann man hier verweisen, um für die Behauptung, dass die Welt mehr verspricht als nur sich selbst, berechtigterweise einen riskanten Vertrauensvorschuss zu leisten?

Sofern es eine Entsprechung zwischen dem subjektiven Vollzug und dem objektiven Gehalt menschlichen Hoffens[333] auf einen guten Anfang und Ausgang seines Lebens gibt, darf sie nicht bloß als vorgängig zu unserer Erfahrung (als eine lediglich formale Bedingung einer Möglichkeit) gedacht werden. Sie muss auch in unseren Erfahrungen aufscheinen als materialer Gehalt und Gegenstand unserer Weltbegegnung. Der Verweis auf ein Sinnapriori menschlicher Daseinsakzeptanz droht ein bloßes Postulat zu bleiben, wenn es nicht möglich ist, lebensweltliche Resonanzen und Entsprechungen aufzuspüren, welche in der Weise der Mit-Erfahrung auf dieses Apriori verweisen. Ob man das Leben annehmen kann, ist nicht unabhängig davon, ob es Sinnvolles im Leben gibt. Sinnvolles *im* Leben reicht aber nicht, um das Leben als *Ganzes* annehmbar zu machen. Um dies zu können, müsste diesem „Einzelsinn“ etwas zukommen, das einen Ganzheitsbezug aufweist.

Dieser Ganzheitsbezug kann deutlich werden, wenn man der Stufung von Erfahrung und Reflexion existenziellen Sinns nachspürt. Ein der theologischen Apologetik unverdächtiges

---

333 Zur Semantik, Pragmatik und Grammatik dieses Tätigkeitswortes siehe ausführlich I. U. Dalferth, Hoffnung, Berlin/Boston 2016.

Zeugnis solcher Sinnerfahrung und -deutung formuliert das Gedicht „Bevor ich sterbe“ von Erich Fried:

„Noch einmal sprechen
von der Wärme des Lebens
damit doch einige wissen:
Es ist nicht warm
aber es könnte warm sein

Bevor ich sterbe
noch einmal sprechen
von Liebe
damit doch einige sagen:
Das gab es
das muß es geben

Noch einmal sprechen
vom Glück der Hoffnung auf Glück
damit doch einige fragen:
Was war das
wann kommt es wieder?“[334]

Frieds Erfahrung und Deutung von Sinn haben mit allen Modi der Zeit und der Temporalität des Daseins zu tun: Vergangenheit – Gegenwart – Zukunft. Sie bringen in der Erinnerung an gewesenes Sinnvolles einen Kontrast zum Gegenwärtigen und einen Optativ im Blick auf Zukünftiges zur Sprache („es ist nicht warm …, aber es könnte sein“). Sie reklamieren das Unabgegoltene des Gewesenen („Was war das, wann kommt es wieder?“) und sensibilisieren für die Ausständigkeit des Fehlenden, das existenziell vermisst wird, weil es das Versprechen des Gewesenen („Das gab es, das muß es geben“) erfüllen kann. Sinnerfahrungen können aber auch nicht abstreifen, dass sie sich unter den Bedingungen der Endlichkeit und Vergänglichkeit ereignen und selbst vergänglich sind. Selbst wenn sie auf

334 E. Fried, Gesammelte Werke (Gedichte 2), Berlin 1993, 471.

die Einheit von Ursprung und Vollendung des Vergänglichen verweisen, weisen sie auch Zeichen ihrer eigenen Vergänglichkeit auf. Sie mögen die Hoffnung auf etwas Unvergängliches nähren, erfüllen können sie diese Hoffnung nicht. Was in und mit der Zeit kommt, vergeht mit dem Vergehen der Zeit.

Gibt es dennoch etwas Beständiges oder Bleibendes, an dem der Mensch teilhaben kann? Aus christlicher Perspektive ist allein Gottes „unsterbliche" Treue zum Geschöpf der Grund für eine in der Beziehung zu Gott bestehende „Unvergänglichkeit" des Menschen (vgl. Ps 73,23–26).[335] Unvergänglich ist nur das Schöpfungswort Gottes, das seine existenz-, identitäts- und freiheitskonstituierende Zuwendung zum Menschen realisiert. Von sich aus vermag das Gewordene nicht den Unterschied zum eigenen Nichtsein zu wahren. Diesen Unterschied kann allein das Schöpfungswort Gottes aufrechterhalten. „Himmel und Erde werden vergehen, aber meine Worte werden nicht vergehen" (Mt 24,35). Das Evangelium reagiert auf die Frage nach der Unvergänglichkeit des Menschen in einem „ewigen" Leben mit einem Hinweis auf eine spezifische Praxis, dem Schöpfungswort Gottes zu entsprechen: „Meister, was muss ich tun, um das ewige Leben zu gewinnen?" (Lk 10,25). – „Du sollst den Herrn, deinen Gott, lieben mit ganzem Herzen ... und deinen Nächsten sollst du lieben wie dich selbst" (Lk 10,27). – „Allein die Liebe bleibt" (1 Kor 13,13). Damit ist keine Moralisierung des Gottes- und Menschenverhältnisses gemeint, sondern die Übersetzung des existenz-, identitäts- und freiheitskonstituierenden Wortes Gottes in zwischenmenschliche Entsprechungsverhältnisse, deren Medium gleichwohl auch moralisches Handeln sein kann.[336]

---

335 Vgl. D. Michel, „Ich bin immer bei dir". Von der Unsterblichkeit der Gottesbeziehung, in: H. Becker u.a. (Hg.), Im Angesicht des Todes. Bd. I, St. Ottilien 1987, 637–658.

336 Zu diesem Nexus von Eschatologie und Ethik siehe ausführlich H.-J. Höhn, Was sollen wir tun? – Was dürfen wir hoffen? Humanität und Transzendenz, in: G. Hoff (Hg.), Prekäre Humanität, Innsbruck/Wien 2016, 45–75; Ders., Das Leben in Form bringen, Freiburg/Basel/Wien 2014, 161–226.

Allein das Schöpfungsversprechen Gottes liefert auch die Kriterien dafür, was (strikt theologisch) unter der Vollendung des Menschen und seiner Welt verstanden werden kann. Maß und Ziel dieses Versprechens ist die unbedingte Anerkennung des Menschen in seinem Selbstsein, in seiner Freiheit, auch angesichts des Todes und darüber hinaus. Gott setzt sich zum Menschen in ein Verhältnis der freien Zuwendung und gibt ihm die Zusage, von dieser Zuwendung nicht abzurücken, sie nicht unter einen Vorbehalt menschlichen Wohlverhaltens oder einer frommen Gegenleistung zu stellen. Auf diese Weise ist Gott beim Menschen „im Wort". Sache des Menschen ist es, dem Wort und Geschehen der freien Zuwendung Gottes in seiner eigenen Existenz so zu entsprechen, dass er sein Menschsein selbst in der Weise der freien Anerkennung seiner Mitgeschöpfe verwirklicht. Dies schließt ein, den Mitmenschen nicht bloß als Endlichen wahrzunehmen, sondern auch als Adressaten einer unvergänglichen Zuwendung wahrzunehmen. Was dann vom Leben eines Menschen vollendungsfähig und seinerseits unvergänglich ist, richtet sich danach, inwieweit er in seinem Leben der unbedingten und unendlichen Zuwendung Gottes Zeit und Raum gegeben hat (vgl. Mt 25,31–46).

An diesem Kriterium ist auch eine verantwortbare Rede von Gericht, Fegefeuer, Himmel und Hölle auszurichten.[337] Sie ist im Ansatz verfehlt, wenn sie diese Kategorien anders versteht denn als eschatologische Ereignisweisen der unvergänglichen Zuwendung Gottes. Sie müssen gedeutet werden als endgültige Begegnungsweisen mit dem Schöpfungsversprechen Gottes, in denen erfüllt wird, was bereits zu Lebzeiten des Menschen diesem Versprechen entsprach, d.h. wahr und wirklich war.[338]

---

337 Zum Ringen der Theologie um eine nicht-mythologische Deutung siehe u.a. O.H. Pesch, Katholische Dogmatik II, 958–995.

338 Vgl. auf dieser Linie auch die Kernthese von O.H. Pesch, Katholische Dogmatik II, 926: „Grundlage und Quelle aller möglichen realitätshaltigen eschatologischen Aussagen ist das und nur das, was uns jetzt schon im Glauben an Gott als Schöpfer und Erlöser der Menschen gegeben und gewiss ist." Aus diesem Grund muss die Eschatologie keineswegs am Ende aller dogmatischen Traktate als Reflexion auf die Vollendung der „Heilsgeschichte" stehen, son-

## 2. Bittere Wahrheiten: Eschatologische Verifikation des Menschseins

Wenn ein Zugang zur Eschatologie mit den Mitteln einer Existentialen Semiotik versucht wird, konzentriert sich dieser Versuch auf Daseinskonstellationen, in denen eschatologisches Vokabular bedeutsam und belangvoll wird. Dabei geht es weniger um „letzte Worte", die über das Leben des Menschen im Widerstreit von Leben und Tod gesprochen werden, als um die Frage, wer darüber das letzte Wort hat und was dieses Wort verifiziert. Zur Debatte steht aber auch, wo es dem Menschen angesichts des Todes die Sprache verschlägt, weil er Zeuge wird, wie Menschen einander den Tod bereiten und in den Tod schicken.

Dass Menschen einander die „Hölle auf Erden" bereiten können, ist angesichts der humanitären Katastrophen des 20. Jahrhunderts keine bloß metaphorische Redeweise mehr. Zuweilen war diese Hölle das Ergebnis des Versuches, mit Macht und Gewalt einen „Himmel auf Erden" zu realisieren, was als Beweis dafür gelten kann, dass es eher in der Macht des Menschen steht, sich und andere ins Verderben zu stürzen, als ein Reich der Seligen zu gründen. Es ist für diese Spezies offenkundig leichter, einander für immer zugrunde zu richten, als einander auf Dauer aufzurichten. Darum braucht es nicht zu verwundern, dass dort, wo dem Menschengeschlecht der Prozess gemacht wird, die Rolle des Pflichtverteidigers immer schwieriger zu besetzen ist.

Wo Menschen einander zur Rede stellen und miteinander ins Gericht gehen, geht es um die Ermittlung von Schuld und Schuldigen, um Sühne und Strafe und nur selten um die Resozialisierung eines Täters. In diese Richtung scheint auch die theologische Rede vom „Endgericht" zu weisen. Das Wort „Gericht" erzeugt hier wie dort unweigerlich Assoziationen,

---

dern kann auch unmittelbar an Schöpfungstheologie und Soteriologie anschließen. Einen entsprechenden Gliederungsvorschlag macht G. L. MÜLLER, Katholische Dogmatik, Freiburg/Basel/Wien [6]2005, 516f.

die juridisch unterlegt sind: Anklage, Beweisaufnahme, Verurteilung. Von seiner theologisch relevanten Wort- und Ideengeschichte her sind diese Verknüpfungen nicht zwangsläufig. Das griechische Wort „krisis“ bedeutet „Scheidung“. Es ist eine Scheidung, die durch eine Entscheidung zustande kommt. Diese Entscheidung ist wiederum Konsequenz einer Unterscheidung: Es gilt, einen Unterschied zu machen zwischen dem, was vergeht, und dem, was Bestand hat. Es soll ans Licht kommen und offenbar werden, was stimmt, gilt und trägt, was beständig ist und worauf man sich im Leben und Sterben verlassen kann.

Das hebräische Wort für „Wahrheit“ im Sinne des Bleibenden, Verlässlichen und beständig Gültigen („ämät“) wird in der deutschen Sprache mit demselben Wort übersetzt wie das griechische Wort für „Wahrheit“ im Sinne des Unverborgenen und Offenbaren (αληθεια). Mit Bedacht hat die Theologie diese Gleichsinnigkeit aufgegriffen: Das „Endgericht“ gilt dem Offenbarwerden jener Wahrheit, welche dem Menschen Grund gibt, zu sich zu stehen, anderen beizustehen und die Wechselfälle des Lebens zu bestehen – eine Wahrheit, die den Wechsel der Zeiten überdauert und Bestand hat.[339] Gemeint ist dabei nicht eine objektive Wahrheit über irgendeinen Sachverhalt, über den es bisher einen Streit der Meinungen, Ansichten und Auffassungen gab. Vielmehr geht es um die Wahrheit einer Existenz: Ist die Geschichte, die ein Mensch geschrieben hat, wahr, d. h. konnte hier jemand aufrichtig und aufrecht für sich und andere einstehen? Mit welchen Lebenslügen hat hier jemand gelebt? Für welche Lüge ist jemand gestorben oder getötet worden? Worauf hat sich ein Mensch verlassen? Was hat ihn angesichts des Todes nicht im Stich gelassen? Wodurch hat er sich beirren lassen? Was hat ihn in die Irre geführt?[340]

---

339 Vgl. R. Bultmann, Theologie des Neuen Testamentes, Tübingen [7]1977, 370–373.

340 In der Philosophie kommt „Wahrheit“ primär als Eigenschaft von Aussagen oder als Eigenschaft eines einlösbaren Geltungsanspruches von Aussagen zur Sprache. Die Beobachtung, dass das Adjektiv „wahr“ auch zur Kennzeichnung einer Eigenschaft von Personen („wahrer Freund“) oder einer Beschaffenheit von Begebenheiten („wahres Glück“) verwandt wird, führt auf eine andere

Wer vor Gericht als Angeklagter, Zeuge oder Gutachter geladen wird, steht unter der Erwartung bzw. Verpflichtung, an der Wahrheitsfindung im Sinne der „Tatsachenwahrheit" mitzuwirken. Die Klärung der Fakten, die Aufnahme und Sicherung der Beweise, die Erhärtung von Zeugenaussagen in einem auf rechtsstaatlichen Prinzipien aufgebauten Verfahren mag am Ende zu einem eindeutigen Urteil führen. Doch immer wieder zeigt sich, dass trotz erdrückender Beweislast, ja sogar trotz eines Geständnisses eine solche Tatsachenwahrheit den Täter nicht wirklich berührt. Das Getane lässt ihn kalt; er gesteht alles und bereut nichts. Solange die Tatsachenwahrheit nicht zugleich eine existenzielle Wahrheit und die Feststellung „Das hast du getan!" sich nicht fortsetzt in die Selbstbefragung des Täters „Wer bin ich, dass ich so etwas tun konnte?", ist nur wenig erreicht. Nicht mit dem Urteilsspruch über den Täter kommt die Wahrheitssuche bereits zum Ziel, sondern mit dessen unverstellter Selbstkonfrontation, mit dem Sich-Eingestehen einer Verfehlung, mit der Einsicht in das Angewiesensein auf Läuterung und Vergebung.

Der Gegensatz zum Wahren ist das Unechte und Trügerische, die Imitation, die Fälschung, das Irrige. Oft genug wird dieser Unterschied vertuscht. Das Unwahre tarnt sich. Meist muss das Wahre eigens „herausgebracht", aus seiner Verborgenheit hervorgeholt werden. Meist rücken Menschen erst am Ende eindringlicher Mahnungen mit der Wahrheit heraus. Und oft wird erst am Ende eines Menschenlebens ein wahres Wort über dieses Leben gewagt. Das letzte Wort über den Menschen soll nach christlicher Überzeugung aber nicht der Mensch haben – sei es in der üblen Nachrede, die nur das Vertane und Missglückte aufzählt, sei es in beschönigenden Nachrufen, die ebenfalls nur halbe Wahrheiten hervorbringen oder einen schönen Schein wahren.

---

Spur. Hier geht es um Bestimmungen von Authentizität und Wahrhaftigkeit, um Verlässlichkeit und Gewissenhaftigkeit, die zu existenziellen Gewissheiten verhelfen. Vgl. hierzu ausführlicher H.-J. Höhn, Unfehlbar? Über die Suche nach existenziell verlässlichen Wahrheiten, in: M. Seewald (Hg.), Glaube ohne Wahrheit?, Freiburg/Basel/Wien 2018, 119–137.

Dass ein Geschehen, das mit Halbierungen der Wahrheit und Verdrehungen eines Menschenlebens ins Gericht geht, Gegenstand einer Hoffnung sein kann, mag ermessen, wer um die Not eines Menschen weiß, der auf eine Chance wartet, die ganze Wahrheit über sich zu erfahren und zu dieser Wahrheit stehen zu können. Dass man dabei auf Erfolge und Niederlagen, auf Irrtümer und Versagen angesprochen wird, ist nicht etwas, das man wirklich „auf den Tod" fürchten muss.[341] Es dient zwar der Aufklärung und der Richtigstellung eines Lebens voller Irrungen und Wirrungen. Aber auch an bitteren Wahrheiten kann man reifen. Wenn dabei allerdings die Verlogenheit, Verirrung oder Verkehrung einer gesamten Existenz herauskommt, hält ein Mensch einer solchen Wahrheit nur Stand, wenn ihm die Unterscheidung von Subjekt und Handlung, von Täter und Tat dazu verhilft. Hier versteht der Mensch nur dann etwas von und über sich, wenn er zugleich sich als Person verstanden und angenommen weiß. Existenzielle Wahrheiten werden ohnehin nicht im Alleingang entdeckt und ausgesprochen. Niemand wird jemals sein Herz ausschütten, sich offenbaren, aus freien Stücken etwas bekennen und bereuen, wenn sein Gegenüber nur an der Aufdeckung eines Vergehens oder an der Bestätigung eines Verdachts interessiert ist. Hier wird nicht nur die Wahrheit auf das reduziert, was ein Mensch bisher verborgen hat. Hier gibt es auch nicht die Chance der Justierung und Korrektur des an ihm Verbogenen.

Auf eine vollständige „Verifikation" eines Lebens zu hoffen impliziert für den christlichen Glauben nicht nur die Offenlegung menschlicher Irrungen und Wirrungen. Zwar meint das Bild vom „himmlischen Richter", dass vor ihm alle Verbiegun-

341 Zur Trias „Wahrheit – Gericht – Hoffnung" siehe auch J.-H. Tück, Das „ewige Gedächtnis" als Fluchtpunkt der Hoffnung. Das Jüngste Gericht und die Wahrheit der Geschichte, in: J. Rahner/Th. Söding (Hg.), Kirche und Welt. Ein notwendiger Dialog, Freiburg/Basel/Wien 2019, 427–443; Ders., In die Wahrheit kommen. Das Gericht Jesu Christi – Annäherungen an ein eschatologisches Motiv, in: Th. Herkert/M. Remenyi (Hg.), Neues von den letzten Dingen, Darmstadt 2009, 99–122.

gen und Verkrümmungen des Menschen (seien sie selbst- oder fremdverschuldet) aufgedeckt werden und jedes Versteckspiel beendet wird. Aber die Klarstellung, die damit verbunden ist, wird mit einer Neuausrichtung verbunden. Wo dies schon zu Lebzeiten eines Menschen geschieht, wo jemand mitten im Leben ein „neuer Mensch“ werden kann, ereignet sich bereits in der Weise der Antizipation das eschatologische „Gericht“, das zugleich Ende und Anfang bedeutet (vgl. 2 Kor 5,17). Wenn dabei dem Menschen die Augen über sich selbst aufgehen, dann nicht allein im Spiegel seiner Verfehlungen, sondern auch im Angesicht der Barmherzigkeit Gottes.

Gegen diesen Gedanken wird oft der Einwand vorgebracht, dass es zwar möglich sein müsse, Gnade vor Recht ergehen zu lassen, wenn zuvor Recht vor Unrecht ergangen sei. Jedoch dürfe nicht ausgeschlossen werden, dass es ein Unrecht gebe, das nicht getilgt, vergeben und vergessen werden dürfe – erst recht, wenn dieses Unrecht einer freien Tat des Menschen entstamme. Das Wort von Gottes Barmherzigkeit kommt zweifellos leichter über die Lippen, wenn die Täter zur Einsicht in verdrängte Schuld und zur Reue finden und wenn die Opfer den Mut und die Freiheit zum Verzeihen und damit zum Verzicht auf Rache und Vergeltung aufbringen. Was aber wird sein, wenn die Täter zur Reue nicht willens und die Opfer zur Vergebung nicht fähig sind und man dies angesichts der Brutalität des ihnen Angetanen auch gar nicht erwarten darf? Von Gott kann hier kein „eigenmächtiges“ Eingreifen erhofft werden.[342] Bereuen kann nur der Täter und verzeihen kann nur das Opfer – niemand sonst (vgl. Lk 23,34; Apg 7,60).

---

342 Zur hier angedeuteten Problematik vgl. auch M. Striet, Zwischen Hölle und ewiger Melancholie. Nachdenken über die Idee der Allversöhnung, in: ThPQ 167 (2019) 125–132; D. Ansorge, Nicht ohne die Opfer! Vergebung in eschatologischer Perspektive, in: LebSeel 66 (2015) 162–169; Ders., Vergebung auf Kosten der Opfer? Umrisse einer Theologie der Versöhnung, in: SaThZ 6 (2002) 36–58.

## 3. Gottes Erlösung: Aufhebung des Widerstreits von Liebe und Gerechtigkeit

Wenn zum Schöpfungsversprechen Gottes die unbedingte Anerkennung der Freiheit seines Geschöpfes gehört und diese Freiheit auch die Möglichkeit einschließt, ein Leben ganz im Widerspruch zum Schöpfungsversprechen Gottes zu führen, indem torpediert wird, was im Leben existenz-, identitäts- und freiheitskonstitutiv ist, müsste Gott dann nicht diesen Widerspruch als letztes Wort des Menschen über sich selbst akzeptieren? Aus Gründen der Gerechtigkeit und des Respekts menschlicher Freiheit spricht nichts gegen diese Möglichkeit. Im Blick auf den unbedingten Heilswillen Gottes, der keinen Menschen abschreiben oder aufgeben kann, spricht hingegen alles gegen diese Möglichkeit. Wie aber soll Gott diesen Willen durchsetzen, wenn er auf nichts anderes setzen kann als auf seine Weigerung, sich von jenem Geschöpf definitiv abzuwenden, das sich offenkundig definitiv von seinem Schöpfer und seinen Mitgeschöpfen abgewandt hat? Besiegelt dies nicht die Ohnmacht und Niederlage Gottes, wenn es ihm unmöglich ist, den Menschen dafür zu gewinnen, aus freien Stücken diese Abkehr aufzugeben? Ist nicht auch Gott „unerlöst", wenn es keine Möglichkeit gibt, den Menschen aus seinem Leben im Modus des Widerspruchs zu erlösen?

Man kann diese Frage für konstruiert und unbiblisch halten. Aber gerade Jesu Gleichnis vom ‚Verlorenen Sohn' (Lk 15,11–32) weist in diese Richtung. „Auch der Vater ist verloren, solange ihn seine Söhne nicht verstehen, wie Liebe immer verloren ist und leidet, wenn sie nicht verstanden, nicht beantwortet wird. Der Vater leidet, solange seine Söhne unversöhnt bleiben: Erst wenn der ältere Sohn seinem jüngeren Bruder die Hand gäbe, wäre die Freude des Vaters ganz, wäre die Liebe zu Hause."[343] Solange diese Versöhnung unterbleibt, ist der Vater nicht erlöst von seinem Kummer.

343 J.B. Brantschen, Hoffnung für Zeit und Ewigkeit, Freiburg/Basel/Wien 1992, 156.

Dieses Gleichnis ist deutbar als Gleichnis für das Mit-Leiden Gottes, für die Ohnmacht seiner Zuwendung und für einen Erlösungsbedarf seiner Geschöpfe, der Gott selbst „bekümmert“. Der Unversöhntheit der Geschöpfe untereinander (vgl. Hebr 4,15) steht der Schöpfer offensichtlich macht- und tatenlos gegenüber. Ihm bleibt nur das geduldige Warten auf den jeweils ersten Schritt auf Seiten der Geschöpfe. Es ist das Warten Gottes, das dem Geschöpf die Treue hält und ihm die Zukunft der Versöhnung offenhält. Allerdings droht gerade dieses Warten die Verewigung der Unversöhntheit heraufzuführen. Denn was vermag die rückhaltloseste Treue auszurichten, wenn sie nur im Modus des Wartens und Offenhaltens besteht? Soll auf diese Weise die Bitte um Erlösung vom Übel (Mt 4,13) erfüllt werden? Das Übel des unversöhnten Menschen besteht doch gerade darin, den ersten Schritt nicht selbst tun zu können!

Die theologische Tradition konnte dieser Aporie entkommen durch die Vorstellung eines Gottes, der der Schöpfung überlegen ist und alle Gebrochenheit in ihr am Ende der Zeit überwindet. Damit war auch eine späte Antwort auf die Theodizeefrage verknüpft: Alles wird gut – wenngleich erst am Ende oder nach dem Kollaps einer maroden, zerrütteten Welt. Aber angesichts der Bestreitung von Gottes Möglichkeit, Täter und Opfer zu versöhnen, zeigt sich, dass das Theodizeeproblem im Kontext der Eschatologie keineswegs eine Lösung findet, indem sich am Ende der Zeiten erweist, wie sich Gottes Güte mit aller Macht durchsetzt. Vielmehr erfährt es eine Verschärfung. Die sich zuspitzende Problematik besteht nicht in der widerspruchsfreien Zuordnung von Gottes Güte und Gottes Allmacht, sondern in der Provokation, dass die unbedingte Zuwendung Gottes zum Menschen auf alles Machtförmige zu ihrer Durchsetzung verzichtet. Ist dann aber der unbedingte machtlose Respekt der Freiheit (der Täter) nicht Verrat an den ohnmächtigen Opfern? Verlangt nicht Gottes Liebe zu seinen leidenden Geschöpfen, dass er sie – wenn er ihr Leiden schon nicht zu Lebzeiten beendet – wenigstens am Ende der Zeit ins Recht und die Schuldigen ins Unrecht setzt? Damit wäre eine zweifache Endgültigkeit markiert, die verhindert, dass sich die Täter mit ihrem Tod einfach aus der Zeit und der Verantwortung stehlen. Daraus ergibt sich jedoch ein Dilemma. Denn zugleich verlangt Gottes Liebe zu all seinen Geschöpfen, dass gerade nicht für alle Zeit zwischen Tätern und Opfern, zwischen Guten und Bösen unterschieden werden muss. Gottes unbedingte Liebe schließt aus, dass sie jemals einen Menschen definitiv verloren gibt.

Dieses Dilemma offenbart die Grenze eschatologischer Gerichtsvorstellungen. Zweifellos muss der Unterschied zwischen „gut“ und „böse“ gewahrt bleiben und darf nicht relativiert werden. Aber muss ein Mensch auf ewig mit seinen Untaten identifiziert werden? Vielleicht wäre dies recht und billig, wenn der Täter selbst diese Identifikation vornehmen würde. Und auch den Opfern würde es vielleicht Genugtuung verschaffen, wenn Gott diese Entscheidung ratifizieren würde. Aber die Logik der Gerechtigkeit ist nicht identisch mit der Logik der Liebe. Soll Gott tatenlos mitansehen, wie ein Mensch sich aus freien Stücken durch seine Taten zugrunde richtet, nur weil ihn die Bindung an die unbedingte Anerkennung der Freiheit dieses Menschen dazu nötigt? Trifft dies zu, dann geht Gott bereits mit seinem Schöpfungsversprechen das Risiko ein, dass er, um den Menschen in Freiheit und Liebe nahezukommen, sich dem Widerstreit von Freiheit und Liebe aussetzt und daran scheitern kann.

Aber besiegelt ein gescheiterter Gott nicht erst recht den Skandal unschuldigen Leidens? Denn der Fluch der bösen, freien Tat reicht hier so weit, dass er die Bosheit des Täters und damit diesen selbst „verewigt“. Das in und aus Freiheit getane Böse wäre dann auch stärker als der Tod und erst recht stärker als jede Moral. Es wäre ihr Tod. Denn der Tod bringt keineswegs die große Gerechtigkeit, indem er vermeintlich alle(s) gleich macht. Wenn im Tod Opfer und Täter des Bösen gleich sind, ohne dass zuvor Recht vor Unrecht ergehen konnte, ist er die Besiegelung der Ungerechtigkeit. Muss man daher nicht aus Solidarität mit den Leidenden, den Verratenen und Verkauften darauf setzen, dass dieser Bann gebrochen wird, auf dass sie nicht für immer über das ihnen Angetane definiert und identifiziert werden?

Wenn diese Fragen in der Theologie weder besänftigend ruhiggestellt noch zynisch abgefertigt werden können und dürfen, dann sind sie sowohl als Rückfragen an den Heilswillen Gottes als auch an die Praxis des Menschen zu stellen. Es ist die Rückfrage nach dem, was Gottes Liebe vermag, und nach dem, was die Solidarität der Menschen aufbietet. Gottes Liebe als unbedingte Zuwendung realisiert sich im unbedingten Respekt anderer Freiheit; sie schließt alle Mittel der dinghaften, zwingenden Überwältigung ebenso aus wie die (vorübergehende) Aufhebung dieser Freiheit um eines „höheren" Gutes willen. Es gibt kein höheres Gut als die unbedingte Anerkennung von Freiheit. Insofern Gottes Zuwendung zum Menschen in der unbedingten Anerkennung von dessen Unverzweckbarkeit und Autonomie besteht und die Freiheit des Menschen aus diesem Grund nicht aufheben kann, ist sie ohnmächtig, aber nicht machtlos.

Die Macht der ohnmächtigen Liebe Gottes besteht darin, dass Gott eine Welt trägt, die ihn (und seine Liebe) nicht erträgt. Gott folgt dem Menschen nach in die Situation der letzten, auch der selbstgewählten Gott- und Menschenverlassenheit, um es dort mit ihm und all jenen Menschen auszuhalten, die nichts mehr hält.[344] Das Glaubensbekenntnis der Christen deutet diese kenotische Solidarität Gottes an, wenn es vom „Abstieg" des gekreuzigten Sohnes Gottes in das „Reich des Todes" spricht.[345] Ob dieser Glaubenssatz wahr ist, hängt entscheidend davon ab, wie er praktiziert werden kann. Es wird dies eine Glaubenspraxis sein, die zugleich Gerechtigkeit und Liebe im irdischen Reich des Todes realisieren will.

Es gibt Beispiele für eine solche Praxis, wo Menschen eintreten für die Würde der Gepeinigten und diese Würde nicht daran festmachen, dass die Peiniger einer Strafjustiz unterwor-

344 Vgl. hierzu J.B. Brantschen, Gott – die Macht der freien Gewinnung, in: Ders., Gott ist anders, Luzern 2005, 143–160.

345 Vgl. zu diesem Topos M.D. Wüthrich, Eine systematisch-theologische Sinnsuche im Blick auf das Bekenntnis zum Descensus Jesu Christi, in: J. Herzer u.a. (Hg.), Die Rede von Jesus Christus als Glaubensaussage, Tübingen 2018, 287–307; J.-H. Tück, Höllenabstieg Christi und Hoffnung für alle, in: Theologie der Gegenwart 49 (2006) 60–65.

fen werden, die auf dem Gedanken der Rache und Vergeltung basiert. Darum bleiben sie an der Seite des auf seine Hinrichtung wartenden Mörders im doppelten Protest: gegen seine menschenverachtende Tat, in der er sich zum Herrn über Leben und Tod machte, und gegen die Anmaßung einer Justiz, die sich aus Gründen der Gerechtigkeit zu demselben Schritt berechtigt glaubt. Es ist gewiss ein ohnmächtiger Protest, der weder eine Gewalttat ungeschehen oder wiedergutmachen kann, noch die Staatsgewalt mit der Alternative einer „besseren" Gerechtigkeit von ihrem Tun abbringen kann. Aber anders ist der Bann nicht zu brechen, der vom Bösen und der Vergeltungslogik des Todes ausgeht. Und anders ist auch die Gegenwart des erlösenden Gottes in der Welt kaum zu bezeugen.[346] Sie ist die Praxis einer Hoffnung, dass im Reich des Todes nur der Tod, aber nicht die Toten, und in der „Hölle" nur das Unmaß der Sünde, aber nicht die Sünder verbleiben.[347] Dass diese Praxis etwas bezeugt, das sie nicht herstellen muss, sondern dass sie darstellt, was Gottes Liebe ermöglicht, bewahrt den Menschen davor, sich zu überfordern. Er könnte sich gar nicht in dieser Weise zum Verhältnis von Leben und Tod, von Gerechtigkeit und Liebe verhalten, wenn er nicht immer schon aus Gottes Verhältnis zum Widerstreit von Leben und Tod, von Gerechtigkeit und Liebe existieren würde. Es ist für Christen an der Zeit, dies als Vorzeichen ihres Daseins zu verstehen und dafür in ihrem Leben immer wieder ein Zeichen zu setzen.

---

346 Vgl. zu diesem Fragenkomplex und zum Spektrum möglicher Antworten auch M. SCHULZE, Ist die Hölle menschenmöglich? Zum Wandel der Theologie der negativen Endgültigkeit in den letzten fünfzig Jahren, in: W. Kasper/G. Augustin (Hg.), Hoffnung auf das ewige Leben, Freiburg/Basel/Wien 2015, 167–203.

347 Vgl. hierzu den bewegenden Bericht der Ordensschwester H. PREJEAN, Dead Man Walking. Sein letzter Gang, München 1996, über ihre Begleitung des zum Tode verurteilten M. Poncelet, der sie um Unterstützung bei seinem Gnadengesuch gebeten hat. Dabei lernt sie auch die Angehörigen seiner Opfer kennen und gerät in einen Zwiespalt der Emotionen und des Gewissens: Sind Gerechtigkeit und Liebe aufteilbar?

# VIII. Existentiale Semiotik und Zeitdiagnose: Zeichen der Zeit

Der christliche Glaube verfügt über eine eigene Symbolsprache, mit der er Zeichen setzt. Diese Zeichen dienen der Übersetzung des Evangeliums in die existenziellen Grund-, Schwellen- und Grenzsituationen des Menschen. In dieser Übersetzung erfährt das Evangelium eine biographierelevante Auslegung und zugleich kommt es dabei zu einer evangeliumsgemäßen Deutung des Lebens. Eine Existentiale Semiotik des Glaubens würde jedoch auf halbem Wege stehenbleiben, wenn sie es bei der Reflexion dieser Relation beließe. Der Deutungs- und Gestaltungsanspruch des christlichen Glaubens erstreckt sich auch auf die soziale Dimension menschlicher Existenz. Er interessiert sich für die sozio-kulturellen Bedingungen, unter denen das Evangelium zur Sprache gebracht werden will. Nicht minder ist er an der Deutungs- und Gestaltungskompetenz des Evangeliums für Kultur und Gesellschaft interessiert.

Wenn die Glaubenden aber nicht verstehen, was für die jeweilige Zeit prägend ist, können sie ihr das Evangelium auch nicht verständlich machen. Ohne ein Wissen darüber, was in der Zeit an der Zeit ist, sind sie nicht imstande, das Evangelium so auszulegen, dass diese Auslegung der jeweiligen Zeit gerecht wird. Dies impliziert, dass auch nach jenen säkularen Zeichen gefragt werden muss, unter denen die jeweilige Zeit steht, und sondiert wird, mit welchen Zeichen eine Gesellschaft anzeigt, was sie zur Zeit für bedeutsam hält. Folglich muss eine Existentiale Semiotik des Glaubens doppelt Maß nehmen – an den säkularen Zeichen der Zeit und an dem Anspruch des Evangeliums, über eine eigene Zeitansage zu verfügen und sagen zu können, was in der Zeit über die Zeit hinausweist. Nur in dieser doppelten Referenz kann die Theologie einer weiteren Doppelreferenz entsprechen. Denn die Deutung der Zeichen der Zeit im Lichte des Evangeliums soll dazu verhelfen, dass sie „in einer der jeweiligen Generation angemessenen Weise auf die beständigen Fragen der Menschen nach dem Sinn des gegenwärtigen und des zukünftigen Lebens und nach ihrem gegenseitigen Verhältnis antworten" (GS 4).[348] Zur Doppelreferenz von Zeitzeichen und Evangelium tritt die Bezugnahme auf die Existenz- und Sinnfragen des Menschen hinzu, die zwar zu allen Zeiten artikuliert werden, aber deswegen gerade nicht zeitlose oder überzeitliche, sondern zeitgerechte und somit dem Wandel der Zeiten entsprechende Antworten verlangen.

Wer sich dieser Aufgabe stellen will, muss folglich in der Lage sein, den Zeichencharakter dessen, was an der Zeit ist, ebenso zu entschlüsseln wie der Zeitsignatur dieser Zeichen gerecht zu werden. Nicht minder verlangt ist dabei die Bereitschaft, sich auf eine Vielfalt und einen Widerstreit unterschiedlicher kultureller Sinnmarkierungen und -bestreitungen menschlichen In-der-Zeit-Seins einzulassen.[349] Und nicht zuletzt gilt es zu bedenken, was dies alles für eine Theologie selbst bedeutet, die ihrerseits unter dem Anspruch steht, mit der Zeit zu gehen, und daher ebenso innovationsbereit wie traditionsbewusst sein muss.

---

348 Zur Gesamtthematik siehe A. Kreutzer, Kritische Zeitgenossenschaft. Die Pastoralkonstitution *Gaudium et spes* modernisierungstheoretisch gedeutet und systematisch-theologisch entfaltet, Innsbruck/Wien 2006; P. Hünermann (Hg.), Das Zweite Vatikanische Konzil und die Zeichen der Zeit heute, Freiburg/Basel/Wien 2006; H.-J. Sander, Theologischer Kommentar zur Pastoralkonstitution über die Kirche in der Welt von heute. Gaudium et spes, in: P. Hünermann u. a. (Hg.), Herders theologischer Kommentar zum Zweiten Vatikanischen Konzil. Bd. 4, Freiburg/Basel/Wien 2005, 581–886.

349 Allerdings besteht noch immer kein Konsens hinsichtlich der dabei zu beachtenden Reflexionsinstanzen und methodischen Zugänge. Symptomatisch ist die Heterogenität der Ansätze in Ch. Böttigheimer/F. Bruckmann (Hg.), Glaubensverantwortung im Horizont der „Zeichen der Zeit", Freiburg/Basel/Wien 2012. Vgl. ferner Ch. J. Amor, Die Zeichen der Zeit als (offenbarungs-)theologischer Erkenntnisort?, in: ZkTh 136 (2014) 32–45; R. A. Siebenrock „Zeichen der Zeit". Zur Operationalisierung des christlichen Bekenntnisses vom universalen Heilswillen Gottes, in: ZkTh 136 (2014) 46–63; H. Gleixner, Die Zeichen der Zeit erkennen und deuten, in: ThGl 108 (2018) 374–388.

## 1. Zeit der Zeichen – Zeichen der Zeit: Kultursemiotik und Theologie

Gegenstand der Kultursemiotik ist das vom Menschen hervorgebrachte Bedeutungsgewebe seines In-der-Welt-Seins. Ihr geht es um jenes Zeichensystem, „mit dessen Hilfe die Menschen ihr Wissen vom Leben und ihre Einstellungen zum Leben mitteilen, erhalten und weiterentwickeln."[350] Dieses System konstituiert die Verständigung über Bedeutsames und sichert die synchrone und diachrone Verfügbarkeit dieser Verständigungsleistungen. In einer kultursemiotischen Perspektive wird Zeit daher nicht als physikalische oder ontologische Hintergrundkonstante sozialer Phänomene wahrgenommen, sondern als ein kulturelles Muster der Weltdeutung sowie als ein Strukturelement menschlichen Miteinanders und sozialer Ordnung. Zeit gilt als ein variabel gestaltbares und historisch wandelbares Orientierungsmittel, mit dessen Hilfe die Mitglieder einer Gesellschaft Ereignisabläufe ordnen und die Verlaufsformen sozialer Prozesse koordinieren. Erworben wird die Fähigkeit zum Gebrauch dieses Orientierungsmittels durch Interaktionen mit der natürlichen und sozialen Umwelt auf verschiedenen Ebenen: als kognitive Fähigkeit zur Unterscheidung von Ereignissen nach dem Code „früher/später" oder „vorher/nachher" (als Antwort auf die Frage „Wann geschah etwas"?), als reflexive Fähigkeit zur Erfassung des Ablaufs von Prozessen (als Antwort auf die Frage „Wie lange dauerte es?") sowie in der bewussten Einstellung zu Ereignissen im Modus von Erinnerung oder Erwartung bzw. als kulturelle Fähigkeit zum Gebrauch formaler Bezugssysteme (z. B. Uhren, Kalender), die unabhängig von der inhaltlichen Bestimmtheit von Ereignissen und Handlungsabläufen die chronologische Reihung von Ereignissen, Prozessen und Handlungen ganz unterschiedlicher Art ermöglichen (als Antwort auf die Frage „Wie groß ist der Abstand zwischen ihnen?"). Die Zeit ist hier weniger Ge-

350 C. GEERTZ, Dichte Beschreibung. Beiträge zum Verstehen kultureller Systeme, Frankfurt 1983, 46.

genstand als vielmehr Medium menschlicher Daseinsdeutung und -gestaltung.

Vor diesem Hintergrund ist die Genitivwendung „Zeichen der Zeit“ zunächst in mehrfacher Hinsicht problematisch. Als genitivus subjectivus weist sie der Zeit einen Subjektstatus und die Autorschaft für Informationen oder Botschaften zu, die sie über bestimmte Zeichen vermittelt. Als genitivus objectivus legt sie nahe, dass die Zeit ein Gegenstand sei, für den bestimmte Eigenschaften bezeichnend sind. In beiden Fällen wird Zeit hypostasiert. Sie erscheint als Akteur, dem man Aktivitäten zuschreiben kann – wie etwa das Dahineilen und Vergehen. Oder sie erscheint als Objekt, mit dem man etwas machen kann – gewinnen und verlieren, sparen und vergeuden. Philosophisch oder naturwissenschaftlich lassen sich solche Hypostasierungen nicht rechtfertigen. Stattdessen wird in diesen Disziplinen die Kategorie „Zeit“ als Formbestimmung des Erkennens und des zu Erkennenden thematisiert.[351] Demnach gibt es auch keine Zeichen, welche von der Zeit gesetzt werden. Von sich aus hat die Zeit nichts vorzuweisen, das sie zeigen könnte.[352]

Mit der Zeit scheint es sich ähnlich zu verhalten wie mit der Natur, die lange Zeit für lesbar gehalten wurde, weil man sie als Buch verstand. Ein Buch steht nach gängiger Meinung einer Lektüre offen, weil man in ihm Sätze findet, deren Bedeutung decodierbar ist. Allerdings ist es bisweilen sinnvoll und notwendig, alle Aussagen und Botschaften, die *in* einem Buch vorkommen, von jener Botschaft zu unterscheiden, die ein Au-

351 Vgl. als Erstinformation P. Kügler, Zeit und zeitliche Existenz, Berlin 2019; N. Sieroka, Philosophie der Zeit. Grundlagen und Perspektiven, München 2018; C. Rovelli, Die Ordnung der Zeit, Reinbek 2018.

352 Vgl. ähnlich R. Safranski, Zeit, Frankfurt 2017, 88: „Die Zeit wird als grammatisches Subjekt gebraucht, das irgendetwas tut und bewirkt. Die Grammatik verleiht ihr eine schöpferische Potenz... Man versucht die Zeit zu begreifen und bekommt doch nur die Ereignisse zu fassen, die in ihr geschehen, und weil die Zeit als bloßes Medium so schwer zu greifen ist, verwandelt man sie in einen Akteur, den man nie direkt, sondern immer nur in seinen Wirkungen fassen kann.“

tor *mit* seinem Buch vermitteln will und die sich explizit im Buch nicht findet. Hinter diese Intention zu kommen wird erleichtert, wenn man Stil und Genre, Entstehung und Adressaten des Geschriebenen analysiert. Setzt man die „Zeichen der Zeit“ in Analogie zum „Buch der Natur“, so sind ebenfalls alle Zeichen, die in einer Zeit gesetzt worden sind, von dem zu unterscheiden, was mit der temporalen Formbestimmung dieser Zeichensetzung zum Ausdruck kommt. Anders formuliert: Zeichen der Zeit sind als signifikant für die Zeitlichkeit des Daseins zu lesen. Was ihnen an Bedeutung zukommt, muss zugleich mit der Temporalität menschlichen Daseins in Beziehung stehen, d. h. es muss sowohl beziehbar sein auf die Zeitlichkeit des Bezeichneten als auch auf den Zeitindex seiner Interpretation.[353] In sämtlichen Fällen geht es um Formbestimmungen dessen, was in und mit der Zeit geschieht und was bereits dieses Format zu denken gibt.[354]

---

353 Daran erinnert mit Nachdruck M. Dürnberger, Die ‚Zeichen der Zeit‘ und ihre Bedeutung für theologische Erkenntnis, in: F. Gmainer-Pranzl/M. Holztrattner (Hg.), Partnerin der Menschen – Zeugin der Hoffnung, Innsbruck/Wien 2010, 35–56. Zu den wenigen Versuchen, hierbei ein semiotisches Konzept (im Anschluss an Ch. S. Peirce und H.-J. Sander) einzusetzen, zählt B. Hillebrand, Schön und passend? Grundlagen einer Pastoral der Zeichen der Zeit, Ostfildern ²2019. Allerdings wird auch in dieser Arbeit der Nexus von Temporalität und Sozialität bezüglich einer Hermeneutik des Glaubens und des Zeichencharakters von Ereignissen in Zeit und Geschichte nicht thematisiert.

354 „Grundsätzlich lassen sich mindestens vier Hinsichten unterscheiden, unter denen Zeit und Zeitlichkeit normative Relevanz besitzen: In einer ersten Hinsicht kommt die normative Bedeutsamkeit der Zeit darin zum Ausdruck, dass sich Normativität ohne Rücksicht auf die Endlichkeit menschlichen Lebens und interpersonaler Beziehungen und auf deren Wandlungen im Zeitverlauf nicht plausibel erläutern lässt. In einer zweiten Hinsicht erweist sich zeitliche Dauer, d. h. die Länge von Zeitspannen zwischen unterschiedlichen Zeitpunkten als normativ relevant, während die normative Bedeutung zeitlichen Abstands, d. h. der Distanz zwischen unterschiedlichen Zeitpunkten, eine dritte Hinsicht … bildet. Eine vierte Hinsicht ergibt sich daraus, dass auch bestimmte Gesichtspunkte, unter denen Zeitverlauf wahrgenommen wird – beispielsweise Rhythmik, Periodizität, Zyklizität, Gerichtetheit, Beschleunigung –, normativ bedeutsam sein können“, F. Dietrich u. a. (Hg.), Zeit – eine normative Ressource?, Frankfurt 2018, 7.

Damit kommt erneut die Basisthese einer Existentialen Semiotik ins Spiel. Sie geht aus von einem Entsprechungsverhältnis zwischen der existentialen Grundsituation des Menschen und den Bedingungen, unter denen diesem Dasein eine Bedeutung zugesprochen werden kann. Wenn diese These zutrifft, kann mit Aussicht auf Erfolg auch nach einem Entsprechungsverhältnis zwischen der existentialen Formbestimmung menschlichen In-der-Zeit-Seins und der Signifikanz des In-der-Zeit-Seins gefragt werden. Wenn für das In-der-Zeit-Sein die Befristung menschlicher Lebenszeit bezeichnend ist und Vergänglichkeit die Formbestimmung des Daseins ist,[355] dann kann danach gefragt werden, was mit dieser Formbestimmung zum Ausdruck kommt. Die existentialen, semiotischen und epistemischen Aspekte dieser Aufgabe münden somit in die Frage: Was verrät das Format dieses Ablaufens über die Bedeutsamkeit dieser Abläufe?

### 1.1. In der Zeit sein: Zeitverhältnisse als Daseinsverhältnisse

Eine Existentiale Semiotik verfolgt das Ziel, im Ausgang von der Bestimmung, was *mit* der Temporalität des Daseins zum Ausdruck kommt, dasjenige verstehbar zu machen, was es mit den Ereignissen und Widerfahrnissen *im* Lauf eines Lebens auf sich hat. Dabei muss sie zur Kenntnis nehmen, dass die Temporalität des Daseins auch Gegenstand kultureller Deutungs- und Gestaltungskonzepte ist und längst ein vergesellschaftetes Existential darstellt. Diese Vergesellschaftung zeigt sich etwa in der kulturellen Speicherung des Vergangenen, in der Planung und Bewirtschaftung des Kommenden und in der technischen Herstellung der Synchronizität von Ereignissen mit ihrer Kommunikation. Für den Umgang mit der Vergänglichkeit des Lebens und der Befristung der Lebenszeit liegen zudem säkulare und religiöse Partituren vor, die sich deutlich unterschei-

355 Vgl. in diesem Band den Abschnitt „Existenz und Relation: Die Verfassung des Daseins“ (II.2.1.).

den[356] – auch hinsichtlich ihres Beitrags zur Akzeptanz eines vergänglichen Daseins („Sinnfrage“).

In existentialsemiotischer Perspektive sind Relevanz und Plausibilität säkularer und religiöser Umgangsformen mit der Temporalität des Daseins danach zu bemessen, ob und inwieweit sie in einem Resonanzverhältnis zu den existentialen Momenten des In-der-Zeit-Seins und zu den unterschiedlichen Modi der Zeit – Vergangenheit, Gegenwart, Zukunft – stehen. In der Rede von den Modi der Zeit spiegeln sich nämlich existentiale Formbestimmungen eines vergänglichen Daseins. Am Leben sein heißt: auf etwas zugehen/etwas auf sich zukommen lassen (Zukunft) – sich von etwas entfernen/von etwas loskommen (Vergangenheit) – (sich von) etwas angehen (lassen)/etwas antreffen (Gegenwart).

In einer reflexiven Einstellung zu diesen Modi erfährt der Mensch als Formbestimmung seines Daseins zunächst ein Gewesensein, das sein faktisches Vorkommen wie auch die weiteren Möglichkeiten seines Daseins vom Vergangenen her mitbestimmt. Vergangenheit ist im Modus des Imperfekt fortwirkend gegenwärtig. Sie ist der Grund, dass der Mensch sich auf sich selbst beziehen und aktuell über sich verfügen kann. Als das „Voraus“ dieser Selbstverfügung bleibt sie ihm zugleich unverfügbar. In ein vergangenes Geschehen kann der Mensch nicht mehr eingreifen. Dies gilt auch für das „Vorweg“ seines Lebens. Bei aller Planbarkeit und Voraussehbarkeit des Kommenden überwiegt das Maß des Unvorhersehbaren und Ausständigen. In ein Geschehen, das gänzlich aussteht, kann der Mensch noch nicht handelnd eingreifen. Im Zugehen auf

356 Vgl. etwa H. Maier, Zeiterfahrung und Zeichen der Zeit, in: H. Schmidinger (Hg.), Zeichen der Zeit, Innsbruck 1998, 26–67. – Säkulare und religiöse Partituren des Umgangs mit Zeit können synchron bestehen und zu unterschiedlichen Zeitrechnungen führen. Deutlich wird dies an der Ungleichzeitigkeit des Kirchenjahres mit dem säkularen Kalender. Es endet im November (mit dem Christkönigsfest) und beginnt mit dem 1. Advent. Das Kirchenjahr folgt einer eigenen Zeitordnung mit besonderen Zäsuren in Gestalt von Festen, Gedenk- und Feiertagen. Siehe dazu u. a. L. O. Lumma, Feiern im Rhythmus des Jahres, Regensburg 2016; K.-H. Bieritz, Das Kirchenjahr, München $^{2}$2014.

das ihm Entzogene weicht es immer weiter zurück – wie der Horizont sich bei jedem Annäherungsversuch immer wieder entfernt. Erst wenn der Mensch etwas von dort auf sich zukommen sieht, vermag er sich darauf einzustellen. In diesem Kommen und Gehen vollzieht sich menschliches Dasein als zeitliches und wird seine Zeitlichkeit formatiert.

Sich zu diesen Formbestimmungen des Daseins reflexiv zu verhalten bedeutet in einem existentialsemiotischen Kontext, sie auf unterschiedliche Zeitbegriffe zu bringen und deren Semantik für eine Deutung dessen einzusetzen, was in der Zeit geschieht. Eine Verschränkung von Zeichen- und Zeittheorie ergibt sich dabei aus dem Umstand, dass Vergangenheit und Zukunft in der Gegenwart stets nur sprach- bzw. zeichenvermittelt zugänglich sind: Vergangenheit als erinnerte und Zukunft als erwartete Zeit. Ereignisse in der Zeit können dann den Charakter eines Zeitzeichens haben, wenn von ihnen her Gegenwärtiges, Vergangenes oder Zukünftiges in einem neuen oder anderen Licht gesehen werden können und zu neuen Deutungen führen.[357]

Um eine theologische Zeitdiagnose durchzuführen, muss jedoch noch eine weitere Bezugsgröße beachtet werden. Es kommt darauf an, die Zeichen der Zeit ins Gegenlicht des Evangeliums zu rücken. Will man nun angeben, was es heißt, im Lichte des Evangeliums zu deuten, was sich in der Zeit ereignet, bietet es sich an, nach typisch christlichen Einstellungen zur Zeit zu suchen, die in Entsprechung stehen zu den Modi der Zeit und eine spezielle Formatierung eines Verhältnisses des Menschen zu seinen Lebensverhältnissen ermöglichen.[358]

Eine erste Ausprägung eines genuin christlichen Verhältnisses zur Zeitlichkeit des Daseins ist die *Anamnese,* die Vergegenwärtigung des (vermeintlich) Vergangenen. Sie ist ein Vollzug der Erinnerung und als solcher ein Vollzug der Unterbrechung

357 Siehe dazu die Beiträge von R. Rüsen und D. Rustemeyer in: J. Rüsen (Hg.), Zeit deuten. Perspektiven – Epochen – Paradigmen, Bielefeld 2003, 23–81.

358 Vgl. hierzu ausführlich H.-J. Höhn, Zeit-Diagnose. Theologische Orientierung im Zeitalter der Beschleunigung, Darmstadt 2006, 67–101.

des Laufs der Dinge. Sie reklamiert verdrängte Konflikte und unabgegoltene Hoffnungen (vgl. Apg 3,11–26; 7, 1–53), aber auch bleibende Ermutigungen. Sie macht darauf aufmerksam, dass das Erste, was auf den Menschen in der Gegenwart zukommt, seine Herkunft ist, d.h. sein Kommen von dem her, was er nicht hinter sich lassen kann, wenn er vorankommen will. Dieses Herkünftige steht nicht für einen Bestand an Ereignissen, von denen man sich zunehmend entfernt, je mehr Zeit vergeht. Ein anamnetisches Zeitverhältnis geht in der Zeit so weit zurück, bis es zu jenem „mitgehenden Anfang" gelangt, der die Sinnqualität des Daseins zu einer Vorgabe und nicht zu einem Ergebnis menschlichen Tuns macht: Jeder Versuch, das Dasein in der Welt durch menschliche Weltverbesserungen derart zu optimieren, dass es am Ende akzeptabel ist, muss voraussetzen, dass die Welt von sich aus mindestens so gut ist, dass sie es wert ist, verbessert zu werden. Auf eine unkritische Vergewisserung von Gottes Schöpfungsversprechen lässt sich ein anamnetisches Zeit- und Geschichtsverständnis jedoch nicht ein. Es hält auch in Erinnerung, was den Gedanken an einen Bruch dieses Versprechens provoziert. Es praktiziert eine „memoria passionis" und erhebt Einspruch dagegen, dass Menschen sich an himmelschreiendes Unrecht gewöhnen.

Zeit ist im jüdisch-christlichen Verständnis immer gekoppelt mit einem bestimmten Ereignis. Der Inhalt des Geschehens macht ebenso die Bedeutung der Zeit aus, wie es ohne ihn überhaupt kein Zeiterleben gibt. Alles hat sein Dasein darin, dass es gezeitigt wird. Das aber heißt auch: Alles hat *seine* Zeit und für jedes Vorhaben unter dem Himmel gibt es eine bestimmte Stunde (vgl. Koh 3,1ff.; Lk 12,56) des Glückens oder Misslingens. Den *kairos* eines Geschehens zu erfassen bedeutet, ein Bewusstsein zu haben für das, was gerade an der Zeit ist, und ein Gespür zu entwickeln für die Gunst des Augenblicks, von der das Gelingen eines wichtigen Unternehmens abhängt. Ein „kairologisches" Zeitverständnis sensibilisiert für die spezifischen „Eigenzeiten" von Beziehungen und Ereignissen im menschlichen Leben. Es weckt ein Bewusstsein dafür, wann die Zeit drängt, etwas Bestimmtes zu beginnen, und wann die

Zeit reif ist, es zu vollbringen. Und ebenso weckt es ein Gespür für notwendige „Auszeiten“, in denen der Mensch aufhört, mit einem Projekt weiterzumachen oder etwas Neues anzufangen.

Wie alles mit der Zeit in die Welt kommt, so vergeht auch alles, indem die Zeit vergeht. Dies provoziert die Frage nach dem Geschehen, mit dem alles aufhört und nach dem nichts mehr kommt. Aber auch die Frage, ob es in der Zeit etwas geben kann, das für alle Zeit Bedeutung behält, ist hier gestellt. Mit einem *eschaton* der Zeit zu rechnen heißt, dem Gedanken Raum zu geben, dass das Ende von Sein und Zeit nicht bloß ein Aufhören und Auslaufen des dem Menschen Möglichen sein muss, sondern auch ein Ankommen, ein Reifen und eine Erfüllung bedeuten kann. Inmitten einer zerstrittenen Welt wird hier das Versprechen einer versöhnten Schöpfung wahrgenommen. Und dies hat Folgen für die Gegenwart. Es gilt nun, alle Menschen und Dinge so zu schätzen und zu würdigen, wie sie sich mit dem Blick auf ihre erhoffte Vollendung darstellen (vgl. 2 Kor 3,10).

Mit diesen Begriffen das Bedeutsame zu erfassen, das sowohl mit signifikanten Ereignissen in der Zeit verbunden als auch auf die Temporalität menschlichen Daseins und eines genuin christlichen Weltverhältnisses beziehbar ist, kann ein Modell sein, die Zeichen der Zeit im Licht des Evangeliums zu deuten. Eine theologische Zeitdiagnose wird dann darin bestehen, mittels der skizzierten Zeitbegriffe säkulare Umgangsformen mit Vergangenem, Gegenwärtigem und Zukünftigem zu reflektieren und dazu das Evangelium als „signum rememorativum – demonstrativum – prognosticum“ kritisch in Beziehung zu setzen.

Allerdings kann sich eine christliche Zeitansage nicht damit begnügen, anhand ausgewählter Bibelzitate ein paar Reizworte zu finden, um den Lauf der Welt kritisch zu kommentieren. Auf diesem Weg lässt sich allenfalls ein Motto für Kirchen- und Katholikentage finden. Wenig zielführend ist es auch, Phänomene sozialen Wandels, die längst als säkulare Zeitzeichen erkannt sind, zusätzlich aus theologischer Perspektive in demselben Sinne als signifikant herauszustellen. Dabei kommt nur heraus, was bereits allgemein bekannt und bewusst ist. Die theologischen Auflistungen von Zeichen der Zeit lesen sich dann wie religiös verbrämte Dubletten soziologischer Zeitdiagnosen.[359] Im Rückblick auf die letzten 60 Jahre entsteht dabei eine Chronik sozialen Wandels, in der nacheinander auftauchen: Dekolonialisierung, Ost/West-Konflikt, ökologische Krise, Emanzipation der Frau, Migration, Digitalisierung. An dieser Chronik ist allenfalls der Nachweis der Heterogenität sozialen Wandels interessant.

Hinter der Aufforderung, gesellschaftliche Vorgänge „sub luce evangelii" in den Blick zu nehmen, steht eine andere Aufgabe. Sie verlangt eine Unterscheidungsleistung: „Im Glauben daran, dass es vom Geist des Herrn geführt wird ..., bemüht sich das Volk Gottes, in den Ereignissen, Bedürfnissen und Wünschen, die es zusammen mit den übrigen Menschen unserer Zeit teilt, zu unterscheiden, was darin wahre Zeichen der Gegenwart oder der Absicht Gottes sind" (GS 11). Gesucht sind Kriterien, die säkulare Zeichen der Zeit von Zeichen der „Absicht Gottes" unterscheiden lassen und zu erkennen geben, worin die „Absicht Gottes" besteht.

Aber auch dieser Ansatz ist nicht unproblematisch. Hat Gott den Menschen noch mehr und anderes zu sagen, als er ihnen mit seinem Schöpfungsversprechen und dem Evangelium bereits zu verstehen gegeben hat? Kann das Evangelium als „signum rememorativum – demonstrativum – prognosticum" durch weitere Kundgaben göttlicher Heilsabsichten materialiter ergänzt, überboten oder relativiert werden? Wer diese Fragen – mit guten Gründen – verneint, kann gleichwohl mit den skizzierten christlichen Zeitbegriffen, die sich jeweils durch ein „rememoratives" (Anamnese), „demonstratives" (Kairos) und

359 Hierbei fällt zudem auf, dass Theologie und Kirche mit ihren Diagnoseversuchen notorisch säkularen Zeitdiagnosen hinterherhinken. Höchst selten sind sie mit dem Lauf der Welt gleichauf – oder gar voraus. Dieses Verspätungsmoment bestätigen auch die Beobachtungen von K. LEHMANN, Neue Zeichen der Zeit, in: Ders., Zuversicht aus dem Glauben, Freiburg/Basel/Wien 2006, 504–537; DERS., Die „Zeichen der Zeit" im Lichte des Evangeliums erkennen und beurteilen, in: Ders., Auslotungen, Freiburg/Basel/Wien 2016, 169–181.

„prognostisches“ (Eschaton) Moment auszeichnen, die geforderten Unterscheidungs- und Deutungsleistungen vornehmen. Dabei werden die skizzierten, typisch christlichen Zeitkonzepte eingesetzt für eine vom Evangelium geleitete Auseinandersetzung mit jenen Zeitzeichen, die belangvoll sind für die Bestimmung, was in der Zeit im Modus des Erinnerns, Erlebens und Erhoffens an der Zeit ist.

Eine solche Auseinandersetzung mit den säkularen Zeichen der Zeit bleibt ihrerseits kontextbedingt. Zeichen- und Zeitreflexion haben stets auch eine sozio-kulturelle Dimension. Wer in der Moderne über die Zeitlichkeit des Daseins nachdenkt, vollzieht diese Reflexion im Horizont einer Vergesellschaftung der Zeit. Dies gilt auch und erst recht, wenn der Gegenstand dieser Reflexion die Akzeptanz eines endlichen und befristeten Daseins ist. Wenn die Zustimmungsfähigkeit des Daseins im Zentrum theologischer Zeitdiagnosen steht, muss sich die Theologie vergewissern, ob und inwiefern gerade das Zeitregime moderner Gesellschaften die Frage des Menschen nach der Akzeptanz des Daseins angesichts des Unannehmbaren überhaupt noch aufwirft. Nicht weniger dringlich ist die selbstkritische Prüfung, ob eine christliche Antwort ihrerseits auf der Höhe der Zeit ist. Nicht wenige religiöse Sinnofferten finden heute wegen ihrer sozio-kulturellen Verspätung kein Gehör mehr. Interesse finden sie allenfalls noch bei jenen Zeitgenossen, die sich aus historischem Interesse mit Sinnfragen beschäftigen.

## 1.2. Mit der Zeit gehen: Zeitdiagnose und Sozialanalyse

Wenn eine Existentiale Semiotik von Zeitzeichen sowohl theologisch aussagekräftig als auch anschlussfähig für den Diskurs mit anderen Zeitdeutungen sein will, muss sie sich um einen kritischen Abgleich der anamnetischen, kairologischen und eschatologischen Formbestimmung eines Verhältnisses zu den Lebensverhältnissen des Menschen mit säkularen Formatierungen des In-der-Zeit-Seins bemühen und diesen Abgleich für eine Erörterung der Daseinsakzeptanzproblematik fruchtbar machen. Unter dieser Rücksicht sind die säkularen Zeichen der Zeit zu deuten als Indikatoren für Veränderungen des gesellschaftlichen Umgangs mit den Modi der Zeit bzw. mit dem, was der Mensch hinter sich und vor sich hat, und in welchem Licht er Vergangenes und Künftiges sieht. In der theologischen Literatur zu den Zeichen der Zeit wird dieser Zusammenhang meist nicht bedacht. In der Regel wird direkt auf (höchst heterogene) disruptive Phänomene oder diskret verlaufende Umbrüche im Kontext des gesellschaftlichen Lebens verwiesen, von denen ein Aufforderungscharakter an kirchliches und pastorales Handeln abgeleitet wird. Inwieweit es sich dabei um Veränderungen handelt, die mit dem Zeit- und Deutungshorizont sozialen Wandels in Beziehung zu setzen sind, wird dabei oft nicht thematisiert. Es bleibt dann auch offen, mit welchem Recht behauptet wird, man habe dabei die Zeichen der Zeit gedeutet, wenn man nicht einmal in der Lage ist, ihre Zeitsignatur und ihren Zeichencharakter zu identifizieren.

Die Nähe zur soziologischen Auflistung von gesellschaftlichen Megatrends beweist bestenfalls die Abkehr von einer unproduktiven Ungleichzeitigkeit der Theologie. Anstelle abstrakter geschichtstheologischer Spekulationen stellt man sich der gesellschaftlichen Wirklichkeit. Von der Diagnose kurzlebiger Trends und Moden unterscheidet sich eine theologische Zeitdiagnose aber erst dann, wenn sie die Größe „Zeit" als Medium und Element der gesellschaftlichen Konstruktion von Wirklichkeit begreift und dann zur Analyse der temporalen Konstruktion sozialer Wirklichkeiten, ihrer Prozess- und Strukturmerkmale sowie ihrer Deutungs- und Gestaltungsimperative übergeht. Soll also eine theologische Zeitansage nicht den Vorwurf riskieren, sie setze verdächtig „zeitlos", existenzialistisch verkürzt und unpolitisch an, empfiehlt sich eine Auseinandersetzung mit der Zeitökonomie und dem Zeitregime moderner Gesellschaften. Im Blick auf die Frage der Daseinsakzeptanz ist dabei zu diskutieren, inwiefern es sich um akzeptable Umgangsformen mit den Modi einer endlichen und befristeten Lebenszeit handelt.

Die Orientierungsleistungen, die man von einer aktuellen theologischen Zeitdiagnose erwarten kann, bestehen zunächst in der Aufklärung über den Zeitindex des sozialen Lebens und der technisch-ökonomischen Formbestimmungen von Prozessen und Strukturen, die als „modern" behauptet werden.[360] Erst danach ist es angezeigt, in Modernisierungsprozessen nach möglichen Anlässen, Auslösern und Anknüpfungschancen für die Einnahme eines religiösen Verhältnisses zu Verlauf und Effekt dieser Prozesse zu suchen.

Zeitdiagnosen haben ihren Ort auf einer Reflexionsstufe, die auf eine Gesellschaftsanalyse ausgerichtet ist. Von ihnen präventive oder therapeutische Leistungen zu verlangen überfordert ihr Instrumentarium und verkennt ihre selbstdefinierten Grenzen und Ziele. Zeitdiagnosen werden über gesellschaftliche Verhältnisse und für ihre angemessene Deutung entwickelt.[361] Sie operieren zum einen an der Schnittstelle von Gesellschaftsanalyse und Kulturkritik und zum anderen an der Schnittstelle von Wissenschaft und Öffentlichkeit. Ihre Wirksamkeit hängt weitgehend davon ab, ob sie Deutungsmuster verwenden, die über wissenschaftliche Expertenzirkel hinaus anschlussfähig bleiben und einem breiten Publikum die Möglichkeit eröffnen, für eigene Beobachtungen und Eindrücke vom Lauf der Welt über ein passendes Interpretament zu verfügen.

---

360 Zum Folgenden siehe auch H.-J. Höhn, Dialektik der Beschleunigung. Theologie als Zeitdiagnose, in: T. Kläden/M. Schüßler (Hg.), Zu schnell für Gott? Theologische Kontroversen zu Beschleunigung und Resonanz, Freiburg/Basel/Wien 2017, 52–71; Ders., Gut in der Zeit? Beschleunigung – Synchronie – Zeitverschiebung, in: Communicatio Socialis 48 (2015) 397–406; Ders., Zeit-Diagnose, 103–133.

361 Zu Anspruch und Grenzen dieses Genres siehe O. Dimbath, Soziologische Zeitdiagnostik. Generation – Gesellschaft – Prozess, Paderborn 2016; H. Hastedt (Hg.), Deutungsmacht von Zeitdiagnosen. Interdisziplinäre Perspektiven, Bielefeld 2019; W. Reese-Schäfer, Deutungen der Gegenwart. Zur Kritik wissenschaftlicher Zeitdiagnostik, Stuttgart 2019; H. Knoblauch, Gesellschaftstheorien, Gesellschaftsdiagnose und Zeitdiagnose, in: Th. Alkemeyer u. a. (Hg.), Gegenwartsdiagnosen. Kulturelle Formen gesellschaftlicher Selbstproblematisierung in der Moderne, Bielefeld 2019, 207–234.

Zeitdiagnosen erfüllen vor allem eine deiktische Funktion, d.h. sie wirken wie sozialwissenschaftliche Fingerzeige, welche die Konzentration auf Entwicklungen lenken, welche gesellschaftliche Zeitverhältnisse nachhaltig prägen.[362] Unter dieser Rücksicht ist der häufig zu hörende Vorwurf verfehlt, Zeitdiagnostiker ließen sich leicht dazu hinreißen, Einzelbeobachtungen vorschnell zu verallgemeinern, oder sie würden nur zu oft den Irrlichtern des Zeitgeistes aufsitzen. Ihre Schlussfolgerungen sind keine Hochrechnungen kurzlebiger Trends und Tendenzen. Sie sind weder Deduktionen aus einem Drehbuch der Weltgeschichte noch induktive Schlüsse von Einzelbeobachtungen auf einen generellen Lauf der Welt, sondern meist Resultat eines an Abduktionen interessierten Vorgehens, das sich einen Reim auf die bis dato bestehenden Ungereimtheiten sozialen Wandels machen will.[363]

Bei der Durchführung einer solchen Zeitdiagnose haben sich in der Vergangenheit vor allem Metaphern als heuristisch fruchtbar erwiesen, die mit Bewegungskonnotationen ausgestattet sind (z.B. Fortschritt, Aufstieg, Stillstand, Nieder-

---

362 Siehe dazu U. KRÄHNKE, Die Zeitdiagnose als Fingerzeig der Sozialwissenschaftler. Zur Heuristik metaphorischer Gesellschaftsbeschreibungen, in: M. Junge (Hg.), Metaphern soziologischer Zeitdiagnosen, Wiesbaden 2016, 7–19.

363 Vgl. J. REICHERTZ, Die Abduktion in der qualitativen Sozialforschung. Über die Entdeckung des Neuen, Wiesbaden ²2013, bes. 125–137. – Abduktionen zeichnen sich dadurch aus, dass sie im Ausgang von einem erklärungsbedürftigen Phänomen P eine Erklärungshypothese H aufstellen, die, wenn sie wahr wäre, P zu einer Selbstverständlichkeit machen würde. Nicht eine Regelmäßigkeit von Ereignissen oder eine sie erklärende Regel steht am Anfang, sondern ein Ereignis, auf das man sich erst noch einen Reim machen muss und das an allen bisherigen Erklärungsversuchen Ungereimtheiten offenlegt. In einem zweiten Schritt kommt es zu einer „Was wäre, wenn"-Unterstellung: Wenn es eine Regel R gäbe, dann würde P seine Ungereimtheit verlieren. Wichtig ist bei der Durchführung einer Abduktion, dass die Beseitigung der Ungereimtheit durch eine neue Regel R gelingt. In einem dritten Schritt zeigt sich dann, dass das bisher erklärungsbedürftige Ereignis einen Fall darstellt, der unter die neu entdeckte Regel R fällt, so dass dieser Regel tatsächlich eine gewisse Erklärungskraft zukommt und sie zu überzeugenden Erklärungen ähnlich gelagerter Fälle führen kann.

gang) und zahlreiche, nur schwer deutbare heterogene Phänomene auf einen gemeinsamen Nenner bringen können.[364] Dies kennzeichnet auch jene Zeitdiagnosen, die sich der Beschleunigungsmetapher bedienen und mit ihr die epochale Signatur der Moderne bestimmen.[365] Die Moderne als Zeitalter der Beschleunigung zu deklarieren stellt keine kurzschlüssige Generalisierung von Einzelbeobachtungen dar. Vielmehr kann mit dieser Kennzeichnung ihrer Projekte und der Verlaufsform ihrer Realisierung ein Leitmotiv sozialen Wandels identifiziert werden, das erhebliche Bedeutung für die Analyse veränderter sozialer Zeitverhältnisse und deren Akzeptanz hat.

## 2. Moderne Zeiten: Innovation – Beschleunigung – Synchronie

Die Moderne steht im Zeichen der Innovation. Von Anfang an präsentiert und behauptet sie sich als Zeitalter der kompromisslosen Bevorzugung des Neuen vor dem Alten. Zu ihrem Selbstverständnis gehört die Überzeugung, dass jetzt die Zeit für das Neue gekommen ist. Im Neuen liegt die Zukunft. Ihr muss das Alte Platz machen. Schon seit der Aufklärung gilt: Aus Tradition soll Innovation werden und über die rechten Innovationen soll die Vernunft bestimmen. Damit das gelingen kann, ist der Vernunft auf die Sprünge zu helfen. Das ist nicht nur Philosophenpflicht. Wenn endlich die Vernunft mobil macht – und nicht das Militär –, können alle Zeitgenossen aus freien Stücken mit von der Partie sein. Alle können etwas bewegen, wenn sie die Projekte der Vernunft – Aufklä-

364 Vgl. hierzu ausführlich M. Junge (Hg.), Gesellschaft und Metaphern. Die Bedeutung der Orientierung durch Metaphern, Wiesbaden 2011.

365 Hierzu zählen vor allem die Arbeiten von H. Rosa, Beschleunigung. Die Veränderung der Zeitstrukturen der Moderne, Frankfurt 2005; Ders., Weltbeziehungen im Zeitalter der Beschleunigung. Umrisse einer neuen Gesellschaftskritik, Berlin 2012; Ders., Beschleunigung und Entfremdung. Entwurf einer kritischen Theorie spätmoderner Zeitlichkeit, Berlin 2013; Ders., Resonanz. Eine Soziologie der Weltbeziehung, Berlin 2016, 671–699.

rung, Freiheit, Fortschritt – befördern. Ein Tempolimit gibt es dabei nicht – auch nicht für die rasch hinzukommenden Projekte der ökonomischen und technischen Vernunft. Gemeinsames Kennzeichen dieser Projekte ist die permanente Erhöhung der Geschwindigkeit, mit der sie geplant und realisiert werden sollen. Im Lob der Schnelligkeit sind sich Wissenschaftler, Techniker und Ökonomen einig: Man kann nur der Beste sein, wenn man der Erste ist. Zu den Ersten und Besten zählt man aber nur, wenn man am schnellsten ist.

Von den zahlreichen Weltverbesserungsprogrammen der Moderne haben sich etliche nur als teilweise erfolgreich, andere sogar als undurchführbar erwiesen. Aber dies hat nicht zur Revision der Leitidee der beschleunigten Veränderung geführt. Sie hat offensichtlich von allen Visionen und Utopien, welche die Moderne in ihr Programm aufgenommen hat, nichts an Faszination eingebüßt. Mit ihr hat sich das Fortschrittspathos der Aufklärung über die Dialektik der Aufklärung hinweg gerettet.[366]

Wer sich in modernen Gesellschaften nach Aufforderungen umsieht, denen ohne Wenn und Aber zu folgen ist, kommt bis heute am „kinetischen" Imperativ der Moderne nicht vorbei: „Mach schneller! Beeil dich!" In Wahrheit ist dieser Imperativ ein Komparativ. Hinter ihm steht eine Steigerungslogik, welche auf permanente Überbietungen setzt. Alles muss immer schneller immer besser werden! Gefordert und gefördert wird alles, was zur Erhöhung der Beweglichkeitsrate führt. Der kinetische Imperativ macht es möglich, sich auf alle Modernisierungsprozesse einen Reim zu machen. Dazu gehört nicht nur der technisch-ökonomische Sektor beschleunigter Innovationen und Wertschöpfungen, sondern auch die Dynamik sozialen Wandels in Gestalt verkürzter Veränderungsraten von Verhaltensorientierungen, Beziehungsmustern und sozialen Strukturen sowie die Forcierung des Lebenstempos durch die

---

366 Vgl. D. Fulda/H. Rosa, Die Aufklärung – ein unvollendetes Projekt. Für einen dynamischen Begriff der Moderne, in: Zeitschrift für Ideengeschichte 5 (2011) 111–118.

Verdichtung von Erlebnisepisoden und die Temposteigerung lebensweltlicher Aktivitäten.

## 2.1. Beschleunigte Beschleunigung: Modernisierung als Mobilisierung

Beschleunigungen dienen dazu, räumliche Entfernungen rascher zu überbrücken. Als probates Mittel empfiehlt sich die Erhöhung maschineller Geschwindigkeiten im Bereich der Produktion und Distribution von Gütern. Technischer Fortschritt besteht aber nicht bloß in verbesserten Mitteln und Wegen der Fortbewegung. Es geht nicht allein um transitive Bewegungen im Sinne des zeit- und raumübergreifenden Warentransportes. Temposteigerungen werden vor allem reflexiv verstanden: als Bewegung zur Erhöhung der Dynamik von Prozessen, als Motor gesteigerter Mobilität. Es kommt darauf an, in immer kürzeren Intervallen „von 0 auf 100" zu kommen, d. h. die Zeit zu verkürzen, die vergeht, bis Höchstgeschwindigkeiten erreicht werden. Wer durch Beschleunigungen Zeit verkürzt, gewinnt Zeit. Was Zeit braucht, verbraucht bereits zu viel Zeit.

Es sind diese reflexiven Formen der Mobilisierung, welche auch soziale Modernisierungsprozesse definieren und „Modernität" zu einer Kategorie der Bewegung und Optimierung machen. Die gewünschten Effekte lassen sich erreichen durch die Steigerung des Ablauftempos von Vorgängen oder über die Vermeidung von zeitraubenden Verrichtungen, Wartezeiten und Leerzeiten. Wo diese Verfahren miteinander gekoppelt und auf sich selbst bezogen werden, kommt es zu einem neuerlichen Modernisierungsschub, wie dies exemplarisch an der exponentiellen Erhöhung der Innovationsrate im Bereich der Technik und der Ökonomie ablesbar ist. Hier sind beschleunigte Beschleunigungen sowohl Mittel als auch Ziel aller Innovationen.

Als Fernziel der stetigen Produktivitätssteigerung durch Erhöhung der Produktions- und Distributionsgeschwindigkeit von Waren und Dienstleistungen sowie der Selbstanwendung des Beschleunigungsmotivs erweist sich die Synchronie, die

Gleichzeitigkeit des Maximalen, die ein Produkt jederzeit für (fast) jeden überall und sofort verfügbar macht. Alltagsweltlich ist dies bereits mit der Durchsetzung einer „Instant-Kultur“ gelungen. In der Gastronomie breiten sich „fast-food“-Ketten aus, die jedes Menü ohne Wartezeit und auch in der „to go“-Variante anbieten. Die Digitalisierung der Kommunikation macht es möglich, Mitteilungen in Sekundenbruchteilen um die ganze Welt zu schicken und sich mit Nachrichtenempfängern dank passender Apps in „Echtzeit“ auszutauschen. Mittels passender Spracherkennungssoftware kann man das gesprochene Wort im Moment des Sprechens in Lesbares verwandeln und in andere Sprachen übersetzen. Fielen früher beim Antritt einer Reise die Vorgänge des Planens, Entscheidens und Handelns auseinander, so wird nun langfristige vorausschauende Planung durch adaptives Korrigieren ersetzt. Das Smartphone informiert über ausfallende Züge und schlägt sofort alternative Buslinien vor. Passende Tickets werden mit einem Tippen auf das Display gebucht.[367]

Der kinetische Imperativ steht für jene Modernisierungsregel, die auch zu veränderten Umgangsformen mit sozialen Zeitstrukturen und mit den Modi der Zeit führt. Aus Tradition soll Innovation werden und über die rechten Innovationen soll die Vernunft bestimmen. Auf diese Weise soll auch das bisherige Verhältnis zwischen dem Schicksalhaften und dem Machbaren zugunsten des Machbaren verändert werden. Erst dann kann von einer autonomen Gestaltung menschlicher Daseinsverhältnisse gesprochen werden, wenn alles, was bisher eine unbeeinflussbare Bedingung des Daseins war, umgewandelt wird in eine Konsequenz menschlichen Wollens und Tuns. Das gilt auch für die Zeit, die bisher etwas Unverfügbares war und sich von selbst einstellte. Sie soll nun zur Variablen menschlicher Fähigkeiten und Fertigkeiten werden. Der Zug der Zeit soll sich fortan nach Fahrplänen und Zielbahnhöfen richten, die der Mensch bestimmt. Er will zu sei-

367 Vgl. hierzu mit weiteren Beispielen J. Weyer, Die Echtzeitgesellschaft. Wie smarte Technik unser Leben steuert, Frankfurt/New York 2019.

nen Lebzeiten etwas Weltbewegendes zustande bringen, das Teil einer Vorwärts- und Aufwärtsbewegung zum Besseren ist. Dabei darf keine Zeit verloren oder vergeudet werden. Die Moderne agiert nach der Devise, dass alles, was dauert, bereits zu lange dauert. Von Dauer kann nur sein, was in der Lage ist, an sich selbst beschleunigte Veränderungen in Richtung gesteigerter Optionenvielfalt vorzunehmen. Gesellschaftlich nachgefragt werden mobilitätsfördernde Ideen und Konzepte, mit denen sich „etwas in Gang bringen" lässt. Der Test, ob „etwas geht oder nicht", führt aber dazu, dass sich nur das Gängige behaupten kann. Was den Anspruch erhebt, etwas Beständiges zu sein, gerät unter Stagnationsverdacht. Wenn etwas bleibt, wie es ist, wird es im Zeitalter der Beschleunigung immer schneller immer schlechter werden. Und das wäre der Anfang seines Endes.

Die Neuzeit misst den Wert menschlichen Handelns am Getanen. Und je früher dessen Wert absehbar wird, umso eher ist klar, ob die Anstrengung allen weiteren Tuns lohnt. Darum ist Tempo angesagt: „Was immer du tust, erledige es möglichst schnell, damit an den Handlungsfolgen deutlich wird, was es mit diesem Tun, seinen Motiven und Zielen eigentlich auf sich hat!" Wer sich zu lange Zeit lässt, verliert zu viel Zeit. Das wäre hinnehmbar, wenn es sich dabei nur um fremdbestimmte Arbeitszeit und nicht auch um selbstbestimmte Lebenszeit handeln würde. Ihr Kontingent ist begrenzt und fällt für den Menschen immer zu gering aus. Dass die Herrschaft über alles Zeitliche möglichst rasch zu erringen ist, folgt aus der Erfahrung, dass die dem Menschen zur Realisierung seiner Projekte verfügbare Zeit knapp ist. Dass das Fortschrittstempo zu erhöhen ist, ergibt sich aus der Kopplung von Zeitknappheit und Zeitdruck, welche die Realisierungschancen aller Menschheitsprojekte begrenzt. Da seine Lebenszeit befristet ist, wird der Mensch zur Beschleunigung seiner Lebensvollzüge gezwungen, will er in der endlichen Spanne seiner Lebenszeit etwas vom Leben haben und im Leben erreichen. Um möglichst nichts Gutes im Leben zu verpassen, kommt es folglich darauf an, das Dasein in der Zeit so einzurichten, dass „bei Zeiten", d.h. möglichst rasch, das erhoffte Gute auch Realität wird.

Die Grammatik des Innovationsbeschleunigers macht bei seinem Fortschrittsversprechen aus der Zeitform des Futur ein Präsens: „Alles wird gut!" Wenn derzeit nicht alles gut ist, kann man über lebenszeitverlängernde Maßnahmen dafür sorgen, seine Verbesserung zu erleben. Man muss nur lange genug leben, um alles Gute erleben zu können. Daher ist die wichtigste Eigenschaft von sozialen Strukturen und Systemen, von Menschen und Maschinen, „zukunftsfähig" zu sein. Alles scheint dem modernen Menschen möglich, sofern er nur genügend Zeit hat. Und wenn sie knapp ist, müssen alle Abläufe in der Zeit so beschleunigt werden, dass ihr gutes Ende vor dem Ablauf aller Lebenszeitverlängerungsmaßnahmen eintritt.

## 2.2. Dialektik der Beschleunigung: Verlustreicher Zeitgewinn

Auch wenn der kinetische Imperativ alles im Leben regiert und sich mit ihm das ganze Leben regulieren lässt, kann er nicht alle Erwartungen abgelten, die sich mit der Frage nach einem sinnvollen Dasein ergeben. Manches spricht dafür, dass auch er zu problemerzeugenden Problemlösungen führt. Im individuellen Zeithaushalt wie auch in der sozialen Zeitkultur kommt es zu Interferenzen, wenn beim Projekt der Weltverbesserung der Beschleunigungsimperativ Regie führt. Das gilt auch und erst recht, wenn das Ziel dieser beschleunigten Optimierungen die Synchronie des Optimalen ist: Alles Gute soll es zu jeder Zeit an jedem Ort geben! Ein solches Projekt geht einher mit Effekten abnehmenden Grenznutzens. Wo jederzeit und überall einem Subjekt mit lediglich endlichem Zeitbudget unendlich viel zugänglich und verfügbar sein soll, wird jede Entscheidung für eine Möglichkeit zur teuren Absage an eine andere. Jeder Zugriff auf etwas Gutes erscheint auch als Missgriff, da jeder Entscheidung *für* etwas die tausendfache Absage *gegen* etwas anderes gegenübersteht. Wenn prinzipiell alles möglich ist, stellen sich zudem Versäumnisängste ein. Es ist ja nicht zu jeder

Zeit alles Mögliche auch für jeden Menschen realisierbar. Wessen man sich hier und jetzt erfreut, muss man sich am gleichzeitig, aber andernorts Erfreulichen entgehen lassen. Wem prinzipiell alles möglich ist, der/die wird von Versäumnisängsten geplagt, wenn es an Zeit mangelt, alles Mögliche zu realisieren. Der Wettlauf mit der Vergänglichkeit des Daseins ist nicht zu gewinnen – auch nicht mit dem Trick, die Erlebnisdichte pro Zeiteinheit zu erhöhen, um in einem Durchschnittsleben das Pensum von zwei oder drei Existenzen zu schaffen. Die Bilanz wird immer so ausfallen, dass die verpassten oder ausgelassenen Gelegenheiten im Vergleich zu den genutzten in der Überzahl sind. Im Zeitalter der Beschleunigung gibt es keine wirkliche Lösung für den Konflikt, der aus der Öffnung der Schere zwischen befristeter Lebenszeit und ungebremst weiterlaufender Weltzeit entsteht.[368]

Der kinetische Imperativ wirft zudem sehr bald die Frage auf, ob es in einer Welt permanenter und beschleunigter Verbesserungen neben optimierbaren Dingen auch solche geben muss,

368 Vgl. H. Blumenberg, Lebenszeit und Weltzeit, Frankfurt 1986. Die „Weltzeit" kennt nach Blumenberg drei Erscheinungsformen: Sie ist zuerst jene Zeit, welche sich die Natur lässt, um in einem sich Millionen Jahre hin erstreckenden Prozess Veränderungen und Entwicklungen hervorzubringen, die jenseits aller lebensweltlichen Vorstellungen von Länge und Größe verlaufen. Sodann ist sie die Zeit der Weltgeschichte, die der „vita" eines Menschen als ein „saeculum" gegenüber treten kann. Und sie ist drittens ein offener Horizont von Möglichkeiten von Ereignissen, deren Fülle und Reichtum niemals in einem Menschenleben realisiert werden kann, sodass es stets bei einem „Unmaß" und einem „Unverhältnis" bleibt, wenn man die Lebenszeit eines Menschen danebenstellen will. Diesem Umstand widerstreitet die Hoffnung, dass die Befristung der Lebenszeit, die dem Potenzial menschlicher Selbstverwirklichung entgegensteht, ausgehebelt werden kann, indem man biologische „Anti-Aging-Strategien" entwickelt, welche die menschliche Lebensspanne erheblich ausweiten. Aber auch eine biologische Unsterblichkeit würde nicht die Tötbarkeit des Menschen beseitigen. Man müsste eine Welt herstellen, in der es keinen schicksalhaften Tod (als Folge von Unfällen, Naturkatastrophen) und keinen machbaren Tod (als Folge von Mord und Totschlag) mehr gibt. Zu dieser Thematik vgl. ausführlich S. Knell, Die Eroberung der Zeit. Grundzüge einer Philosophie verlängerter Lebensspannen, Berlin 2015.

die nicht wieder schlecht gemacht werden können. Daseinsakzeptanz stellt sich dann ein, wenn in und mit dem Dasein etwas erzielt wurde, das nicht mehr besser werden kann. Eine Welt, in und mit der nichts mehr zu verbessern wäre, ist jedoch eine dem kinetischen Imperativ unmögliche Vorstellung. Eine Alternative könnte sich allenfalls dann auftun, wenn es in einer Welt permanenter und beschleunigter Verbesserungen nicht nur Dinge gibt, die technisch oder ökonomisch optimierbar sind, sondern auch solche, die nicht wieder schlecht gemacht werden können. Daseinsakzeptanz könnte sich dann auf das solchermaßen irreversibel Gute beziehen. Aber auch in diesem Fall wird der kinetische Imperativ Einspruch erheben: Gibt es tatsächlich etwas im Leben, das uneingeschränkt zustimmungsfähig ist, oder ist alles nur vorbehaltlich seiner Optimierung akzeptabel? Und kann es angesichts der Zeitlichkeit des Daseins überhaupt bleibend und irreversibel Gutes geben? Reicht es zudem, wenn es nur gut, aber nicht optimal ist?

Von guten Dingen, die nicht optimal sind, hat man letztlich nicht viel. Denn letztlich sind sie nicht uneingeschränkt akzeptabel. Allerdings hat sich die Moderne, die alles dem kinetischen Imperativ der beschleunigten Verbesserung unterstellt hat, auch die Möglichkeit selbst verstellt, es mit Optimierungen auch einmal „gut" und „genug" sein zu lassen. Hier kann es nichts Optimales geben. Hier ist nie etwas gut genug – es kann und muss stets noch besser werden. Die zunächst gute Aussicht, dass in der Moderne alles noch besser werden kann, verwandelt sich unter dem Diktat des kategorischen Imperativs der beschleunigten Optimierung in ein schlechtes Zeugnis für das bisher Bestmögliche: Es ist entweder immer noch nicht gut genug, weil noch weiter optimierbar, oder es hat seine beste Zeit hinter sich, weil es nicht mehr verbessert werden kann. Und wie verhält es sich mit dem Leben selbst? Ist ein befristetes Dasein uneingeschränkt zustimmungsfähig? Falls nicht, ist es wenigstens optimierbar? Wie steht es aber um mögliche Optimierungen, wenn diese genauso befristet optimal sind wie das Leben selbst? Kann man eines endlichen und zudem schnelllebigen Daseins wirklich froh werden? Ist ein Leben akzeptabel, das am Ende folgenlos bleibt, d.h. auf das nichts mehr folgt? Welchen Sinn hat jene Zeit, die dem Menschen gewährt wird, damit er *in* ihr und *mit* ihr *aus* ihr etwas Gutes macht, wenn ihm am Ende all dies wieder genommen wird? Warum soll man auf einen guten Ausgang des Daseins hinarbeiten, wenn am Ende auch das Gute dieses Ausgangs endet?

Angesichts der unbeabsichtigten Nebenfolgen des kinetischen Imperativs muss man die Ambivalenz und Vollendungsindifferenz dieses Leitmotivs sozialen Wandels konstatieren. Der kinetische Imperativ treibt einerseits das Bemühen um Weltverbesserungen an und andererseits hintertreibt er es, da die angezielten Daseinsoptimierungen angesichts der Befristung menschlicher Lebenszeit de facto nicht zu realisieren sind. Zwar forciert auch er ein Fragen nach der Zukunft, die allerdings eine Zukunft des Gegenwärtigen ist. Das Gegenwärtige wird nur als Vergangenheit eines Künftigen verstanden, das durch geeignete Maßnahmen herbeizuführen ist. Und dieses Künftige ist selbst wiederum nur Vorläufer eines Folgenden. Der kinetische Imperativ kennt kein „finales" Geschehen – weder für die Welt im Ganzen noch für das Individuum. Geschichte ist ein ebenso zielloses wie sich ins Unendliche erstreckende Kontinuum von Einzelereignissen, nicht aber ein Kontinuum des Reifens und Sicherfüllens oder Vollendens. Dasein, Sinn und Zukunft stehen einander indifferent gegenüber. Es gibt kein Konzept des auf den Menschen Zukommenden, das über den Tag hinaus die Hoffnung auf eine Vollendung aller Weltverbesserungsbemühungen begründet. Wenn aus Zukunftshoffnungen jene Ressourcen nicht mehr zu beziehen sind, ohne die es unmöglich ist, langfristig am Projekt der Daseinsakzeptanz auf dem Wege der Weltverbesserung festzuhalten, und die Nutzung aller anderen Ressourcen ebenfalls zeitlich limitiert ist, wird höchst fraglich, was den Menschen mit der benötigten Enttäuschungsresistenz ausstatten könnte. Die Herstellung von Daseinsakzeptanz ist Gegenstand seines Wollens und seines moralischen Sollens. Aber wenn er nicht vermag, was er will, wie soll er dann können, was er dennoch soll?

Mit diesen Fragen ist angedeutet, worin das Bezugsproblem eines religiösen Verhältnisses zur Temporalität menschlicher Lebensverhältnisse besteht. Und ebenso wird deutlich, dass der kinetische Imperativ dieses Problem nicht absorbiert, sondern verschärft. Offensichtlich gehört zur Konstitution und zum Vollzug des Daseins die Zeitlichkeit des Daseins – und ebenso offensichtlich werden Sinn und Qualität des Daseins in der Zeit begrenzt durch die Befristung von Sein und Zeit. Unter diesen Bedingungen werden Maßnahmen der Weltverbesserung zwecks Herstellung von Daseinsakzeptanz zu einem asymptotischen Unterfangen. Mit welchem Grund kann man dann vom Menschen den Einsatz für eine annehmbare Welt verlangen, wenn er selbst zu Lebzeiten nicht mehr die Früchte dieses Einsatzes ernten wird?

Eine theologische Zeitdiagnose kann auf diese Fragen keine diskutablen Antworten mehr geben. Ihre analytischen Mittel sind erschöpft. Was nun ansteht, ist ein methodisches Umschalten und die Sondierung von Ermöglichungsgründen, „wider alle Hoffnung auf Hoffnung hin“ (Röm 4,18) zu handeln.[369] Allerdings melden sich auch hier rasch Zweifel, was die Modernitätskompatibilität einer solchen Sondierung und ihrer Ergebnisse angeht. Sollte der christliche Glaube tatsächlich eine solche Hoffnung stützen, ist zu befürchten, dass auch darüber längst die Zeit hinweggegangen ist.

---

369 Vgl. dazu ausführlich die an der Schnittstelle von Zeitdiagnose, Ethik und Eschatologie ansetzenden Überlegungen von H.-J. Höhn, Handeln über den Tag hinaus: Zeithorizonte der Sozialethik, in: M. Vogt (Hg.), Theologie der Sozialethik, Freiburg/Basel/Wien 2013, 92–126; Ders., Handeln unter Ungewissheit. Skizzen zu einer postsäkularen „Ethico-Theologie“, in: M. Hofer u. a. (Hg.), Der Endzweck der Schöpfung, Freiburg/München 2013, 282–310.

## 3. Zeit und Sinn: Fortschritt und Vergänglichkeit

Das Zeitregime moderner Gesellschaften untersteht dem kinetischen Imperativ, der alle typisch modernen Mobilisierungs-, Innovations- und Wachstumshoffnungen mit einer Beschleunigungsdynamik versieht. Moderne Gesellschaften sind an der beschleunigten Einlösung ihrer säkularen Hoffnungen interessiert. Auch dieses Interesse forciert der Imperativ der Temposteigerung. Sein Anliegen und Ziel sind beschleunigte Beschleunigungen. Darin besteht allerdings auch seine Eindimensionalität. Der kinetische Imperativ ist letztlich allein an der Verstetigung seiner Selbstfortsetzung interessiert.

Um aus dieser Eindimensionalität herauszufinden, bedarf es einer veränderten Einstellung zur temporalen Formbestimmung des individuellen und sozialen Lebens. Dieser Appell hat auf den ersten Blick nur geringe Realisierungschancen, wenn es etwa um ein in der Vergangenheit angelegtes Depot kulturellen oder religiösen Orientierungswissens geht. Im Zeitalter der Beschleunigung hat das von alters her Überkommene weitgehend das Vermögen verloren, das Entscheiden und Handeln in der Gegenwart zu bestimmen. Es eignet sich immer weniger als Grundlage, um vom Bekannten auf das Unbekannte zu schließen. Sich in der Gegenwart im Rückgriff auf Bewährtes auf die Zukunft einzustellen wird ständig schwieriger. Denn je rascher die Menge der unsere modernen Lebensverhältnisse verändernden wissenschaftlichen und technischen Innovationen anwächst, umso schwieriger wird die Voraussicht künftiger Lebenslagen. Es ist der Zuwachs an Wissen, der, technisch umgesetzt und wirtschaftlich genutzt, mehr als jeder andere Faktor zum sozialen und kulturellen Wandel beiträgt und der eben damit, weil er in seinem Wachstum selbst prinzipiell unvorhersehbar ist, auch die Unvorhersehbarkeit dieses Wandels erhöht. Wissenschaft und Technik stabilisieren die Orientierungssicherheit in der Gegenwart, reduzieren sie aber im Verhältnis zur Zukunft. Bedingt durch die Fortschritte von Wissenschaft, Technik und Arbeitsproduktivität, steigt auf allen

Ebenen des sozialen Lebens die Erneuerungsrate und gleichzeitig das Veraltungstempo verfügbaren Orientierungswissens. Der Bewährungscharakter des Vergangenen nimmt ebenso rapide ab wie die Bewährungschance des Gegenwärtigen.

### 3.1. Traditionsbedarf – oder: Religiöse Identitätsvergewisserung

Wenn im Zeitalter der Beschleunigung komplementär zur Rate der technisch-wissenschaftlichen Innovationen die Veraltensquote vieler Bestände der Lebenswelt wächst, „nimmt die Menge der Zivilisationselemente zu, die noch gegenwärtig sind, aber über die sich schon die Anmutungsqualität der Gestrigkeit oder Vorgestrigkeit gelegt hat.“[370] Stetig wächst die Zahl der Jahre, auf die zurückzublicken bedeutet, mit einer Welt zu tun zu haben, die sich in wesentlichen Hinsichten immer mehr von der aktuellen Lebenswelt unterscheidet. Anstatt durch den stetigen Zuwachs an Erfahrung sicherer zu werden, erreicht der moderne Mensch immer wieder eine technologische Entwicklungsstufe, auf der die damit erschlossene „neue“ Welt zunächst undurchschaubarer ist als die „alte“ Welt. Er lebt in und mit einer Zeit, in der immer weniger von dem, was ist und war, künftig noch sein wird. Damit schwinden zunehmend alle lebensweltlichen Bestände, die vertraut, berechenbar und geeignet schienen, Identität und Beheimatung zu geben. Wo sie in die Erosion geraten, schwinden auch die Möglichkeiten der Daseinsakzeptanz.

Gerade im Zeitalter der Beschleunigung entsteht ein enormer Bedarf an Wirklichkeitsvertrautheit, ohne dessen Erfüllung die ständigen Veränderungsschübe nicht auszuhalten sind. Kohärenz und Identität des individuellen und sozialen Lebens sind

370 H. Lübbe, Schrumpft die Zeit? Zivilisationsdynamik und Zeitumgangsmoral, in: K. Weis (Hg.), Was ist Zeit? Zeit und Verantwortung in Wissenschaft, Technik und Religion, München 1995, 56. Zum Ganzen vgl. auch Ders., Zivilisationsdynamik. Ernüchterter Fortschritt – politisch und kulturell, Basel 2014.

nicht zuletzt auf das Vertrautsein mit der eigenen Vergangenheit angewiesen. Daher steigt gerade im Zeitalter der Beschleunigung die Notwendigkeit eines Daseinsverhältnisses, das über die Akte des Erinnerns die eigene Vergangenheit erschließbar und aneignungsfähig hält. Um in der eigenen Biographie den roten Faden nicht zu verlieren, muss es möglich sein, die jeweilige Gegenwart mit ihrem Herkommen zu verknüpfen und zugleich auf das auszurichten, was auf das Individuum im Lauf der Zeit zukommt. Kaum anders lässt sich auch der Diffusion individueller und sozialer Identität entgegenwirken. Würden alle Herkunftselemente des Daseins in demselben Maße veralten und verschwinden wie Innovationselemente hinzukommen, gäbe es weder die Chance der Selbstvergewisserung noch die Möglichkeit des Erhalts individueller und sozialer Identität.

Der an die Ambivalenz von Beschleunigungseffekten anknüpfende Diskurs über temporale Bedingungen der Welt- und Selbstakzeptanz wirft die Frage auf, was den drohenden Verlusten an Selbst- und Wirklichkeitsvertrautheit kompensatorisch entgegengesetzt werden kann.[371] Wer als mögliche Gegenkonzepte nur Verlangsamung oder Entschleunigung anzubieten hat, bleibt noch innerhalb der modernen Tempologik.[372] Um sich aus dieser Eindimensionalität zu befreien, ist es wichtig, „das gesellschaftliche und kulturelle Problem der Zeit nicht nur als ein Problem unterschiedlicher Geschwindigkeiten auf einem linearen Zeitstrahl zu konzipieren, sondern auch als ein qualitatives Nebeneinander unterschiedlicher Zeitgestalten."[373] Unter dieser Rücksicht verdienen religiöse Zeitkonzepte wieder Beachtung, wenn sie Alternativen zu selbstreflexiven Beschleunigungsmaximen entwickeln können. Dazu zählen auch jene

---

371 Vgl. Th. FUCHS u. a. (Hg.), Das überforderte Subjekt. Zeitdiagnosen einer beschleunigten Gesellschaft, Berlin 2018.

372 Vgl. hierzu Th. EGGENSPERGER u. a. (Hg.), Zeit ohne Ewigkeit. Lebensgefühl und Last des gehetzten Menschen, Ostfildern $^{2}$2018; M. SPAETH, Wie schnell müssen wir leben? Plädoyer wider die gnadenlose Beschleunigung, Ostfildern 2009.

373 A. ASSMANN, Ist die Zeit aus den Fugen? Aufstieg und Fall des Zeitregimes der Moderne, München 2013, 192f.

Erinnerungen an ein Herkommen menschlichen Daseins und seiner Zukunft, welche man nicht im zeitlichen Sinn hinter sich lassen oder anstreben kann.[374] Dem modernisierungsbedingten Verlust an kontinuierlichen und identitätsstabilisierenden Mustern der Lebensorientierung können diese Erzählungen gerade über eine existentialsemiotische Hermeneutik veraltensresistente Einsichten entgegensetzen.[375]

Allerdings wird in der zeitgenössischen Theologie die Suche nach Anzeichen für etwas, das nicht veralten kann, in der Regel weder existential noch semiotisch ausgerichtet. Sie wird oft historisiert und ist begleitet von der Sehnsucht nach besseren alten Zeiten, in denen es leichter war, von Herkunft und Zukunft eines Lebens „coram Deo" zu sprechen. Eine theologische Form der Vergegenwärtigung von Einsichten, die zu jeder Zeit an der Zeit sind, verspielt mit diesem Habitus ihre mögliche Modernitätskompatibilität. Zwar hat sie den Blick auf das Bleibende und Unüberholbare zu richten, für das der Glaube im Vergehen der Zeit einsteht.[376] Aber dabei darf sie nicht vergessen, dass das

---

374 Vgl. I. U. Dalferth, Gedeutete Gegenwart. Zur Wahrnehmung Gottes in den Erfahrungen der Zeit, Tübingen 1997, 244: „In den Zeitgestaltungen des christlichen Glaubens spielen vor allem zwei fundamentale Unterscheidungen eine zentrale Rolle: die ontologische Zeitdifferenz zwischen Ewigkeit und Zeit und die eschatologische Zeitdifferenz zwischen Alter und Neuer Zeit. Beide sind (recht verstanden) Ausdruck christlicher Gotteserfahrung – die erste des Schöpfungshandelns Gottes, die zweite seines Rettungshandelns in Jesus Christus. (…) Beide verarbeiten und bearbeiten … eine jeweils andere religiöse Zeit-Orientierung, die ihrerseits auch selbst immer noch bzw. immer wieder in die Zeiterfahrung und Zeitgestaltungen des christlichen Glaubenslebens hineinspielen: die mythische Zeitdifferenz zwischen Urzeit und Jetztzeit und die apokalyptische Zeitdifferenz zwischen Jetztzeit und Endzeit." – Allerdings sind diese Zeitkonzepte, die vom modernen linearen Zeitverständnis fundamental verschieden sind, nur dann für eine moderne Glaubens- und Lebenspraxis operationalisierbar, wenn sowohl ihr Zeichencharakter als auch ihr Bezug auf die existentiale Verfassung menschlichen Daseins bewusst gemacht werden.

375 Vgl. dazu in diesem Band die Kapitel „Schöpfung – Sprache – Gott" (IV.) und „Leben über den Tag hinaus" (VII.).

376 Vgl. Ch. Bock, Zeitenfülle. Annäherungen an das paradoxe Verhältnis von Vergänglichkeit und Vollendung, Würzburg 2017.

Reden über das Unüberholbare und Unvergängliche seinerseits überholt wird, wenn es auf zeitgemäße Übersetzungen verzichtet. Der Blick in den Rückspiegel der Moderne erhöht das Risiko, den Anschluss zu verlieren. Nichts ist mehr von seiner eigenen Vergänglichkeit bedroht als das Reden vom Unvergänglichen.

Die Theologie kommt nicht daran vorbei, stets nach neuen Möglichkeiten der Erschließung und Deutung veraltensresistenter Bestände des christlichen Glaubens zu suchen. Dies schließt Veränderungen der religiösen Semantik ebenso ein wie Korrekturen an Stil und Gestus religiöser Interaktion. Tradition bedingt Innovation. Jede Tradition hat einmal als Innovation begonnen. Zu den Erfordernissen evangeliums- und zeitgemäßer Theologie zählen darum Traditionsbewusstsein und Innovationsbereitschaft.

## 3.2. Innovationsdefizit – oder: Theologische Reformdiskurse

Eine traditionsbewusste und innovationsbereite Systematische Theologie hat ihren Ort und ihre Funktion innerhalb jenes sozio-kulturellen Systems zu bedenken, in dem sie operiert. Dies betrifft nicht nur ihre Einbindung in das Wissenschaftssystem, sondern auch den kirchlichen Kontext, in den sie hineinwirkt. Es macht keinen geringen Anteil ihres Wissenschaftsauftrages aus, den Prozessen nachzugehen, die in Gesellschaft und Kirche den Bestand und die Bedeutung religiöser Sinnsysteme verändern bzw. Veränderungsbedarf erzeugen.

Zur religiösen Signatur der europäischen Moderne gehört ein dramatischer Relevanz- und Akzeptanzverlust des christlichen Glaubens und seiner kirchlichen Sozialgestalt. Ursache dieses Verlustes ist nicht allein die unproduktive Ungleichzeitigkeit mit säkularen Plausibilitätsstandards, in die sich kirchliche Strukturen der Glaubenskommunikation manövriert haben.[377] Er ist

377 Vgl. H.-J. Höhn, Selbstsakralisierung? Kirche zwischen Modernitätskritik und Modernitätsverweigerung, in: O. Wiertz (Hg.), Katholische Kirche und Moderne, Münster 2015, 111–140.

auch das Ergebnis kirchlicher Verfehlungen und Skandale, die das Vertrauen in religiöse Institutionen und Autoritäten nachhaltig zerstört haben. „Die Menschen glauben *uns* nicht mehr" – so lautet eine späte Einsicht in den oberen Hierarchieetagen angesichts konstant hoher Kirchenaustrittszahlen. Allerdings geht diese Einsicht nicht weit genug. „Die Menschen glauben uns bald *nichts* mehr!" – ebenso dramatisch ist das Abrücken von zentralen Inhalten kirchlicher Verkündigung.[378] Viele Christen können nicht mehr rational nachvollziehen, was sie glauben sollen. Glauben und Denken sind in ein Schisma geraten.

Dieses Schisma wird vertieft durch die Kluft, die sich auftut, wenn man die epistemische Plausibilität von Inhalt und Vollzug des christlichen Glaubens aufweisen will innerhalb jener kirchlichen Strukturen, von denen behauptet wird, dass sie dafür einstehen, dass Inhalt und Vollzug des Glaubens unverkürzt tradiert werden können. Das von diesen Strukturen gestützte autoritäre Gebaren einer dogmatisch und moralisch rigiden Verwaltung des christlichen Glaubens geht vielfach einher mit der Abdichtung ideologischer Echokammern und mit dem Verschleiern religiöser Doppelmoral. Beides wirkt sich desaströs auf die Akzeptanz der christlichen Verkündigung aus.[379] Auch wenn es der katholischen Kirche langfristig gelingen sollte, für sich wieder Institutionen- und Systemvertrauen aufzubauen und für diese Aufgabe moralisch integre und persönlich aufrichtige Engagierte an Haupt und Gliedern zu gewinnen, so ist damit für die Glaubwürdigkeit der christ-

---

378 Die Auswertung einer repräsentativen Umfrage des Instituts TNS infratest im Auftrag des Nachrichtenmagazins Der Spiegel (Titelstory am 20.4.2019: „Wer glaubt denn sowas?") ergab folgende Zustimmungsraten: Glaube an Gott 55%, Schöpfung 49%, Menschwerdung Gottes 55%, Auferstehung Jesu von den Toten 54%. Bei einer ähnlichen Befragung im Jahr 2013 kam heraus, dass lediglich 54% von der Existenz Gottes überzeugt sind, nur 32% der Befragten ein trinitarisches Gottesbild glaubhaft finden, aber 54% die Existenz von Schutzengeln annehmen. Vgl. Der Spiegel, Wissen: Die vielen Welten des Glaubens, Hamburg 2013, 23–25.

379 Vgl. D. Bogner, Ihr macht uns die Kirche kaputt … doch wir lassen das nicht zu!, Freiburg/Basel/Wien 2019.

lichen Botschaft dennoch zu wenig erreicht. Wenn für die Inhalte einer Botschaft keine Gründe sprechen, die unabhängig von der Integrität und Wahrhaftigkeit ihrer Zeugen als gute Gründe für ihre existenzielle Relevanz und rationale Plausibilität gelten, ist nichts gewonnen. Hier ist die Überzeugungskraft von Argumenten gefragt, nicht nur die Wahrhaftigkeit von Personen.

Die zweifellos notwendigen Reformen kirchlicher Strukturen werden nicht ausreichen, die Plausibilitätsprobleme kirchlicher Glaubenslehre zu bewältigen. An einer überzeugenden Reformulierung von Glaubensinhalten führt kein Weg vorbei. Wer diesen Aufwand scheut oder für übertrieben hält, erspart sich zwar intellektuelle Anstrengungen und Zumutungen, lässt aber auch eine wichtige Chance aus. Das Christentum verfügt über viele Zeichen des Glaubens an Gott, die gerade aus kritischer und gründlicher theologischer Nachdenklichkeit hervorgegangen sind. Sie warten darauf, neu erschlossen und gedeutet zu werden. Aber ebenso bedarf es von Zeit zu Zeit einer theologischen „Grundreinigung“ (Ch. Kummer) des Glaubens und seiner Reflexionsinstanz, die nicht nur religiösen Unrat, sondern auch ideologische Überhöhungen frommer Unbedarftheit beseitigt. Werden diese Aufgaben unterlassen, wird man nicht mehr sagen können, warum man vom Christentum intellektuell noch viel Aufhebens machen sollte.

Wenn sich die Theologie an innerkirchlichen Reformdiskursen beteiligt, stoßen ihre Forderungen nach einer Selbstanwendung der Dialektik von Tradition und Innovation jedoch rasch auf Widerstand. Sie werden ausgekontert mit dem Hinweis auf die Normativität des Veraltensresistenten, aus dem unter der Hand eine Normativität des status quo gemacht wird. Man will sich partout einem säkularen Zeitgeist und seinem multioptionalen Veränderungsimperativ nicht anpassen, von dem apriori ausgemacht ist, dass es sich um eine Manifestation säkularer Prinzipienlosigkeit handelt. Daher gelten alle Bemühungen dem Erhalt, was in der Kirche bleiben muss. Wer daran interessiert ist, dass sich nichts ändert, greift nach diesem Grund-Satz der Identitätswahrung. Was bleiben muss, ist nicht wegzudenken, galt immer schon, hat sich bewährt und wird auch in Zukunft bestehen. Es gibt folglich keinen Grund, es aufzugeben, zu korrigieren oder durch etwas Neues zu ersetzen.

Die Logik des traditionsbewahrenden und angeblich identitätswahrenden „immer schon" müssen offenkundig alle Akteure in der Kirche beachten – auch jene, die etwas verändern wollen. Gelegentlich hat diese Strategie tatsächlich den gewünschten Erfolg. Bisweilen muss man in der Kirchengeschichte nur weit genug zurückgehen, um zu entdecken, dass es früher tatsächlich gegeben hat, was heute als Reform oder Innovation gefordert wird.[380] Der Ruf nach Veränderung erreicht somit sein Ziel, wenn er nachweist, dass eine Innovation dafür sorgt, dass es in Zukunft so wird, wie es früher schon einmal war. Dagegen können auch entschiedene Reformgegner nichts einwenden.[381] Denn was immer schon war, gehört für sie zum normativen Bestand des Glaubens.

Es ist reichlich paradox: Wer progressiv und innovativ sein will, muss sich in der Kirche auf Traditionen berufen. Wer alles beim Alten lassen will *und* wer etwas Neues will, muss denselben Satz verwenden „Das war immer schon so!" Die eigentlichen Konservativen sind demnach die Innovationstraditionalisten. Sie haben das Pech, dass irgendwann verdrängt, geleugnet oder verabschiedet wurde, was früher einmal galt. Sie haben nun mit Traditionen zu kämpfen, die viel später als Innovationen gestartet wurden (was Reformgegner gerne verschweigen). Was für ihre Widersacher Bestandsschutz behalten soll, ist erst im Laufe der Kirchengeschichte eingeführt worden.

Und was ist zu tun, wenn sich für ein Reformvorhaben und für dessen Verhinderung partout kein Hinweis auf eine einstmals bestehende Tradition finden lässt? Man könnte versuchen, eine neue Tradition zu beginnen. Ohne zureichende theologische Legitimation? Keineswegs! War es nicht immer schon ein

380 Vgl. hierzu H. Wolf, Krypta. Unterdrückte Traditionen der Kirchengeschichte, München 2015.

381 Zu dieser Strategie, ihrer List und Lauterkeit siehe auch M. Seewald, Reform. Dieselbe Kirche anders denken, Freiburg/Basel/Wien 2019, 96ff.

Zeichen für das Wirken des Geistes Gottes, dass er etwas anstößt, das es nicht immer schon gab?

Auch in der theologischen Zunft ist es von Zeit zu Zeit unumgänglich, etwas in Gang zu setzen, das es nicht immer schon gab.[382] Was in der Theologie bleiben muss, sind Innovations- und Risikobereitschaft. Sie muss das Risiko eingehen, dass ihre Innovationen nicht so weit kommen, dass sie zu dem gezählt werden, was in der Kirche bleiben muss. Die säkularen Zeitumstände, unter denen heute theologisch gearbeitet wird, erhöhen dieses Risiko. Sie verlangen ein hohes Innovationstempo, steigern aber auch die Veraltensrate der Innovationen. Dass man diesem Imperativ nur mit einer gehörigen Portion Skepsis nachkommen darf, hat die theologische Zeitdiagnose gezeigt. Ihn zu ignorieren wäre theologisch noch viel weniger verantwortbar. Was in der Theologie bleiben muss, ist die Weigerung, hinter ein Reflexionsniveau zurückzufallen, das durch theologische Innovationen in der Vergangenheit erreicht worden ist. Dazu gehören auch alle Reflexionsformate, die Existenzhermeneutik und Glaubenshermeneutik verknüpfen und jenes Begriffs- und Methodeninstrumentarium nutzen, das seit dem „semiotic turn" der Geistes- und Kulturwissenschaften zur Verfügung steht.

382 Zur Frage, inwieweit alle theologischen Disziplinen, die säkulare und religiöse Veränderungsprozesse kritisch begleiten, ihrerseits einen steten Veränderungsprozess durchlaufen müssen, siehe W. Damberg/M. Sellmann (Hg.), Die Theologie und „das Neue". Perspektiven zum kreativen Zusammenhang von Tradition und Innovation, Freiburg/Basel/Wien 2015.

## Rückblick:

# Systematische Theologie und theologische Systematik

Wenn die Theologie dazu beitragen will, dass man sich mittels des Glaubens in der Welt besser zurechtfindet, muss sie etwas dafür tun, dass man sich auch in ihr gut zurechtfindet. Eine Orientierung in der Theologie wie durch die Theologie wird dadurch ermöglicht, dass sie selbst systematisch vorgeht. Das ist nicht immer der Fall – weder in Sammelbänden zu Einzelthemen der Systematischen Theologie noch in Einführungen zu ihrem Anliegen und Anspruch. Die Bezeichnung „Systematische Theologie" wird zwar seit geraumer Zeit auch an katholischen Universitätsinstituten und Fakultäten zur Einteilung und Zuordnung der theologischen Einzeldisziplinen verwendet. Aber nur wenige Veröffentlichungen zu fundamentaltheologischen Grundfragen und dogmatischen Kernthemen wählen diesen Titel als Selbstbezeichnung und können diese Titelwahl hinreichend erläutern.[383] Es mag sein, dass diese Zurückhaltung in der Bescheidenheit eines Autors gründet, der nicht den Anschein erwecken will, ein eigenes theologisches System entwickelt zu haben. Vielleicht steht dahinter auch die Sorge, eine „Systematische" Theologie löse die Assoziation des Systemzwangs aus oder erfordere die Zugehörigkeit zu einer bestimmten Schule mit allen Negativeffekten der Bildung von wissenschafts- und kirchenpolitischen Seilschaften.

---

383 Vgl. R. Schulte, Das christliche Gottesbekenntnis. Eine andere systematische Theologie, Bd. 1, Münster 2014. In den Prolegomena findet sich zwar eine informative Zusammenstellung lexikalischer Definitionen, was Systematische Theologie generell auszeichnet. Jedoch vermisst man Angaben zu einem spezifischen methodischen Leit- und sachlichen Grundgedanken, der diesem Werk ein spezielles systematisches Gepräge gibt.

Gleichwohl können es die Vertreter von Dogmatik und Fundamentaltheologie nicht dabei belassen, sich im System der Theologie lediglich unter studientechnischen oder wissenschaftsorganisatorischen Aspekten einen geeigneten Platz zuweisen zu lassen. Die ihnen gestellte Aufgabe einer überzeugenden Zuordnung von Glauben, Leben und Denken können sie kaum erfüllen, wenn sie dabei nicht selbst systematisch strukturiert sind, d.h. ihre Prämissen und ihre leitenden Interessen offenlegen sowie Ansatz und Vorgehen methodisch klar ausweisen.[384] Essayistische Brillanz, spirituelle Weite oder demonstrative Loyalität gegenüber Tradition und Lehramt können fehlende Konsistenz und Kohärenz der Argumentation nicht wettmachen. Wenn nicht ein methodisches Leitprinzip und ein sachlicher Grundgedanke identifizierbar sind, die einem theologischen Ansatz auch Struktur und Profil verleihen, sind alle anderen Vorzüge auf Dauer nicht viel wert.[385]

---

384 Die Etymologie des Wortes „System/systematisch“ verweist auf σύστεμα, d.h. ein zusammengesetztes Ganzes, wobei die zugehörigen Elemente so aufeinander bezogen sind bzw. miteinander agieren, dass sie eine aufgaben-, sinn- oder zweckorientierte Einheit bilden. Vgl. W. SCHRADER/H.-J. HÖHN, Art. „System/Systemtheorie“, in: LThK³ IX, 1216–1220. „Systematisch“ ist ein theologisches Konzept dann, wenn es den Gegenstand der Theologie vollständig erfasst und deutlich macht, wie die einzelnen thematischen Bereiche, die zu diesem Gegenstand gehören, miteinander verknüpft sind und in einer stimmigen Zuordnung erörtert werden können. Sowohl die Vollständigkeit der Gegenstandserfassung als auch die Präsentation des Gesamtzusammenhangs verlangen nicht, dass alle Details des Gegenstands und alle möglichen Zuordnungen dieser Details dargestellt werden. Vielmehr ist gemeint, dass ein Raster entworfen wird, mit dem sowohl eine detaillierte Einzelbetrachtung erfolgen kann als auch die Struktur des Zusammenhangs theologischer Einzelthemen sichtbar wird. Dass die Philosophie vor analogen Herausforderungen steht, zeigt L.B. PUNTEL, Struktur und Sein. Ein Theorierahmen für eine systematische Philosophie, Tübingen 2006; DERS./E. TOURPE, Philosophie als systematischer Diskurs, Freiburg/München 2014. – Zum Ganzen siehe auch P. HOYNINGEN-HUENE, Systematicity. The Nature of Science, New York 2013.

385 Häufig verzichten allerdings Leitfäden für den theologischen Studienbetrieb, welche die innere Gliederung und wichtige Themen der Systematischen Theologie vorstellen wollen, auf einen inhaltlichen oder methodi-

Damit ist keineswegs das Plädoyer für eine Vereinheitlichung des theologischen Denkens verbunden. Im Gegenteil: Die Pluralität von Ansätzen, Stilen und Richtungen der Theologie ist nicht als Indiz für eine Erosion identitätsstiftender Überzeugungen zu beklagen, sondern als Beleg für ihre Vitalität und Innovationskraft zu begrüßen.[386] Konformität begünstigt lediglich Konformismus. Man mag kritisieren, dass nur selten die unterschiedlichen Denkschulen das Gespräch miteinander suchen und dadurch der Eindruck der Zersplitterung oder des beziehungslosen Nebeneinanders theologischer Diskurse entsteht. Weitaus problematischer ist es jedoch, wenn die einzelnen Entwürfe noch nicht einmal jeweils für sich selbst ein Einheitsmoment, eine Grundidee oder einen überzeugenden Gliederungsvorschlag aufweisen. Ein Beitrag zur Systematischen Theologie ist erst dann ein systematischer Beitrag, wenn er seinerseits nicht bloß ein additives Zusammenfügen von Einsichten und Wahrheitsansprüchen unternimmt.

---

schen Leitgedanken, der ihnen selbst Stringenz und zugleich Originalität verleiht. Vgl. exemplarisch Ch. Danz, Systematische Theologie, Tübingen 2016. Manche Autoren machen aus dieser Unterlassung eine Tugend, indem sie darauf verweisen, dass das Ganze des christlichen Glaubens und seiner Wahrheit nur in der noch unabgeschlossenen Geschichte seiner Vermittlung und Deutung zu finden ist. Vgl. etwa T. Kleffmann, Grundriß der Systematischen Theologie, Tübingen 2013, 1–7. Daneben gibt es Positionen, die dezidiert beanspruchen, von einer Wesensbestimmung des Christentums auszugehen und für diese Bestimmung theologisch mit der Explikation des für den Glauben Wesentlichen in den Lebensverhältnissen der Glaubenden einzustehen. Vgl. dazu E. Herms, Systematische Theologie. Bd. 1, Tübingen 2017, 3–72. Einen ähnlichen Versuch unternimmt K. Stock, Systematische Theologie. Teil I: Erfahrung und Offenbarung, Göttingen 2017, mit dem Vorhaben, eine „zusammenhängende Theorie der Praxis eines Lebens im Glauben, in der Liebe, in der Hoffnung und in der Selbstverantwortung vor Gott zu entfalten" (17).

386 Vgl. M. Dürnberger u. a. (Hg.), Stile der Theologie. Einheit und Vielfalt katholischer Systematik in der Gegenwart, Regensburg 2017.

## 1. Systemkoordinaten: Existenz und Sprache

Der Gegenstand der Systematischen Theologie „kann nur im engsten Zusammenhang mit der Art und Weise seines Gegebenwerdens bestimmt werden."[387] Nach dieser Gegebenheitsweise bemessen sich Auswahl und Anwendung geeigneter Methoden.[388] Gegenstand der Theologie ist der Glaube, dass Gott beim Menschen im Wort ist und dass der Mensch sein Dasein als „Im-Wort-Sein" verstehen kann. Dieser Glaube gründet sich auf die Botschaft des Evangeliums, in dem Gott zur Sprache kommt. Das Projekt einer Existentialen Semiotik des Glaubens reflektiert Fundament, Ermöglichung und Bezeugung eines Existenz- und Gottesverständnisses, für das die Sprachlichkeit des Menschen entscheidend ist. Es versucht logische Stringenz und sachliche Konsistenz durch die Freilegung und Beachtung von methodisch-sachlichen Entsprechungsrelationen zu gewinnen. Dies gilt zunächst für das Verhältnis von Existenz und Sprache sowie für die Beziehung von Sprache und Glaube. Dass Funktion und Status der Sprache in diesem Projekt eine zentrale Stellung zukommen, ergibt sich zum einen aus elementaren anthropologischen und theologischen Fragestellungen:

- Was wäre der *Mensch* ohne die Sprache? Er wäre stumm und taub. Er könnte nicht fragen, wie es um ihn steht. Er könnte nichts sagen über die Fraglichkeit seines Daseins und nichts vernehmen von der Bedeutsamkeit seiner Fragen.
- Was wäre der *Glaube* ohne die Sprache? Er würde mittellos dastehen. Er würde weder über seinen Inhalt und Gegenstand verfügen noch über ein Instrument, sich dieses Inhaltes zu vergewissern. Denn sein Gegenstand ist nicht nur die Rede von, über und zu Gott, sondern auch das Hören

387 Ch. Schwöbel, Art. „Systematische Theologie", in: RGG$^4$ VII, 2013.

388 Siehe hierzu ausführlich J. Werbick, Theologische Methodenlehre, Freiburg/Basel/Wien 2015.

auf das Wort Gottes. Diesem Wort entspricht der glaubende Mensch in Worten und Taten, mit denen er bezeugt, was er vernimmt.

- Was wäre die *Theologie* ohne die Sprache? Von ihr wäre nicht mehr zu hören, ob in der Sprache des Glaubens etwas gesagt wird, das dem Menschen etwas erschließt, das auch in der Sprache der Vernunft verstehbar ist. Die Theologie könnte nicht mehr gegenüber den Glaubenden die Sache der Vernunft vertreten und sie könnte nicht mehr gegenüber der Vernunft für die Sache des Glaubens eintreten. Ohne die theologische Kompetenz der Übersetzung und des Dolmetschens zwischen säkularer und religiöser Sprache müsste der Glaube vor der Vernunft sehr bald kleinlaut werden.

Zum anderen ergibt sich die zentrale Stellung der Sprache aus den Einsichten des „semiotic turn" der Philosophie des 20./21. Jahrhunderts in die Verflechtungen von Sprach- und Erkenntnistheorie sowie von Semiotik und Ontologie: Menschliche Erkenntnisleistungen sind abhängig von der logisch-semiotischen Konstitution der Sprache, die zugleich Ermöglichungsbedingung jedweder Gegenstandserkenntnis ist.[389] An diesen Einsichten kommt keine Theologie vorbei, die dem „Wort Gottes" eine für die Gotteserkenntnis konstitutive Bedeutung zumisst.

Der Streit um die Bedeutung von Existenz und Glaube wird in der Theologie seit jeher auch als Kontroverse um die angemessene Form seiner wissenschaftlichen Bewältigung ausgetragen. Dabei holen sich die beteiligten theologischen Akteure meist Schützenhilfe bei philosophischen Referenztheorien. Blickt man auf das 20. und 21. Jahrhundert, fällt auf, dass die Theologie sich immer wieder neu und gewinnbringend von philosophischen Paradigmen herausfordern ließ. Bis in die Gegenwart finden transzendentalphilosophische, phänomenologische und pragmatistische, aber auch konstruktivistische und poststrukturalistische Konzepte große Aufmerksamkeit. Dabei geht es

389 Vgl. K.-O. Apel, Paradigmen der Ersten Philosophie, Berlin 2011; Ders., Tranzendentale Reflexion und Geschichte, Berlin 2017.

nicht allein um eine Erweiterung des Begriffs- und Methodenrepertoires der Theologie beim Bemühen um eine rationale Verantwortung des Glaubens, die sich philosophisch auf der Höhe der Zeit bewegen will. Die Rezeption philosophischer Reflexionsformate kommt auch der Funktion der Theologie als Anwältin einer religionsinternen Religionskritik zugute. Historisch-kritische Quellenanalyse und dekonstruktivistische Traditionskritik werfen ein Licht auf die Kontingenz dogmatischer Vorgaben und decken auch die Missbrauchsgeschichte des religiösen Vokabulars auf.

## 2. Systemkonflikte: Analytische versus hermeneutische Theologie?

Vertreter der „Analytischen Theologie“ bezweifeln mit Nachdruck, dass historisch-hermeneutische Analysen von Zeugnissen christlicher Glaubenspraxis entscheidend dazu beitragen können, die Plausibilität von Glaubensinhalten zu erschließen und zu sichern. Stattdessen plädieren sie für eine am Modus analytischer Philosophie Maß nehmende Metaphysik und Erkenntnistheorie als primäre Bezugsdisziplinen der intellektuellen Glaubensverantwortung.[390] Theologischen Ansätzen, die auf das Instrumentarium analytischen Denkens nicht eingehen oder darauf verzichten wollen, wird vorgehalten, dass sie den Ast absägen, auf dem die Theologie als universitäre Wissenschaft sitzt.[391] Angesichts der Verve, mit der vielfach die Überlegenheit des analytischen Reflexionsformates gegenüber hermeneutischen Denkstilen behauptet wird, irritiert dieses Bild,

---

390 Vgl. Th. Schärtl, Theologie – Metaphysik – Realismus, in: ThPh 93 (2018) 321–365.

391 Vgl. B. P. Göcke, Glaubensreflexion ist kein Glasperlenspiel, in: HK 71 (2017) H 1/33–36. Zur Diskussion und Kritik dieser Position siehe F. Baab, Echoraum oder Horizont? Theologie zwischen Anspruch und Wirklichkeit, in: J. Knop (Hg.), Die Gottesfrage zwischen Umbruch und Abbruch, Freiburg/Basel/Wien 2019, 228–244.

weil es dem analytischen Ideal der Präzision und Prägnanz nicht entspricht. Kaum ein Baum besteht nur aus einem Ast und wer sich umschaut, sieht die Vertreter der Biblischen, Historischen, Systematischen und Praktischen Theologie durchaus auf verschiedenen Ästen in unterschiedlichen Bäumen sitzen.[392] Man müsste wohl einen ganzen Wald fällen, um die Theologie als Wissenschaft zu Fall zu bringen.

Vielleicht können die Vertreter der Analytischen Theologie die erhoffte Aufmerksamkeit dadurch finden, dass sie sich nicht nur Sorgen um mögliche Abholzungen, sondern auch um eine Wiederaufforstung bereits erfolgter Brandrodungen einsetzen. Denn die Berechtigung ihrer zentralen Anliegen dürfte außer Zweifel stehen. Die zurückliegenden existentialsemiotischen Erörterungen zu Grundfragen und -themen der Fundamentaltheologie und Dogmatik haben diese Anliegen aufgegriffen: Sie stellen sich der Forderung nach Offenlegung von Denkprämissen und philosophischen Referenzpositionen. Sie bemühen sich um begriffliche Präzision, logische Konsistenz und argumentative Stringenz; ebenso wagen sie den für geraume Zeit in der Theologie verpönten Einsatz ontologischer Denkfiguren zur Plausibilisierung von Glaubensinhalten. Aber sie wissen auch um die Grenzen analytischen Denkens und weigern sich, an neuen Einseitigkeiten und Engführungen mitzuwirken, die das analytische Paradigma nach sich zieht. Bisweilen werden seine theologischen Schwachstellen, zu denen die mangelnde Aufmerksamkeit für die lebenspraktische Bedeutung von religiösen Überzeugungen, die fehlende Sensibilität für die besonderen Partituren religiöser Zeichensprache und die semiotische Eigenart religiöser Sprachhandlungen zählen, mit begriffs- und formallogischen Muskelspielen nur verdeckt.[393]

---

392 Vgl. B. Kranemann, Die Wissenschaftlichkeit der Theologie und die notwendige Vielfalt der Disziplinen: Wer bildet das Zentrum?, in: HK 71 (2017) H. 4/20–22.

393 Vgl. exemplarisch den Beitrag von Th. Schärtl, Analytische Trinitätslehre, in: G. Gasser u. a. (Hg.), Handbuch für Analytische Theologie, Münster 2017, 469–517.

Die größten Schwächen eines analytischen Zugangs resultieren aus der Geringschätzung der Stärken eines ebenso existenzhermeneutisch wie sprachpragmatisch orientierten Ansatzes in der Theologie. In vermeintlicher Bescheidenheit verweisen die Vertreter der Analytischen Theologie darauf, dass ihr Distinktionsmerkmal gegenüber anderen Ansätzen lediglich der Denkstil analytischer Theologie ist, der keinerlei ideologische Vorgaben macht oder weitergehende Bedingungen stellt. Da aber dieser Stil auf allen Feldern der Fundamentaltheologie zum Einsatz kommen soll, wandelt sich die anfängliche Bescheidenheit unter der Hand in einen uneingeschränkten Kompetenzanspruch. Allerdings ist fraglich, ob die analytischen Kompetenzen die Theologie auch zu nachhaltigen Innovationen befähigen. Einstweilen konzentrieren sich die ‚Analytiker' darauf, sich mit dem „Katholizismus als Weltanschauung" zu beschäftigen, „die nicht nur eine plausible und tragfähige unter vielen anderen Weltanschauungen ist, sondern einen unüberbietbaren Wahrheitsanspruch impliziert."[394] Ihnen „geht es nicht darum, Neues zu denken, sondern darum, Zusammenhänge zu verstehen und Wahrheit zu erkennen."[395] Ihr Ziel ist es, „immer wieder neu, unter Einbezug der neuesten wissenschaftlichen Erkenntnisse, die Bedeutung katholischer Sätze zu klären sowie ihre Plausibilität und Wahrheit zu begründen, um auf diese Weise dem Lehramt bei der Bestimmung einer plausiblen und authentischen Lehre der katholischen Kirche zu helfen."[396]

Es ist erstaunlich, dass man sich hier damit begnügt, für alten Wein lediglich neue Schläuche bereitzustellen, und nicht auch über neue Rebsorten nachdenkt. Ebenso verblüfft der Ausfall traditions- und institutionenkritischer Ambitionen. Die Theologie tritt hier der kirchlichen Hierarchie nicht gegenüber, sondern an die Seite. Ihr bietet sie ihre Dienste an, nicht jedoch

394 B. P. Göcke, Alter Wein in neuen Schläuchen, in: M. Blay u. a. (Hg.), „Stets zu Diensten?" Welche Philosophie braucht die Theologie, Münster 2018, 231.

395 Ebd.

396 Ebd.

den Hörern des Wortes Gottes. Unter Verkündigung versteht sie eine top/down-Kommunikation. Ihre pastorale Motivation beschränkt sie darauf zu zeigen, dass das Evangelium „eine frohe Botschaft ist, die sich auch in der Gegenwart als tragfähige und belastbare Weltanschauung rechtfertigen lässt.“[397]

Spätestens an dieser Stelle trennen sich die Wege zwischen Analytischer Theologie und einer Existentialen Semiotik des Glaubens. Sowohl der Mitteilungscharakter und der Wahrheitsanspruch religiöser Rede als auch der Auftrag der Theologie sind komplexer, als dass man ihnen mit der Konzentration auf den propositionalen Gehalt von Lehrsätzen gerecht werden kann. Die Theologie kommt ihren rekonstruktiven, kritischen und berechtigten apologetischen Verpflichtungen eher nach, wenn sie an der semiotischen Struktur religiöser Kommunikation ansetzt, ihren Gelingens- und Misslingensbedingungen nachgeht und die Stimmigkeit von Vollzug und Gehalt christlicher Glaubenspraxis überprüft. Hier geht es um weitaus mehr als um „die Plausibilität der Geltung katholischer Lehrsätze.“[398] So wenig das Reden über Religion selbst schon ein Ausdruck religiösen Redens ist, so wenig sind dogmatische Lehrsätze eo ipso bereits ein Reden von, über oder zu Gott. Und keineswegs decken sie die ganze Bandbreite zeichenvermittelter Interaktion ab, mit der Christen bemüht sind, das Wort Gottes in existenziell relevante Kontexte zu übersetzen.

Beim Bemühen um Ansatz und Aufbau einer theologischen Systematik ist es aussichtsreicher, die Relation zwischen religiösem Sprach- und Zeichengebrauch und den semiotischen Di-

---

397 B. P. Göcke, Alter Wein in neuen Schläuchen, 232. Abgesehen von der apologetisch-defensiven Ausrichtung dieses Unternehmens bleiben diese Bestimmungen zu plakativ, um zu ermessen, auf welche Weise die fundamentaltheologische Kernforderung der rationalen Rechtfertigung von Vollzug und Gehalt des christlichen Glaubens sowie der Strukturen und Wege seiner Weitergabe erfüllt werden soll. Wie man diese Forderung systematisch angehen und einlösen kann, bleibt ähnlich vage und diffus wie der ins katholische Milieu der 1950er Jahre gehörende Begriff „Weltanschauung“.

398 Ebd., 243.

mensionen der Sprache zum Ausgangspunkt zu nehmen, sie in Beziehung zu elementaren Bezügen des christlichen Glaubens zu setzen und diesen Bezügen zentrale Themen und Fragestellungen der Systematischen Theologie zuzuordnen.

| Deiktik | Semantik | Pragmatik | Syntaktik |
|---|---|---|---|
| Erfahrungsbezug des Glaubens: Aufzeigen eines Gott/Welt-Verhältnisses | Bedeutungsbezug des Glaubens: Deutung und Übersetzung der Gott/Welt-Beziehung als Verhältnis unbedingter Zuwendung | Interaktionsbezug des Glaubens: Praxis der Koinzidenz von Vollzug und Gehalt unbedingter Zuwendung | Normierungsbezug des Glaubens: Regulative Funktion der Entsprechung von Vollzug und Gehalt unbedingter Zuwendung |

- Nimmt man die Zeichen und Symbole, Gesten und Rituale des christlichen Glaubens in den Blick, ist zunächst ihre Zeigefunktion belangvoll. Diese Funktion besteht primär in einer Aufmerksamkeitslenkung (Deiktik). Mit ihnen wird etwas auf bemerkenswerte Weise angezeigt, wofür der Mensch in und mit seinem Leben ansprechbar ist. Es geht um die Sprachlichkeit seines Daseins und um das Schöpfungswort Gottes. Ob mit dieser Anzeige etwas Wahres hinsichtlich der Wirklichkeit von Gott und Mensch benannt wird, lässt sich aber erst dann diskutieren, wenn klar ist, dass auch die ontologischen Bedeutungsvoraussetzungen der Rede von einem Gottesverhältnis des Menschen und einem Weltverhältnis Gottes im Modus einer existenz-, freiheits- und identitätsstiftenden Unterscheidung von Sein und Nichts zugunsten des Seienden erfüllt sind. Für die Klärung dieser „ontological commitments" kann vor dem Hintergrund schöpfungstheologischer Reflexionen auf die Paradigmen einer Relationalen Ontologie zurückgegriffen werden. Die Ausgangsfrage lautet dabei: Lassen sich zeichenexterne Sachverhalte, Umstände und Bezüge aufweisen, deren Realität den Gebrauch der Sprachzeichen „Gott“ bzw. „Schöpfung“ rechtfertigen?

- Neben dem Aspekt des Aufzeigens und Aufmerkens ist für eine kommunikative Glaubenspraxis das Moment des Übersetzens konstitutiv. In einer existentialsemiotischen Perspektive ist damit die Frage nach der Bedeutungsdimension von Glaubensaussagen verknüpft (Semantik). Übersetzt und vergegenwärtigt werden soll die Bedeutung eines Geschehens, in dem das Weltverhältnis Gottes offenbar geworden ist. Im Kontext von Offenbarungstheologie und Christologie, in deren Zentrum die Rede vom Menschenverhältnis Gottes im Modus unbedingter Zuwendung steht, geht es um die Frage: Wird hier eine Bedeutung artikuliert, für die im Blick auf die Grundbotschaft des Christentums gilt, dass Vollzug und Gehalt ihrer Übersetzung zueinander in einem Entsprechungsverhältnis stehen?
- Das Entsprechungsverhältnis von Vollzug und Gehalt des christlichen Glaubens impliziert, dass die Zeugen dieses Glaubens diesem Verhältnis in den Beziehungen zu den Adressaten der Glaubenspraxis gerecht werden. Eine existentialsemiotische Ortung dieses Anspruchs im Kontext der Sakramententheologie zielt auf die Beziehungsdimension religiöser Kommunikation (Pragmatik): Steht ein Akteur beim Gebrauch von Zeichen, Symbolen und Riten in einem Entsprechungsverhältnis zum Entsprechungsverhältnis von Vollzug und Gehalt der Übersetzung des christlichen Glaubens, so dass sein Gegenüber die Erfahrung macht, dass ihm widerfährt, wovon der Andere spricht? Erlebt er sich als Adressat einer unverstellten Zuwendung gerade in jenen Situationen, in denen Identität und Integrität seines Selbstseins fraglich werden?
- Das Gelingen religiöser Kommunikation verweist auf eine von allen Beteiligten als legitim erachtete Beziehungsebene, auf der ihre Interaktionen ablaufen. Die existentialsemiotische Anschlussfrage thematisiert hier die Regulierungsdimension der Glaubensvermittlung (Syntaktik) im Kontext

der Ekklesiologie: Entsprechen dem Kriterium der Koinzidenz von Vollzug und Gehalt all jene Größen und Instanzen in der Gemeinschaft der Glaubenden, die beanspruchen, Theorie und Praxis des christlichen Glaubens zu regulieren? Ist das Entsprechungsverhältnis von Vollzug und Gehalt unbedingter Zuwendung regulativ bzw. kriteriologisch entscheidend für Aufbau und Fortschreibung eines dogmatisch, moralisch oder kirchenrechtlich codierten christlichen Zeichensystems?

Diese Systematik, die sich an den vier semiotischen Dimensionen der Sprache und des Glaubens orientiert, zeigt die Systematische Theologie als ein zusammengesetztes Ganzes, wobei die zugehörigen Themen und Einzeldisziplinen so aufeinander bezogen sind, dass sie wiederum eine semiotische Einheit bilden. Von einem solchen Ansatz gehen keine Systemzwänge aus. Eine existentialsemiotisch begründete theologische Systematik stellt der Systematischen Theologie lediglich eine Theoriearchitektur zur Verfügung. Sie konzentriert sich auf jene Baukunst, die zum planvollen Entwerfen, Gestalten und Konstruieren von Bauwerken befähigt. Sie entscheidet nicht darüber, wer ein Bauwerk nutzen darf oder wie seine Inneneinrichtung aussehen sollte. Zwar ist sie auf Stringenz und Konsistenz ausgerichtet, aber die damit verbundene Strenge meint die Anstrengung der Reflexion und die angezielte Schlüssigkeit der Argumentation geht einher mit der Offenheit für neue Argumente.

Diese Offenheit schließt die Bereitschaft ein, auf Kritik am Theorielayout einer Existentialen Semiotik einzugehen. Die weitaus größere Herausforderung besteht jedoch darin, sich immer wieder neuen Einwänden und Fragen zu stellen, die jenen Kerngehalt des christlichen Glaubens betreffen, der zugleich einen systembildenden Grundgedanken des hier vorgelegten theologischen Ansatzes darstellt: Vertritt der Mensch den Anspruch auf eine elementare Bedeutsamkeit seines Daseins, kann er als Geltungsgrundlage auf die wohltuende Grundlosigkeit einer daseins-, freiheits- und identitätskonstitutiven Unterscheidung von Sein und Nichts zugunsten des

Seienden verweisen. Auf dieser Basis sind auch die ontologischen Bedeutungsvoraussetzungen zu rekonstruieren für die Behauptung des christlichen Glaubens, der Mensch dürfe sich als Adressat einer unbedingten Zuwendung Gottes verstehen. Allerdings ist damit nicht ausgemacht, dass mit diesen Bedeutungsvoraussetzungen zugleich die Akzeptanzbedingungen für die zentralen Inhalte des Glaubens erfüllt sind.

## 3. Systemgrenzen: Gottes Schweigen?

Der christliche Glaube gerät in Bedrängnis, wenn er Halt sucht in einer Behauptung, die sich in guten Tagen als vertretbar, in schlechten Tagen aber eher als unhaltbar erweist. Er wird selbst haltlos, wenn ihm die guten Gründe ausgehen im Streit mit einer Daseinsdeutung, die eine andere Grunderfahrung verarbeitet: Dasein heißt für den Menschen, sich für bedeutsam halten wollen in einem Horizont der Gleichgültigkeit.

Inwiefern es letztlich einen Unterschied macht, ob es einen Menschen gegeben hat oder nicht, ist vielleicht der letzte Berührungspunkt mit Atheisten bei der Frage, ob man dem Nachdenken über Gott noch Beachtung schenken will – oder nicht. Hat es nichts mit dem Unterschied von Sein und Nichts auf sich, dann ist auch das Dasein des Menschen letztlich belanglos. Atheisten mag der belanglose Unterschied von Sein und Nichts gleichgültig lassen. Aber was hat es dann im Letzten mit jenen innerweltlichen existenz-, identitäts- und freiheitsrelevanten Unterschieden noch auf sich, auf deren Wahrung auch ein Atheist besteht,[399] wenn sie im Horizont der Belang-

399 Vgl. F. M. Wuketits, Was Atheisten glauben, Gütersloh 2014, 81–127. – Zur Debatte steht nicht, ob man z. B. den Unterschied von „gut“ und „böse“ ohne Rekurs auf Gott rechtfertigen kann oder ob es gut (bzw. evolutionär vorteilhaft) ist, eine solche Unterscheidung vorzunehmen. Vielmehr geht es um die Frage, welches Verhältnis man zur Bedeutsamkeit solcher Unterscheidungen angesichts ihrer metaphysischen Belanglosigkeit einnimmt.

losigkeit geltend gemacht werden? Was hat es mit ihnen auf sich, wenn es am Ende nichts damit auf sich hat, ob es einen Menschen gegeben hat – oder nicht?

In diesem Widerstreit der Daseinsdeutungen plädiert die Theologie dafür, den Unterschied von Sein und Nichts als belangvoll für alle weiteren existenziell relevanten Unterscheidungen zu halten. Die Frage der Daseinsakzeptanz will sie positiv beantworten, indem sie in der wohltuenden Unterscheidung von Sein und Nichts zugunsten des Seienden auch einen vorbehaltlosen Zuspruch unverzweckten menschlichen Selbstseinkönnens und einen Einspruch Gottes gegen die Vergleichgültigung dieses Daseins durch den Tod erkennt. Diese Position ist ebenso anfechtbar, wie sie die Auseinandersetzung mit anderen Optionen sucht. Sie ist nicht nur Gegenstand der Religionskritik, sondern auch Ausgangspunkt theologischer Sozialkritik. Dass der Mensch Adressat einer unbedingten und unverlierbaren Zuwendung Gottes ist und darin Wert und Würde des Daseins fundiert sind, markiert nämlich einen Kontrast zur säkularen Leistungslogik. Deren ökonomische Umsetzung verlangt vom Menschen, sich wertschöpfend im Wirtschaftskreislauf zu bewähren. Belohnt wird das Erreichen vorgegebener „benchmarks“ mit ökonomischen Annehmlichkeiten. Alle Menschen finden Akzeptanz, wenn sie Akzeptables vorzuweisen haben. Ihre Wertschätzung hängt ab von den Wertschöpfungsketten, deren Glieder sie sind. Schlecht dran ist, wer nichts Verwertbares zustande bringt. Die Annahme eines Menschen allem Unannehmbaren und Wertlosen zum Trotz ist in diesem Kontext nicht denkbar und wird selbst zu einer inakzeptablen Forderung.

Aber kein Mensch kann existieren, wo ein Kalkül von Zweck und Nutzen, von Investition und Rendite alles bestimmt und es keine Orte zweckfreier Anerkennung gibt.[400] Als ein solcher Zufluchtsort erscheint der Glaube an Gott. In diesem Kon-

---

400 Zur hiermit angerissenen Problematik siehe auch R. Bucher, Christentum im Kapitalismus. Wider die gewinnorientierte Verwaltung der Welt, Würzburg 2019.

text begegnet Gott als jene Größe, von der eine unüberbietbare Bestätigung eingeholt werden kann, dass der Mensch sein darf, wer er ist – ohne Wenn und Aber. Was ihm eine säkulare Logik von Aufwand und Ertrag vorenthält, wird ihm in einer religiösen Logik von Gnade und Wohlwollen gewährt: die Bestätigung des Selbstseinkönnens unabhängig von allen Leistungserwartungen. Er mag nichts zustande bringen, aber dies verhindert nicht, dass Gott zu ihm steht.[401]

So wichtig für eine sozialkritische Theologie dieser Einspruch zur universellen Anwendung des Leistungsprinzips ist, so erwartbar ist der religionskritische Einwand: Hier avanciert Gott kompensatorisch zu jener Größe, von der eine unüberbietbare Bestätigung eingeholt werden kann, dass der Mensch sein darf, wie er ist, auch wenn er nichts zu leisten vermag. Der Verweis auf Gottes Verhältnis zum Menschen im Modus unbedingter und grundloser Anerkennung bedient lediglich das Bedürfnis des Menschen nach Selbstvergewisserung und Selbstaffirmation.[402]

Bei dem Versuch einer Entkräftung dieses Vorwurfs sind immer wieder neue überzeugende theologische Widerworte gefragt.[403] Aber von Gott selbst ist offenkundig keine neue Wort-

---

401 Zur theologischen Konjunktur dieser Einsicht vgl. Ch. BÖTTIGHEIMER, Bedingungslos anerkannt, Freiburg/Basel/Wien 2018, 86–94, 138–147, 203–205.

402 Zur näheren Bestimmung eines modernisierungsbedingten Bedürfnisses individueller Selbstaffirmation siehe C. STRENGER, Die Angst vor der Bedeutungslosigkeit, Gießen 2016. Vgl. hierzu die passgenaue Relevanzangabe eines religiösen Wirklichkeitsverhältnisses von E. DREWERMANN, Wendepunkte oder: Was eigentlich besagt das Christentum?, Ostfildern 2014, 9: „Wie nötig wäre Religion! Wer, wenn nicht sie, könnte den Menschen sagen, daß sie mehr sind als Übergangsgebilde im Stoffwechselhaushalt der Natur, daß sie zu schade sind, um sich als Konsumenten und als Produzenten im Wirtschaftskreislauf dubioser Kapitalverwerter zu verschleißen? Auf daß Menschen eine absolute Geltung haben, bedarf es eines absoluten Gegenübers ihrer Anerkennung. Ein solches Gegenüber kann und darf nicht die Natur, nicht die Gesellschaft, nicht ein Zweckverband aus Industrie und Militär und Banken sein."

403 Vgl. hierzu die Arbeiten von M. KNAPP, Theologie und philosophische Anerkennungstheorie, in: K. Viertbauer/H. Schmidinger (Hg.), Glauben denken, Darmstadt 2016, 335–354; K. WENZEL, Theologische Implikationen säkularer

meldung zu vernehmen. Der Theologie steht offensichtlich nur jenes Wort Gottes zur Verfügung, das er bereits vor langer Zeit zum Menschen gesprochen hat. Seitdem scheint er zu schweigen. Ist Gott verstummt, weil er bereits vor langer Zeit ein letztes Wort zum Menschen gesprochen hat, auf das schon damals niemand so recht hören wollte?[404] Ist sein Schweigen ein Zeichen der Resignation?

Oder redet Gott den Menschen längst ganz anders an, in einer anderen Sprache, in anderen Zeichen und Gesten, als es eine Theologie für möglich hält, die sich nur auf die biblischen, dogmatischen und liturgisch-ästhetischen Partituren des Glaubens konzentriert? In diesem Fall kommt eine Systematische Theologie nicht wegen methodischer Beschränkungen, sondern wegen einer eingeschränkten Auswahl ihrer Quellen an ihre Grenzen. Vielleicht muss sich die Theologie neu orientieren – weg von einer Auslegung überkommener Texte und Rituale, in denen Menschen von oder über Gott sprechen, und hin zu einer Deutung von säkularen Daseinskonstellationen, in denen Gott sich beim Menschen an ganz anderen Orten und auf andere und neue Weise in Erinnerung bringt.[405] Vermutlich ist aber auch schon viel gewonnen, wenn die bisherigen Materialobjekte der Theologie (Schrift, Dogma, Sakramente) nicht mehr nur Gegenstand ihrer Bemühungen zur Sicherung christlicher Glaubensüberzeugungen sind, über deren Bestand eine religiöse Institution wacht. Erst wenn sie auch zum Medium von Wahrnehmung und Deutung menschlichen Daseins fernab seiner religiösen Stilisierung werden, gewinnt die Theo-

---

Philosophie? Vom „Kampf um Anerkennung“ zur Anerkennung unbedingten Anerkanntseins, in: ThPh 86 (2011) 182–200 sowie St. Seidel, Für eine Kultur der Anerkennung. Beiträge und Hemmnisse der Religion, Würzburg 2018.

404 Vgl. Th. Söding, Gott spricht – wer hört zu?, in: M. Knapp/Th. Söding (Hg.), Glaube in Gemeinschaft, Freiburg/Basel/Wien 2014, 109–129.

405 Dass mit einer solchen Neuorientierung auch ein Orts- und Perspektivenwechsel der Theologie verbunden ist, demonstriert H.-J. Sander, Glaubensräume. Topologische Dogmatik I, Ostfildern 2019, 367–389. Vgl. ferner Ch. Bauer/M. Sorace (Hg.), Gott, anderswo? Theologie im Gespräch mit Michel de Certeau, Ostfildern 2019.

logie eine Deutungskompetenz für die existentiale Dimension des Menschseins und für bisher unentdeckte Resonanzen zum Schöpfungswort Gottes.

Was in diesen Kontexten weiterhin belangvoll bleibt, ist das methodische Instrumentarium einer Existentialen Semiotik. Denn wer in dieser Welt Gott neu vernehmen und anders zu Wort kommen lassen will, muss dies zur Sprache bringen. Zwar erschöpft sich die Wirklichkeit der Beziehung von Gott und Mensch nicht darin, dass wir von ihr reden können. Wird aber das Potenzial der Sprache nicht ausgeschöpft, wächst das Risiko, dass ein vorzeitiges Verstummen des Menschen Gott jenes Wort abschneidet, das er immer noch für den Menschen übrig hat.

# Personenregister